***ACCESO GRATIS** a la Lectura en la Nube*

Para visualizar el libro electrónico en la nube de lectura envíe junto a su nombre y apellidos una fotografía del código de barras situado en la contraportada del libro y otra del ticket de compra a la dirección:

ebooktirant@tirant.com

En un máximo de 72 horas laborales le enviaremos el código de acceso con sus instrucciones.

INNOVACIONES VEGETALES Y SIGNOS DISTINTIVOS DE CALIDAD EN LA ERA DIGITAL

INNOVACIONES VEGETALES Y SIGNOS DISTINTIVOS DE CALIDAD EN LA ERA DIGITAL

(Dirección)

ESPERANZA GALLEGO SÁNCHEZ

NURIA FERNÁNDEZ PÉREZ

(Coordinación)

ALTEA ASENSI MERAS

Prometeo CIPROM/2021/057

tirant lo blanch

Valencia, 2024

En caso de erratas y actualizaciones, la Editorial Tirant lo Blanch publicará la pertinente corrección en la página web www.tirant.com.

Esta monografía se ha realizado en ejecución del Proyecto Prometeo CIPROM 2021/57 titulado "PROTECCIÓN DE LA INNOVACIÓN EN AGRICULTURA EN LA ERA DIGITAL", cuyas investigadoras principales son las profesoras Esperanza Gallego Sánchez y Nuria Fernández Pérez.

EDITA: TIRANT LO BLANCH
C/ Artes Gráficas, 14 - 46010 - Valencia
TELFS.: 96/361 00 48 - 50
FAX: 96/369 41 51
Email: tlb@tirant.com
www.tirant.com
Librería virtual: www.tirant.es
DEPÓSITO LEGAL: V-4254-2024
ISBN: 978-84-1095-034-4

Si tiene alguna queja o sugerencia, envíenos un mail a: *atencioncliente@tirant.com*. En caso de no ser atendida su sugerencia, por favor, lea en *www.tirant.net/index.php/empresa/politicas-de-empresa* nuestro procedimiento de quejas.

Responsabilidad Social Corporativa: http://www.tirant.net/Docs/RSCTirant.pdf

Listado de autores

Altea Asensi Merás
Miguel Cano Menor
Esperanza Gallego Sánchez
Vicente Gimeno Beviá
Pilar Íñiguez Ortega
Carolina Le Goffic
Alejandro Llopis Blanque
Jaume Llorca Galiana
Anselmo Martínez Cañellas
Eduardo Miranda Ribera
Pilar Montero García-Noblejas
Andrea Pérez Suay

ÍNDICE

PRÓLOGO

Es para nosotras un enorme placer presentar esta nueva obra de la colección *Propiedad Intelectual e Innovación Digital* editada por la prestigiosa editorial Tirant lo Blanch con la financiación del Proyecto para Grupos de excelencia de la Conselleria de Educación, Cultura, Universidades y Empleo de la Generalitat Valenciana, CIPROM 2021/057.

I

No podemos comenzar estas palabras sin reiterar el agradecimiento que, tanto Nuria Fernández Pérez, como yo, Esperanza Gallego Sánchez, investigadoras principales del proyecto para Grupos de Excelencia CIPROM 2021/057, debemos a la Conselleria de Educación, Cultura, Universidades y Empleo de la Generalitat Valenciana, por habernos concedido la posibilidad de trabajar en los temas objeto del mismo gracias a la financiación que nos concedió.

La Conselleria hizo una apuesta importante al financiar un proyecto con una temática tan novedosa como la que propusimos. El objetivo del proyecto era realizar un análisis del marco legal aplicable a los regímenes de propiedad intelectual en el mercado digital en el ámbito de la agricultura. Por un lado, se planteó estudiar las innovaciones vegetales, que recompensan la inversión en la creación de nuevos vegetales, tanto variedades ecológicas o no, como patentes. Por otra parte, analizar el marco jurídico de los signos distintivos de calidad en el mercado digital, en cuanto se trata de instrumentos especialmente adecuados para potenciar la conservación de las tradiciones de cada región, como muy particularmente son las denominaciones de origen e indicaciones geográficas, las especialidades tradicionales garantizadas o ciertos tipos de marcas que posibilitan rentabilizar los esfuerzos colectivos y el patrimonio gastronómico y cultural de las regiones, sustancialmente las marcas colectivas y de garantía o certificación. Y, finalmente, considerar la ingente normativa sobre el sistema agroalimentario en lo relativo a su sostenibilidad en el contexto de una economía digitalizada, incluyendo los instrumentos financieros que hacen posible que un sector de esta envergadura desde el punto de vista económico y social pueda cumplir sus objetivos de servicio en beneficio de agricultores, innovadores, productores, distribuidores y consumidores.

Con estos instrumentos jurídicos se persigue, también, fomentar el tejido productivo de las diversas localidades, evitando la despoblación y añadiendo prestigio a los productos locales. Las ventajas de un adecuado uso de estos derechos en el mercado digital son exponenciales dado que no solo se potencia la adquisición de productos locales, sino que también se logra mejorar las exportaciones, por el valor añadido que se genera para el producto, maximizando la eficiencia y permitiendo un adecuado desarrollo y modernización del campo.

En ejecución del mismo se han publicado ya otras obras relativas, por ejemplo, a las innovaciones vegetales. O a los signos distintivos de calidad. En particular a las marcas de garantía o certificación.

II

Presentamos ahora una obra dedicada a los últimos avances que se han producido en materia de innovaciones vegetales y signos distintivos de calidad en la era digital, temas de innegable interés y oportunidad considerando la relevancia de los temas implicados. Esta obra pretende dar respuesta a los nuevos retos que se plantean en esas materias. Se incluyen en ella las aportaciones de los investigadores del Proyecto para Grupos de Investigación de Excelencia de la Consellería de Educación, Cultura, Universidades y Empleo de la Generalitat Valenciana, PROMETEO CIPROM/2021/057. Y, además, las ponencias y comunicaciones presentadas en el Congreso Internacional *"Propiedad Intelectual e Instrumentos Financieros para un sistema agrícola sostenible"*, celebrado los días 29, 30 y 31 de mayo de 2024 en la Universidad de Alicante bajo la dirección de las Profesoras Esperanza GALLEGO SÁNCHEZ y Nuria FERNÁNDEZ PÉREZ en el marco del mismo Proyecto.

III

La parte primera se dedica a las innovaciones vegetales. El capítulo primero versa sobre las nuevas técnicas genómicas (*ngts*) como herramientas innovadoras de un sistema agrícola en proceso de "transición verde". Es un hecho que la demanda de alimentos sigue creciendo a nivel mundial, mientras que los recursos naturales necesarios que estructuran los sistemas de alimentación son cada vez más limitados y los paisajes naturales de valor ecológico que contribuyen a la biodiversidad van perdiendo peso específico. Resolver el problema global de producción de alimentaria y los recursos inherentes al mismo, requiere enfoques multidisciplinares (insumos, prácticas de gestión, protección de las plantas, gestión del suelo, variedades vegetales), además de tener que anclarse en unos parámetros delimitados de seguridad alimentaria y sostenibilidad.

A tales efectos, los instrumentos innovadores en los cultivos que expresan una nueva aproximación a la mejora genética sustentada en el conocimiento han contribuido, de forma notable, a la implementación de la mejora vegetal aprovechando las propias soluciones naturales de las plantas, lo que ha derivado no sólo en una producción de alimentos más respetuosa con el medio ambiente, sino en una transición efectiva hacia un modelo agrario más sostenible. Bajo estos parámetros, en este capítulo se analiza cómo el Pacto Verde Europeo (*European Green Deal*), que constituye el plan más ambicioso de la historia en materia de medio ambiente, sostenibilidad, y seguridad alimentaria, tanto por los objetivos fijados, como por la financiación prevista, el cual pretende situar a la Unión Europea en una posición de liderazgo mundial en esta materia, sorprendentemente, no incluye una revisión de las normas jurídicas que enmarcan las mencionadas técnicas innovadoras, dificultando su cultivo y comercialización, lo que podría generar, a corto plazo, una importante desventaja competitiva para los obtentores europeos.

En el capítulo segundo se analizan las implicaciones anudadas a la inteligencia artificial en materia de innovaciones vegetales. La inteligencia artificial es un elemento necesario para la agricultura de precisión. Los sistemas de *Machine Learning* permiten un análisis mucho más eficiente de los *Big Data* que no solo está sirviendo para la mayor productividad de las explotaciones agrícolas, sino que también sirven para distinguir fenotípica y genotípicamente las variedades vegetales en los exámenes DHE, aunque la UPOV todavía no lo haya aprobado en sus Directrices. Al ser generativa y, en algunos casos, autónoma, la Inteligencia Artificial puede crear invenciones biotecnológicas y nuevas variedades vegetales. Si dichas creaciones dan lugar a una solicitud de patente o de obtención vegetal no podrán ser admitidas a trámite, pues las normas sobre patentes exigen que el inventor sea una persona física, y la UPOV exige que el obtentor sea persona, y la Inteligencia Artificial no lo es. Ello no impide que se pueda utilizar la Inteligencia Artificial por un inventor o un obtentor, lo que puede dar lugar a problemas jurídicos que el legislador debería afrontar y que se tratan en este capítulo.

El capítulo tercero se dedica a los desafíos legales que, hoy por hoy, presenta la agricultura de precisión. La agricultura de precisión representa una evolución para el sector agrícola, donde la aplicación de tecnologías avanzadas permite gestionar las explotaciones de manera más eficiente y sostenible. Este enfoque integra herramientas como sensores, sistemas de posicionamiento global, drones y software de gestión de datos, que juntos posibilitan una toma de decisiones fundamentada en la variabilidad de cada parcela y en el uso preciso de los recursos. La agricultura de precisión no solo mejora el rendimiento de los cultivos y la eficiencia en el uso de agua y nutrientes, sino que también reduce significativamente los costos y el impacto ambiental. Su introducción en cada una de las fases de la producción, desde la siembra y el monitoreo hasta la cosecha y la distribución, redefine el modelo tradicional, aumentando la sostenibilidad y trazabilidad de los productos alimentarios. Sin embargo, la transformación digital de la agricultura enfrenta varios desafíos legales que requieren una adaptación del marco regulador. Cuestiones que se analizan en este capítulo.

El capítulo cuarto trata de las nuevas fórmulas de financiación en el sector agroalimentario. En particular de la tokenización de cultivos. Tradicionalmente, las empresas del sector agroalimentario han tenido dificultades para acceder a nuevas fuentes de financiación debido al riesgo inherente de su actividad y la desconfianza de algunos intermediarios financieros que suelen ser reacios a invertir en ellas. Este contexto exige la búsqueda de nuevas fórmulas de financiación, teniendo en consideración el temor que actualmente existe en muchos operadores del sector agroalimentario, ante la entrada de grandes fondos de inversión que ha generado cierta preocupación a los pequeños y medianos productores, por cuanto se teme que estas entidades puedan poner en peligro su existencia. Esta necesidad ha provocado que afloren en el sector agroalimentario nuevos sistemas para financiar las cosechas y los cultivos de los productores. Entre ellos este capítulo se centrar en la tokenización de cultivos por su innegable actualidad e interés.

El capítulo quinto efectúa un repaso, crítico, pero constructivo, acerca de la jurisprudencia europea reciente en el ámbito de la excepción en beneficio del agricultor. Las reglas de configuración del privilegio o beneficio del agricultor, que coinciden a nivel europeo y español, pretenden posibilitar su ejercicio sin menoscabar los intereses legítimos de obtentor y agricultor. Teniendo en cuenta este marco regulatorio, la jurisprudencia europea reciente se ha pronunciado sobre dos cuestiones esenciales aplicables a las condiciones exigibles en el ámbito del privilegio en favor del agricultor: sobre el alcance de la obligación de suministrar información a propósito del privilegio del agricultor y sobre la responsabilidad de los agricultores que incumplen reiterada e intencionalmente su obligación de pagar la remuneración al titular en el ámbito de la exención agrícola. En concreto, este capítulo analiza las cuestiones prejudiciales planteadas en los últimos años, por un lado, en relación con el alcance de la obligación de información a propósito del privilegio del agricultor, que se plantea, en la Sentencia del Tribunal de Justicia, Sala quinta, de 17 de octubre de 2019, asunto C-239/18, Saatgut-Treuhandverwaltungs GmbH v Freistaat Thüringen; y, por otro lado, el cálculo de la tasa aplicable en el la responsabilidad de los agricultores que incumplen reiterada e intencionalmente su obligación de pagar la remuneración al titular, que es objeto de discusión en la Sentencia del Tribunal de Justicia, Sala Cuarta, de 16 de marzo de 2023, asunto C-522/21, Ms v Saatgut-Treuhandverwaltung.

El capítulo sexto estudia la licencia contractual de explotación de la obtención vegetal. Los contratos de licencias de explotación de obtenciones vegetales son instrumentos muy habituales en el tráfico mercantil, cuyo estudio no ha sido frecuente en la doctrina. Su aplicación implica una casuística muy variada cuyas necesidades no siempre se ven cubiertas con la regulación normativa actual, resultando necesario acudir a criterios interpretativos para la completa comprensión de este contrato. Este capítulo aborda las cuestiones esenciales del régimen contractual y su aplicación práctica, haciendo especial referencia a la reciente jurisprudencia del Tribunal de Justicia de la Unión Europea y del Tribunal Supremos, que rompe una mayoritaria jurisprudencia menor y determina la limitación de los derechos del obtentor en determinadas circunstancias, así como la problemática que plantea la extinción del derecho y el proceso de registro de la inscripción de la licencia dependiendo de la clase y según resulte de aplicación la normativa europea o española.

El capítulo séptimo se refiere a las perspectivas actuales de los organismos modificados genéticamente. Debido a la creciente necesidad de alimentos que requiere la población mundial, se hace precisa la incorporación de cultivos generados con nuevas técnicas de creación, entre los que destacan los que proceden de organismos genéticamente modificados. Sin embargo, la normativa existente dista mucho de facilitar su implantación. En este capítulo se tratan los obstáculos legales existentes y se proponen eventuales soluciones.

La segunda parte de la obra se dedica a los signos distintivos de calidad. Comienza con el capítulo octavo en el que se estudian las marcas de certificación. Las marcas de certificación presentan la peculiaridad de que no distinguen propiamente un producto/servicio en atención a su origen empresarial, sino un producto o servicio que posee unas determinadas características, que el titular de la marca garantiza o certifica, de otros productos o servicios que no poseen dicha certificación. Por tanto, la función distintiva esencial de la marca de certificación es garantizar la concurrencia de unas determinadas características en el producto o servicio identificado con la marca que el titular de la marca garantiza. No el origen empresarial del producto o servicio. Esta circunstancia tiene importantes consecuencias en el ámbito del régimen jurídico de estas marcas, que se analizan en este capítulo.

El capítulo noveno versa sobre la transformación del sistema de indicaciones geográficas de la Unión Europea. Presenta un análisis de las últimas reformas del régimen de indicaciones geográficas de la Unión Europea como derecho de propiedad intelectual. Con el objetivo de desarrollar una visión de conjunto de las reformas, en este trabajo se ofrece una visión de conjunto de los nuevos reglamentos que afectan tanto a las indicaciones geográficas de vinos, bebidas espirituosas y productos agrícolas, como el nuevo sistema europeo de protección de las indicaciones geográficas de productos artesanales e industriales.

El capítulo décimo trata de las marcas geográficas. Las marcas geográficas, es decir, las marcas formadas por nombres de lugares, son muy apreciadas por los propietarios de marcas por su poder evocador. Sin embargo, estas marcas se enfrentan a importantes obstáculos jurídicos a lo largo de su existencia. Su nacimiento se enfrenta a obstáculos de calado; mientras que no son menos los inconvenientes que se producen tras el registro de las mismas. En este capítulo se abordan ambas cuestiones considerando la jurisprudencia europea.

El capítulo undécimo plantea una temática de gran originalidad cuál es la relación entre los signos distintivos y la responsabilidad social corporativa. La responsabilidad social corporativa tiene una importancia cada vez mayor tanto en la dimensión interna como externa de las compañías mercantiles. Ello responde a dos circunstancias íntimamente conectadas: de un lado, la creciente positivización de parte de su contenido que implica, en cierta medida, que pierda la condición de *soft law* y entre en la esfera del cumplimiento normativo —*ad. ex.* la Directiva sobre diligencia debida—. De otro, la importancia de su consideración en las decisiones estratégicas y de negocio por su incidencia en la imagen corporativa y la competitividad del empresario en un mercado donde los *stakeholders* demandan comportamientos socialmente responsables. Es precisamente, esta segunda cuestión que, por ósmosis, compromete el deber de diligencia de los administradores, la que centra el estudio de este capítulo. Concretamente, es objeto de análisis la incidencia que tienen los signos distintivos en el ámbito de la responsabilidad social corporativa y la función que cumplen en relación con la regla de discrecionalidad empresarial —la "*business judgement rule*".

Finalmente, el capítulo duodécimo trata de la indicación del país de origen en el etiquetado de la leche y los productos lácteos y su regulación en el ordenamiento español. Resulta claro que los productos alimenticios tienen una relevancia de primer orden en nuestra sociedad. Y, entre ellos, la leche y los productos lácteos. Por ello, la información que se ofrece a los consumidores sobre este tipo de productos, en particular, la consta en el etiquetado de los mismos, es esencial para que estos puedan realizar una elección de compra que se ajuste lo mejor posible a sus intereses. No obstante, si bien el Parlamento Europeo solicitó a la Comisión que impusiese la obligatoriedad de indicar el país de origen de los mismos, todavía no se ha adoptado ninguna medida a nivel comunitario. Sin embargo, el Reglamento 1169/2011 permite a los Estados miembros exigir dicha información en los productos comercializados en su territorio, siempre y cuando se cumplan una serie de requisitos. Con fundamento en dichas disposiciones, varios países de la Unión, encabezados por Francia, y entre los que se encuentra España, han decidido exigir tal información. No obstante, el Tribunal de Justicia de la Unión Europea ha declarado recientemente que el Decreto francés sobre la indicación obligatoria del país de origen en la leche y los productos lácteos, incumple los requisitos fijados por el Reglamento 1169/2011 para su adopción, al no haber constatado que el país de origen de estos productos influya en determinadas características o cualidades objetivas de los mismos. En la medida en que la normativa española se ha basado en gran medida en la francesa, se plantean dudas en torno a su adecuación a la legislación de la Unión Europea, cuestiones que se analizan en este capítulo.

IV

Las anteriores consideraciones avalan, en nuestra opinión, el evidente interés y la importancia de esta obra colectiva. Se ofrece un cuadro de las más complejas cuestiones que afectan al tratamiento normativo de las innovaciones vegetales y los signos distintivos de calidad en contextos digitales, conforme a las últimas orientaciones en la materia.

No se descuidan en ella los aspectos constructivos que se resuelven con una alta dosis de rigor metodológico logrando aportar una visión clara de las opciones a disposición de los operadores económicos. Sin olvidar, por tanto, la dimensión económica de los instrumentos legales, contexto de vital importancia por cuanto constituye un elemento fundamental que determina la configuración del régimen de protección. En definitiva, en razón de los materiales seleccionados, de los razonamientos utilizados, de la solidez de las conclusiones obtenidas y de la claridad de las mismas, la obra adquiere propia singularidad e indudable valor para encontrar interpretaciones fundadas de las cuestiones involucradas, por cuanto ultima el marco referencial en que ha de entenderse la evaluación normativa de este especial sistema.

Con extremo rigor en los planteamientos, una cuidada selección de las fuentes y una exposición clara y razonada, se abordan en ella desde una perspectiva crítica, pero positiva, las eventuales soluciones normativas, sin eludir las cuestiones especialmente conflictivas.

La solidez de las conclusiones a las que llegan los diversos autores, así como el recurso a la experiencia doctrinal y jurisprudencial, interna y comparada, permiten, a nuestro juicio, ofrecer un exhaustivo estudio del régimen jurídico múltiple aquí involucrado. El pormenorizado análisis que se efectúa de los aspectos tratados, así como las soluciones razonadas y fundadas que se ofrecen evidencian sin duda que la obra goza de la mayor envergadura técnica y de una muy considerable repercusión práctica.

V

Incluso esta breve descripción del contenido del libro pone de manifiesto el indudable valor de las aportaciones en la que es una constante la atención a los planteamientos de índole dogmática jurídica, a la evolución legislativa y jurisprudencial y a las necesidades de la práctica. La excelente labor de los autores y su esmerada formación académica les han permitido ofrecer soluciones razonadas sobre todos los temas relevantes y abordar, con fundamento en la experiencia propia y en la comparada, una labor crítica y constructiva del más alto nivel, sin perder de vista la dimensión práctica que todo texto jurídico precisa.

Lo que, rectamente entendido, significa que ofrece una acertada selección de temas, utiliza una metodología correcta, se sirve de un utillaje conceptual que los autores dominan a la perfección, adoptan una sistemática clara y sus conclusiones están bien fundamentadas en un análisis exhaustivo no solo de los textos y bibliografía relevantes; sino también del conocimiento de la realidad económico-social implicada. Estamos convencidas de que su redacción se ha acometido en el convencimiento de que el interés de todos se halla indisolublemente ligado al suministro de criterios razonados de interpretaciones admisibles y al ofrecimiento de respuestas claras en relación con todas las cuestiones que el conjunto de los textos legales implicados suscitan. Aunque el libro marca desde luego un hito en la construcción dogmática de este sector del Derecho, podemos constatar que los autores no solo han pretendido y conseguido ese objetivo, sino que, al tiempo, han querido y logrado completar una obra imprescindible en el quehacer diario de los operadores económicos, tanto privados como públicos.

El afán de autoexigencia, la curiosidad científica, la autocrítica, la exhaustividad con que se enfrentan al análisis de los temas y a la búsqueda de soluciones sin desdeñar valoraciones antes de haber contrastado todas las opciones posibles han dado como resultado una publicación de mérito, importante y bien ultimada.

Agradecemos a todos los autores su esfuerzo y, como no podía ser de otra manera, a Altea Asensi Meras, profesora titular de Derecho Mercantil de la Universidad de Alicante, la esmerada labor de coordinación que ha efectuado.

En Alicante a 4 de octubre de 2024

ESPERANZA GALLEGO SÁNCHEZ
Catedrática de Derecho Mercantil
Universidad de Alicante
Investigadora Principal
Proyecto CIPROM 2021/057

NURIA FERNÁNDEZ PÉREZ
Catedrática de Derecho Mercantil
Universidad de Alicante
Investigadora Principal
Proyecto CIPROM 2021/057

PRIMERA PARTE

INNOVACIONES VEGETALES

Capítulo Primero

NUEVAS TÉCNICAS GENÓMICAS (*NGTS*) COMO HERRAMIENTAS INNOVADORAS DE UN SISTEMA AGRÍCOLA EN PROCESO DE "TRANSICIÓN VERDE"

PILAR ÍÑIGUEZ ORTEGA[1]
Profesor Titular de Derecho Mercantil
Universidad de Alicante

---

1 Contribución que se enmarca en el Proyecto de Excelencia de la Consellería de Educación, Cultura, Universidades y Empleo de la Generalitat Valenciana (CIPROM 2021/17) dirigido por las Profesoras Dras. Esperanza Gallego Sánchez y Nuria Fernández Pérez.

DERIVADOS, Y POR EL QUE SE MODIFICA EL REGLAMENTO (UE) 2017/625. VI. BIBLIOGRAFÍA.

RESUMEN: Es un hecho que la demanda de alimentos y recursos sigue creciendo a nivel mundial, mientras que los recursos naturales necesarios que estructuran los sistemas de alimentación, son cada vez más limitados y los paisajes naturales de valor ecológico que contribuyen a la biodiversidad, van perdiendo peso específico. Resolver el problema global de producción de alimentaria y los recursos inherentes al mismo, requiere enfoques multidisciplinares (insumos, prácticas de gestión, protección de las plantas, gestión del suelo, variedades vegetales), además de tener que anclarse en unos parámetros delimitados de seguridad alimentaria y sostenibilidad. A tales efectos, los instrumentos innovadores en los cultivos que referencian una nueva aproximación a la mejora genética sustentada en el conocimiento, han contribuido, de forma notable, a la implementación de la mejora vegetal aprovechando las propias soluciones naturales de las plantas, lo que ha derivado no sólo en una producción de alimentos más respetuosa con el medio ambiente, sino en una transición efectiva hacia un modelo agrario más sostenible. Bajo estos parámetros, en el presente trabajo analizaremos como el Pacto Verde Europeo (*European Green Deal*), que constituye el plan más ambicioso de la historia en materia de medio ambiente, sostenibilidad, y seguridad alimentaria, tanto por los objetivos fijados, como por la financiación prevista, el cual pretende situar a la Unión Europea en una posición de liderazgo mundial en esta materia, sorprendentemente, no incluye una revisión de las normas jurídicas que enmarcan las mencionadas técnicas innovadoras, dificultando su cultivo y comercialización, lo que podría generar, a corto plazo, una importante desventaja competitiva para los obtentores europeos. Abogamos, por tanto, dentro del presente trabajo, por un estatus regulatorio proporcionado y no discriminatorio de las mismas, en aras al bienestar, sostenibilidad y seguridad alimentaria de la ciudadanía europea.

PALABRAS CLAVE: Agricultura, instrumentos innovadores (*NGTs*), sistema alimentario sostenible, *Green Deal*, Política Agrícola Común

ABSTRACT: It is a fact that demand for food and resources continues to grow globally, while the natural resources needed to structure food systems are increasingly limited and ecologically valuable natural landscapes that contribute to biodiversity, are becoming less importance. Solving the global problem of food production and the resources inherent in it requires multidisciplinary approaches (inputs, management practices, plant protection, soil management, plant varieties), as in addition to needing to be anchored in defined parameters of food security and sustainability. To this end, innovative tools in crop breeding that reference a new approach to knowledge-based genetic improvement have contributed significantly to the implementation of plant breeding by exploiting plants» own natural solutions, which has led not only to more environmentally friendly food production, but also to an effective transition towards a more sustainable agricultural model. Under these parameters, in this paper we will analyse as the *European Green Deal,* which is the most ambitious plan in history in terms of the environment, sustainability and food safety, both in terms of the objectives set and the funding provided, and which aims to place the European Union in a position of world leadership in this area, surprisingly does not include a review of the legal rules governing these innovative techniques, making their cultivation and marketing more difficult, which could, in the short term, create a significant competitive disadvantage for European breeders. We advocate, therefore, within the present paper, for their proportionate and non-discriminatory regulatory status, in the interest of the welfare, sustainability and food safety of the European citizens.

KEY WORDS: Agriculture, innovative tools (*NGTs)*, sustainable food system, *Green Deal*, Common Agricultural Policy.

I. INTRODUCCIÓN A LA EDICIÓN GENÓMICA DE CULTIVOS PARA EL MEJORAMIENTO VEGETAL

La Biotecnología moderna[2] se caracteriza por un acelerado desarrollo y por su incidencia, cada vez más intensa, en los progresos científicos alcanzados, especialmente en el ámbito de la biología molecular. A tales fines, es una realidad bien consolidada que las técnicas de ingeniería genética pueden no sólo modificar de una forma precisa el material hereditario, sino también transferir las propiedades del gen de un organismo a otro. Estas aplicaciones, que en ocasiones constituyen invenciones biotecnológicas, están revolucionando los métodos de producción en sectores tan diversificados como el farmacéutico, el bioquímico, el agroalimentario, el relativo a la salud humana y animal o el medioambiental. Enlazado con lo expuesto, y circunscrito al ámbito agrario, es adaptada a las demandas de los

---

[2] Como antecedentes, ya en 1992, el artículo 2 del Convenio de Diversidad Biológica (*CDB*) definió la biotecnología como "toda aplicación tecnológica que utilice sistemas biológicos y organismos vivos o sus derivados para la creación o modificación de productos o procesos para usos específicos". Igualmente, el concepto de biotecnología moderna, a tenor de lo establecido en el artículo 3 del Protocolo de Cartagena sobre Seguridad en la Biotecnología, de 29 de enero 2000, al tratarse de un instrumento normativo internacional más específico, delimita si definición de biotecnología a la aplicación de: "a) Técnicas in vitro de ácido nucleico, incluidos el ácido desoxirribonucleico (ADN) recombinante y la inyección directa de ácido nucleico en células u orgánulos, o; b) La fusión de células más allá de la familia taxonómica, que superan las barreras fisiológicas naturales de la reproducción o de la recombinación y que no son técnicas utilizadas en la reproducción y selección tradicional". Ampliamente, COOPER, I., *Biotechnology and the Law*, Vol 1, Thomson Reuters /West, 2009, p. 1.

principales agentes económicos encargados de la producción y distribución de alimentos[3].

Siendo ello así, en el ámbito vegetal se han estimulado una serie de técnicas de edición genómica que operan en el nivel celular la planta, mediante las que se consiguen no sólo mejoras de variedades en función de caracteres de interés agronómico, sino también, un aumento de su productividad vegetal, un ahorro en costes, una mejor adaptación al medio y una mayor calidad de los cultivos[4]. En efecto "desde que se iniciara la llamada Revolución Verde alrededor de los años 60 y 70 del siglo pasado, la búsqueda de nuevas variedades vegetales capaces de lograr un uso más eficiente y productivo de la tierra a fin de satisfacer la creciente demanda de alimento de una población en constante aumento[5], ha sido constate, tanto en los países desarrollados como en los que se encuentran en vía de desarrollo"[6].

No obstante, es necesario recordar que el limitado marco jurídico internacional aplicable a estos desarrollos científicos, tiene una doble dimensión[7]. Por un lado, encontramos los instrumentos que

---

3 Tiene un particular enlace con la "Bioética", la cual alude al análisis ético de la práctica biológica y médica, no abarcando la realidad jurídica derivada de dicha aplicación práctica. Así, dicha vertiente jurídica, que se centra en el estudio de los derechos humanos, queda contemplada en el término "bionomía", que está compuesta por dos partes: "bioética" y "bionomía-jurídica". Desde un punto de vista doctrinal, BARRIO MAESTRE, J. M., "La aporía fundamental del llamado "debate bioético", *Cuadernos de Bioética,* Vol 3, N° 51-52, 2003, p. 229 a p. 240.

4 Véase "Informe final del grupo de expertos sobre biotecnología e ingeniería genética", de 17 de mayo de 2016. Disponible en: *http:/ec.europa.eu/growtg/industry/intelectual-porperty/patents/biotechnological-inventions* (visitada el 23 de enero 2025). Son interesantes las aportaciones generales en este punto de ALMODOVAR INIESTA, M.,"Aspectos jurídicos de la biotecnología agroalimentaria", *Revista interdisciplinar de Gestión ambiental,* N° 28, 2001, versión electrónica de la página del Ministerio de Medioambiente.

5 *Vid.* MAMMANA, I., "Concentration of Market Power in the EU Seed market", *Study commissioned by Greens/EFSA Group in the European Parliament.* 2014. Disponible: *http://www.esporus.org/recursos/Document.pdf* (acceso 7 de enero 2025).

6 *Vid* CURTO POLO, Mª M., "La protección de las innovaciones vegetales en la Unión Europea. Patentes vs Títulos de obtención vegetal, Tirant lo Blanch, Valencia, 2021, p. 17 a p. 35.

7 *Vid.* CAMPINS ERITJA, Mª M., "La regulación de la biotecnología moderna en la Unión Europea", *Revista Aragonesa de Administración Pública,* N° 53, Zaragoza, 2019, p. 273 a p. 305.

están explícitamente dirigidos a regular el uso de las biotecnologías y la liberación de los organismos resultantes, esto es, que abordan aspectos que van desde la creación y la contención segura y el control sobre el material genéticamente modificado, hasta los controles de importación y exportación, su liberación voluntaria y, finalmente, su consumo comercial (instrumentos que se caracterizan por su naturaleza de *soft law*, como son la Declaración Río de Janeiro sobre Medio Ambiente y Desarrollo de 1992[8] o la Agenda 21[9], así como algunos principios que gozan ya de un reconocimiento internacional, como el principio del consentimiento previo, libre e informado, el principio de precaución[10], o el principio de la justicia distributiva de los beneficios).

Por otro lado, otros instrumentos jurídico-internacionales están dirigidos, de manera más general, a promover el desarrollo seguro a lo largo del ciclo de vida de determinados productos y a mitigar, gestionar o reducir sus riesgos potenciales para los seres humanos y el medio ambiente (a modo ejemplificativo, además del Convenio sobre la Biodiversidad Biológica de Naciones Unidas de 1992 y el Protocolo de Cartagena de 2000[11], encontramos el Protocolo de Nagoya sobre acceso a los recursos genéticos y participación justa y equitativa

---

8 Doc. A/CONF.151/26 (Vol. I).

9 *Ibidem*.

10 *Cfr. Communication from the Commission on the precautionary principle*, COM (2000) 1, Disponible en: *https://eur-lex.europa.eu/legal-content/EN/ALL/?uri=CELEX%3A52000DC00*. Asimismo, Informe del Comité de Tecnología y Ciencia (COMEST) de la UNESCO de 2005 sobre el principio de precaución, en donde se indica que la aplicación del principio no se extiende a cualquier riesgo derivado del avance científico, sino que se limita a los peligros que resultan inaceptables, y que tiende a proteger la salud humana y el medio ambiente, por un lado, cuando se produzcan liberaciones intencionales en el medio ambiente de *OMGs* para cualquier propósito diferente del de su comercialización en la UE, y por otro, cuando se comercialicen *OMGs* como productos componentes de productos en la Unión. Desde un punto de vista doctrinal, entre otros, GONZÁLEZ VAQUÉ, L, "El Principio de Precaución en la Jurisprudencia del Tribunal de Justicia de las Comunidades Europeas: ¿Un principio de buen gobierno?", 2004. Disponible en: *http://consumo-inc.gob.es/publicac/EC/2004/EC68/EC68_01.pdf*, 16 (acceso 24 de enero 2025).

11 Es el único acuerdo internacional específicamente consagrado a organismos vivos modificados (OVM), cuya definición se encuentra contenida en su art. 1.

en los beneficios que se deriven de su utilización[12] y el Protocolo de Nagoya-Kuala Lumpur sobre responsabilidad y compensación suplementario al Protocolo de Cartagena[13]).

Ahora bien, en la Unión Europea, el uso de dichas tecnologías plantea no pocas reservas que derivan en un desarrollo de un marco normativo particularmente restrictivo, especialmente en lo que se refiere, en primer término, al procedimiento de autorización para la liberación de *OMGs*[14] y el margen de intervención de los Estados miembros en la limitación de estos cultivos, y en segundo término, con respecto a la consideración de los desarrollos de la biología sintética. Asimismo, la posibilidad de que produzcan efectos negativos sobre la salud humana y el medio ambiente[15], su tasada autorización de comercialización, uso y etiquetado[16] unido a la necesariedad de una revisión legislativa circunscrita a las mismas, dado su carácter incompleto y fragmentado, generan no pocas situaciones de notable interés jurídico, como la que se planteó a partir la de Sentencia del TJUE (Gran Sala) de 25 de julio de 2018, que ha generado, debido a la contundente crítica de parte de la comunidad científica al fallo de

---

12 Doc. UNEP/CBD/COP/DEC/X/1.

13 Doc. UNEP/CBD/BS/COP-MOP/5/17.

14 CAMPINS ERITJA, Mª M. "La regulación de la biotecnología ...," *cit.* p. 284. en su caso, el uso del OMG para ambos propósitos. Además, en virtud del sistema del Reglamento, la autorización no es otorgada por la autoridad competente de un solo Estado miembro, sino que se obtiene mediante un procedimiento que tiene lugar principalmente en el marco de la UE.

15 Desde hace más de una década, la Unión Europea ha mostrado su preocupación por la seguridad de la salud de los consumidores en relación a la nutrición y comercialización de productos alimentarios y la implicación con el medio ambiente. Así se expuso en Libro Verde de la Comisión, *Principios generales de la legislación alimentaria de la UE"*, 30 de abril de 1997, COM (97) 176 final (disponible en *https://eur-lex.europa.eu*).

16 En este sentido, *vid.* GONZALEZ-VAQUE, L., "De nuevo la polémica sobre los organismos obtenidos mediante mutagénesis y los OMGs: la sentencia del TJUE "Confédération paysanne" de 25 de julio de 2018", *Revista de Derecho Agrario y Alimentario,* 73, 2018, p 33 a p. 52; BACHMANN-FUENTES, I., "Evaluación de riesgos derivados de los organismos modificados genéticamente y la adopción de medidas de emergencia en el marco jurídico de la unión europea", *Revista catalana de Dret ambiental* Vol. X, Nº 1 Barcelona, 2019, p 1 a p. 45.

la misma, en el reciente estudio sobre la situación de las técnicas de edición genómica de la Comisión Europea, de 29 de abril de 2021[17].

Bajo los parámetros anteriores, el presente estudio examina la problemática de la edición genómica de cultivos para el mejoramiento vegetal, siendo conveniente, en primer término, repasar sucintamente algunos aspectos conceptuales referentes a los organismos modificados genéticamente[18]. Seguidamente, expondremos las peculiaridades de dicha resolución jurisdiccional con especial incidencia en las técnicas citadas, para finalmente, valorar las pautas contenidas en el reciente estudio de la Comisión Europea, identificando los argumentos sistemáticos y de racionalidad sustantiva que lo avalan.

II. LOS ORGANISMOS MODIFICADOS GENÉTICAMENTE

1. Marco jurídico y conceptual

Las actividades relacionadas con organismos modificados genéticamente (en adelante, *OMGs*) encauzadas en un plano regulatorio[19], se encuentran contenidas en dos Directivas horizontales: la Directiva 2001/18/CE del Parlamento Europeo y del Consejo, de 12 de marzo de 2001[20], sobre la liberación intencional en el medio ambiente

---

17 El Estudio se encuentra disponible en: *https://ec.europa.eu/food/plants/genetically-modified-organisms/new-techniques-biotechnology/ec-study-new-genomic-techniques_en.*

18 En Reino Unido, con referencia a las técnicas sobre edición genómica, véase "*Regulatory Horizons Council Briefing Note: Potential Priority Areas for the Council*", 23 December 2020. Disponible en: *https://assets.publishing.service.gov.uk/government/uploads/system/uploads/attachment_data/file/949318/potential-priority-areas-for-the-council.pdf* (acceso 24 de enero 2025).

19 En el ámbito internacional, destacamos el Protocolo de Cartagena sobre seguridad de la biotecnología adoptado el 29 de enero de 2000, en el marco del Convenio sobre Diversidad Biológica efectuado en Río de Janeiro el 5 de junio de 1992, por el que se trataba de garantizar una adecuada protección en la esfera de transferencia, manipulación y utilización seguras de los organismos vivos modificado, resultantes de la biotecnología moderna que pueden tener efectos adversos para la conservación y la utilización sostenible de la diversidad biológica, teniendo también en consideración los riesgos para la salud humana, y centrándose concretamente en los movimientos transfronterizos (art. 1).

20 *DOUE* L 106 de 17 de abril 2001. Fue también modificada, por la Directiva 2008/27/CE del Parlamento Europeo y del Consejo de 11 de marzo de 2008

de organismos modificados genéticamente (en adelante, Directiva sobre *OMGs*)[21] y por la que se deroga la Directiva 90/220/CEE del

---

sobre liberación intencional en el medio ambiente de organismos modificados genéticamente por lo que se refiere a las competencias de ejecución atribuidas a la Comisión. Recientemente, ha sufrido nueva modificación a tenor de la Directiva (UE) 2018/350 de la Comisión de 8 de marzo de 2018 en lo que respecta a la evaluación del riesgo para el medio ambiente de los OMGs, donde se ha dado nueva redacción a los anexos II, III, III B y IV de la misma. Asimismo es interesante el Reglamento (UE) 2020/1043 del Parlamento Europeo y del Consejo, de 15 de julio de 2020 relativo a la realización de ensayos clínicos y al suministro de medicamentos para uso humano que contengan organismos modificados genéticamente o estén compuestos por estos organismos, destinados a tratar o prevenir la enfermedad coronavírica (COVID-19)(art. 1). Desde un ámbito doctrinal, véase GONZALEZ VAQUÉ, L., "El Derecho de la UE relativo a los organismos modificados genéticamente: la Comisión Europea cambia de estrategia para permitir, restringir o prohibir su cultivo", *Revista de Derecho y Genoma Humano*, Nº 33, Madrid, 2010, p. 1 a p. 20.

21 El legislador europeo, partiendo de un concepto *sui generis*, define los *OMGs* en el art. 2.2 de la Directiva sobre *OMGs*. En este punto y efectuando una breve referencia al Derecho comparado, en el régimen canadiense es sustituido el concepto de estos organismos por el de "Plant with Novel Traits" (*PNT*) centrándose su atención en el riesgo de modificación genética en sí misma, mediante una equivalencia sustancial con las plantas cultivadas en la región. De manera paralela, varios países de América del Sur (Argentina, Brasil, Chile y Colombia), así como Israel, sustentan su regulación en la definición de organismos vivos modificados (*OVM*) establecida por el Protocolo de Cartagena sobre Seguridad de la Biotecnología, firmado por 103 países, incluida la Unión Europea. Japón también se adhiere, igualmente, al Protocolo de Cartagena y podría seguir el camino indicado. Otros países, como Australia e India, están considerando cambios en su legislación interna con relación a las plantas editadas con genoma, ya que, en principio, las mismas deberían ser tratadas como OMGs a tenor de las definiciones legales incluidas en sus respectivas normativas nacionales. De igual modo, recordaremos que una postura muy clara para la desregulación de las plantas editadas con genoma proviene de Estados Unidos en la Declaración del *USDA* sobre Innovación de Mejoramiento de Plantas publicada en marzo de 2018, la cual quiere, en esencia, "evitar la regulación adicional de plantas que no se pueden distinguir de las desarrolladas por técnicas tradicionales". En Derecho español, véase los exhaustivos comentarios de GARCÍA VIDAL, Á., "La protección de las variedades vegetales y la normativa reguladora de su comercialización. La inscripción en el registro de variedades comerciales o en los catálogos comunes de variedades de la Unión Europea y la regulación de los organismos modificados genéticamente" en GARCÍA-VIDAL, A. (dir) *Derecho de las obtenciones vegetales,* Tirant lo Blanch, Valencia, 2017, p. 251 a p. 258; GALLEGO SÁNCHEZ, E. y FERNÁNDEZ PÉREZ, N., *Derecho Mercantil. Parte*

Consejo, y la Directiva 2009/41/CE del Parlamento Europeo y del Consejo, de 6 de mayo de 2009, relativa a la utilización confinada de microorganismos modificados genéticamente (versión refundida)[22]. Dichas Normas han sido objeto de posteriores desarrollos con el objeto de adaptación al progreso técnico[23], así, Reglamento[24] 1830/2003, del Parlamento Europeo y del Consejo, relativo a la trazabilidad y al etiquetado de organismos modificados genéticamente y a la trazabilidad de los alimentos y piensos producidos a partir de éstos[25], y por el que se modifica la Directiva sobre *OMGs*[26], la cual, ha sido a su vez modificada por la Directiva (UE) 2015/412, del Parlamento europeo y del Consejo, de 1 de marzo de 2015, en lo que respecta a la posibilidad de que los Estados miembros restrinjan o prohíban el cultivo de organismos modificados genéticamente en su territorio que hayan

---

Primera, Tirant lo Blanch, Valencia, 2024, p. 229. Abordando la problemática de los CRISPR-Cas no sólo desde un punto de vista ético sino también jurídico, véase los comentarios de TORRES MARTÍNEZ, S. y NAVARRO MARTINEZ, Mª M, "Desafíos éticos y jurídicos de las técnicas de edición del genoma", *Revista electrónica de Derecho y Ciencia,* Nº 2, 2016, p. 191 a p. 192 (disponible en *https://dialnet.uniroja.es*); BELLVER CAPELLA, V., "La revolución de la edición genética mediante CRISPR-Cas9 y los desafíos éticos y regulatorios que comporta", *Cuadernos de Bioética,* Nº 27, Madrid 2016, p. 223 a p. 239.

22 *DOUE* L.125 de 21 de mayo de 2009.

23 A tales efectos, Directiva (UE) 2018/350 d la Comisión por la que se modifica la Directiva 2001/18/CE del Parlamento Europeo y del Consejo en lo que respecta a la evaluación del riesgo para el medioambiente de los OMG.

24 Véase el apartado 3.2 de la "Exposición de motivos" del documento COM (2010) 375 final donde se expone el por qué se prevé la adopción de un Reglamento, aunque se modifique una Directiva: "el motivo de esta elección es que la propuesta es de aplicación general, obligatoria en todos sus elementos y directamente aplicable en cada Estado miembro". Además, la Comisión añade que la normativa en cuestión "...no contiene en lo esencial ninguna disposición que precise una transposición porque sólo ofrece a los Estados miembros una base jurídica para adoptar medidas".

25 Recordaremos que los alimentos consistentes o derivados de *OMGs* han quedado fuera del ámbito de aplicación del Reglamento 2015/2283 del Parlamento europeo y del Consejo de 25 de noviembre de 2015 relativo a los nuevos alimentos, por el que se modifica el Reglamento (UE) nº 1169/2011 del Parlamento Europeo y del Consejo y se derogan el Reglamento (CE) nº 258/07 del Parlamento Europeo y del Consejo y el Reglamento (CE) nº 1852/2001 de la Comisión.

26 *DOUE* L 268 de 18 de octubre de 2003.

obtenido la autorización para la comercialización[27], lo que denota la prolijidad normativa de este ámbito de conocimiento.

Unido a lo anterior, desde una interpretación teleológica y funcional de la definición, la expresión *OMGs*[28] supone que el hombre ha actuado sobre un microorganismo o un ser vivo utilizando técnicas de ingeniería genética mediante la biotecnología[29]. En esencia, son

---

27 *DOUE* L 68 de 13 de marzo de 2015. Varios Estados miembros han hecho uso de esta facultad y han prohibido el cultivo de transgénicos en su territorio. Estados como Francia, Polonia, Hungría, Grecia, Eslovenia, Alemania, Serbia, Croacia, Austria, Irlanda, Lituania, Letonia, Italia, Escocia y Gales, entre otros, prohibieron el cultivo de *OMGs* en sus territorios, mientras que otros, como Bélgica e Inglaterra, optaron por restringirlos respecto de algunos territorios en particular. A su vez, dentro de todos los Estados miembros de la UE, existen municipios o regiones que se han declarado libres de *OMGs* España por su parte, que defiende un enfoque pragmático de la agricultura biotecnológica y de la importación de *OMGs*, se ha posicionado como el principal productor de la Unión Europea, seguido por Portugal, Eslovaquia y República Checa.

28 En Derecho español, según lo establecido en el art. 2 de la Ley 9/2003, de 25 de abril, un *OMG* o transgénico, es aquel organismo (a excepción del ser humano) cuyo genoma se ha alterado de forma artificial, bien sea por la introducción de un gen exógeno o por la modificación de la expresión de uno propio para dotarlo de nuevas características mediante la utilización de las técnicas reglamentarias. Estas técnicas quedan recogidas en el art. 3 del Real Decreto 178/2004, de 30 de enero, por el que se aprueba el Reglamento general para el desarrollo y ejecución de la Ley 9/2003, modificado por Real Decreto 191/2013, de 15 de marzo. Real Decreto 1378/2018, de 8 de noviembre, por el que se modifican los Reales Decretos 1075/2014, 1076/2014 y 1078/2014, todos ellos de 19 de diciembre, dictados para la aplicación en España de la Política Agrícola Común y Real Decreto 452/2019, de 19 de julio, por el que se modifica el Real Decreto 178/2004, de 30 de enero, por el que se aprueba el Reglamento general para el desarrollo y ejecución de la Ley 9/2003, de 25 de abril, por la que se establece el régimen jurídico de la utilización confinada, liberación voluntaria y comercialización de organismos modificados genéticamente, y el Real Decreto 511/2017, de 22 de mayo, por el que se desarrolla la aplicación en España de la normativa de la Unión Europea en relación con el programa escolar de consumo de frutas, hortalizas y leche.

29 PRIETO GOBERNA, M., "Alimentos modificados genéticamente. Conceptos básicos y realidad normativa", *Distribución y consumo*, 2001, p. 83 a p. 90; MIR PUIGPELAT, *Transgénicos y Derecho: la nueva regulación de los organismos modificados genéticamente*, Civitas, Madrid, 2004, p. 49; LÓPEZ VILLAR, J., *Derecho y transgénicos: regulando incertidumbre*, Atelier, Barcelona, 2008, p 32 a p. 35; KEY, S.; MA, J. y DRAKE, P., "Genetically modified plants and human health", *Journal of the Royal Society of Medicine*, Vol. 101, N° 6. p. 290 a p. 298.

definidos como aquellas entidades biológicas cuyo material genético es modificado y que mediante concretas técnicas de recombinación de ADN que involucran el aislamiento e introducción de segmentos de ADN que contienen el gen de interés, en el organismo receptor, dan como resultado un organismo nuevo dotándole de diferentes cualidades[30].

Por tanto, siguiendo la literalidad del art. 2.2 de la Directiva 2001/18, en el mismo se establece que: "a los efectos de esta Directiva se entenderá por organismos modificados genéticamente (*OMGs*), el organismo, con excepción de los seres humanos, cuyo material genético haya sido modificado de una manera que no se produce naturalmente en el apareamiento ni en la recombinación natural: así a) se produce una modificación genética siempre que se utilicen, al menos, las técnicas que se enumeran en la parte 2 del Anexo 1B[31]; b) se considera que las técnicas enumeradas en la parte 2 del Anexo IA no dan lugar a modificación genética"[32]. Por otro lado, no debe olvidarse que el art. 3.1 de la referida Norma europea expone: "la pre-

---

30 *Cfr* art. 2.2 Directiva 2001/18. Dicho precepto lo pondremos en relación con el art. 3 de la misma que establece "que la presente Directiva no se aplicará a los organismos obtenidos mediante las técnicas de modificación genética que se enumeran en el Anexo IB".

31 Se especifican las técnicas que si dan lugar a una modificación genética y que tienen como resultado un *OMGs*, que si embargo quedan excluidas del ámbito de aplicación de la Directiva a condición de que no impliquen la utilización de moléculas de ácido nucleico recombinante ni de organismos modificados genéticamente distintos de los obtenidos mediante mutagénesis o fusión (incluida fusión de protoplastos) de células vegetales de organismos que puedan intercambiar material genético mediante métodos tradicionales de multiplicación. Dicha matización a la fusión, resulta fundamental en la medida en que, de acuerdo con el apartado c) de la Parte 1 del Anexo 1, la fusión puede ser también una técnica que da origen a *OMGs* sometidos ámbito de aplicación de la Directiva. Véase CURTO POLO, Mª M., *La protección de las innovaciones vegetales en la Unión Europea. Patentes vs Títulos de obtención vegetal*, Tirant lo Blanch, Valencia, 2021, p. 58 a p. 59.

32 Así, el tenor del art. 2.2 de la Directiva no exige, de forma específica, la inserción de ADN extraño en un organismo para que éste pueda calificarse como *OMGs*. Expone que el material genético debe haber sido alterado de modo que no se produce naturalmente. Su carácter abierto permite que los organismos obtenidos por métodos distintos de la transgénesis puedan incluirse en la definición de *OMGs*.

sente Directiva no se aplicará a los organismos obtenidos mediante técnicas de modificación genética que se enumeran en el Anexo 1B".

Descrito en los anteriores términos, no debemos dejarnos arrastrar la lectura superficial. El alcance de las reglas jurídicas se determina adentrándonos en su fondo, y es precisamente cuando nos sumergimos en la triple diferenciación existente dentro del ámbito de aplicación de la Directiva. En primer término, en la Parte 1 del Anexo 1, donde se enumeran las técnicas de modificación genética que dan lugar a *OMGs* que entran dentro de aplicación de la Directiva[33]. En segundo término, la Parte 2 del Anexo 1 A que enumera las técnicas que no dan lugar a modificación genética y, por tanto, no tienen como resultado un *OMG* sometido a la aplicación de la Directiva, y finalmente, el Anexo 1B el cual enumera las técnicas que si dan lugar a modificación genética y que, por tanto, tiene como resultado un *OMG* que, sin embargo, quedan excluidos del ámbito de aplicación de la Directiva[34].

---

33 Se especifican como técnicas de modificación genética, las siguientes: 1) Técnicas de recombinación del ácido nucleico, que incluyan la formación de combinaciones nuevas de material genético mediante la inserción de moléculas de ácido nucleico-obtenidas por cualquier medio fuera de un organismo-en un virus, plásmido bacteriano u otro sistema de vector y su incorporación a un organismo hospedador en el que no se encuentra de forma natural, pero pueden seguir reproduciéndose; 2) Técnicas que suponen la incorporación directa de un organismo de materia hereditario preparado fiera del organismo, incluidos la microinyección, la macroinyección y la microencaptulación; 3) Técnicas de fusión de célula (incluida la fusión de protoplasto).o de hibridación en las que se formen células vivas con combinaciones nuevas de material genético hereditario mediante fusión de dos o más células utilizando métodos que no se producen naturalmente.

34 Tiene como condición la no utilización de moléculas de ácido nucleico recombinante ni de organismos modificados genéticamente distintos de los obtenidos mediante mutagénesis o fusión (incluida la fusión de protoplastos) de células vegetales de organismos que puedan intercambiar material genético mediante métodos tradicionales de multiplicación. La matización referida a la fusión resulta esencial en la medida en que, de acuerdo con el apartado c) de la Parte 1 del Anexo 1, la fusión puede ser también una técnica que da origen a *OMGs*, sometidos al ámbito de aplicación de la Directiva. Desde un punto de vista doctrinal, véase CURTO POLO, Mª M., *La protección de las innovaciones vegetales... cit.* p. 59.

Finalmente, unido a lo anterior, es preciso reconocer que de la interpretación sistemática del Anexo 1B, podemos llegar a concluir que un organismo obtenido mediante las técnicas de mutagénesis o fusión de células vegetales, puede ser un OMG con arreglo a lo dispuesto en el tenor del art. 2 punto 2 de la Directiva 2001/18, siempre que sean cumplidos los criterios sustantivos establecidos por dicha disposición, esto es, que se trate de un organismo cuyo material genético haya sido modificado de una manera que no se produce naturalmente en el apareamiento ni en la recombinación natural.

III. LOS ORGANISMOS RESULTANTES DE LA TECNOLOGÍA CRISPR/CAS 9 COMO MÉTODO DE EDICIÓN GENÓMICA APLICABLE A LA MEJORA VEGETAL. INCIDENCIA DE LA SENTENCIA DEL TRIBUNAL DE JUSTICIA DE LA UNIÓN EUROPEA (GRAN SALA), DE 25 DE JULIO DE 2018

1. Organismos resultantes de la tecnología CRISPR/Cas 9 como método de edición genómica aplicable a la mejora vegetal

El creciente interés por la edición genómica por parte de la comunidad científica y la sociedad en general, tiene su origen en el desarrollo de potentes tecnologías (como la CRISPR/Cas9) las cuales han introducido cambios substantivos en el panorama de la Biotecnología, y más concretamente, en la modificación genética de los organismos.

Hasta mediados de la década de 2010, la posibilidad real de realizar modificaciones genéticas de forma sencilla, eficaz y sin grandes efectos secundarios que invalidasen su utilización si no era en investigación básica y circunscrita a animales, parecía más una quimera que una realidad tangible a la cual prestar atención[35]. Sin embargo,

[35] Gran Bretaña fue el primer país dentro del espacio europeo que asumió el debate social en torno a los riesgos biotecnológicos y en establecer una normativa específica para estas nuevas actividades. Fue a partir de la década de los 70 del siglo XX que el gobierno británico asumió su responsabilidad frente a los avances de la biotecnología moderna, con la constitución del *Genetic Modification Advi-*

a partir de la fecha indiada, la diseminación de la técnica de edición genómica basada en la utilización de endonucleasas de origen microbiano (CRISPR/Cas9) ha redefinido radicalmente el panorama[36].

Así las cosas, dicho cambio se ha producido debido a cuatro características fundamentales circunscritas a éstas tecnologías: la especificidad, esto es, la capacidad de inducir las modificaciones en puntos concretos elegidos como diana del genoma, que le confiere, además, una muy baja incidencia de efectos secundarios indeseados; la eficiencia, definida como la facilidad en la producción y el elevado porcentaje final de secuencias modificadas genéticamente en un lugar concreto; la accesibilidad, al considerarse una técnica relativamente simple de aplicar, siempre que se disponga de un mínimo de conocimientos sobre las técnicas de manipulación genética, que no requiere una inversión importante en cuanto a infraestructura para llevarla a cabo, y finalmente, la versatilidad, puesto que el conocimiento de las bases moleculares de esta tecnología ha hecho que muy rápidamente salgan variantes que permiten ejercer un mayor control de la técnica y adaptarla a los requerimientos del investigador[37].

---

sory Group (GMAG), órgano consultivo gubernamental que en 1978 se convirtió en la instancia administrativa central a la que debían dirigirse los proyectos de trabajo con OMG. Fue en ese año cuando se publicó la primera norma específica respecto al control de los riesgos derivados de la ingeniería genética, *The Health and Safety (Genetic Manipulation) Regulations*. Posteriormente, el GMAG pasó a llamarse Advisory Committee on Genetic Modification (ACGM), y hoy en día se denomina *Scientific Advisory Committee on Genetic Modification (Contained Use)*, el que sigue siendo un organismo importante en el sistema consultivo británico sobre bioseguridad y plantas. Poco después, en el año 1986, la Organización para la Cooperación y el Desarrollo Económicos, (OCDE) publicó el informe titulado *Recombinant DNA Safety Considerations. Safety considerations for industrial, agricultural and environmental applications of organisms derived by recombinant DNA techniques*. Dinamarca en el año 1986 promulgó su *Act on Environment and Genetic Engineering*, que prohibió la liberación intencional de *OMG*. Desde un punto de vista doctrinal, ampliamente, MELLADO RUIZ, L., "Derecho de la biotecnología vegetal. La regulación de las plantas transgénicas", Instituto Nacional de Administración Pública, Madrid, 2002, p. 228.

36 SANTALÓ-PEDRO, J., "Edición genómica. La hora de la reflexión", *Revista Bioética y Derecho*, N° 40, 2017, Madrid, p. 1 a p. 4

37 KUKSO, F., "¿Podemos corregir a la naturaleza?", *Tec Review*, Elsevier, 2016, p 58 a p. 65

Por todo ello, inmediatamente se ha retomado el antiguo debate sobre la pertinencia o no de utilizar estas técnicas en la modificación genética de diversos organismos como plantas, invocándose, como se puso de manifiesto en la Sentencia del TJUE (Gran sala), los principios de precaución[38], frente a las posibles consecuencias sobre la salud humana y los efectos medioambientales, de proporcionalidad, en cuanto al balance entre posibles beneficios y los riesgos incurridos, y el de justicia distributiva en relación al acceso a las ventajas de la utilización de los *OGMs* y los costes económicos y sociales de los mismos[39].

2. *Incidencia de la sentencia del Tribunal de Justicia de la Unión Europea (Gran sala) de 25 de julio de 2018, asunto C-528/16*

Hemos avanzado, que la exclusión contenida en el Anexo IB de la Directiva 2001/18 ha sido objeto de interpretación por el TJUE por cuanto era dudoso de que pudieran incluirse dentro del tenor de la misma las nuevas técnicas de mutagénesis desarrolladas por la tecnología CRISPR/Cas, concluyendo el Alto Tribunal que los organismos modificados genéticamente con las nuevas técnicas de edición genómica, deben ser regulados como si fueran transgénicos, a la luz de la actual normativa comunitaria[40].

Pues bien, la actual la legislación de la Unión Europea se aplica a organismos obtenidos por técnicas de modificación genética. La evaluación de riesgo es un elemento esencial en esa normativa abogando por la adecuada caracterización de *OMGs* y los posibles efectos de esta modificación, en términos de seguridad. De conformidad con

---

38 WIENER, J., "Whose precaution after all? A comment on the comparison and evolution of risk regulatory systems", *Duke Journal of Comparative & International Law*, Vol 13, 2003, Special Issue, p. 207-p. 262; CRAIG, P., *EU Administrative Law*, Oxford University Press, 2006, p. 717 a p. 720.

39 BELLVER CAPELLA, V., "La revolución de la edición genética mediante CRISPR-Cas9 y los desafíos éticos y regulatorios que comporta", *Cuadernos de Bioética*, N° 27, Madrid, 2006, p. 223 a p. 239.

40 Después de más de diez años de debate, se esperaba que la Sentencia proporcionara la certeza y previsibilidad legal necesarias para que las empresas públicas y privadas europeas brindaran soluciones a los Objetivos de Desarrollo Sostenible de la ONU.

la actual redacción de la normativa, el factor que determina si un organismo debe estar sujeto o no a los requerimientos específicos de dicha legislación (evaluación de riesgo, procedimiento de autorización, etiquetado, trazabilidad...) es la técnica empleada (técnica de edición genética y técnica convencional de mutagénesis)[41].

Sin embargo, debemos tener en consideración que dichas técnicas han evolucionado con el tiempo y alguna de ellas permiten conseguir una modificación más eficiente del genoma en una forma específica y dirigida, en lugar de mutaciones de varios genes al mismo tiempo o inserciones aleatorias de nuevos genes. Un sector de la doctrina científica indica que la legislación actual sustentada en la técnica y no en el producto final, no es la herramienta más eficaz en este contexto, porque con arreglo a una misma técnica, podrían desarrollarse productos con diferentes niveles de seguridad además de que y con distintas técnicas pueden desarrollarse productos idénticos genéticamente y con el mismo nivel de seguridad.

En efecto, esta falta de adecuación de la normativa se refuerza con la imposibilidad de distinguir entre ciertas mutaciones espontáneas y las diferentes mutaciones producidas por la intervención humana[42]. De acuerdo con lo anterior, la clave debe ser la seguridad del producto. Además de la paradoja de que el mismo producto podría ser regulado de formas diferentes, será muy difícil aplicar controles como consecuencia de los problemas para la identificación y cuantificación de productos iguales obtenidos por tecnologías diferentes, de

---

[41] El documento oficial publicado por el Ministerio de Agricultura, Pesca y Alimentación español, aboga en estos términos. Asimismo, se podría dar el caso de que dos organismos idénticos genéticamente, peor generados mediante técnicas de mutagénesis distintas sean sometidos a diferentes procesos regulatorios en la medida en que uno sea considerado como *OMG* y el otro no. Disponible en *https://www.miteco.gob.es/es/calidad-y-evaluacion-dirigida11_02_2019_tcm30-496814.pdf*.

[42] Cabe distinguir, en este apartado, las técnicas de mutagénesis aleatoria aplicadas *in vitro* a células vegetales, por un lado; y las técnicas o métodos de mutagénesis dirigida que recurren a nuevas técnicas de ingeniería genética, como la mutagénesis dirigida por oligonucleótidos (ODM) que consiste en introducir en las células una corta secuencia de ADN que provocará en la célula una mutación idéntica a la que lleva dicho oligonucleótido o la mutagéneis dirigida por nucleasa, la cual utiliza diferentes tipos de proteínas (nucleasas con dedos de zinc, TALEN, CRISPR/Cas9) que son capaces de cortar o editar el ADN.

acuerdo con los requerimientos incluidos en la normativa europea. Asimismo, la incertidumbre existente podría generar que las importaciones de determinadas materias primas que proceden de terceros países fueran sometidas a un mayor número de controles; además de las dificultades enlazadas al procedimiento de inscripción en los registros de variedades comerciales para proceder a la comercialización en la UE, dado que, a lo largo del mismo, no es preciso revelar el procedimiento de obtención.

Consecuentemente, el conflicto se centraba en dilucidar si los organismos que son objeto de estas nuevas técnicas de edición genómica, deben quedar excluidas del ámbito de aplicación de la Directiva 2001/18 por quedar incluidos en el Anexo 1B o no, siendo la respuesta del TJUE, como a continuación analizaremos, negativa a este respecto. Dicho pronunciamiento del Alto Tribunal fue duramente criticado por diferentes sectores interesados en la mejora vegetal en la medida en que los organismos modificados mediante la técnicas CRISPR/Cas 9[43] quedarían conceptuados como *OMGs* y sometidos por tanto a la taxativa aplicación de las Directivas 2009/14/CE y 2001/18 y las variedades obtenidas a partir de ellas como variedades genéticamente modificadas para cuya comercialización deben cumplirse inexorablemente los requisitos delimitados e la Directiva

---

43 En esencia, y desde un punto de vista científico, las técnicas de edición genómica, como CRISPR-Cas9 (*Clustered Regularly Interspaced Short Palindromic Repeats*) son herramientas de inmunidad adaptativa de los microorganismos para defenderse del ataque de virus, las cuales están compuestas por dos elementos: la parte CRISPR, que es una pequeña molécula de ARN que presenta una secuencia complementaria con la secuencia diana contra la que va dirigida, y la parte Cas9, una endonucleasa que fracciona el ADN en el lugar indicado por la molécula de ARN. Por tanto, gracias a los mecanismos de reparación que presentan los microorganismos, las bacterias son capaces de "sellar" la zona de corte, aunque al hacerlo no sea finalmente suficientemente preciso, pudiendo existir algún error a tal efecto e induciendo alteraciones genéticas allí donde Cas9 había realizado su "incisión". Consecuentemente, se modifica un fragmento del genoma que por alguna razón interesa. Véase, entre otros autores, DOUDNA, J. y CHARPENTIER, E., "Genme editing. New frontiers of genome enginering with CRISP— Cas9", *Science*, 2014, p. 6213 a p. 6215; MOJICA, F. y MONTOLIU, L.,"On the origin of CRISPR-Cas technology: from prokaryotes to mammals", *Trends in Microbiology* 24, 2018, p. 811. Disponible en: *https://www.journals.elsevier.com* (acceso 23 enero 2025).

2002/53 del Consejo, de 13 de junio de 2002 referente al Catálogo común de variedades de especies de plantas agrícolas.

Ello derivó en la solicitud de un Informe[44] a la Comisión europea sobre estas nuevas técnicas de edición genómica, que ha derivado en el Informe de fecha 29 de abril de 2021, que será objeto de comentario posterior en el presente trabajo.

2.1. Supuesto de hecho, pretensiones abordadas y fallo emitido

Mediante escrito de 12 de marzo de 2015, un sindicato agrícola francés y nueve asociaciones francesas, cuyo objetivo principal era la protección del medio ambiente y la divulgación de información sobre los peligros que entrañan los *OMGs*, cuestionaron la legalidad del artículo D 531-2 del Código del Medio Ambiente francés, por medio del cual era implementada la Directiva sobre *OMGs* por la que se deroga la Directiva 90/220/CEE del Consejo, solicitando al Primer Ministro francés y al Ministro de Agricultura, Agroalimentación y Silvicultura de Francia, la exclusión de la mutagénesis de aquellas técnicas que dieran lugar a una modificación genética (en el sentido del artículo L-531-1 del referido Código de Medio Ambiente francés) y a que se prohibiera el cultivo y comercialización de las variedades de plantas en colza y girasol tolerantes a los herbicidas que resultaran de técnicas tradicionales o nuevas de mutagénesis, al constituir

44 Más de 60 organizaciones europeas (centros de investigación, universidades, academias, institutos técnicos, organizaciones agrarias y líderes científicos) pedían a la Comisión Europea un compromiso para que Europa esté a la vanguardia en edición genómica. Los firmantes instaron a diferenciar los OMGs respecto a las plantas obtenidas por ingeniería genética moderna, ya que no pueden considerarse transgénicas al no contener una nueva combinación de material genético que no podría ocurrir en la naturaleza. Asimismo, el Mecanismo de Asesoramiento Científico de la Comisión Europea (SAM, por su acrónimo en inglés) publicó un documento sobre *Nuevas Técnicas en Biotecnología Agrícola* en el que se confirma que "la precisión y el control de los cambios realizados es mayor que con el uso de técnicas tradicionales de reproducción o de modificación genética. Como consecuencia, estas nuevas técnicas dan como resultado menos efectos no deseados" (disponible en *https://ec.europa.eu/info/research-and-innovation*_en).

lo que denominaban "nuevos *OMGs* ocultos" porque, en esencia, su regulación debía ser la misma.

Por otro lado, fue interesada una moratoria sobre las variedades de plantas tolerantes a los herbicidas obtenidas por mutagénesis, ante la negativa gubernamental a derogar una disposición nacional, según la cual, en línea de principio, no se consideraba que los organismos obtenidos mediante la técnica de referencia, diera lugar a una modificación genética, y por tanto, generara la prohibición de su cultivo y comercialización en las variedades referenciadas. En este contexto fáctico y jurídico, puesto que lo interesado suscitaba diversos problemas interpretativos sobre el Derecho europeo, el Consejo de Estado francés actuando como Tribunal de lo Contencioso-administrativo, decide suspender dicho procedimiento y plantear varias cuestiones prejudiciales al TJUE[45].

A los efectos que aquí interesan, el TJUE (Gran Sala) el 25 de julio de 2018, asunto (C-528/16) dirime las cuestiones prejudiciales planteadas de una manera "inquietante", al concluir que "el artículo 2.2 de la Directiva sobre *OMGs* debe interpretarse en el sentido de que los organismos obtenidos mediante técnicas o métodos de mutagénesis constituyen *OMGs*". En complemento a lo anterior, el Alto Tribunal también afirma que "el artículo 3, apartado 1, de la Directiva sobre OMG, en relación con el anexo I B, punto 1 de la misma y a la luz su considerando 17, debe interpretarse en el sentido de que únicamente están excluidos del ámbito de aplicación de dicha Directiva, los organismos obtenidos mediante técnicas o métodos de mutagénesis que han venido siendo utilizados convencionalmente

---

45 Las cuales tenían por objeto confirmar la validez y la interpretación de los artículos 2 y 3 y de los anexos IA y IB de la mencionada Directiva sobre *OMGs* así como la interpretación del artículo 4 de la Directiva 2002/53/CE del Consejo, de 13 de junio de 2002 (estando vigente la trigesimoquinta edición *DO* C 478, de 21 de diciembre de 2016), que refiere al catálogo común de las variedades de las especies de plantas agrícolas. En este apartado, tal y como es recogido en la resolución del TJUE objeto de estudio, los gobiernos de Grecia, Francia, Holanda, Austria, Suecia y Reino Unido junto con el Parlamento Europeo, la Comisión y el Consejo de Europa presentaron diferentes observaciones a las cuestiones planteadas al Alto Tribunal.

en varios usos y para los que se dispone de una amplia experiencia de utilización segura"[46].

Asimismo, establece que "el artículo 4, apartado 4, de la Directiva 2002/53/CE del Consejo, de 13 de junio de 2002, referente al catálogo común de las variedades de las especies de plantas agrícolas, en su versión modificada por el Reglamento (CE) nº 1829/2003 del Parlamento Europeo y del Consejo, de 22 de septiembre de 2003, debe interpretarse en el sentido de que están exentas de las obligaciones establecidas en esta disposición, las variedades modificadas genéticamente obtenidas mediante técnicas o métodos de mutagénesis que han venido siendo utilizados convencionalmente en varios usos y para los que se dispone de una amplia experiencia de utilización segura".

Finalmente dispone que "el artículo 3, apartado 1 de la Directiva sobre *OMGs*, en relación con el anexo IB, punto 1 de la misma, en la medida en que excluye de su ámbito de aplicación los organismos obtenidos mediante técnicas o métodos de mutagénesis que han venido siendo utilizados convencionalmente en varios usos, y para los que se dispone de una amplia experiencia de utilización segura, debe interpretarse en el sentido de que ésta no tiene por efecto privar a los Estados miembros de la facultad de sujetar tales organismos a las obligaciones establecidas en la aludida Directiva o a otras obligaciones, dentro del respeto del Derecho de la Unión, en particular, con las normas relativas a la libre circulación de mercancías establecidas en los artículos 34 a 36 del TFUE".

2.1.1. Análisis de las cuestiones prejudiciales planteadas

Tras los antecedentes apuntados, recordaremos que la STJUE no amplía el ámbito de aplicación de la legislación sobre OMGs, sino

46 Ampliamente, IÑIGUEZ, ORTEGA, P., "La especial problemática de la edición genómica en plantas (comentario a la Sentencia del Tribunal de Justicia de la Unión Europea —Gran Sala— de 25 de julio de 2018, C-528/16)", *Actas de Derecho Industrial y Derecho de Autor*, Tomo 39, Marcial Pons, Madrid, 2019, p. 351 a p. 376.

que simplemente aclara como ha de ser interpretado[47]. Pues bien, el TJUE en relación con las cuestiones prejudiciales planteadas, si bien podría haber establecido mayor certeza y previsibilidad legal en la aplicación y explotación de las nuevas técnicas de edición genómica reflejadas en dicha Sentencia —y a diferencia de la interpretación efectuada por el Abogado General el 18 de enero de 2018[48]— emi-

47 Derivada de la STJUE, el 31 de octubre de 2018, fue presentada a la Comisión una pregunta con solicitud de respuesta escrita (E-005559-18) sobre el artículo 130 del Reglamento UE y sobre la adaptación del Derecho de la UE a la Sentencia objeto de análisis, interesando saber cómo va a adaptar la Comisión, el *corpus* legal existente sobre los *OMGs* a la misma; también, si va a haber alguna orientación para el sector europeo de semillas y plantas sobre el futuro del marco jurídico de los *OMGs* en la Unión y sus implicaciones en las inversiones de innovación y desarrollo en este sector. Las respuestas a dichas cuestiones fueron efectuadas por la Comisión Europea, el 16 de enero de 2019 reiterando que la legislación sobre *OMGs* no requiere modificación alguna, no considerándose necesario proporcionar ninguna orientación relativa a la aplicación de la sentencia del TJUE. No obstante, se solicitó al Laboratorio Europeo de Referencia para Alimentos y Piensos Modificados Genéticamente y a la Red Europea de Laboratorios de *OMGs*, la elaboración de un Informe sobre las posibilidades y limitaciones actuales y futuras relativas a la detección de alimentos o piensos obtenidos mediante las nuevas técnicas de mutagénesis. La Comisión emitió un informe el 29 de abril 2021 a la luz de la sentencia del Tribunal de Justicia en el asunto C-528/16 sobre el estado de técnicas genómicas en virtud de la legislación de la Unión (es decir, la Directiva 2001/18 CE, el Reglamento (CE) 1829/2003, el Reglamento (CE) 1830/2003 y la Directiva 2009/41 CE). Disponible en: *https://ec.europa.eu/food/plants/genetically-modified-organisms/new-techniques-biotechnology/ec-study-new-genomic-techniques_en.*

48 Conclusiones del Abogado General Sr. Bobek presentadas el 18 de enero de 2018, caso C-528/16 (disponible en *https://curia.europa.eu*). La sentencia del Tribunal de Justicia de la Unión Europea (en adelante TJUE) en el procedimiento penal "Fidenato y otros contra Italia" de 13 de septiembre de 2017 quien, conociendo de una cuestión prejudicial planteada por el Tribunal de Udine mediante la cual se solicitó interpretar los artículos 34 del Reglamento (CE) 1829/2003 y 53 y 54 del Reglamento (CE) 178/20025, con el objeto de resolver si la medida de emergencia adoptada por el Gobierno italiano, se ajustaba o no a estas disposiciones El Gobierno italiano solicitó en abril de 2013 a la Comisión Europea que adoptara una medida de emergencia prevista en el mencionado artículo 34 del reglamento 1829/2003, con el objetivo de prohibir el cultivo de maíz denominado MON 810. La CE contestó que, tras haberse realizado una evaluación de los datos aportados, consideró que no se había demostrado la existencia de una urgencia para adoptar medidas con arreglo a los artículos 53 y 54 del Reglamento 178/2002. En efecto, a petición de la CE, la Autoridad Europea de Seguridad Alimentaria (EFSA, por su acrónimo en inglés) emitió

te una solución radicalmente opuesta a ésta, muy criticada por los sectores científicos[49] y sustentada en un delicado equilibrio entre los diferentes intereses en juego[50].

2.1.2. Mutagénesis y OMGs. Aplicabilidad del artículo 2.2 de la Directiva 2001/18 y alcance de la exención de la mutagénesis: art. 3.1 en relación con el anexo IB a la luz del considerando 17 de la Directiva citada

La cuestión planteada refiere, de forma concreta a si los organismos obtenidos mediante mutagénesis son organismos modificados genéticamente en el sentido del artículo 2 de la Directiva sobre *OMGs*[51], aunque estén exentos, en virtud del artículo 3 y del anexo IB de la nombrada Directiva, de las obligaciones impuestas para la liberación y la comercialización de organismos modificados genéticamente.

---

un dictamen pronunciándose sobre la evidencia científica que motivó dicho Decreto (*European Food Safety authority*, "Scientific opinion on a request from the european Commission related to an emergency measure notified by Italy on genetically modified maize MON810 according to Article 34 of Regulation (EC) Nº 1829/2003" (2013), *EFSA Journal*, Vol. 11, Nº 9, y que sustentaron, en esencia, las conclusiones vertidas por el Abogado General Sr. Bobek.

49 La Organización Europea de Ciencia de las Plantas (*EPSO*) ha criticado duramente la STJUE objeto de análisis, por carecer la misma de base científica, interesando una modificación normativa en este ámbito específico (disponible en *https://www.epsoweb.org*).

50 Existen opiniones favorables a esta resolución judicial dimanantes de diversas asociaciones no gubernamentales, asociaciones de agricultura orgánica, asociaciones ecologistas, tales como Federación Internacional de Movimientos de Agricultura Orgánica (*IFOAM*), Amigos de la Tierra, *Greenpeace*; *European Coordination Vía campesina* (*ECVC*), Federación Internacional de Movimientos de Agricultura Orgánica; la Federación Internacional de Movimientos de Agricultura Orgánica en la Unión Europea *(IFOAM-EU*), entendiendo que con dicha Sentencia existirá una mejor protección del medio ambiente frente a los riesgos potenciales de las nuevas tecnologías sobre el sector de la alimentación, lo que beneficiará, en última instancia, al consumidor final (disponible en *http://www.revistaalimentaria.es*).

51 Sobre la interpretación de la legislación española a la luz de la STJUE, véase CURTO POLO, Mª M., *la protección de las innovaciones …cit.* p. 68 a p. 70.

Derivado de lo anterior, también se suscita al Alto Tribunal si pueden considerarse las técnicas de mutagénesis, especialmente aquellas de mutagénesis dirigida que aplican procesos de ingeniería genética, como técnicas enumeradas en el anexo IA al que remite el artículo 2. Asimismo, y a tales efectos, si deben interpretarse los artículos 2 y 3 y los anexos IA y IB de la Directiva sobre *OMGs* en el sentido de que estos eximen de las medidas de precaución[52], de evaluación de los riesgos[53] y de trazabilidad a todos los organismos y semillas modificados genéticamente obtenidos mediante mutagénesis, o únicamente a los organismos obtenidos mediante los métodos convencionales de mutagénesis aleatoria mediante radiación ionizante o exposición a agentes químicos mutágenos existentes con anterioridad a la adopción de dichas disposiciones.

Sobre la primera de las cuestiones prejudiciales, el TJUE efectuando una construcción teórica circunscrita a las citadas técnicas de edición genómica, realiza un análisis individualizado sobre la aplicabilidad del artículo 2.2 de la Directiva sobre *OMGs,* poniendo de manifiesto que los organismos obtenidos mediante mutagénesis, son *OMGs* en el sentido de dicha disposición, esto es, transgénicos[54], entendiendo que dichos métodos modifican el material genético de un organismo de una manera que no se produce naturalmente, quedando integrados, a tal efecto, dentro del ámbito de aplicación de la

---

52 La propia Comisión de la UE cuando señala que en caso de que se considere necesaria una acción o decisión en un contexto de incertidumbre, las medidas basadas en el principio de precaución deberán ser, entre otros aspectos, "sujetas a revisión", a la luz de los nuevos datos científicos. A este respecto, ya en la Comunicación de la Comisión, de 5 de junio de 2002, sobre el Plan de acción "Simplificar y mejorar el marco regulador" se recoge el compromiso de la Comisión de introducir, cuando se juzgue oportuno, una cláusula de reexamen, o incluso de revisión, en sus propuestas legislativas, en particular en aquellas sujetas a una rápida evolución tecnológica, a fin de garantizar la actualización y adaptación regulares de la legislación.

53 Sobre esta cuestión, véanse las aportaciones de IÑIGUEZ, ORTEGA, P., "La especial problemática de la edición..." *cit.* 366; MELLADO RUIZ, L., "Derecho de la biotecnología vegetal. La regulación de las plantas transgénicas", Instituto Nacional de Administración Pública, Madrid, 2002, p. 228.

54 La mutagénesis, a diferencia de la transgénesis, engloba técnicas que permiten alterar el genoma de un organismo sin insertarle ADN de otro y se utiliza para desarrollar variedades de semillas resistentes a determinados herbicidas.

Directiva de referencia, y por tanto, sujetos a las obligaciones establecidas en la misma.

A mayor abundamiento, continua la sentencia, la definición de *OMGs* recogida en el precepto antes expuesto, debe ser puntualizada con una necesaria diferenciación entre técnicas cuya utilización produce una modificación genética y aquellas otras técnicas que no se consideran causantes de la nombrada modificación genética[55]. Llegados a este punto, también especifica que la mutagénesis es citada de forma explícita en el anexo 1B de la Directiva sobre OMG entre las técnicas o métodos de modificación genética a las que se hace referencia el artículo 3.1 de la misma Directiva relativo a aquellos organismos que han de ser excluidos de su ámbito de aplicación. Pues bien, frente a los anteriores argumentos esgrimidos por el Tribunal comunitario, pensamos que con la inclusión de técnicas hoy excluidas del ámbito de aplicación de la Directiva europea (anexo 1B punto 1)[56] dentro del propio concepto de *OMG*—y con sustento en una decisión excesivamente conservadora en la aplicación del principio de precaución[57]— podría llegarse a desfavorecer la seguridad jurídi-

---

55 Véase al efecto, el apartado 35 de la Sentencia objeto de estudio.

56 La salvedad del anexo 1B fue introducida en el año 2001, recordando que la Directiva 90/220 ya había eximido a los organismos obtenidos mediante mutagénesis.

57 Desde un punto de vista jurisprudencial, circunscribiendo dicho principio, son interesantes las STJUE de 8 de septiembre de 2011 en los asuntos acumulados C-58/10 a C-68/10 (caso *Monsanto SAS y otros/Ministre de l'Agriculture et de la Pêche,* ECLI:EU:C:2011:553); de 2 de diciembre 2004 (caso *Comisión/Países Bajos;* ECLI:EU:C:2004:762); C-41/02; de 2 de enero de 2010 (caso *Comisión/Francia;* ECLI:EU:C:2010:44), C-333/08; 19 de enero de 2017 (caso *Quieisser Pharma;* ECLI:EU:C:2017:26), C-282/15; STJUE de 5 de mayo de 1998, caso *National Farmer'Union y otros*; ECLI:EU:C:1998:191). Un análisis doctrinal, en relación con el principio de precaución es efectuado, entre otros autores, por GONZÁLEZ-VAQUÉ, L. y DA CRUZ VILAÇA, J. L., "The precautionary principle in EC Law", Nº 10, 2004 p. 370; ESCAJEDO SAN EPIFANIO, L., "Principio de precaución y riesgos ambientales, especialmente los asociados a los OMG" en ROMEO CASABONA, C. (coord) *Principio de precaución, Biotecnología y Derecho,* Cátedra Interuniversitaria, Fundación BBVA-Diputación Foral de Bizkaia de Derecho y Genoma humano, Comares, Granada, 2004, p. 160; RODRÍGUEZ ZABALETA, Hannot (2003), "Riesgo y principio de precaución. Hacia una cultura de la incertidumbre", *Revista Catalana de Seguretat Pública,* Nº 13, p. 139; ANDORNO, R., "The Precautionary Principle: A New Legal Standard for a Technological Age",

ca[58] e impulsar hacia un evidente riesgo de ralentización (cuando no de paralización) del progreso e innovación, a este específico sector.

Siendo ello así, y teniendo en cuenta el conjunto de variables indicadas y uniéndonos a los argumentos esgrimidos por el Abogado General[59], el legislador europeo deliberadamente decidió no efectuar diferenciación alguna entre las citadas técnicas de edición genómica, con el objeto de poder determinar con claridad cual era el verdadero alcance de la mutagénesis, restringiéndose, al efecto, la exención expuesta y cuyo fin último se dirigiría hacia su necesaria adaptación a los constantes cambios tecnológicos que se fueran produciendo. Por otra parte, ahondando en esta misma línea, ha de traerse a colación otra de las referencias a considerar en nuestro análisis, como es la adición en este extremo (parte I anexo IA, Directiva sobre *OMGs*), de la salvedad de utilización de moléculas de ácido nucleico recombinante con el concreto objeto de que se pudiera tener en consideración el nacimiento de las mismas (*ex* artículo 2.2, letra a) de la Directiva de referencia).

Journal of International Biotechnology Law, Vol. 1, N° 1, 2004, p. 11a p. 19; VANDERZAAG, D., "The Precautionary Principle in Environmental Law and Policy: Elusive Rhetoric and First Embraces", *Journal of Environmental Law and Practice*, Vol. 8, 1999, p. 355 a p. 365; HERMON, C., "OGM et principe de précaution", *Revue juridique de l'environnement*, N° 4, 2000, p. 595 a p. 614.

58 En este sentido, efectuando una breve exégesis de Derecho comparado, en la normativa inglesa, un grupo de expertos de diferentes ámbitos de conocimiento en su Informe de 1 de septiembre de 2018 "*UK Plant genetics: a regulatory environment to maximise advantage to the UK economy post Brexit*" instaron al Gobierno británico a regular la mejora genética con base científica después del Brexit, mostrando su pleno desacuerdo con la Sentencia citada, estimando que provocaba numerosos desajustes en su actual normativa. El 7 de enero de 2021, el Ministro de Agricultura y Medio ambiente inglés, planteó una consulta sobre la regulación de la edición genómica en plantas. En el Derecho alemán, el Consejo de Bioeconomía alemán (*Bioökonomierat*)— órgano científico formado por 17 expertos en Bioeconomía que asesora al Gobierno Federal— solicitaron a través de un Comunicado de 30 de agosto de 2018, una nueva legislación europea adaptada a las nuevas tecnologías de edición génica. Unido a lo anterior, en su Memoria de 19 de enero de 2019, el citado Consejo expuso que "Europa necesita una nueva normativa sobre edición genómica que se ajuste a los nuevos avances científicos en aras al logro de una mayor seguridad jurídica en el Derecho de la UE".

59 Conclusiones del Abogado General Sr. Bobek, *cit.*, apartados 79, 81 y 82.

Sentado lo que antecede, podemos llegar a la conclusión de que no es posible aseverar con rotundidad —tal y como sí lo realiza el Alto Tribunal— que la Directiva sobre *OMGs* establece una exención absoluta para las técnicas de mutagénesis indicadas, sino que la salvedad recogida en el anexo IB de la disposición de referencia constituye, en esencia, una reserva significativa[60]. En esta misma línea de razonamiento, el TJUE señala que si la condición establecida en el anexo 1B[61] es incumplida, serán aplicadas todas las obligaciones derivadas de la Directiva sobre *OMGs*.

Sin embargo, mediante tal planteamiento, el Tribunal de Justicia ha establecido una barrera entre el cumplimiento de los imperativos jurídicos y científicos[62], habiendo sido más deseable, y siempre en aras a una efectiva limitación del ámbito material de aplicación a determinadas técnicas de modificación genómica, que se hubiera referido de forma expresa a las mismas, en vez de realizarlo a través del propio concepto de *OMGs* (*ex* art. 2.2 de la Directiva sobre *OMGs*). Por ello, es de importancia crucial, debido a su laxitud, la necesidad de aclaración del significado "alterado de una manera que no se produce naturalmente", el cual se encuentra integrado en la definición jurídica de dichos organismos[63].

Continuando con el análisis de la resolución jurisdiccional, la misma se ocupó también de valorar la exclusión de determinadas técnicas o métodos de mutagénesis del ámbito de aplicación de la propia sistemática del citado Cuerpo Legal sobre *OMGs,* afirmando textualmente que: "tal y como se desprende del artículo 3.1 relativo a las exenciones y a la luz del considerando 17 de la disposición indicada, ésta debe interpretarse en el sentido de que únicamente están ex-

---

60 *Ibidem.*

61 Cita el TJUE, específicamente, en este punto, la sentencia de 27 de abril de 2017 (caso *Pinckernelle;* ECLI:EU:C:2017:315), C-535/15, abogando por una interpretación estricta de la excepción.

62 El grupo de asesoramiento científico y tecnológico de la Comisión Europea, el *Scientific Advice Mechanism* (*SAM)* publicó en el día 13 de noviembre de 2018, una declaración en la que recomienda que se revise la actual Directiva sobre *OMGs* al objeto de reflejar fehacientemente los últimos conocimientos y que sea sustentada en evidencias científica (disponible en *https://ec.europa.eu/research/sam/index.cfm.*)

63 IÑIGUEZ, ORTEGA, P., "La especial problemática de la edición..." *cit.* p. 368.

cluidos su ámbito de aplicación, los organismos obtenidos mediante técnicas o métodos de mutagénesis que han venido siendo utilizados convencionalmente en varios usos y para los que se dispone de una amplia experiencia de utilización segura"[64].

Ante un marco de referencia como el descrito, las críticas que en este punto pudieran formularse (una vez realizada la pausada lectura del considerando 17)[65], serían dirigidas contra la interpretación efectuada por el TJUE, puesto que la Directiva sobre OMG en ningún momento refiere a la exención de dichos métodos de mutagénesis, como tampoco lo efectúa, ni la propia literalidad del precepto antes indicado (art. 3.1), ni el anexo IB de la misma[66]. Precisamente, y mediante un análisis de la estructura de la disposición citada, pensamos que no parece haber sido la intención del legislador europeo, el efectuar una clara división en la categoría de la mutagénesis en función de las técnicas utilizadas y el nivel de seguridad que ofrecen[67]. De hecho, en la senda establecida en su artículo 27 es prevista su propia adaptación[68] al exigirse un necesario ajuste normativo en relación a todos los avances técnicos que se vayan produciendo de diversos de sus anexos (pero no, de los anexos IA o IB).

---

64 Véase el apartado 45 de la STJUE objeto de análisis.

65 El contenido del citado Considerando, tal y como se refleja en sus Conclusiones el Abogado General Sr. Bobek en su apartado 94, ya figuraba— aunque en términos ligeramente distintos— en el séptimo considerando de la propuesta inicial de la Comisión que finalmente dio lugar a la adopción de la Directiva 90/220. Sin embargo, la exención de la mutagénesis no fue introducida por el Consejo hasta la versión final de la indicada Directiva, probablemente, como indica el Abogado General "bajo la influencia del Comité Económico y Social, que mencionó por primera vez el concepto de mutagénesis y la necesidad de una exención".

66 Conclusiones del Abogado General Sr. Bobek, *cit.*, apartados 92 a 94.

67 En la vista celebrada, la Comisión declaró que el Considerando 17 era una mera declaración, mientras que el Consejo confirmó que el legislador la UE no había tenido intención de regular las técnicas de mutagénesis al margen de su seguridad, habiendo efectuado distinciones entre los diferentes métodos en los anexos IA y IB (véase Conclusiones del Abogado General Sr. Bobek, apartados, 95 y 96).

68 El artículo 27 de forma textual indica: "Las secciones C y D del Anexo II, los anexos III a VI y la sección C del anexo VII, se adaptarán a los avances técnicos con arreglo al procedimiento establecido en el apartado 2 del artículo 30".

En consecuencia, siendo ésta una perspectiva esencialmente judicialista, en modo alguno podemos adherirnos al pronunciamiento vertido por el Tribunal de Justicia, puesto que con sus aseveraciones en este punto, no sólo se podría llegar a comprometer el objetivo de la Directiva sobre *OMGs*, que es en esencia, evitar los efectos negativos en la salud humana y en el medio ambiente[69], sino que además, podría llegar a vulnerarse el principio de precaución en la gestión de riesgos (*ex* artículo 4.1 Directiva de referencia), cuya virtualidad, no lo olvidemos, es consustancial a la existencia real de incertidumbre científica —no meramente hipotética o aislada—[70] y al riesgo asumible por la sociedad. Y es precisamente bajo esta óptica de análisis, donde abogamos por la necesaria adaptación de la normativa europea, puesto que podemos llegar a encontrarnos a corto plazo, con la inexistencia real de un enfoque analítico de detección y cuantificación de los productos editados genéticamente, además de la posible comercialización en el mercado de la Unión de productos que han sido obtenidos por técnicas de mutagénesis dirigida[71] que, como es fácilmente evidenciable, generará no pocas disfunciones jurídicas.

A los efectos que aquí nos interesan, pensamos que el TJUE debería haber tenido en consideración las circunstancias fácticas y sociales existentes cuando los conceptos indeterminados fueron incorporados a la Norma de referencia (año 2001), además de que también podía haber realizado una interpretación más dinámica del Derecho acorde con la evolución de la realidad científica, en donde prestando especial atención al principio de cautela, se hubiera efectuado un control judicial del respeto a la obligación de mantener la normativa adaptada a las nuevas técnicas, *ex post*[72].

---

69 Véase el apartado 53 de la STJUE objeto de estudio.

70 Desde un punto de vista jurisprudencial y en donde se reafirma que el análisis del riesgo no puede sustentarse en consideraciones meramente hipotéticas, véanse las STJCE, de 9 de septiembre de 2003, (caso *Monsanto Agricoltura Italia y otros;* ECLI:EU:C:2003:431), C-236/01. Asimismo, es interesante, la STJCE de 14 de julio de 1994 (caso *Van der Veldt;* Rec. I-3537; ECLI:EU:C:2007:168), C-17/93, que en su apartado 17 refiere a que "el riesgo invocado no debe medirse por el rasero de consideraciones de índole general, sino basándose en investigaciones científicas apropiadas".

71 *Vid supra* nota 31.

72 Conclusiones del Abogado General Sr. Bobek, *cit.*, apartado 105.

Así, corroboramos plenamente lo expuesto por el Abogado General cuando textualmente declara "que no se pueden reescribir las disposiciones de una norma jurídica en contra de su tenor, esto es, *contra legem*[73]" entendiendo que no es acertado concluir que la validez de una medida del Derecho de la Unión, en particular, en lo que respecta a la legislación de carácter general de aplicación prospectiva, deba de apreciarse a la luz de los hechos y conocimientos existentes en la fecha su adopción"[74], tal y como alcanza la conclusión del TJUE.

2.1.3. Obligaciones específicas para variedades de especies de plantas modificadas genéticamente y su inclusión en el catálogo común de variedades de especies de plantas agrícolas: enfoque del artículo 4.4 de la Directiva 2002/53/CE del Consejo, de 13 de junio de 2002

Derivada de la segunda cuestión prejudicial interesada, el Alto Tribunal sostiene que "el artículo 4.4 de la Directiva 2002/53/CE del Consejo, de 13 de junio de 2002, referente al catálogo común de las variedades de las especies de plantas agrícolas, en su versión modificada por el Reglamento (CE) nº 1829/2003 del Parlamento Europeo y del Consejo, de 22 de septiembre de 2003[75], debe interpretarse en el sentido de que están exentas de las obligaciones establecidas en esta disposición las variedades modificadas genéticamente obtenidas

---

[73] Véase, por analogía, los límites de interpretación establecidos a tenor de las STJUE de 15 de abril de 2008, caso *Impact*; ECLI:EU:C:2008:223), C-268/06; de 15 de enero 2014 (caso *Association de médiation sociale;* ECLI:EU:C:2014:2).

[74] Son interesantes las STJUE de 7 de febrero de 1979 (caso *Francia/Comisión;* ECLI:EU:C:1979:29) C-15/76 y C-16/76, apartado 7; 22 de octubre 2002 (caso *National Farmer's Union;* ECLI:EU:C:2002:604), C-241/01, apartado 37. Complementando lo anterior, véase las STJUE de 17 de junio de 1997 (caso *SAM Schiffahrt y Stapf;* ECLI:EU:C:1997:377), C-248/95 y C-249/95, apartado 47 y de 1 octubre de 2009 (caso *Gaz de France-Berliner Investissement;* ECLI:EU:C:2009:600), C-247/08, apartado 50.

[75] *DO* C 446, de 30 de noviembre de 2016, siendo esta edición la trigésima quinta. Dicho catálogo común se establece con arreglo al apartado 2 del artículo 1 de la Directiva 2002/53, sobre la base de los catálogos nacionales de los Estados miembros. Para un desarrollo amplio de este apartado, véase GARCÍA VIDAL, A., "El derecho..." *cit.* p. 251.

mediante técnicas o métodos de mutagénesis que han venido siendo utilizados convencionalmente en varios usos y para los que se dispone de una amplia experiencia de utilización segura"[76]. En todo caso, vemos que ésta conclusión alcanzada por el TJUE no es del todo coherente con alguno de los preceptos contenidos en la Directiva 2002/53/CE indicada, de forma particular, con el artículo 7.4 letra a), ni tampoco lo es con otros instrumentos de Derecho derivado.

En justificación de dicha afirmación, por la disposición de referencia son impuestas unas obligaciones generales aplicables a determinadas variedades de especies de plantas agrícolas, en particular, su sometimiento a un examen oficial antes de ser aceptadas para su inclusión en el catálogo común de las variedades de dichas especies de plantas agrícolas, y también, circunscritas al referido art. 4.4 indicado, una serie de obligaciones específicas para aquellas variedades de especies de plantas agrícolas que han sido modificadas genéticamente en el sentido del artículo 2 puntos 1 y 2 de la anterior Directiva 90/220.

De este modo, si se interpretara textualmente la Directiva 2002/53/CE, supondría, en esencia, que determinadas obligaciones de la Directiva sobre OMG (con similar evaluación del riesgo para el medio ambiente que la Directiva 2002/53/CE), se aplicarían indirectamente a organismos que ya están exentos de cualquier obligación generada por esta última Norma.

No obstante lo que antecede, es necesario recalcar que en ningún momento, la Directiva 2002/53/CE menciona exención alguna aplicable a los organismos obtenidos mediante mutagénesis, entendiéndose, a tal efecto, que la misma debería ser interpretada tomándose en consideración el ámbito de aplicación de la Directiva sobre OMG[77] y que la exención prevista en esta última Directiva, también

---

[76] El TJUE refiere a en su resolución a la jurisprudencia citada en la Sentencia de 16 de julio de 2009, (caso *Comisión/Polonia*; OJ C 220), C-165/08, págs 10-11.

[77] Esto es, el artículo 4.4 de esta Directiva 2002/53 debe ser coherente a nivel interno e interpretarse en relación con el artículo 7, apartado 4, letra a), de la misma, debiendo existir, igualmente coherencia externa entre la Directiva 2002/53 y los instrumentos de Derecho derivado que regulan los *OMGs* (véase, artículo 2.5 del Reglamento nº 1829/2003 y el artículo 3.2 del Reglamento nº 1946/2003).

sería por tanto aplicable a la Directiva 2002/52/CE. En efecto, pensamos que los organismos obtenidos mediante mutagénesis estarán sujetos a las obligaciones generales previstas en la Directiva 2002/53/CE, la cual, como hemos anticipado, es aplicable a todos los tipos de variedades de las especies de plantas agrícolas con el fin último de su inclusión en el catálogo común, así como también, a aquellas otras obligaciones específicas determinadas para las variedades modificadas genéticamente.

Así las cosas, sostenemos tales aseveraciones, dada la incoherencia normativa que supondría una imposición de idénticas obligaciones en materia de evaluación de riesgos medioambientales a variedades con modificación genética que ya están exentas de las mismas, tal y como se desprende del tenor de la Directiva sobre OMG.

2.1.4. *Legislación de los Estados miembros sobre organismos obtenidos mediante mutagénesis y respeto al Derecho de la Unión. Consideraciones sobre el artículo 3.1 en conexión con el anexo IB punto 1 de la Directiva 2001/18/CE. Incidencia de los artículos 34 a 36 del TFUE*

Como hemos avanzado, los organismos que se han obtenido mediante métodos de mutagenésis que no han venido siendo utilizados convencionalmente en varios usos y para los que no se dispone de amplia experiencia de utilización segura, quedan comprendidos en el ámbito de aplicación de la Directiva sobre *OMGs*, y por tanto, sujetos a las obligaciones que de ella se derivan. Por el contrario, no están comprendidos en el ámbito de aplicación de dicha Directiva, a tenor de su artículo 3.1, en relación con el anexo IB punto 1, los organismos obtenidos mediante métodos de mutagénesis que han venido siendo utilizados convencionalmente en varios usos y de los que se dispone de amplia experiencia de utilización segura: "en consecuencia, y dado que le legislador de la Unión no ha regulado éstos últimos organismos, los Estados miembros tienen la facultad de definir su régimen jurídico sujetándolos a las obligaciones previstas por la Directiva 2001/18 o a otras obligaciones, dentro del respeto del derecho de la Unión, en particular, de las normas relativas la libre circulación de mercancías establecidas en los artículos 34 TFUE a 36 TFUE"[78].

Pues bien, la conclusión del TJUE[79] ha derivado en controvertidos comentarios doctrinales[80], siendo la última frase del apartado 79 de la Sentencia referida: "...dentro del respeto del Derecho de la Unión, en particular a las normas relativas a la libre circulación de mercancías establecidas en los artículos 34 y 36 del TFUE", objeto de no pocas discusiones jurídicas, planteándose, dados los concretos términos de su redacción, su posible compatibilidad con la Directiva 2015/412 del Parlamento Europeo y del Consejo de 11 de marzo de 2015 con el Derecho de la Unión Europea[81].

No obstante lo que antecede, aun entendiendo que la libre circulación de mercancías, en especial, la importación de semillas y material vegetal de reproducción modificado genéticamente queda garantizada, suscribimos plenamente lo manifestado por GONZALEZ-VAQUE[82], en donde la concreta problemática en relación con los artículos citados queda vinculada exclusivamente a su uso, siendo pues necesario a la hora de su interpretación, recurrir a la jurisprudencia no sólo del TJUE[83], sino también, de los propios Estados

---

78 Véase el apartado 79 de la Sentencia objeto del presente comentario.

79 El TJUE expone su conclusión: "El artículo 3, apartado 1, de la Directiva 2001/18, en relación con el anexo I B, punto 1, de esta, en la medida en que excluye del ámbito de aplicación de esta Directiva los organismos obtenidos mediante técnicas o métodos de mutagénesis que han venido siendo utilizados convencionalmente en varios usos y para los que se dispone de una amplia experiencia de utilización segura, debe interpretarse en el sentido de que no tiene por efecto privar a los Estados miembros de la facultad de sujetar tales organismos a las obligaciones establecidas en dicha Directiva o a otras obligaciones, dentro del respeto del Derecho de la Unión, en particular de las normas relativas a la libre circulación de mercancías establecidas en los artículos 34 TFUE a 36 TFUE".

80 Unos precisos comentarios al efecto son realizados por GONZALEZ-VAQUE, L., "De nuevo la polémica..." *cit.* p. 43.

81 *Cfr* apartado 8 artículo 26 *ter* del TFUE en relación con el Considerando 16 de la Directiva 2015/412 Parlamento Europeo y del Consejo, de 11 de marzo de 2015.

82 Ampliamente, *vid.* GONZALEZ-VAQUE, L., De nuevo la polémica..." *cit.* p. 46.

83 Al efecto, las STJUE de 10 de febrero de 2009 (caso *Comisión/Italia*; ECLI:EU:C:2009:66), C-110/05 y STJUE de 4 de junio de 2009 (caso *Mickelsson and Roos* ECLI:EU:C:2009:336), C-142/05.

miembros, que justifican lo que se ha venido a denominar "discriminación al contrario" que tiende a otorgar ventaja sustancial a operadores económicos similares de otros países miembros, aceptando que se puedan impedir, directa o indirectamente, los intercambios comerciales entre los mismos[84]. Por todo ello, y en la medida en que las ideas anteriores se compartan, parece razonable extender nuestra crítica a la atribución de competencia a dichos Estados miembros para legislar sobre este concreto ámbito, tal y como refleja el TJUE en sus conclusiones, lo que provocará en un futuro no pocas disfunciones jurídicas.

IV. REFERENCIA AL ESTUDIO DE LA COMISIÓN EUROPEA SOBRE LA EDICIÓN GENÓMICA DE CULTIVOS PARA EL MEJORAMIENTO VEGETAL

1. Precedentes

Es un hecho evidente que la puesta en el mercado de las innovaciones vegetales desarrolladas, bien a través de técnicas tradicionales, bien mediante nuevas técnicas de edición genómica, pueden afectar a intereses generales de relieve, tales como la alimentación la salud humana o animal, el medioambiente o la biodiversidad[85].

En el momento presente, la Comisión Europea propone, bajo unos parámetros generales, crear una cadena alimentaria que funcione para los consumidores, los productores, el clima y el medio ambiente, la cual se articula en seis objetivos específicos: garantizar una producción alimentaria sostenible; garantizar la seguridad alimentaria; estimular prácticas sostenibles de transformación de alimentos, comercio mayorista y minorista, hostelería y servicios alimentarios; promover el consumo sostenible de alimentos y facilitar la transición

---

84 *Cfr.* apartado 80 y 81 de la STJUE objeto de análisis.

85 Un exhaustivo estudio fue efectuado por MARTÍN MATEO, R., "La tutela de la biodiversidad", *Revista española de Derecho Administrativo*, N°. 86, p 165 a p. 179; VALENCIA MARTÍN, G., "Conservación de la biodiversidad", *Noticias de la Unión Europea,* N° 307, 2010, p. 83 a p. 84.

a dietas saludables y sostenibles[86]; reducir la pérdida y el desperdicio de alimentos y luchar contra el fraude alimentario (formando parte de la denominada Estrategia de la Granja Mesa[87], elementos centrales del Pacto Verde, *Green Deal*)[88], que apuntan, necesariamente, hacia un equilibrio nuevo y mejorado entre la naturaleza y la protección de la biodiversidad, y que derivan, al mismo tiempo, en un

---

86 Para una visión panorámica del estado del sistema alimentario de la UE, véase, *European Environment Agency, Food in a Green light. A systems approach to sustainable food,* (2017), *EEA Report,* Nº 16, Copenhagen, p. 1. Asimismo, se deberá contar con el apoyo de una Política Agrícola Común (PAC) Disponible en: *https://ec.europa.eu/commission/publications/natural-resources-and-environment_es.*

87 Comunicación de la Comisión al Parlamento Europeo, al Consejo, al Comité Económico y Social europeo y al Comité de las Regiones la estrategia "De la granja a la mesa" para un sistema alimentario justo, saludable y respetuoso con el medio ambiente. Se establecen como acciones concretas y dentro del marco legislativo para sistemas alimentarios sostenibles (hasta finales de 2023): definiciones comunes y principios y requisitos generales para la sostenibilidad de los sistemas alimentarios; base para garantizar la coherencia de las políticas a nivel nacional y de la UE; integrar la sostenibilidad en todas las políticas relacionadas con la alimentación; disposiciones en materia de gobernanza, participación colectiva de todos los actores; el desarrollo de un plan de contingencia para garantizar el suministro de alimentos en tiempos de crisis. COM 2020, 381 final. Disponible en: *https://ec.europa.eu/food/farm2fork_en.*

88 *Vid. https://ec.europa.eu/commission/publications/natural-resources-and-environment_es.* Asimismo, el 25 de marzo del presente año, la Comisión ha presentado, enmarcado en el Pacto Verde Europeo, un Plan de acción para el desarrollo de la producción ecológica, siendo una de las acciones que se contemplan en el mismo, el reconocimiento de sus bajos rendimientos comparado con la agricultura convencional, que se podría solventar acudiendo a las nuevas técnicas de edición genómica, como la mutagénesis. Recordaremos que la Unión Europea, ha aplazado al 1 de enero de 2022 la fecha de aplicación del Reglamento 2018/848 sobre producción ecológica y etiquetado de los productos ecológicos, inicialmente prevista para el 1 de enero del presente año 2021, según el Reglamento 2020/1693 del Parlamento Europeo y del Consejo. Bruselas también aplaza un año las fechas relacionadas con las excepciones, los informes o las facultades concedidas a la Comisión para poner fin o ampliar las excepciones que se derivan directamente de la fecha de aplicación del Reglamento (UE) 2018/848. En el caso de su aplicación a terceros países, prorroga un año, hasta el 31 de diciembre de 2026, la fecha de expiración del reconocimiento previsto. Asimismo, también prorroga un año, hasta el 31 de diciembre de 2024, la fecha de expiración del reconocimiento de las autoridades y organismos de control de terceros países concedido en virtud del Reglamento (CE) 834/2007.

incremento de la innovación[89], la competitividad, la sostenibilidad y la resiliencia de la UE.

A tales efectos, se tiende hacia un logro de formas innovadoras en agricultura que permitan reducir el uso de fitosanitarios y fertilizantes[90], revirtiendo, de esta forma, la pérdida de la citada biodiversidad, y proporcionando a la sociedad, alimentos nutritivos, suficientes, asequibles y sostenibles[91], en consonancia con los Objetivos de Desarrollo Sostenible (ODS)[92] de las Naciones Unidas, lo que conlleva a la necesaria armonización del marco reglamentario aplicable en todo el mundo.

Bajo la perspectiva de análisis que aportan dichas constataciones de carácter general, son planteados, circunscribiéndolos a dichas técnicas de mejora vegetal, no pocas cuestiones de calado jurídico, en las que se aboga por una evidente necesidad de reestructuración de su marco de protección legal[93].

---

89 Con la finalidad de agilizar la innovación y acelerar la transferencia de conocimientos, la Comisión trabajará con los Estados miembros para reforzar la función de la Asociación Europea para la Innovación en materia de Productividad y Sostenibilidad Agrícolas (AEI-AGRI) en los planes estratégicos. Además, el Fondo Europeo de Desarrollo Regional invertirá, a través de la especialización inteligente, en innovación y colaboración a lo largo de las cadenas de valor alimentarias. Disponible en: *https://eur-lex.europa.eu/legal-content/ES/TXT/DOC/?uri=CELEX:52020DC0381&from=EN.*

90 Propuesta de Reglamento del Parlamento Europeo y del Consejo por el que se establece el marco para lograr la neutralidad climática y se modifica el Reglamento (UE) 2018/1999 ("Ley del Clima Europea") (COM (2020) 80 final, 2020/0036 (COD).

91 "A nivel mundial, se calcula que unos sistemas alimentarios y de agricultura acordes a los ODS ofrecerían alimentos nutritivos y asequibles para una población mundial en crecimiento, ayudarían a restaurar ecosistemas vitales y podrían crear un nuevo valor económico superior a 1,8 billones de euros de aquí a 2030", Comisión de Comercio y Desarrollo Sustentable (2017). Asimismo, y en relación con la denominada economía circular de base biológica, véase "Comunicación de la Comisión al Parlamento Europeo, al Consejo, al Comité Económico y Social Europeo y al Comité de las Regiones "Nuevo Plan de acción para la economía circular por una Europa más limpia y más competitiva" (COM (2020) 98 final).

92 *Vid. https://www.un.org/sustainabledevelopment/sustainable-development-goals/*

93 En nuestro país, la Subdirección General de Medios de Producción Agrícola y Oficina Española de Variedades Vegetales puso en marcha en el año 2020,

A este efecto, la Sentencia del TJUE (Gran Sala) de 25 de julio de 2018— cuyos puntos relevantes hemos recogido en las líneas precedentes —es buen ejemplo de ello, constituyendo un hito en el debate generado sobre las mencionadas técnicas de edición genómica. Por tanto, una de las mayores críticas de dicha resolución jurisdiccional por parte de diferentes sectores interesados en la mejora vegetal[94], ha sido la interpretación, dentro de un plano meramente formal, de varios artículos de la Directiva 2001/18 en la medida en que los organismos modificados mediante la técnica de CRISP/Cas quedarían conceptuados como *OMGs* sometidos a la aplicación de las Directivas 2009/14/CE y 2001/18, y las variedades obtenidas a partir de ellos como variedades genéticamente modificadas para cuya comercialización deben cumplirse los requisitos establecidos en la Directiva 2002/53 del Consejo, de 13 de junio de 2002, referente al Catálogo Común de las variedades de las especies de plantas agrícolas.

Atendiendo a las anteriores premisas, y dado que los razonamientos volcados por dicha resolución jurisdiccional podrían generar efectos indeseados para el sector agroalimentario, el comercio internacional, la ralentización de la investigación[95] e innovación y los

---

el primer Programa Nacional de Control oficial de la liberación voluntaria de organismos modificados genéticamente (OMG) para la producción de alimentos y piensos. Desde el 1 de enero de 2021, es de aplicación el cuarto Plan de control plurianual denominado "Plan Nacional de Control Oficial de la Cadena Alimentaria 2021-2025"

94 La Asociación Nacional de Obtentores Vegetales (ANOVE) considera que: "la Unión Europea ha perdido el tren de la innovación agrícola ya que las últimas innovaciones en mejora vegetal como CRIPR-Cas, son consideradas herramientas fundamentales para ayudar a los obtentores y agricultores a hacer más con menos insumos". Asimismo, ASEBIO y el Grupo Asesor Científico de la UE puso de manifiesto la necesidad de revisar la legislación actual: "Statement by the Group of Chief Advisors. A scientific perspective on the Regulatory Status of products derived from gene editing and the implications for GMO Directive". Disponible: *https://.europa.eu/info/sites/default/files/2018_11_gcsa_statement_gene_editing_1.pdf* (acceso el de 24 de enero 2025).

95 Muchas de las actividades realizadas con proyectos de investigación que tengan por objeto estas técnicas habrán de ser autorizadas conforme a la normativa que regula la utilización confinada de microorganismos modificados genéticamente, con la consiguiente ralentización de la investigación, quedando la UE rezagada con relación a otras potencias, lo que sin duda derivará en una palpable pérdida de competitividad por parte del sector empresarial. A ello se une la falta

servicios de control e inspección, se solicitó por parte de diferentes centros e instituciones públicas y privadas de investigación[96] a la Comisión Europea, que efectuara una necesaria revisión y modernización de la política europea sobre biotecnología[97].

En consecuencia, el Consejo de la UE[98] instó a la Comisión[99], como más adelante expondremos, la elaboración de un estudio sobre el estado de las nuevas técnicas de edición genómica[100] con sustento en el Derecho de la Unión, y a la luz de la resolución jurisdiccional indicada[101], en aras a solventar ciertas ambigüedades en la interpre-

---

de novedad de los resultados obtenidos y por consiguiente, la imposibilidad de patentarlos. Consecuentemente, determinará la deslocalización de los sectores de I+D+I hacia terceros países con una regulación menos estricta en este aspecto; véase CURTO POLO, Mª M., *La protección…cit.* p. 65.

96 *Vid.* "Regulating genome edited organisms as GMOs has negative consequences for agriculture, society and economy". Disponible: *https://www.mpg.de/13748566/position-paper-crispr.pdf* (visitado el 25 de enero 2025); "Statement by thr Group of Chief Scientific Advisores. A Scientific perspective on the Regulatory Status of Productas Derived from Gene Editing and the Implications for the GMO Directive", Disponible: *http://ec.europa.eu/info/sites/info/files/2018_2018_gesa_statement_gene_editing_2.pdf* (visitado el 24 de enero 2025).

97 En nuestro país, con relación al control del cumplimiento de la normativa prevista para la utilización de OMG en relación con las innovaciones obtenidas a través de las nuevas técnicas de modificación genética, véase: *https://www.miteco.gob.es/es/calidad-y-evaluacion— ambiental/temas/biotecnologia/informeciomgsentenciamutagenesisdirigida11_02_2019_tcm30-496814.pdf* (Visitada el 17 de mayo de 2021).

98 Decisión del Consejo (UE) 2019/ 1904.

99 Disponible: *https://eur-lex.europa.eu/resource.html?uri=cellar:b828d165-1c22-11ea-8c1f-01aa75ed71a1.0002.02/DOC_1&format=PDF.* Previamente, en el año 2020, en un informe elaborado por la Federación Europea de Academias de Ciencias y Humanidades, investigadores de 120 instituciones de toda Europa pidieron a la Comisión que ayudara a revertir la sentencia del TJUE.

100 Se deberá tener en consideración *European Commission; Ethics of Genome Editings*, Opinion, nº 32, 19 de marzo de 2021. Disponible: *https://ec.europa.eu/info/sites/default/files/research_and_innovation/ege/ege_ethics_of_genome_editing-opinion_publication.pdf.* Asimismo, EGE, 2008, Opinion N° 24, *Ethics of modern developments in agricultural technologies.* Disponible en: *https://publications.europa.eu/en/publication-detail/-/publication/9369a035-5a5e-45da-8e37-09717ed806d5/language-en/format-PDF/source-77404379.*

101 La iniciativa "Agricultura sostenible europea a través de la edición del genoma" (EU-SAGE) trabajó "para proporcionar información sobre la edición del genoma y promover el desarrollo de políticas de los estados miembros europeos y de

tación de algunas pautas conceptuales, que podrían generar una no deseable incertidumbre regulatoria.

2. *Delimitación del Estudio*

A nivel global, se enfrentan grandes desafíos en la alimentación en un momento de creciente presión poblacional, de cambio climático y de pérdida de diversidad biológica. La seguridad alimentaria tiene diferentes componentes, dentro de los que se encuentra la productividad, la equidad social y la sustentabilidad ambiental. Una forma eficiente de incrementar la productividad en los cultivos, es por medio del uso de variedades con mejor rendimiento, mayor eficiencia en el uso de insumos agrícolas, y capaces de resistir los efectos del estrés biótico y abiótico generado por las condiciones climáticas y amigable con el ambiente.

Tras recordar lo anterior, las condiciones necesarias para el mejoramiento de plantas, parten de la existencia de diversidad fenotípica y genotípica presente en la naturaleza o generada por diferentes procedimientos, que pueda ser aprovechada para obtener nuevas variedades y productos. Por ello, derivado de los avances de la investigación genómica de los últimos años, se han desarrollado o ajustado un conjunto de nuevas técnicas que permiten estrategias más eficientes de mejoramiento genético para los cultivos y que pueden ser fundamentales para la adaptación y el desarrollo de especies vegetales. Estás técnicas, que incluyen entre otras, aquellas referidas a edición de genomas, o bioingeniería de precisión, permiten establecer cambios dirigidos, predecibles, planeados y permanentes en sitios específicos del genoma de células vivas y organismos, en particular, cultivos.

Como bien sabemos, partiendo de su amplio rango de aplicación que va más allá de la agricultura e incide notablemente en la salud humana, la sanidad vegetal y la sanidad animal, así como en procesos de generación de bioenergía y biomateriales, se han ido proveyen-

---

la UE que permitan el uso de la edición del genoma para la agricultura sostenible y la producción de alimentos". Estas ideas también fueron retomadas por el programa "*Re-Imagine Europe Think-tank*" que destacó su compatibilidad con los objetivos del Pacto Verde Europeo y su estrategia "De la Granja a la mesa".

do diferentes oportunidades para atender desafíos globales y locales, tendentes a un necesario logro de desarrollo sostenible.

Siempre desde esta misma perspectiva, tras un amplio debate y tortuoso camino, el pasado 29 de abril de 2021 fue publicado un estudio por la Comisión Europea[102] sobre el estado de las nuevas técnicas genómicas (*NGTs*)[103], en donde han sido recogidos los diferentes resultados obtenidos, tras analizar y valorar el conocimiento más avanzado, así como las diferentes opiniones de los países de la UE y demás partes interesadas.

En línea con lo expuesto, se abarca el uso de las mencionadas técnicas[104] en plantas, animales y microorganismos, así como su específica implicación en las aplicaciones agroalimentarias, industriales y medicinales. Sobre esta clara determinación, y con el objeto de poder desarrollar los fines estructurados en el mismo, se parte de su específica definición, indicado que son todas aquellas técnicas capaces de modificar el material genético de un organismo y que han surgido o se han desarrollado a partir del año 2001, fecha en la cual fue aprobada la Directiva 2001/18. Además, se ha valorado la actual legislación de la UE en este punto específico, incluyendo, entre otras cuestiones, los mecanismos de aplicación y cumplimiento de dicha normativa, su incidencia en la investigación y la innovación, así como todos aquellos aspectos implícitos a su seguridad[105].

---

102 *Vid Executive Summary. Commission Staff. Working document. Study on the status of new genomic techniques under Union law and in light of the Court of Justice ruling in Case C-528/16, SWD (2021) 92* (29 April 2021).

103 Una visión general sobre estas nuevas técnicas de edición genómica la encontramos en el Informe de la *High Level Group of Scientific Advisors. New Techniques in Agricultural Biotechnology* (2017). Disponible*: ec.europa.eu/research/sam/pdf/topics/explanatory_note_new_techniques_agricultural_biotechnology.pdf#view=fit&pagemode=none>*.

104 Recordaremos que el término “nuevas técnicas de edición genómica” no aparece reflejado en la Directiva 2001/18.

105 La población europea está muy concienciada sobre temas relativos a la seguridad alimentaria. Las preocupaciones más habituales están relacionadas con los antibióticos, las hormonas y los esteroides en la carne, los plaguicidas, los contaminantes medioambientales y los aditivos alimentarios. Véase Eurobarómetro 91.3, “Seguridad alimentaria en la UE”. Agencia Europea de Seguridad Alimentaria. Disponible en: *https://bit.ly/2XHD0rC*.

A mayor abundamiento, se han delimitado, de manera inicial, cuáles serían los posibles beneficios asociados a los productos obtenidos por estas nuevas técnicas y sus concretas aplicaciones, incluida su contribución a la consecución de los objetivos del "*Green Deal*" europeo[106]— y de la estrategia "De la Granja a la mesa"[107], que hemos tenido ocasión de comentar en el presente trabajo, aunándose, en aras al logro de estos fines concretos, no sólo las conclusiones de diferentes grupos de expertos en este ámbito de conocimiento, sino también, las de la Autoridad Europea de Seguridad Alimentaria, del Centro Común de Investigación de la Comisión y de los Organismos Nacionales de evaluación de riesgo.

Sobre la base de lo anterior, ha quedado reflejado, que la materia objeto de análisis es un sector jurídico dinámico, donde el derecho de la UE no puede establecer barreras absolutas ni impermeables, sino que, muy al contrario, debe ser capaz de integrar las nuevas realidades existentes sobre tecnologías innovadoras merecedoras de protección que demandan, dentro de unas pautas generales ya establecidas, una tutela normativa más firme y apropiada a las nuevas circunstancias.

En efecto, tras un reconocimiento expreso por parte de la Comisión de la obsolencia de la definición de *OMGs*[108], que deriva en no

---

106 Instrumento encaminado a convertir a Europa en el primer continente climáticamente neutro de aquí a 2050. Define una nueva estrategia de crecimiento sostenible e integrador para impulsar la economía, mejorar la salud y la calidad de vida de las personas, cuidar de la naturaleza y no dejar a nadie atrás.

107 En ella se tratan ampliamente los desafíos de los sistemas alimentarios sostenibles y se reconocen los vínculos inextricables entre personas sanas, sociedades sanas y un planeta sano. La estrategia también es un componente fundamental de la agenda de la Comisión para alcanzar los Objetivos de Desarrollo Sostenible (ODS) de las Naciones Unidas. Disponible en: *https://eur-lex.europa.eu/legal-content/ES/TXT/DOC/?uri=CELEX:52020DC0381&from=EN.*

108 En este punto traeremos a colación la Directiva 2008/27/CE del Parlamento Europeo y del Consejo, de 11 de marzo de 2008, que modifica a la Directiva 2001/18/CE sobre la liberación intencional en el medio ambiente de organismos modificados genéticamente; Directiva 2009/41/CE del Parlamento Europeo y del Consejo, de 6 de mayo de 2009, relativa a la utilización confinada de microorganismos modificados genéticamente; Decisión de la Comisión 2009/770/CE, de 13 de octubre de 2009, que establece los modelos normalizados para la presentación de los resultados del seguimiento de la liberación

pocos problemas aplicación práctica, además su incidencia negativa, no sólo en el ámbito de la investigación, sino también, en la innovación pública y privada europea, resulta imprescindible abogar por una mayor precisión legislativa y unas mejores vías jurídicas de protección de estas NGT. En este sentido, es evidenciable en lo referente a la detección y diferenciación de los productos NGT que no contienen material genético extraño, lo que deriva en no pocos problemas de control para las diferentes autoridades de control, los operadores y los solicitantes. Por ello, y con sustento en la diferente supervisión reglamentaria de las NGT en otros países, las dificultades mencionadas podrían generar no sólo limitaciones, sino posibles interrupciones comerciales, generando notables desventajas competitivas.

Continuando con el hilo expositivo, el estudio recalca, con relación la seguridad de las *NGTs* y su impacto medioambiental, incluido el de la biodiversidad, la necesaria coexistencia de las mismas con la agricultura ecológica y libre de transgénicos, abogando por un correcto etiquetado de los dichos productos-que requiere un estricto sistema de trazabilidad[109]-como medio de transparencia en el tráfico económico, y en consecuencia, para un buen funcionamiento del

---

intencional en el medio ambiente de organismos modificados genéticamente, como productos o componentes de productos, para su comercialización, de conformidad con la Directiva 2001/18/CE del Parlamento Europeo y del Consejo. Recomendación de la Comisión 2010/CE 200/01, de 13 de julio de 2010, sobre directrices para el desarrollo de medidas nacionales de coexistencia destinadas a evitar la presencia accidental de OMG en cultivos convencionales y ecológicos; Reglamento de ejecución (UE) nº 503/2013 de la Comisión, de 3 de abril de 2013, relativo a las solicitudes de autorización de alimentos y piensos modificados genéticamente de conformidad con el Reglamento (CE) nº 1829/2003 del Parlamento Europeo y del Consejo y por el que se modifican el Reglamento (CE) nº 641/2004 y el Reglamento (CE) nº 1981/2006; Directiva (UE) 2015/412 del Parlamento Europeo y del Consejo, de 11 de marzo de 2015, por la que se modifica la Directiva 2001/18/CE en lo que respecta a la posibilidad de que los Estados miembros restrinjan o prohíban el cultivo de organismos modificados genéticamente en su territorio.

109 El etiquetado y la trazabilidad de *OMGs* está regulado por el Reglamento (CE) nº1830/2003 del Parlamento Europeo y del Consejo, de 22 de septiembre de 2003 (*ex* arts. 4. 6, 12.1 y 24). Así, el sistema de etiquetado garantiza que el consumidor tenga toda la información necesaria antes de hacer la compra y el sistema de trazabilidad permite una estrecha vigilancia de estos productos, garantizando su seguridad tanto para el ser humano como para el medio am-

mercado en competencia bajo unas coordenadas de razón y eficiencia. Se trata de una idea que aun a pesar de que ha sido expresamente reconocida por el legislador comunitario[110], ha derivado en posiciones contrapuestas.

Del mismo modo, y en referencia a la evaluación del riesgo[111], especificaremos que bajo los parámetros del Derecho comunitario europeo, ni la Directiva 2001/18/CE ni el Reglamento (CE) 1829/2003 contienen una "definición acuñada" del término "riesgo". No obstante, el Reglamento (CE) 178/2002, alude a sus elementos configuradores y lo relata como "la ponderación de la probabilidad de un efecto perjudicial para la salud humana y la gravedad de ese efecto, como consecuencia de un factor de peligro". Si bien, esta definición va implícita dentro del marco delimitador de la seguridad alimentaria, debe entenderse que su aplicación se hace extensiva, asimismo, a diferentes cuestiones medioambientales, toda vez que la le-

---

biente, verificando que no producen efectos negativos sobre la salud humana ni tampoco que no inducen a error al consumidor.

110 *Vid* Exposición de Motivos de la derogada Directiva 2000/13/CE del Parlamento Europeo y del Consejo de 20 de marzo relativa a la aproximación de los Estados miembros en materia de etiquetado, presentación y publicidad de los productos alimenticios, aseveraba que "un etiquetado detallado relativo a la naturaleza exacta y a las características del producto, permite al consumidor realizar su elección con conocimiento de causa, es el más apropiado en la medida en que crea menos obstáculos a la libertad del intercambio". Asimismo, véase art. 169 del TFUE; el art. 9 del Reglamento (UE) 1169/2011 de Parlamento Europeo y del Consejo de 25 de octubre sobre la información alimentaria facilitada al consumidor en relación con los arts. 18 a 22 y Anexos VI, VII y VI del citado texto reglamentario.

111 La Comisión Europea y el TJUE consideran que sólo puede adoptarse una medida de emergencia de conformidad a los artículos 34 del Reglamento (CE) nº 1829/2003, 53 y 54 del Reglamento (CE) Nº 178/2002, ante la constatación de un riesgo grave derivado de los *OMGs*. Conforme al Derecho comunitario, el cual es fruto de una evolución normativa desarrollada durante las últimas décadas, esta verificación se debe realizar en el procedimiento de análisis de riesgos, específicamente durante la evaluación de riesgos. Como antecedente, Decisión de la Comisión 2000/608/CE, de 27 de septiembre de 2000, referente a las notas de orientación para la evaluación del riesgo descrita en el anexo III de la Directiva 90/219/CEE relativa a la utilización confinada de microorganismos modificados genéticamente.

gislación comunitaria de estas materias, se encuentra estrechamente vinculada[112].

Por su parte, amparados en el marco reglamentario expuesto, basta la lectura del artículo 1, para comprobar, como objetivo consustancial, el aseguramiento de "un nivel elevado de protección a la vida y la salud de las personas, de la sanidad y bienestar de los animales, del medio ambiente y de los intereses de los consumidores, en relación con los alimentos y piensos modificados genéticamente"[113]. Con todo, la interpretación de este concepto se torna más compleja cuando es abordada la necesaria ponderación o caracterización del riesgo, puesto que bajo el texto legal de referencia son establecidas una serie de diferenciaciones, tales como riesgos posibles/potenciales[114], emergentes, graves, directos o indirectos, inmediatos o diferidos y cualquier riesgo[115], que inciden en este ámbito contextual.

Bajo tales premisas, en el año 2000, la Comisión emitió su Comunicación sobre el recurso al principio de precaución, planteando el complejo dilema de encontrar un equilibrio entre los intereses económicos y la necesidad de reducción de los mencionados los riesgos

---

112 Es interesante "Overview of EFSA and European national authorities' scientific opinions on the risk assessment of plants developed through New Genomic Techniques" (2021). Disponible en *https://www.efsa.europa.eu/es/efsajournal/pub/6314* (acceso 7 de junio 2021).

113 Del mismo modo, este Reglamento parte señalando en su primer Considerando del preámbulo que: "La libre circulación de alimentos seguros y saludables es un aspecto esencial del mercado interior y contribuye significativamente a la salud y el bienestar de los ciudadanos, así como a sus intereses sociales y económicos"

114 *Cfr* Considerando 21 y art. 31 apartado 3 letra b) de la Directiva 2001/18 en relación con el Considerando 14 y arts. 27.4, 50.2 y 53.1 del Reglamento (CE) 178/2002. Asimismo, lo relacionaremos con el Considerando 9 y art. 34 del Reglamento 1829/2003.

115 La EFSA define caracterización del riesgo como "la etapa final de la evaluación de riesgos, en la cual la probabilidad de que una sustancia en particular cause daño se calcula a la luz de la naturaleza del peligro y la medida en que las personas, animales, plantas y/o el medio ambiente están expuestos a ella". Véase Glosario de términos en *https://bit.ly/2wYKI5Y* (Última consulta, 12 de junio de 2021). Desde un aspecto doctrinal, BACHMANN-FUENTES, I., "Evaluación de riesgos derivados de los organismos modificados genéticamente y la adopción de medidas de emergencia en el marco jurídico de la Unión Europea", *Revista Catalana de Dret Ambiental*, N° 10, 2019, p. 1 a p. 45.

para el medio ambiente, la salud humana, animal y vegetal, sobre el que se podrían adoptarse medidas proporcionadas, no discriminatorias, transparentes y coherentes, sustentadas en métodos analíticos para estimar la probabilidad de cada consecuencia y su magnitud[116]. Siendo ello así, y con sustento en las conclusiones vertidas por la EFSA, el Estudio objeto de comentario aprecia que los productos vegetales con perfiles de riesgo similares, pueden obtenerse con técnicas de cultivo convencionales, la mutagénesis dirigida y la cisgénesis, concluyéndose que una supervisión reglamentaria diferente para productos similares con niveles de riesgo similares, no estaría justificada legalmente.

Por lo demás, el Consejo también ha instado a la Comisión con el objeto de presentación de una propuesta, que deberá ir acompañada de una evaluación de impacto inicial (y que será publicada en el tercer trimestre de 2021) de los procedimientos de riesgo y los requisitos de etiquetado y trazabilidad[117], además del establecimiento de cualesquiera otras medidas necesarias implícitas a los mismos, bajo las condiciones exigidas en la regulación actual, tendentes a un alto nivel de protección de la salud humana, animal y medio ambiental y en aras a una adecuada competitividad.

Finalmente y por si lo anterior no fuera suficiente, se procederá, siempre bajo unas adecuadas oportunidades de innovación y sostenibilidad, a abogar por que los productos obtenidos por medio de las nuevas técnicas de edición genómica tiendan— enmarcados en el necesario respeto a los principios de cooperación transnacional[118],

---

116 *Ibidem.*

117 Véase el Reglamento de Ejecución (UE) 2021/279 de la Comisión de 22 de febrero de 2021 por el que se establecen normas detalladas para ejecutar el Reglamento (UE) 2018/848 del Parlamento Europeo y del Consejo en lo relativo a los controles y otras medidas que garanticen la trazabilidad y el cumplimiento de lo dispuesto en materia de producción ecológica y etiquetado de los productos ecológicos. Asimismo, el Reglamento (UE) 2017/625, del Parlamento Europeo y del Consejo, de 15 de marzo de 2017, sobre controles oficiales a lo largo de la cadena agroalimentaria.

118 El principio de cooperación transnacional respalda el compromiso con los enfoques colaborativos de la investigación y la gobernanza, respetando los diferentes contextos culturales. Las responsabilidades derivadas de la adhesión a este principio incluyen el respeto de las políticas nacionales diferentes, la coor-

proporcionalidad[119] y subsidiaridad— hacia una efectiva contribución de sistemas alimentarios sostenibles, con plantas más resistentes a enfermedades y a las condiciones ambientales provenientes del cambio climático, dándose prioridad a la seguridad del producto final, por encima de las técnicas aplicadas.

V. PROPUESTA DE REGLAMENTO DEL PARLAMENTO EUROPEO Y DEL CONSEJO RELATIVO A LOS VEGETALES OBTENIDOS CON DETERMINADAS NUEVAS TÉCNICAS GENÓMICAS Y A LOS ALIMENTOS Y PIENSOS DERIVADOS, Y POR EL QUE SE MODIFICA EL REGLAMENTO (UE) 2017/625

Desde que se publicó la Directiva sobre la liberación voluntaria de organismos modificados genéticamente (OMG) en 2001, que hemos tenido ocasión de comentar en le presente trabajo, la biotecnología ha avanzado enormemente, proporcionando técnicas más precisas, eficientes y seguras.

Sin embargo, estas nuevas tecnologías continúan sujetas a la legislación *OMG*, a pesar de ser técnicas sustancialmente distintas y que fueron desarrolladas de forma posterior al 2001. La Comisión llevó a cabo un estudio cuyos resultados fueron publicados en abril de 2021 y en el que se concluye que la legislación sobre *OMG* vigente no es adecuada para regular las nuevas técnicas genómicas; al no estar al día del progreso científico y tecnológico y no facilitar suficientemente el desarrollo y comercialización de productos NGT innovadores, abogando por un nuevo marco normativo adaptado a las plantas NGT seguras y sostenibles, que nos permita utilizarlas para beneficio de los agricultores, los consumidores y el medio ambiente.

---

dinación de las normas y procedimientos regulatorios siempre que sea posible, y la colaboración transnacional junto al intercambio de datos entre diferentes comunidades científicas y autoridades reguladoras responsables.

119 Véase GONZÁLEZ BEILFUSS, M., *El principio de proporcionalidad en la jurisprudencia del Tribunal Constitucional*. Aranzadi, Cizur menor, 2003, p. 25 a p. 28.

Bajo las pautas delimitativas anteriores, en julio de 2023, la Comisión efectuó una propuesta[120] que amparase la autorización de plantas derivadas de nuevas técnicas genómicas, como la mutagénesis dirigida y la cisgénesis, diferenciándolas de los *OGM* transgénicos clásicos, además de establecerse dos categorías diferentes y dos paquetes normativos para los vegetales obtenidos con *NTGs*. Así, las plantas *NGTs* que también podrían producirse de forma natural o por reproducción convencional ("plantas *NGTs* de categoría 1") estarían sujetas a un procedimiento de verificación, basado en criterios establecidos en la propuesta. Por otro lado, las plantas NGT que cumplan estos criterios serán tratadas como plantas convencionales y quedarán exentas de los requisitos de la legislación sobre OMG., siendo la información sobre las plantas NGT de categoría 1 se facilitada a través del etiquetado de las semillas, en una base de datos pública y a través de los catálogos pertinentes sobre variedades vegetales.

Para todas las demás plantas *NGTs* ("plantas *NGT* de categoría 2"), se aplicarían los requisitos de la actual legislación sobre *OMG*, siendo sometidas a una determinada evaluación de riesgos y a una autorización antes de poder comercializarse.

A estos efectos, serían rastreadas y etiquetadas como *OMG*, con la posibilidad de una etiqueta voluntaria para indicar la finalidad de la modificación genética, estableciéndose que la evaluación de riesgos, el método de detección y los requisitos de seguimiento se adaptarían a los distintos perfiles de riesgo además de ofrecerse incentivos normativos para las plantas *NGTs* que presentaran rasgos que pudieran contribuir a los objetivos de sostenibilidad.

Anclado en los parámetros anteriores y con vistas a incentivar su adopción, el Parlamento europeo, en febrero de 2024[121], bajo las lí-

---

120 La Propuesta se encuentra sustentada los artículos 43, 114 y 168, apartado 4, letra b), del Tratado de Funcionamiento de la Unión Europea (TFUE). Estos artículos proporcionan la base jurídica para que la Unión adopte medidas que tengan como objetivo aplicar la política agrícola común (artículo 43) y garantizar el buen funcionamiento del mercado interior (artículo 114), así como un nivel elevado de protección de la salud humana en los ámbitos veterinario y fitosanitario (artículo 168, apartado 4, letra b). *Vid. https://www.europarl.europa.eu/doceo/document/A-9-2024-014_ES.*

121 *Vid. https://www.europarl.europa.eu/doceo/document/A-9-2024-0014_ES.html.*

neas delimitativas anteriores, abogó por refrendar la propuesta de la Comisión de establecer dos categorías diferentes y dos paquetes de normas para los vegetales obtenidos con *NTGs*: en primer término, aquellos que se consideran equivalentes a los convencionales (esto es, vegetales obtenidos con NTG de categoría 1) los cuales quedarían exentos de los requisitos de la legislación sobre OMG, mientras que el resto (vegetales obtenidos con *NTG* de categoría 2) tendrían que cumplir normas más estrictas, además de instar por el mantenimiento del etiquetado obligatorio para todos los productos obtenidos por estas técnicas de edición genómica[122]

A mayor abundamiento, reseñan que todos los vegetales obtenidos con *NTGs* deben seguir estando prohibidos en la producción ecológica, dado que su compatibilidad requiere un estudio más detallado e instan, de la misma manera a la Comisión la elaboración de un informe detallado sobre la evolución de la percepción de las nuevas técnicas por parte de consumidores y productores, siete años después de su introducción.

En este marco contextual y en punto a los vegetales obtenidos con *NTGs* de categoría 1 el Parlamento Europeo pretende efectuar un cambio en el tamaño y el número de modificaciones necesarios para determinar si un vegetal obtenido con estas técnicas innovadoras se considera equivalente a los convencionales. Asimismo, y al objeto de garantizar la transparencia en este ámbito específico, se propone elaborar una lista pública en línea de todos los vegetales obtenidos con *NTGs* de categoría 1. Por otro lado, para los vegetales obtenidos con *NTGs* de categoría 2, los eurodiputados convienen en mantener la mayoría de los requisitos de la legislación sobre *OMGs,* incluyéndose el procedimiento de autorización.

Con vistas a incentivar su adopción, se ha acordado acelerar el procedimiento de evaluación de riesgos de los vegetales de esta categoría, que se espera contribuyan a un sistema agroalimentario más sostenible. Sin embargo, también recuerda que ineludiblemente debe respetarse el llamado principio de precaución.

---

122 Véase el Informe *European Parliament. Plants produced using new genomic techniques.* Disponible en: *www.europarl.europa.eu.*(acceso 24 de enero 2025)

Finalmente, es recalcada la prohibición de todas las patentes registradas para los vegetales obtenidos con NTG, así como el material vegetal, sus partes, la información genética y las características del proceso que contienen, para así evitar inseguridades jurídicas, costes mayores y nuevas dependencias para agricultores y obtentores. A tales efectos, también es reclamado un informe para junio de 2025 sobre el impacto de las patentes en el acceso de obtentores y agricultores a material de reproducción vegetal diverso, así como una propuesta legislativa para actualizar en consecuencia las normas de la UE sobre los derechos de propiedad intelectual.

VI. BIBLIOGRAFÍA

ALMODOVAR INIESTA, M., "Aspectos jurídicos de la biotecnología agroalimentaria, *Revista interdisciplinar de Gestión ambiental*, Nº 28, 2001. Versión electrónica de la página del Ministerio de Medioambiente.

ANDORNO, R., "The Precautionary Principle: A New Legal Standard for a Technological Age", *Journal of International Biotechnology Law*, Vol. 1, Nº 1, De Gruyter, 2004, p. 11 a p. 19.

BACHMANN-FUENTES, I., "Evaluación de riesgos derivados de los organismos modificados genéticamente y la adopción de medidas de emergencia en el marco jurídico de la Unión Europea", *Revista Catalana de Dret Ambiental*, Vol. X, Nº 1, Barcelona, 2019, p. 1 a p. 45.

BARRIO MAESTRE, J. Mª, "La aporía fundamental del llamado "debate" bioético", *Cuadernos de Bioética*, Vol 3º, Nº 51, Madrid, 2003, p. 229 a p. 240.

BELLVER CAPELLA, V., "La revolución de la edición genética mediante CRISPR-Cas9 y los desafíos éticos y regulatorios que comporta", *Cuadernos de Bioética*, Nº 27, Madrid, 2016, p. 223 a p. 239.

CAMPINS ERITJA, Mª M., "La regulación de la biotecnología moderna en la Unión Europea", *Revista Aragonesa de Administración Pública*, Nº 53, 2019, Zaragoza, p. 273 a p. 305.

COOPER, I., *Biotechnology and the Law*, Vol 1, Thomson Reuters/West, 2009.

CRAIG, P., *EU Administrative Law*, Oxford University Press, 2006, p. 717-720

CURTO POLO, Mª M., *La protección de las innovaciones vegetales en la Unión Europea. Patentes vs Títulos de obtención vegetal*, Tirant lo Blanch, Valencia, 2021.

DOUDNA, J. y CHARPENTIER, E., "The new frontier of genome engineering: with CRISPR-Cas9", *Science* Nº 28, p. 6213 a p. 6215. Disponible: *htpp://science.sciencemag.org*.

ESCAJEDO SAN EPIFANIO, L., "Principio de precaución y riesgos ambientales, especialmente los asociados a los *OMGs*" en ROMEO CASABONA, C., (coord.), *Principio de precaución, Biotecnología y Derecho,* Cátedra Interuniversitaria, Fundación BBVA-Diputación Foral de Bizkaia de Derecho y Genoma humano, Comares, Granada, 2004, p. 160 a p. 165.

GALLEGO SÁNCHEZ, E. y FERNÁNDEZ PÉREZ, N., *Derecho Mercantil. Parte primera,* Tirant lo Blanch, Valencia, 2024, p. 289.

GARCÍA VIDAL, Á., "La protección de las variedades vegetales y la normativa reguladora de su comercialización. La inscripción en el registro de variedades comerciales o en los catálogos comunes de variedades de la Unión Europea y la regulación de los organismos modificados genéticamente" en GARCÍA-VIDAL, Á. (dir.) *Derecho de las obtenciones vegetales,* Tirant lo Blanch, Valencia, 2017, p. 251 a p. 258.

GONZÁLEZ-VAQUÉ, L., "De nuevo la polémica sobre los organismos obtenidos mediante mutagénesis y los OMGs: la Sentencia del TJUE "Confédération Paysanne" de 25 de julio de 2018", *Revista de Derecho Agrario y Alimentario,* Nº 73, Madrid, 2028, p. 33 a p. 2.

GONZÁLEZ-VAQUÉ, L. y DA CRUZ VILAÇA, J. L., "The precautionary principle in EC Law", *ELRev.* Nº 10, 2004, p. 369 a p. 375.

GONZÁLEZ BEILFUSS, M., *El principio de proporcionalidad en la jurisprudencia del Tribunal Constitucional,* Aranzadi, Cizur menor, 2003, p. 25 a p. 32.

HERMON, C., "OGM et principe de précaution", *Revue juridique de l'environnement,* Nº 4, 2000, p. 595 a p. 614

IÑIGUEZ, ORTEGA, P., "La especial problemática de la edición genómica en plantas (comentario a la Sentencia del Tribunal de Justicia de la Unión Europea —Gran Sala— de 25 de julio de 2018, C-528/16)", *Actas de Derecho Industrial y Derecho de Autor,* Tomo 39, Marcial Pons, Madrid, 2019, p. 351 a p. 376.

LÓPEZ VILLAR, J., *Derecho y transgénicos: regulando incertidumbre,* Atelier, Barcelona, 2008, p. 32 a p. 35.

LLOMBART BOSCH, P., "Los organismos modificados genéticamente y los problemas jurídicos que suscitan" en AMAT LLOMBART, P. (dir), *La Propiedad Industrial sobre obtenciones vegetales y organismos transgénicos,* Tirant lo Blanch, Valencia, 2007, p. 361 a p. 370.

MARTINEZ CAÑELLAS, A.,"La protección dual de la propiedad industrial de las plantas transgénicas: como invenciones y como variedades vegetales", *InDret* 1, 2011, p. 3 a p. 4 (disponible en *http://www. indret.com*).

MARTÍN MATEO, R., "La tutela de la biodiversidad", *Revista española de Derecho Administrativo,* Nº. 86, Madrid, 1995, p 165 a p. 179.

MELLADO RUIZ, L., *Derecho de la Biotecnología vegetal. La regulación de las plantas transgénicas,* Instituto Nacional de Administración Pública, Madrid, 2002, p. 228.

MIR PUIGPELAT, O., *Transgénicos y Derecho: la nueva regulación de los organismos modificados genéticamente,* Civitas, Madrid, 2004, p. 49.

MOJICA, F. y MONTOLIU, L., "On the origin of CRISPR-Cas technology: from prokaryotes to mammals", *Trends in Microbiology* 24, Elsevier, 2007, p. 811 a p. 820. Disponible en: *https://www.journals.elsevier.com.*

PRIETO GOBERNA, M., "Alimentos modificados genéticamente. Conceptos básicos y realidad normativa", *Distribución y Consumo,* 2001, Madrid, p. 83 a p. 95.

QAIM, M., "Role of New Plant Breeding Technologies for Food Security and Sustainable Agricultural Development", *Applied Economic Perspectives and Policy,* 42, Wiley, 2020, p. 129 a p. 150.

RODRÍGUEZ ZABALETA, H., "Riesgo y principio de precaución. Hacia una cultura de la incertidumbre", *Revista Catalana de Seguretat Pública,* N° 13, Barcelona, 20003, p. 139.

TORRES MARTÍNEZ, S. y NAVARRO MARTINEZ, Mª M., "Desafíos éticos y jurídicos de las técnicas de edición del genoma", *Revista electrónica de Derecho y Ciencia,* N° 2, Universidad de Sevilla, 2016, p. 191 a p. 192.

KUKSO, F. "¿Podemos corregir a la naturaleza?, Tec Review, Elsevier, 2016, p. 58 a p. 65.

VALENCIA MARTÍN, G., "Conservación de la biodiversidad", *Noticias de la Unión Europea,* N° 307, 2010, p. 83 a p. 84.

VANDERZAAG, D., "The Precautionary Principle in Environmental Law and Policy: Elusive Rhetoric and First Embraces", *Journal of Environmental Law and Practice,* Vol. 8, 1999, p. 355 a p. 375.

VIVES VALLÉS, J. A., *Derecho de cultivos transgénicos. El conflicto entre el Derecho español y comunitario y el Derecho a la libertad de empresa a la luz de la nueva normativa opt-out,* Dykinson, Madrid, 2018, p. 22 a p. 29.

WIENER, J., "Whose precaution after all? A comment on the comparison and evolution of risk regulatory systems", *Duke Journal of Comparative & International Law,* Vol 13, 2003, p 207 a p. 262.

Capítulo Segundo

INNOVACIONES VEGETALES E INTELIGENCIA ARTIFICIAL[1]

ANSELMO MARTÍNEZ CAÑELLAS
Profesor Titular de Derecho mercantil
Universidad de las Islas Baleares[2]

Sumario: I. INTRODUCCIÓN: USOS DE LA INTELIGENCIA ARTIFICIAL EN LA AGRICULTURA DE PRECISIÓN. II. CUESTIÓN PREVIA: CONCEPTO Y FUNCIONAMIENTO DE LA INTELIGENCIA ARTIFICIAL. 1. Concepto y clases de Inteligencia Artificial. 2. Descripción de los sistemas de Inteligencia Artificial. III. LOS SISTEMAS DE INTELIGENCIA ARTIFICIAL MÁS UTILIZADOS EN EL ÁMBITO BIOTECNOLÓGICO. 1. Uso de la inteligencia artificial para distinguir variedades vegetales - Fenotipo. 2. Uso de la inteligencia artificial para distinguir variedades vegetales - Genotipo. IV. PROTECCIÓN DE LA INTELIGENCIA ARTIFICIAL COMO INVENCIÓN. V. USO DE LA INTELIGENCIA ARTIFICIAL PARA GENERAR PATENTES. 1. El Inventor ha de ser persona física:. 2. El propietario de la Inteligencia Artificial puede solicitar la patente como inventor. 3. Argumentos a favor de que la Inteligencia Artificial sea inventor. 4. Otras cuestiones que platea el uso de la Inteligencia Artificial en la actividad inventiva. VI. LA INTELIGENCIA ARTIFICIAL NO PUEDE SER OBTENTOR EN LOS TÉRMINOS DEL CONVENIO DE LA UPOV. 1. El obtentor ha de ser una persona. 2. Dificultades para que una Inteligencia Artificial que sea persona jurídica pueda ser obtentor. 3. Problemas en caso de que el obtentor use Inteligencia Artificial para la obtención. VII. CONCLUSIONES. VIII. BIBLIOGRAFÍA. IX. JURISPRUDENCIA.

RESUMEN: La Inteligencia Artificial es un elemento necesario para la agricultura de precisión. Los sistemas de *Machine Learning* permiten un análisis mucho más eficiente de los

---

1 Mi agradecimiento a la Profesora Esperanza Gallego Sánchez y el equipo de Derecho mercantil de la Universidad de Alicante, que me invitaron como ponente al Congreso Propiedad Intelectual Sistema Agrícola Sostenible, celebrado en Alicante, 30 y 31 de mayo de 2023, donde expuse la ponencia "Inteligencia Artificial y Propiedad Industrial en la. Agricultura". Y mi agradecimiento al Profesor Fernando Carbajo, por la pregunta que me realizó a raíz de mi intervención, sobre si una Inteligencia Artificial podría ser obtentor de una variedad vegetal en el marco de la UPOV. Pregunta que ha inspirado este trabajo.

2 Trabajo realizado en el seno del PROYECTO PROMETEO UNIVERSIDAD ALICANTE "Protección de la innovación en agricultura en la era digital" del que soy Miembro del Equipo Investigador.

Big Data que no solo está sirviendo para la mayor productividad de las explotaciones agrícolas, sino que también sirven para distinguir fenotípica y genotípicamente las variedades vegetales en los exámenes DHE, aunque la UPOV todavía no lo haya aprobado en sus Directrices. Al ser generativa y, en algunos casos, autónoma, la Inteligencia Artificial puede crear invenciones biotecnológicas y nuevas variedades vegetales. Si dichas creaciones dan lugar a una solicitud de patente o de obtención vegetal no podrán ser admitidas a trámite, pues las normas sobre patentes exigen que el inventor sea una persona física, y la UPOV exige que el obtentor sea persona, y la Inteligencia Artificial no lo es. Ello no impide que se pueda utilizar la Inteligencia Artificial por un inventor o un obtentor, lo que puede dar lugar a problemas jurídicos que el legislador debería afrontar.

PALABRAS CLAVE: Inteligencia Artificial, Patente, Obtención Vegetal, DHE, UPOV.

ABSTRACT: Artificial Intelligence is a necessary element for precision agriculture. Machine Learning systems enable a much more efficient analysis of Big Data that is not only leading to higher productivity on farms, but also to phenotypically and genotypically distinguish plant varieties in DUS tests, although this has not yet been approved by UPOV in its Guidelines. Being generative and, in some cases, autonomous, Artificial Intelligence can create biotechnological inventions and new plant varieties. If such creations give rise to patent or plant variety applications, these will not be admissible, as patent law requires the inventor to be a natural person, and UPOV requires the breeder to be a person, and Artificial Intelligence is not. This does not preclude the use of Artificial Intelligence by an inventor or a breeder, which may give rise to legal problems that the legislator should address.

KEY WORDS: Artificial Intelligence, Patent, Plant Breeders' Rights, DUS, UPOV.

I. INTRODUCCIÓN: USOS DE LA INTELIGENCIA ARTIFICIAL EN LA AGRICULTURA DE PRECISIÓN

"*We are both created and create. Why cannot our own creations also create?*" Judge Beach en Thaler v Commissioner of Patents [2021] FCA 879. (July 30, 2021).

El uso de la Inteligencia Artificial está imponiéndose actualmente en el sector agrícola para conseguir una agricultura de precisión que tenga en cuenta la variabilidad espacial y temporal de los factores para incrementar la productividad del terreno y reducir los riesgos medioambientales en explotaciones de amplias dimensiones. Con ello se consigue la optimización económica y de sostenibilidad de los terrenos cultivables.

La agricultura de precisión es una técnica agrícola que busca, por un lado, maximizar el rendimiento de la cosecha mediante la gestión de los *inputs* (fertilizantes, suelo, herbicidas, insecticidas, agua, semillas, etc.) y la reducción de los residuos, adaptándose a las específicas condiciones del terreno y el clima[3].

Para el desarrollo de la agricultura de precisión son necesarios los siguientes pasos: la recolección de datos en escala y tiempo adecuados, la interpretación de dichos datos para obtener diferentes alternativas eficientes, y la elección y aplicación de la alternativa más adecuada para cada porción de terreno en el momento adecuado. Es en la adopción de esta decisión donde la tecnología de Inteligencia Artificial es relevante.

La Inteligencia Artificial puede aplicarse en la fase de adquisición y recolección de datos masivos (*Big Data*) por medio de drones y tecnología de imagen satelital combinadas, pues, partiendo de ellos, se pueden crear mapas de biomasa, de flujos de agua y de eficacia de las semillas de pasadas cosechas, de la actual, y prever la eficiencia de las futuras[4]. También puede usarse en la gestión de los datos masivos adquiridos mediante la *IoT - Internet Of Things*, que consiste en una red de sensores situados en objetos físicos interconectados electrónicamente, que permiten, por ejemplo, determinar el grado de humedad y de fertilizantes necesarios en el suelo en cada momento[5]. Finalmente, los sistemas de inteligencia artificial también pueden servir para que, una vez tomada la decisión, se pogan en marcha sistemas de riego, o tractores robots sin conductor, guiados por sistemas GPS, para labores de siembra, de fertilización, de eliminación de malas hierbas, de detección de enfermedades y su tratamiento[6], y

---

3 SINGH, Rajesh, GEHLOT, Anita, PRAJAPAT, Mahesh Kumar, SINGH, Bhupendra (2022) "Chapter 12. Precision Farming", *Artificial Intelligence in Agriculture.* Ed. CRC (Taylor Francis Group), Boca Raton (Florida), 2022, p. 168.

4 SINGH, Rajesh, GEHLOT, Anita, PRAJAPAT, Mahesh Kumar, SINGH, Bhupendra (2022) "Chapter 12. Precision Farming" ... *cit.*, p. 172.

5 VELASCO-MATA, Alberto y VALLEZ, Noelia y RUIZ-SANTAQUITERIA, Jesus y PEDRAZA, Anibal y BUENO, Gloria y DENIZ, Oscar (2022). "Métodos de Inteligencia Artificial para la Predicción de Componentes Químicos a partir de Imágenes Hiperespectrales", en *XLIII Jornadas de Automática Visión por computador. Libro de actas, 2022.*

6 SINGH, Rajesh, GEHLOT, Anita, PRAJAPAT, Mahesh Kumar, SINGH, Bhupendra (2022) "Chapter 10. Disease Classification and Detection in Plants", *Artificial*

detección de plagas y su eliminación[7], o de determinación del momento de la cosecha o recolección (en los que los *Agricultural Bots* detectan la cosecha o la fruta madura y la recolectan)[8].

Es más, los sistemas de Inteligencia Artificial pueden medir la calidad y prever la cantidad de cosecha, el rendimiento de los cultivos[9], y gestionar la recolección de acuerdo con datos de mercado en tiempo real. Todo ello redunda en una mejora de la productividad, tanto económica, como en términos de sostenibilidad. La Exposición de Motivos del Reglamento de Inteligencia Artificial[10], así lo reconoce en su Considerando (4), que deberá tener sus consecuencias en términos jurídicos, por ejemplo, en materia de seguros agrícolas, o en la regulación de la cadena alimentaria, etc.

A los efectos del presente artículo, en el que me centraré en temas relacionados con la regulación de las obtenciones vegetales y las pa-

---

Intelligence in Agriculture. Ed. CRC (Taylor Francis Group), Boca Raton (Florida), 2022, p. 137-150.

7 "Hoy en día la combinación de técnicas de visión por computador, junto con técnicas de inteligencia artificial como *Deep Learning*, y en conjunción con arquitecturas multinivel que permiten mejorar su rendimiento, ofrecen un nuevo paradigma que permitirá resolver problemas complejos de forma eficiente". MARTÍN, Cristian y LLOPIS, Luis y RUBIO, Bartolomé y DÍAZ, Manuel (2021) "Revisión de tecnologías habilitadoras para el control biológico y de plagas en el sector hortofrutícola", en *XLII Jornadas de Automática: Libro de actas*, August 2021 (p. 744-751). DOI:10.17979/spudc.9788497498043.744.

8 A diferencia de los expertos humanos, la Inteligencia artificial puede usar datos aparentemente irrelevantes para descubrir nuevas calidades que jueguen un papel relevante en la mejora de la calidad de la cosecha, SINGH, Rajesh, GEHLOT, Anita, PRAJAPAT, Mahesh Kumar, SINGH, Bhupendra (2022) "Chapter 12. Precision Farming" … *cit.*, p. 172-173.

9 GARCÍA-ARTEAGA y ZAMBRANO-ZAMBRANO y ALCIVAR-CEVALLOS; ZAMBRANO-ROMERO (2020). "Predicción del rendimiento de cultivos agrícolas usando aprendizaje automático". *Revista Arbitrada Interdisciplinaria KOINONIA*. Año 2020. Vol V. N°2. Especial: Saber y Tecnología Popular. http://dx.doi.org/10.35381/r.k.v5i2.1013

10 Reglamento (UE) 2024/1689 DEL PARLAMENTO EUROPEO Y DEL CONSEJO de 13 de junio de 2024 por el que se establecen normas armonizadas en materia de inteligencia artificial y por el que se modifican los Reglamentos (CE) n.o 300/2008, (UE) n.o 167/2013, (UE) n.o 168/2013, (UE) 2018/858, (UE) 2018/1139 y (UE) 2019/2144 y las Directivas 2014/90/UE, (UE) 2016/797 y (UE) 2020/1828.

tentes biotecnológicas, es interesante destacar que otras labores agrícolas para las que son útiles los sistemas de Inteligencia artificial son:

– el reconocimiento de especies, para su clasificación fenotípica, en la que la comparación de color y forma de las hojas y frutos se realiza mediante sistemas de *Machine Learning*, basados en análisis estadísticos, más rápidos y precisos que el convencional examen realizado por peritos humanos. Sistemas de visión computerizada y algoritmos de *machine learning* permiten, además, detectar las malas hierbas y reducir el uso de herbicidas[11].

– la selección de especies para la obtención de nuevas variedades vegetales. Los prolongados métodos de selección tradicionales de búsqueda de determinadas características o genes (como la adaptación a determinados climas, o la resistencia a enfermedades y plagas, o un determinado color, forma, tamaño, período de maduración, rendimiento de la planta, o contenido nutricional), podrían reducirse mediante la aplicación de sistemas de inteligencia artificial, aunque ello también puede requerir décadas de recolección de datos masivos[12].

II. CUESTIÓN PREVIA: CONCEPTO Y FUNCIONAMIENTO DE LA INTELIGENCIA ARTIFICIAL

Antes de seguir analizando algunos aspectos que merecen reflexionarse sobre la influencia de la Inteligencia Artificial en el ámbito de la biotecnología, conviene delimitar el concepto y describir su funcionamiento, señalando las personas que intervienen, lo que nos ayudará a entender quiénes serán podrán ser titulares de los derechos de patente o de obtención vegetal, en caso de que el sistema de Inteligencia Artificial no pueda entenderse como titular de los mismos.

---

11 SINGH, Rajesh, GEHLOT, Anita, PRAJAPAT, Mahesh Kumar, SINGH, Bhupendra (2022) "Chapter 11. Species Recongnition in Flowers", *Artificial Intelligence in Agriculture*. Ed. CRC (Taylor Francis Group), Boca Raton (Florida), 2022, p. 151-167.

12 SINGH, Rajesh, GEHLOT, Anita, PRAJAPAT, Mahesh Kumar, SINGH, Bhupendra (2022) "Chapter 12. Precision Farming"..., *cit.*, p. 172.

1. Concepto y clases de Inteligencia Artificial

Para delimitar el concepto de Inteligencia Artificial de manera que resulte útil, conviene contar con una formulación amplia y con neutralidad tecnológica, pero que no resulte ambigua[13]. El concepto de Inteligencia Artificial que tomaremos como referencia es el de la definición de "sistema de IA" que se establece en el artículo 3. 1) del Reglamento (UE) 2024/1689, de Inteligencia Artificial, que establece:

"A los efectos del presente Reglamento, se entenderá por:

1) «sistema de IA»: un sistema basado en una máquina que está diseñado para funcionar con distintos niveles de autonomía y que puede mostrar capacidad de adaptación tras el despliegue, y que, para objetivos explícitos o implícitos, infiere de la información de entrada que recibe la manera de generar resultados de salida, como predicciones, contenidos, recomendaciones o decisiones, que pueden influir en entornos físicos o virtuales".

La literalidad de la definición difiere de la definición de la versión del Reglamento de Inteligencia Artificial aprobado por el Parlamento Europeo el 13 de marzo de 2024, que definía como «Sistema de inteligencia artificial (sistema de IA)»: "el software que se desarrolla empleando una o varias de las técnicas y estrategias que figuran en el anexo I y que puede, para un conjunto determinado de objetivos definidos por seres humanos, generar información de salida como contenidos, predicciones, recomendaciones o decisiones que influyan en los entornos con los que interactúa. "

Por su parte, el Anexo I de la versión del Reglamento de Inteligencia Artificial aprobado por el Parlamento Europeo el 13 de marzo de 2024, desaparecido en la versión final del Reglamento de Inteligencia Artificial, establecía un listado abierto de tecnologías de Inteligencia Artificial, que fueron tales como:

a) Estrategias de aprendizaje automático (*Machine Learning*), incluidos el aprendizaje supervisado, el no supervisado y el realizado

---

13 Esperanza GALLEGO SÁNCHEZ. "La patentabilidad de la inteligencia artificial. La compatibilidad con otros sistemas de protección". *LA LEY mercantil*, No 59, junio de 2019, p. 3 de 24.

por refuerzo, que emplean una amplia variedad de métodos, entre ellos el aprendizaje profundo (*Deep Learning*).

b) Estrategias basadas en la lógica y el conocimiento, especialmente la representación del conocimiento, la programación (lógica) inductiva, las bases de conocimiento, los motores de inferencia y deducción, los sistemas expertos y de razonamiento (simbólico).

c) Estrategias estadísticas, estimación bayesiana, métodos de búsqueda y optimización[14].

Además de esta enumeración abierta de sistemas de Inteligencia Artificial, existen otras múltiples clasificaciones doctrinales. De todas ellas, destacaremos la que diferencia entre Inteligencia Artificial "débil" y "fuerte"[15]. La Inteligencia Artificial "débil" comprende máquinas reactivas, que predicen en escenarios planteados, o la IA de memoria limitada, que utiliza experiencias pasadas para informar el futuro. En ella, los sistemas son entrenados para tareas muy concretas y se han incorporado a multitud de desarrollos tecnológicos como Siri en Apple. La Inteligencia artificial "fuerte" es la Inteligencia Artificial autónoma o casi autónoma, es aquella que la acerca a las habilidades cognitivas humanas y es la que se deriva del *deep learning*, el *machine learning*, el procesamiento de lenguaje natural, el análisis predictivo, el reconocimiento de imagen y texto, la computación gestual, la realidad aumentada, la robótica y el reconocimiento emocional y, todo ello con el apoyo de la ciencia de datos[16].

La clasificación abierta de la propuesta Reglamento de Inteligencia Artificial, no recogida en la versión definitiva del Reglamento de Inteligencia Artificial, incluye a estas técnicas en el listado de técnicas

---

14 En su versión inglesa, más utilizada en el sector:
"(a) Machine learning approaches, including supervised, unsupervised and reinforcement learning, using a wide variety of methods including deep learning;
(b) Logic— and knowledge-based approaches, including knowledge representation, inductive (logic) programming, knowledge bases, inference and deductive engines, (symbolic) reasoning and expert systems;
(c) Statistical approaches, Bayesian estimation, search and optimization methods."

15 BLANCO, JM/ COHEN, J. "Inteligencia artificial y poder", *ARI* (93) 2018, p. 2.

16 GALLEGO SÁNCHEZ, Esperanza. "La patentabilidad de la inteligencia artificial. La compatibilidad con otros sistemas de protección". *LA LEY mercantil*, No 59, junio de 2019, p. 5 de 24.

que pueden denominarse sistemas de Inteligencia Artificial. Se trata de técnicas que desarrollan algoritmos que, una vez creados, son capaces de aprender cómo realizar actuaciones inteligentes fuera de las programadas[17].

El grado de autonomía de la Inteligencia Artificial "fuerte" influirá en el régimen de responsabilidad de los operadores de dichos sistemas y, a efectos del mayor o menor uso del sistema por una persona, sea inventor u obtentor, supondrá una mayor posibilidad de que pueda reconocer al sistema como inventor u obtentor.

2. *Descripción de los sistemas de Inteligencia Artificial*[18]

En cualquier caso, tiene sentido la eliminación de la referencia a sistemas específicos de Inteligencia Artificial en la versión final del Reglamento, atendiendo al principio de neutralidad tecnológica de la norma. Es por ello que el Reglamento de Inteligencia Artificial opta por un examen *ad hoc* de cada sistema, como puede apreciarse en la documentación exigida en el ANEXO IV Documentación técnica a que se refiere el artículo 11, apartado 1 del Reglamento de Inteligencia Artificial, sobre sistemas de alto riesgo, y el ANEXO XI Documentación técnica a que se refiere el artículo 53, apartado 1,

---

17 En lugar de tener que crear un programa distinto para resolver cada problema individual, el algoritmo de la *«machine learning»* simplemente necesita aprender, a través de un proceso llamado *«training»*, para resolver cada nuevo problema. De modo que los algoritmos inteligentes no se programan solo para resolver problemas específicos, sino también para aprender cómo resolver problemas (TUTT, A: «An FDA for algorithms», *Administrative Law Review* 83 (2017), ttps://papers.ssrn.com/sol3/papers.cfm?abstract_id=2747994, p. 1 y ss). Este fenómeno se observa en particular en el área del llamado *«conocimiento profundo»* o *«redes neuronales artificiales»* (DNN, por sus siglas en inglés), que constituye una subcategoría de las *«machine learning»*. GALLEGO SÁNCHEZ, Esperanza. La patentabilidad de la inteligencia artificial..., *cit.*, p. 4 de 24.

18 Una descripción jurídica de ANN y machine Learning la encontramos en los epígrafes 19 a 28 de la sentencia de la *Federal Court of Australia*, en el caso *Thaler v Commissioner of Patents* [2021] FCA 879. 30 July 2021, https://haugpartners.com/wp-content/uploads/2021/12/Australia-Thaler-v-Commissioner-2021-FCA-879.pdf, sobre el caso de la Inteligencia Artificial DABUS, que se describe en los epígrafes 29 a 43.

letra a) —documentación técnica para proveedores de modelos de IA de uso general.

En el anexo IV, punto 2, se exige la documentación apropiada que describa los procesos de creación de sistemas de inteligencia artificial. En este sentido, la documentación exigida nos da una guía de las partes principales de todo sistema de Inteligencia Artificial. Se pide documentación referente a:

– la fase de elaboración del sistema concreto de inteligencia artificial (su lógica general, los supuestos de los que se ha partido y la de sus algoritmos, la arquitectura del sistema, etc.)[19],

– la fase de su entrenamiento[20],

– de los datos que lo nutren[21],

– y de las medidas de supervisión de los resultados[22].

---

19 El algoritmo que rige el sistema de Inteligencia artificial debe contener los elementos que permitan su evolución sin intervención o con una mínima intervención humana. SAINZ DE AJA IRAPU, Borja. "Inteligencia Artificial y Propiedad Intelectual, en *Derecho e Inteligencia Artificial. El jurista ante los retos de la era digital* (Directores Inmaculada Herbosa Martínez y David Fernández de Retana Gorostizagoiza), Editorial Aranzadi, Cizur Menor, 2023, p. 251.

20 El algoritmo debe permitir el entrenamiento y que este vaya conformando el modelo de aprendizaje. SAINZ DE AJA IRAPU, Borja (2023) "Inteligencia Artificial y Propiedad Intelectual", en HERBOSA MARTÍNEZ, Inmaculada (dir.) y FERNÁNDEZ DE RETANA GOROSTIZAGOIZA, David (dir.), *Derecho e Inteligencia Artificial. El jurista ante los retos de la era digital.* Editorial Aranzadi, Cizur Menor, 2023, p. 251.

21 Los datos o *inputs* deben dar lugar a *outputs*, en forma de pronósticos o decisiones. Los datos deben ser masivos, de calidad suficiente y en formato digital procesable por el modelo. Se trata del componente más difícil de conseguir, y la dificultad para obtenerlos es técnica, comercial, pero también jurídica, pues deben cumplir con la normativa sobre protección de datos personales, de imagen, de propiedad intelectual, etc. SAINZ DE AJA IRAPU, Borja. "Inteligencia Artificial y Propiedad Intelectual"..., *cit.*, p. 252.

22 "2. Una descripción detallada de los elementos del sistema de IA y de su proceso de desarrollo, incluidos:
a) los métodos y las medidas adoptados para el desarrollo del sistema de IA, incluido, en su caso, el recurso a sistemas o herramientas previamente entrenados facilitados por terceros y la manera en que han sido utilizados, integrados o modificados por el proveedor;
b) las especificaciones de diseño del sistema, a saber, la lógica general del sistema de IA y de los algoritmos; las decisiones clave de diseño, incluidos la lógica

Finalmente, no hay que olvidar que los sistemas de Inteligencia Artificial requieren de importante capacidad computacional, lo que se traduce en una inversión importante en *hardware*[23].

---

y los supuestos de los que se ha partido, también con respecto a las personas o colectivos de personas en relación con los que está previsto que se utilice el sistema; las principales decisiones de clasificación; aquello que el sistema está diseñado para optimizar y la pertinencia de los diversos parámetros; la descripción de los resultados de salida esperados del sistema y la calidad de dichos resultados; las decisiones adoptadas acerca de cualquier posible concesión con respecto a las soluciones técnicas adoptadas para dar cumplimiento a los requisitos establecidos en el capítulo III, sección 2;
c) la arquitectura del sistema, con una explicación de la manera en que los componentes del software se utilizan o enriquecen mutuamente y de la manera en que se integran en el procesamiento general; los recursos informáticos utilizados para desarrollar, entrenar, probar y validar el sistema de IA;
d) cuando proceda, los requisitos en materia de datos, en forma de fichas técnicas que describan las metodologías y técnicas de entrenamiento, así como los conjuntos de datos de entrenamiento utilizados, e incluyan una descripción general de dichos conjuntos de datos e información acerca de su procedencia, su alcance y sus características principales; la manera en que se obtuvieron y seleccionaron los datos; los procedimientos de etiquetado (p. ej., para el aprendizaje supervisado) y las metodologías de depuración de datos (p. ej., la detección de anomalías);
e) una evaluación de las medidas de supervisión humana necesarias de conformidad con el artículo 14, incluida una evaluación de las medidas técnicas necesarias para facilitar la interpretación de los resultados de salida de los sistemas de IA por parte de los responsables del despliegue, con arreglo al artículo 13, apartado 3, letra d);
f) en su caso, una descripción detallada de los cambios predeterminados en el sistema de IA y su funcionamiento, junto con toda la información pertinente relativa a las soluciones técnicas adoptadas con el objetivo de garantizar la conformidad permanente del sistema de IA con los requisitos pertinentes establecidos en el capítulo III, sección 2;
g) los procedimientos de validación y prueba utilizados, incluida la información acerca de los datos de validación y prueba empleados y sus características principales; los parámetros utilizados para medir la precisión, la solidez y el cumplimiento de otros requisitos pertinentes establecidos en el capítulo III, sección 2, así como los efectos potencialmente discriminatorios; los archivos de registro de las pruebas y todos los informes de las pruebas fechados y firmados por las personas responsables, también en lo que respecta a los cambios predeterminados a que se refiere la letra f);
h) las medidas de ciberseguridad adoptadas".

23 SAINZ DE AJA IRAPU, Borja. "Inteligencia Artificial y Propiedad Intelectual"..., *cit.*, p. 254.

III. LOS SISTEMAS DE INTELIGENCIA ARTIFICIAL MÁS UTILIZADOS EN EL ÁMBITO BIOTECNOLÓGICO

Los sistemas más utilizados en el ámbito biotecnológico son los sistemas de aprendizaje automático o *Machine Learning*, en los que los algoritmos aprenden, con o sin entrenamiento externo, de los datos obtenidos, y en los que entre el input (datos masivos) y el output (decisión), suele haber varios niveles ocultos de procesamiento de datos, de tal manera que, en ocasiones, puede resultar imposible conocer el "razonamiento" de la inteligencia Artificial.

Cada uno de los sistemas de Inteligencia Artificial cumplen determinadas funciones, y tienen funcionamientos diferentes. Así, dentro de los sistemas de aprendizaje automático encontramos los sistemas de *Machine Learning* no supervisado y supervisado. Los sistemas de *Machine Learning* no supervisado son de dos tipos: los de agrupación —*clustering*— como el de agrupación jerárquica —*Hierarchical clustering*, y los de reducción de dimensiones —*dimensionality reduction*— que reducen el número de variables para captar la esencia de la información. En el no supervisado los datos son organizados por el algoritmo, sin supervisión humana. Mientras que los sistemas de aprendizaje automático supervisado (como las redes neuronales —*neural networks*), requieren de datos etiquetados y entrenamiento por humanos, y suelen ser más precisos que los no supervisados. Entre ambos sistemas encontramos, por ejemplo, los sistemas de aprendizaje automático semisupervisados, como los *Large Language Model*, por ejemplo Chat GPT, que son sistemas de redes neuronales que resultan útiles en procedimientos de elaboración de reivindicaciones en solicitudes de patente, o en los del procedimiento a seguir por oficinas de patentes.

Los sistemas de *Machine Learning* supervisados y no supervisados resultan útiles en los procesos de obtención de nuevas variedades vegetales, o de descripción fenotípica de las mismas y de observación de la interrelación entre genotipo y fenotipo de plantas[24].

---

[24] Por ejemplo, SVM (*Support Vector Machine*) y ANN (*Artificial Neural Networks*) se han utilizado para identificar plantas con enfermedades, o para la modelación del cultivo in vitro del Crisantemo.

1. *Uso de la inteligencia artificial para distinguir variedades vegetales - Fenotipo*

La Unión Internacional para la Protección de las Obtenciones Vegetales está en fase de reconocer estos sistemas de inteligencia artificial como medios jurídicamente admisibles de desarrollar los exámenes de Distinción, Homogeneidad y Estabilidad. El *Technical Working Party on Testing Methods and Techniques*, analizó esta posiblidad en su segunda sesión de 2024, celebrada del 8 al 11 de abril de 2024. En ella, Ana Vicario del INASE (Argentina) expuso un sistema de uso de marcadores basados en Inteligencia Artificial para la trazabilidad de variedades[25]. En el sistema, algoritmos que usan *Convolutional neural networks* que aprenden las características de la morfología de las semillas, relacionando miles de imágenes de diferentes variedades y clasificando cada variedad con su correspondiente imagen. La imagen de cada semilla individual se almacena en una base de datos. El modelo se testa con imágenes de semillas no usadas previamente en la fase de entrenamiento. En esta fase es necesario el entrenamiento de la Inteligencia Artificial para ajustar las diferentes variedades de cada región o país, diferentes años de cosecha, etc. El algoritmo afina los parámetros de su red neuronal para minimizar errores. Cuando el modelo alcanza una alta precisión está listo para ser usado en la realización de test de prueba para la validación final.

La validación pretende probar el impacto de una sola semilla en el porcentaje de identidad de la muestra; probar la variación de los resultados utilizando variedades de trigo ya incluidas en el algoritmo; probar variedades no incluidas en el sistema; definir umbrales de

---

Otras funciones son las de clasificación, para la que se usan las *Convolutional Neural Networks*, las SVM, o las *multilayer perceptron* (MLP), las de predicción, para la que se usan *Deep Neural Networks*, etc.

25 NIAZIAN, Mohsen y NIEDBAŁA, Gniewko (2021) "Machine Learning for Plant Breeding and Biotechnology", en *Artificial Neural Networks in Agriculture* (Sebastian Kujawa y Gniewko Niedbała). MDPI Basel (Suiza). 2021, p. 131-153. También en *Agriculture* 2020, 10, 436, doi:10.3390/agriculture10100436.
UNIÓN INTERNACIONAL PARA LA PROTECCIÓN DE LAS OBTENCIONES VEGETALES (2024) *Use of Artificial Intelligence-Based Markers for Variety Traceability*. Documento UPOV. TWM/2/9. March 11, 2024. https://www.upov.int/edocs/mdocs/upov/en/twm_2/twm_2_9.pdf

identificación para la toma de decisiones; y establecer conjuntos de variedades.

La ventaja de este método consiste en que permite identificar las variedades de trigo aportando algunas ventajas en comparación con otras metodologías: no es destructivo, es más barato que las pruebas basadas en el ADN, es una prueba más rápida (sólo tarda unos minutos), requiere muy poca carga de trabajo para la preparación de la muestra, el software es fácil de usar y adaptable al usuario, no requiere instalaciones sofisticadas.

Actualmente, este método no puede ser utilizado válidamente como método de desarrollo de los test DHE (distinción, homogeneidad y estabilidad de la variedad vegetal), salvo que las Directrices de un país miembro de la UPOV lo reconozca, en cuyo caso, tendrán eficacia jurídica en dicho país únicamente hasta que su inclusión fuera aprobada por la UPOV[26]. Para que ello fuera posible, es necesario que el Grupo de Trabajo Técnico de la UPOV lo proponga al Comité Técnico, que lo transmitirá al Comité de Redacción Ampliado (que incluye el asesoramiento del *Administrative and Legal Comittee)*, para su revisión y posterior aprobación por parte del Comité Técnico[27]. Una vez la UPOV aprobara dichos métodos en la Directriz DHE correspondiente, las directrices de examen propias de cada Miembro deben revisarse en consecuencia[28].

26 Hasta que no exista pronunciamiento de la UPOV, los miembros de la Unión podrán indicar en los informes DHE que el carácter que figura en las respectivas directrices de examen difiere del que figura en las directrices de examen de la UPOV. UNIÓN INTERNACIONAL PARA LA PROTECCIÓN DE LAS OBTENCIONES VEGETALES (2001) *Development of Test Guidelines. Associated Document to the General Introduction to the Examination of Distinctness, Uniformity and Stability and the Development of Harmonized Descriptions of New Varieties of Plants.* https://www.upov.int/test_guidelines/en/introduction.html TG/1/3, p. 19.

27 "*Cuando proceda, esos caracteres adicionales se incluirán en las directrices de examen de las diferentes autoridades, o podrán ser utilizados por cada autoridad sobre una base ad hoc cuando sea pertinente para el examen de una determinada variedad o de determinadas variedades*". UNIÓN INTERNACIONAL PARA LA PROTECCIÓN DE LAS OBTENCIONES VEGETALES (2001) *Development of Test Guidelines..., cit.*, p. 19.

28 UNIÓN INTERNACIONAL PARA LA PROTECCIÓN DE LAS OBTENCIONES VEGETALES (2001) *Development of Test Guidelines..., cit.*, p. 19.

2. *Uso de la inteligencia artificial para distinguir variedades vegetales - Genotipo*

Aunque la UPOV no ha iniciado el estudio de sistemas de Inteligencia Artificial para la diferenciación por genotipo, en algunos países sí se ha realizado. La Genetic Technology (Precision Breeding) Act 2023 del Reino Unido, permite incluir el uso de la Inteligencia Artificial en los exámenes DHE, junto con otros métodos como el Genotyping-by-sequencing (GBS), la secuenciación del genoma completo. Los sistemas analizados son de aprendizaje automático totalmente supervisado, seguido de aprendizaje automático no supervisado (profundo), para mejorar la eficiencia y la calidad de los exámenes DHE en el Reino Unido y minimizar el número de ciclos de cultivo necesarios para el examen de DHE[29].

IV. PROTECCIÓN DE LA INTELIGENCIA ARTIFICIAL COMO INVENCIÓN

La protección de la Inteligencia Artificial consiste en la protección de los algoritmos que la configuran, por lo que su protección podrá realizarse por medio del secreto empresarial[30], como programas de ordenador[31], o como invenciones.

---

29 UNIÓN INTERNACIONAL PARA LA PROTECCIÓN DE LAS OBTENCIONES VEGETALES (2023). *Discussion on molecular techniques in DUS examination* - United Kingdom. October 16, 2023. https://www.upov.int/meetings/en/doc_details.jsp?meeting_id=77230&doc_id=621765.

30 Si se cumplen los requisitos del artículo 1 de la Ley 1/2019, de 20 de febrero, de Secretos Empresariales (secreto, valor empresarial y medidas razonables de mantenerlo en secreto. La Inteligencia Artificial difícilmente podrá ser objeto de ingeniería inversa, por lo que difícilmente se podrá dar el supuesto del artículo 2 b).

31 La protección como programas de ordenador se ampara en el artículo 96.1 del Real Decreto Legislativo 1/1996, de 12 de abril, por el que se aprueba el texto refundido de la Ley de Propiedad Intelectual, regularizando, aclarando y armonizando las disposiciones legales vigentes sobre la materia, que establece que "se entenderá por programa de ordenador toda secuencia de instrucciones o indicaciones destinadas a ser utilizadas, directa o indirectamente, en un sistema informático para realizar una función o una tarea o para obtener un resultado determinado, cualquiera que fuere su forma de expresión y fijación", que se

La protección como invención, por medio de una patente, solo será posible en los casos en los que no se configuren como simples programas de ordenador o como métodos matemáticos abstractos, pues en dichos casos, no serían patentables (artículo 52.3 a) y c) del Convenio sobre concesión de patentes europeas, de 5 de octubre de 1973, y artículo 4.4 a) y c) de la Ley 24/2015, de 24 de julio, de Patentes)[32], aunque la exclusión de patentabilidad solo se dará "de las materias o actividades mencionadas en el mismo solamente en la medida en que la solicitud de patente o la patente se refiera exclusivamente a una de ellas considerada como tal" (artículo 5 de la Ley 24/2015, de 24 de julio, de Patentes). En consecuencia, si la reivindicación del programa de inteligencia artificial no se limita al programa, sino que, además, tiene carácter técnico, será patentable[33]. El carácter técnico implica un propósito técnico que ha de ser específico. La invención debe mostrar un efecto técnico adicional (*Further Technical Effect*), que tiene que ir más allá de la simple interacción entre el programa y el ordenador sobre el que se ejecuta[34].

---

protege solo en caso de que sea original, lo que según el artículo 96.2, requiere que sea "una creación intelectual propia de su autor." En este sentido, faltará la originalidad en el caso de que el código algorítmico sea creado desde cero por un ordenador, pero no si la programación inicial la realiza un humano, si el humano pueda alterarlo o ajustarlo. SAINZ DE AJA IRAPU, Borja. "Inteligencia Artificial y Propiedad Intelectual"..., *cit.*, p. 264.

32 "Artificial intelligence and machine learning are based on computational models and algorithms for classification, clustering, regression and dimensionality reduction, such as neural networks, genetic algorithms, support vector machines, k-means, kernel regression and discriminant analysis. Such computational models and algorithms are per se of an abstract mathematical nature, irrespective of whether they can be "trained" based on training data". EUROPEAN PATENT OFFICE. *Guidelines for Examination in the European Patent Office.* Versión de marzo de 2024. https://link.epo.org/web/legal/guidelines-epc/en-epc-guidelines-2024-hyperlinked-showing-modifications.pdf Part F - Chapter II-3.3.1. Artificial intelligence and machine learning.

33 Decisión de la Cámara de Recursos de la *European Patent Office* T 1173/97 (producto de programa de computadora / IBM) de 1.7.1998. GALLEGO SÁNCHEZ., Esperanza "La patentabilidad de la inteligencia artificial. L..., *cit.*, p. 11-12 de 24.

34 La Decisión de la Cámara de Recursos *European Patent Office* T 1173/97 (producto de programa de computadora / IBM) de 1.7.1998 (ECLI:EP:BA:1998:T117397.19980701, establece la noción de "efecto técnico adicional". Declara que no es posible considerar que los programas para computadoras tengan un

Nos parece que el uso de Inteligencia Artificial para desarrollar actividades de obtención de variedades vegetales o de mejora de los procesos de identificación y selección de semillas, y otros procesos que ya hemos destacado antes, cumplen con dicho propósito técnico adicional y hacen posible la patentabilidad de los sistemas de Inteligencia Artificial con finalidades biotecnológicas. Incluso los procesos de clasificación de imágenes, típicos de la aplicación de sistemas de Inteligencia Artificial en eventuales exámenes DHE se entienden como efecto técnico que permite la patentabilidad del mismo[35].

Ahora bien, para que sea patentable el sistema de Inteligencia Artificial la reivindicación de la invención debe tener información suficiente como para poder ser reproducida por una persona experta, por lo que si los métodos matemáticos (algoritmos) y los conjuntos de datos de entrenamiento no se divulgan con suficiente detalle para reproducir el efecto técnico[36], el sistema de Inteligencia Artificial no podrá ser patentado[37].

---

carácter técnico por el mero hecho de que sean programas para computadoras. El carácter técnico deriva de los "efectos técnicos adicionales" derivados de la ejecución (por el *hardware*) de las instrucciones dadas por el programa. Estas consideraciones técnicas adicionales deben reflejarse en las características reivindicadas que causan un efecto técnico adicional y se evalúan sin tener en cuenta el estado de la técnica. Es más, el "efecto técnico adicional" puede ser "potencial". GALLEGO SÁNCHEZ., Esperanza "La patentabilidad de la inteligencia artificial. ..., *cit.*, p. 13-14 de 24.

35 Así parece entenderlo la *European Patent Office* cuando en sus "*Guidelines for Examination*" señala que "The classification of digital images, videos, audio or speech signals based on low-level features (e.g. edges or pixel attributes for images) are further typical technical applications of classification algorithms". EUROPEAN PATENT OFFICE. *Guidelines for Examination in the European Patent Office*. Versión de marzo de 2024. https://link.epo.org/web/legal/guidelines-epc/en-epc-guidelines-2024-hyperlinked-showing-modifications.pdf Part F - Chapter II-3.3.1. Artificial intelligence and machine learning.

36 Cuando un método de clasificación tiene una finalidad técnica, las etapas de generar el conjunto de entrenamiento y entrenar al clasificador también pueden al carácter técnico de la invención si contribuyen a la consecución de esa finalidad técnica.

El efecto técnico que consigue un algoritmo de aprendizaje automático puede ser fácilmente aparente o establecido mediante explicaciones, pruebas matemáticas, datos experimentales o similares. Aunque las meras alegaciones no son suficientes tampoco se requiere una prueba exhaustiva. Si el efecto técnico depende de características particulares del conjunto de datos de entrenamiento

V. USO DE LA INTELIGENCIA ARTIFICIAL PARA GENERAR PATENTES

Los sistemas de Inteligencia Artificial pueden generar invenciones que tengan un efecto técnico en el ámbito de la biotecnología. Invenciones que podrán ser resultado de una Inteligencia Artificial fuerte, sin intervención humana, o de una Inteligencia Artificial débil, en la que la invención sea realizada con intervención humana, pero con un uso intensivo de herramientas de Inteligencia Artificial. Ello es posible por la accesibilidad a un gran número de datos, que permiten, por medio de la Inteligencia Artificial[38], transformar dicha información en interpretaciones biológicamente significativas[39].

---

utilizado, esas características necesarias para reproducir el efecto técnico deben ser a menos que un experto pueda determinarlas sin una carga indebida utilizando conocimientos generales comunes. Sin embargo, en general, no existe necesidad de divulgar el conjunto de datos de entrenamiento en sí. EUROPEAN PATENT OFFICE. *Guidelines for Examination in the European Patent Office.* Versión de marzo de 2024. https://link.epo.org/web/legal/guidelines-epc/en-epc-guidelines-2024-hyperlinked-showing-modifications.pdf Part F - Chapter II-3.3.1. Artificial intelligence and machine learning.

37 EUROPEAN PATENT OFFICE. *Guidelines for Examination in the European Patent Office.* Versión de marzo de 2024. https://link.epo.org/web/legal/guidelines-epc/en-epc-guidelines-2024-hyperlinked-showing-modifications.pdf Part F - Chapter III-2. 3. Insufficient disclosure.

38 La bioinformática ha pasado de ser una disciplina asistente a convertirse en una ciencia fundamental de apoyo al "mejoramiento asistido". RAPELA, Miguel A. "Mejoramiento vegetal moderno, inteligencia artificial y derechos de propiedad intelectual", en *Revista Jurídica Austral,* Vol. 1 Núm. 2 (2020) diciembre 2020, p. 842. DOI: https://doi.org/10.26422/RJA.2020.0102.rap.

39 Ejemplo de esto último lo encontramos en el desarrollo de las Nuevas Técnicas Genómicas (*New Genomic Technics* - NGT), tales como CRISPR Cas 9. La litigiosidad sobre las patentes sobre el uso CRISPR Cas9 en edición genómica tratan sobre la prioridad del solicitante no sobre la patentabilidad de la tecnología. REGENTS OF THE UNIVERSITY OF CALIFORNIA, UNIVERSITY OF VIENNA, EMMANUELLE CHARPENTIER, Appellants v. BROAD INSTITUTE, INC., MASSACHUSETTS INSTITUTE OF TECHNOLOGY, PRESIDENT AND FELLOWS OF HARVARD COLLEGE, Appellees. 2017-1907. Appeal from the United States Patent and Trademark Office, Patent Trial and Appeal Board in No. 106,048. Decided: September 10, 2018. Aunque la tecnología de edición genómica CRISPR Cas9 referida en esta sentencia se aplica a células humanas, es también aplicable a plantas.

Uno de los sistemas de Inteligencia Artificial que han realizado una "invención" sin intervención humana, es el DABUS (*Device for the Autonomous Bootstrapping of Unified Sentience)*[40]. Aunque no se trata de una invención biotecnológica, nos parece interesante analizar cuáles han sido las diversas formas de interpretar la patentabilidad o no de dicha invención en distintas jurisdicciones. Y ello porque, dado el gran número de datos que se usan en biotecnología vegetal, la capacidad mayor de computación y los nuevos sistemas de Inteligencia Artificial generativa, solo es cuestión de tiempo que surjan invenciones biotecnológicas vegetales que planteen la misma cuestión[41]: ¿Puede una inteligencia artificial ser considerada "inventor" en los términos de la normativa de patentes?

1. El Inventor ha de ser persona física:

El caso DABUS se ha planteado simultáneamente en diversos países, en los que el propietario y creador de DABUS, el Dr. Thaler, que entrenó el sistema de Inteligencia Artificial, solicitó la patente estableciendo en la misma que el inventor era la Inteligencia Artificial, y solicitó para él ser titular de los derechos derivados de la patente.

---

[40] Es un sistema de IA patentado por el doctor Stephen Thaler, descrito por su inventor como una "máquina de creatividad" (Thaler, 2008). Consiste en una red de neuronas artificiales construida a partir de una enorme serie de pequeñas neuronas programadas para realizar determinadas funciones. Este sistema de muchas redes neuronales es capaz de generar nuevas ideas al alterar sus interconexiones. Un segundo sistema de redes neuronales detecta las consecuencias críticas de estas ideas potenciales y las refuerza basándose en la novedad e importancia del desarrollo. RAPELA, Miguel A. "Mejoramiento vegetal moderno, inteligencia artificial y derechos de propiedad intelectual"..., *cit.*, p. 847.

[41] Es más, actualmente existen algoritmos creativos cuyo objetivo principal es crear o generar la mayor cantidad posible de resultados inventivos, la mayoría sin lógica alguna, puede dar lugar a que uno de tales resultados pueda ser considerado válido desde el punto de vista del derecho de patentes. Ello aumentará el nivel y volumen de conocimiento incorporado al estado de la técnica que ha de ser tomado en consideración por parte del experto en la materia que ha de evaluar la novedad o la actividad inventiva ante una solicitud de patente. SÁNCHEZ GARCÍA, Luz. "Las «pseudoinvenciones» generadas por algoritmos, ¿jaque al estado de la técnica?", en *CEFLegal: Revista práctica de derecho. Comentarios y casos prácticos*, ISSN-e 2697-2239, ISSN 2697-1631, No. 262, 2022, p. 5-34.

La mayor parte de las agencias y oficinas de patentes de los Estados donde se ha planteado la cuestión han denegado la patente[42], sin entrar a valorar si realmente la invención era de DABUS, sino, simplemente, considerado que un sistema de Inteligencia Artificial no podía ser inventor. Una vez recurrida la decisión, los tribunales han confirmado el razonamiento de las Oficinas de Patentes[43].

El principal motivo de denegación es que entienden que el término "inventor", que se incluye en las normas de patentes, se refiere a una persona física[44]. Frente a las alegaciones de que en la Ley de Patentes no existe una definición de "inventor"[45], y que la Ley de Patentes del Estado correspondiente debe interpretarse ampliamente e incluir en el concepto a las cosas que inventan, como la Inteli-

---

42 Han inadmitido a DABUS como inventor: *Australian Patent Office, European Patent Office, German Patent Office, Registrar of the Israel Patent Office, New Zealand IP Office, Korean Intellectual Property Office* y la *UK IPO*.
Han admitido la patente de DABUS en la South African Companies and Intellectual Property Commission (CIPC), que simplemente ha comprobado los requisitos formales de la solicitud, sin poner obstáculo a

43 En Estados Unidos, la sentencia *Thaler v. Vidal,* 43 F.4th 1207, 1210 (Fed. Cir. 2022) https://cafc.uscourts.gov/opinions-orders/21-2347.OPINION.8-5-2022_1988142.pdf confirmó la decisión de la Oficina y de la Corte de Virginia. La *Petition for a Writ of Certiorari* https://www.supremecourt.gov/DocketPDF/22/22919/259306/20230317125139087_Thaler%20Cert%20Petition.pdf planteada por Thaler ante la *Supreme Court of United States* fue rechazada el 24 de abril de 2023.

44 La Decision of the Legal Board of Appeal 3.1.01 of 21 December 2021, Case Number: J 0008/20 - 3.1.01 https://www.epo.org/boards-of-appeal/decisions/pdf/j200008eu1.pdf concluye que, respecto a la designación de inventor de los artículos 81, y 60 del Convenio sobre concesión de Patentes Europeas, hecho en Munich el 5 de octubre de 1973, los legisladores sólo tenían en mente las invenciones fabricadas por el ser humano, por personas con capacidad legal. A ello llega después de una interpretación literal del texto, de acuerdo con su significado ordinario, siguiendo la Convención de Viena sobre el Derecho de los tratados.

45 En Estados Unidos, en el caso *Thaler v. Vidal,* se destaca que sí existe una definición de inventor en su Ley de Patentes: "the individual or, if a joint invention, the individuals collectively who invented or discovered the subject matter of the invention." 35 U.S.C. § 100(f). Aunque no existe una definición de "individual", la Supreme Court of United States ha interpretado "individual" como ser humano, como persona natural, diferenciándolo de las entidades artificiales, como las corporaciones. Además, añade que la Patent Act se refiere a un "individual" con los pronombres personales "himself" y "herself" y no "itself".

gencia Artificial, los Tribunales suelen aferrarse a la interpretación del término "inventor" que hacen los diccionarios, que entienden que es, según su interpretación, una persona física que inventa, excluyendo así a la Inteligencia Artificial. En ocasiones sí realizan una interpretación más completa añadiendo la interpretación sistemática e histórica de la Ley de Patentes aplicable, e incluso un análisis de Derecho comparado[46]. Los Tribunales señalan que a ellos solo les corresponde interpretar la Ley de Patentes, y que, para ellos, esta interpretación es clara. Añaden que, para que la Inteligencia Artificial pueda ser considerada inventor, es necesario que el legislador modifique la Ley[47].

A este argumento se añade otro: que el propietario de la Inteligencia Artificial, como propietario, no tiene derecho a presentar las solicitudes y ser titular de los derechos que le corresponderían a la Inteligencia Artificial como inventor, desde el momento en que dicha Inteligencia Artificial no puede ser titular de los mismos y no podría, en ningún caso, cedérselos.

Ello tiene consecuencias formales: Al no haber identificado en la solicitud a una persona como inventor, el propietario de la Inteligen-

---

46 *High Court Of New Zealand Wellington Registry*, en el caso *Thaler v. Commissioner of Patents*. CIV-2022-485-118 [2023] NZHC 554. https://www.justice.govt.nz/jdo_documents/workspace___SpacesStore_03467327_0e3d_41de_b88e_da0dd54b8116.pdf Realiza una extensa interpretación histórica del concepto "inventor" en la *Patents Act 2013* de Nueva Zelanda, y revisa las decisiones que, sobre el mismo caso, han adoptado los tribunales del Reino Unido, Australia, y Estados Unidos.

47 *Thaler (Appellant) v Comptroller-General of Patents, Designs and Trade Marks (Respondent)*. Michaelmas Term [2023] UKSC 49 On appeal from: [2021] EWCA Civ 1374. JUDGMENT GIVEN ON 20 December 2023. https://www.supremecourt.uk/cases/docs/uksc-2021-0201-judgment.pdf:
"I agree with Elisabeth Laing LJ who said, at para 103 of the judgment of the Court of Appeal: "Whether or not thinking machines were capable of devising inventions in 1977, it is clear to me that that Parliament did not have them in mind when enacting this scheme. If patents are to be granted in respect of inventions made by machines, the 1977 Act will have to be amended. ""
En el mismo sentido, la *High Court Of New Zealand Wellington Registry*, en el caso *Thaler v. Commissioner of Patents*. CIV-2022-485-118 [2023] NZHC 554. https://www.justice.govt.nz/jdo_documents/workspace___SpacesStore_03467327_0e3d_41de_b88e_da0dd54b8116.pdf Basado en la *Patents Act 2013* de Nueva Zelanda.

cia Artificial no ha indicado correctamente cómo había obtenido el derecho a que se le concedieran las patentes por lo que dicha solicitud no puede tramitarse[48].

Otros argumentos rechazados por los Tribunales son[49]:

– La aplicación analógica de las patentes laborales, pues la máquina no es empleada de su propietario[50].

---

48 Estos argumentos se añaden en el caso, *Thaler (Appellant) v Comptroller-General of Patents, Designs and Trade Marks (Respondent)*. Michaelmas Term [2023] UKSC 49 On appeal from: [2021] EWCA Civ 1374. JUDGMENT GIVEN ON 20 December 2023. https://www.supremecourt.uk/cases/docs/uksc-2021-0201-judgment.pdf
La *Patent Act* del Reino Unido exige literalmente que el inventor sea persona: "Section 7 of the 1977 Act: "Right to apply for and obtain a patent.
(1) Any person may make an application for a patent either alone or jointly with another.
(2) A patent for an invention may be granted— (a) primarily to the inventor or joint inventors; (b) in preference to the foregoing, to any person or persons who, by virtue of any enactment or rule of law, or any foreign law or treaty or international convention, or by virtue of an enforceable term of any agreement entered into with the inventor before the making of the invention, was or were at the time of the making of the invention entitled to the whole of the property in it (other than equitable interests) in the United Kingdom; (c) in any event, to the successor or successors in title of any person or persons mentioned in paragraph (a) or (b) above or any person so mentioned and the successor or successors in title of another person so mentioned; and to no other person.
(3) In this Act 'inventor' in relation to an invention means the actual deviser of the invention and 'joint inventor' shall be construed accordingly.
(4) Except so far as the contrary is established, a person who makes an application for a patent shall be taken to be the person who is entitled under subsection (2) above to be granted a patent and two or more persons who make such an application jointly shall be taken to be the persons so entitled."
Y se confirma esta interpretación en el artículo 13: el apartado 1 del artículo 13, confiere al inventor el derecho a ser mencionado, y el apartado 2 del artículo 13, exige al solicitante que presente la declaración en la que identifique a la persona o personas que considere que son el inventor o inventores. De ninguno de ellos se puede deducir que una máquina pueda ser inventora. Por otra parte, el artículo 8 solo admite que puedan ser titulares de una patente las personas físicas o jurídicas, pero no las máquinas.

49 *Thaler (Appellant) v Comptroller-General of Patents, Designs and Trade Marks (Respondent)*. Michaelmas Term [2023] UKSC 49 On appeal from: [2021] EWCA Civ 1374. JUDGMENT GIVEN ON 20 December 2023. https://www.supremecourt.uk/cases/docs/uksc-2021-0201-judgment.pdf.

50 Decision of the Legal Board of Appeal 3.1.01 of 21 December 2021, Case Number: J 0008/20 - 3.1.01 https://www.epo.org/boards-of-appeal/decisions/pdf/

– La aplicación analógica de la doctrina de la accesión: el Dr. Thaler alega que, como propietario de la máquina, las invenciones de ésta son sus frutos y, por la doctrina de la accesión, adquiere su propiedad. Además, ha sido la primera persona en poseer las invenciones. Sin embargo, el Tribunal Supremo del Reino Unido considera que, no pudiendo ser inventor la máquina, no existe la posibilidad de que el propietario pueda adquirir unos derechos intangibles que la máquina no puede tener. En definitiva, rechaza que entre la propiedad tangible y la intangible pueda existir una identidad de razón al intentar aplicar analógicamente la doctrina de la accesión.

2. *El propietario de la Inteligencia Artificial puede solicitar la patente como inventor*

La *Legal Board of Appeal* de la *European Patent Office*[51] añade que una solución para admitir las patentes creadas por Inteligencia Artificial es la de que el propietario de la máquina se incluya como inventor en la solicitud, en vez de como cesionario de los derechos del inventor. Esta solución es factible conforme a lo dispuesto en el párrafo 2 del artículo 81 del Convenio sobre concesión de Patentes Europeas, hecho en Munich el 5 de octubre de 1973: "Caso de que el solicitante no sea el inventor o no sea el único inventor, la designación deberá ir acompañada de una declaración en la que se exprese el origen de la adquisición del derecho a la patente". Cómo se realizó la invención no es relevante en el sistema europeo de patentes[52].

En el mismo sentido, la Corte Federal de Patentes de Alemania (*BundesPatentGericht*), aunque señala que solo una persona física

---

j200008eu1.pdf; *Thaler (Appellant) v Comptroller-General of Patents, Designs and Trade Marks (Respondent)*. Michaelmas Term [2023] UKSC 49 On appeal from: [2021] EWCA Civ 1374. JUDGMENT GIVEN ON 20 December 2023. https://www.supremecourt.uk/cases/docs/uksc-2021-0201-judgment.pdf.

51 Decision of the Legal Board of Appeal 3.1.01 of 21 December 2021, Case Number: J 0008/20 - 3.1.01 https://www.epo.org/boards-of-appeal/decisions/pdf/j200008eu1.pdf.

52 Solución que no es posible en Estados Unidos. *Thaler v. Vidal*. PETITION FOR A WRIT OF CERTIORARI interpuesta por Thaler ante la Supreme Court of United States. https://www.supremecourt.gov/DocketPDF/22/22919/259306/20230317125139087_Thaler%20Cert%20Petition.pdf

con capacidad legal puede ser inventor, permite que la solicitud la realice el propietario de la Inteligencia Artificial, incluyéndose como inventor, seguido de una declaración adicional que diga: "que hizo que la inteligencia artificial DABUS generara la invención" en la segunda línea. Junto con la declaración de que "El inventor es el solicitante"[53].

3. Argumentos a favor de que la Inteligencia Artificial sea inventor

Hasta ahora, en Suráfrica se ha reconocido una patente sobre Inteligencia Artificial, en la que esta (DABUS) aparece cono inventor (*Application* No. 2021/03242), y Arabia Saudita ha aceptado una solicitud en la que DABUS aparece como inventor (*Application* No. 521422019).

La *Petition For A Writ Of Certiorari* interpuesta por Thaler ante la *Supreme Court of United States* reproduce argumentos en favor de que la Inteligencia Artificial pueda ser considerada inventor. Aunque dicha Corte los rechazara, merece la pena reproducirlos: Señala que la *Patent Act* estadounidense debe ser interpretada ampliamente, y que la jurisprudencia de la Corte Suprema y los diccionarios contraponen "*individual*" (con el que se define "inventor") a "*collective*", y que "individual" puede referirse a una cosa. Al definir "inventor" en términos funcionales, una cosa que invente puede serlo. Respecto a la inexistencia del pronombre "*itself*", si algún inventor humano se refiere a sí mismo como tal, mientras que para referirnos a "*Siri*" o "*Alexa*" lo hacemos con pronombres de género.

53 Lo que no permite es que se nombre a DABUS como inventor, o "DABUS - La invención fue creada de forma independiente por una inteligencia artificial", seguido de "c/o Stephen L. Thaler", o incluyendo una declaración en la descripción de que «La presente invención fue creada por una inteligencia artificial llamada DABUS", o la declaración de que el derecho a la patente se ha transmitido al solicitante: "Por adquisición de derechos, ya que Stephen L. Thaler es el propietario de la inteligencia artificial". Decisión del *Senate des BundesPatent Gericht* 11 W (pat) 5/21, noviembre 11, 2021, caso *Thaler v. Präsidentin des Deutsches Patent— und Markenamt.* Patent application 10 2019 128 120.2.

De todas las decisiones jurisprudenciales analizadas, solo una, de la *Federal Court of Australia*[54], dio la razón a Thaler, argumentando que la Inteligencia Artificial DABUS podía ser "inventor". Dicha decisión fue revocada por el Pleno del Tribunal Federal de Australia, que actuó como Instancia de Apelación[55]. Nos parece interesante reproducir aquí los argumentos del juez Beach en defensa de la postura de Thaler, aunque luego fueran revocados.

La argumentación principal del Juez Beach es:

– La de defender que la interpretación literal del concepto de inventor no implica necesariamente que este tenga que ser una persona física, pues ni la Ley de Patentes australiana, ni el Tratado de Washington de Cooperación en materia de patentes (PCT), lo exigen expresamente.

– Que la interpretación de la norma debe ser amplia, en favor de la promoción de la innovación tecnológica y negar que una Inteligencia Artificial pueda ser considerada inventor, denegando así la patente, va en contra de este principio.

– Que la definición de los diccionarios, usada para denegar que una cosa pueda inventar, no es estática, evoluciona con los usos.

– Que, ante la falta de una definición legal, acudiendo a los diccionarios, "inventor", como "Computer", "controller", "regulator", "distributor", "collector", "lawnmower" y "dishwasher" pueden ser personas físicas, pero también cosas que inventan. De hecho, todos estos términos, que se usaron solo para personas, ahora se usan también para nombrar máquinas que cumplen la misma función.

– Que, lo mismo que el concepto de "manner of manufacture" ha evolucionado, también puede hacerlo en concepto de "inventor".

– Que las definiciones de los diccionarios no son definiciones legales, que su cada definición es un ejemplo de uso, no el uso exclusivo, y puede haber significados de una palabra no contenidos en el diccionario. Dado que los diccionarios se forman con el uso histórico

---

54 *Thaler v Commissioner of Patents* [2021] FCA 879. (July 30, 2021). https://haugpartners.com/wp-content/uploads/2021/12/Australia-Thaler-v-Commissioner-2021-FCA-879.pdf

55 *Commissioner of Patents v. Thaler,* [2022] FCAFC 62 (Apr. 13, 2022). https://www.wipo.int/wipolex/es/text/588126

de las palabras, no habrá definición de "inventor" como "algo que inventa" hasta que esto sea posible.

– Por otra parte, aunque el solicitante sí tiene que ser una persona (física o jurídica), la exigencia de indicar en la solicitud a un inventor que sea una persona física es un requisito procesal establecido en un instrumento subordinado (las pro formas del documento), que en ningún caso puede contradecir lo dispuesto en una norma superior, y ser usado para evitar que pueda ser otorgada una patente realizada por una Inteligencia Artificial.

– Que el estado de la técnica se evalúe teniendo como referencia una "person skilled in the relevant art" no implica que solo puedan ser inventores las personas físicas. De hecho, tal persona hará uso de instrumentos de Inteligencia Artificial.

– Que, aunque el artículo 15 de la Ley de Patentes australiana establezca que solo las personas pueden ser titulares de una patente, no identifica "inventor" con "person", sino que otorga la patente al inventor que sea persona (artículo 15 a)). Si el inventor no es persona, el titular de la patente lo será por haberla adquirido por otro supuesto de dicho artículo: por cesión del derecho ("*15(1)(b) a person who would, on the grant of a patent for the invention, be entitled to have the patent assigned to them*") o por "derivación" ("*15(1)(c) a person who derives title to the invention from the inventor or a person mentioned in s 15(1)(b).*"). En caso de una invención creada por DABUS, su propietario, programador y operador (usuario), Dr. Thaler, tiene derecho a los frutos industriales de DABUS, que son sus invenciones. Si otra persona usara la invención generada por DABUS sin su consentimiento y solicitara la patente, Dr. Thaler, como propietario, podría solicitar que se le asignara (cediera) la patente. El artículo 15 (1)(b) no exige que la cesión se produzca por parte del inventor, que, al ser DABUS una cosa, no podría cederle. Por otra parte, no existe definición del concepto "derives" del artículo 15(1)(c), pero su significado ordinario incluye conceptos como obtener o recibir de una fuente originaria. Como Thaler es el propietario de DABUS, será propietario de las invenciones creadas por DABUS, cuando menos, poseedor. Como propietario de DAVUS y poseedor de las invenciones generadas por DABUS, tendrá prima facie título derivado, y será derivado del inventor DABUS, aunque DABUS no haya sido propietario de sus invenciones por ser una cosa. Las invenciones son uno de los bienes intangibles que se han considerado susceptibles de posesión, lo que puede dar lugar a la adquisición de su propiedad. Un título de posesión es tan válido como un título de propiedad frente a todos excepto frente al verdadero propietario[56].

– Como la solicitud de la patente solo la puede realizar una persona física o jurídica, será ella quien tenga el control final de la invención patentada.

Frente a estos argumentos, la *Full Court of the Federal Court of Australia* resolvió, en apelación[57], que, aunque no se define en la *Patents Act 1990* (Ley de Patentes australiana), el término "inventor" del artículo 15 se refiere a una persona física. Realiza un análisis histórico del término, señalando que el sentido de las patentes era recompensar al inventor persona física, y que el titular inicial de la patente, que debe ser una persona física, debe ser el inventor. La jurisprudencia australiana confirma esta opinión identificando al inventor como una persona: "the person who makes or devises the process or product". Aunque afirma que en ninguno de los precedentes se planteó que una Inteligencia Artificial pudiera inventar, ni que el inventor tenga que ser humano, "sin embargo, de estos casos se desprende claramente que la legislación relativa al derecho de una persona a la concesión de una patente se basa en la premisa de que, a efectos de la Ley de Patentes, la invención surge de la mente de una o varias personas físicas. Tienen derecho a la concesión quienes contribuyen al concepto inventivo o lo aportan. La concesión de una patente

---

56 Estos argumentos son válidos solo para el caso de DABUS.
"En términos más generales, existen varias posibilidades para la titularidad de patentes de los resultados de un sistema de inteligencia artificial. En primer lugar, el programador o desarrollador del sistema de inteligencia artificial, que sin duda puede poseer directamente o a través de un empleador los derechos de autor del programa, en cualquier caso. En segundo lugar, podría estar la persona que seleccionó y proporcionó los datos de entrada o los datos de entrenamiento para el sistema de inteligencia artificial y lo entrenó. De hecho, la persona que proporcionó los datos de entrada puede ser distinta del formador. En tercer lugar, podría estar el propietario del sistema de inteligencia artificial que invirtió, y potencialmente puede haber perdido, su capital para producir el resultado. En cuarto lugar, podría estar el operador del sistema de inteligencia artificial". Judge Beach en Thaler v Commissioner of Patents [2021] FCA 879. (July 30, 2021). Párrafo 194.

57 *Commissioner of Patents v Thaler* [2022] FCAFC 62, (13 April 2022).

de invención recompensa su ingenio" (párr. 105). En este sentido, solo se puede otorgar la patente, según el artículo 15 (1)(a) a una "person who is an inventor", entendiendo por "person" una persona natural, o a una persona que haya adquirido del inventor el derecho a solicitar la patente (artículo 15 (b), (c) y (d)). El tribunal no cree que en la mente del legislador cupiera la posibilidad de que una cosa pudiera ser inventor. Y si no puede ser inventor, no adquiere el derecho de patente, ni puede cederlo.

4. *Otras cuestiones que platea el uso de la Inteligencia Artificial en la actividad inventiva*

La totalidad de las jurisdicciones hasta ahora analizadas confirman que un inventor solo puede ser una persona, y que esta debe ser persona física. En consecuencia, aunque un sistema de inteligencia artificial pueda inventar algo que satisfaga todos los requisitos de patentabilidad en términos de novedad, inventiva y utilidad, dicha invención no será patentable porque la Ley exige un inventor humano.

En algunas jurisdicciones (Alemania y la Patente Europea), este obstáculo puede salvarse, estableciendo en la solicitud que el inventor es el propietario y solicitante de la patente, aunque no lo sea realmente. Sin embargo, ello podría dar lugar a la nulidad de la patente en otras jurisdicciones (como Estados Unidos)[58].

Por otra parte, tampoco es pacífico que el propietario de la Inteligencia Artificial deba ser el titular de los derechos derivados de la patente, pues en el desarrollo de la actividad inventiva de la Inteligencia Artificial son relevantes el programador, el suministrador de datos y, según el sistema de Inteligencia Artificial que usemos, el entrenador y el verificador de los resultados. En los términos del Reglamento de la Unión Europea sobre Inteligencia Artificial, todos ellos ocupan la posición del fabricante. Pero es que, además, una vez la Inteligencia Artificial ha sido distribuida, todos los operadores (proveedor, fabricante del producto, responsable del despliegue, representante au-

---

[58] *Thaler v. Vidal. Petition for a Writ of Certiorari* https://www.supremecourt.gov/DocketPDF/22/22-919/259306/20230317125139087_Thaler%20Cert%20Petition.pdf

torizado, importador o distribuidor) pueden tener influencia en su desarrollo, y, principalmente, el usuario final, que use la Inteligencia Artificial adquirida para el desarrollo de invenciones[59].

Los tribunales australianos han planteado esta cuestión. En el caso *Commissioner of Patents v Thaler* [2022] FCAFC 62, (13 April 2022), (párr. 119), la *Full Court de la Federal Court of Australia* señaló que el legislador debería plantearse:

– en primer lugar, si debería redefinirse el concepto de inventor, para incluir como tal a la Inteligencia Artificial, y,

– en dicho caso, a quién debe concederse una patente sobre sus resultados. Entiende que las opciones incluyen una o más de las siguientes:

– el propietario de la máquina en la que se ejecuta el software de inteligencia artificial,

– el desarrollador del software de inteligencia artificial,

– el propietario de los derechos de autor de su código fuente,

– la persona que introduce los datos utilizados por la inteligencia artificial para desarrollar su producto, entre otros.

Una guía para resolver esta pregunta es la de relacionar la titularidad de la patente con el régimen de responsabilidad derivado de su uso, lo cual plantea los mismos problemas de determinación de la parte que corresponde a cada operador o titular de la patente. Es por ello que, a efectos de responsabilidad, se ha llegado a plantear el otorgamiento de personalidad jurídica a los robots y a la Inteligen-

---

59 "If the output of an artificial intelligence system is said to be the invention, who is the inventor? And if a human is required, who? The programmer? The owner? The operator? The trainer? The person who provided input data? All of the above? None of the above? In my view, in some cases it may be none of the above. In some cases, the better analysis, which is consistent with the s 2A object, is to say that the system itself is the inventor. That would reflect the reality. And you would avoid otherwise uncertainty. And indeed, that may be the case if the unit embodying the artificial intelligence has its own autonomy. What if it is free to trawl the internet to obtain its own input or training data? What about a robot operating independently in a public space, having its own senses, learning from the environment, and making its own decisions?". Judge Beach en Epígrafe 131 de la sentencia *Thaler v Commissioner of Patents* [2021] FCA 879. (July 30, 2021).

cia Artificial[60]. Otorgamiento de personalidad jurídica que llevaría aparejado un patrimonio de la misma que respondería de los daños que causara[61]. Dicha opción fue temporalmente descartada por el Reglamento de la Unión Europea sobre Inteligencia Artificial y por la propuesta de Directiva sobre Propuesta de Directiva del Parlamento Europeo y del Consejo relativa a la adaptación de las normas de responsabilidad civil extracontractual a la inteligencia artificial (Directiva sobre responsabilidad en materia de IA)[62]. Sin embargo, de optar finalmente el legislador por esta opción, estaría abriendo una nueva posibilidad de reinterpretación de la normativa de patentes, pues la Inteligencia Artificial sería persona, es decir, podría ser titular de una patente, y solicitarla, pero ¿podría ser "individual"?, ¿podría ser "inventor"?

También puede plantearse si debería recalibrarse el criterio de actividad inventiva de modo que ya no se juzgue por referencia a los conocimientos y procesos de pensamiento del hipotético trabajador cualificado no inventivo del sector[63].

Otra cuestión, planteada por el mismo tribunal[64], es la de qué función podría seguir teniendo el motivo de revocación por *false suggestion* o *misrepresentation*, en circunstancias en las que el inventor es una máquina.

---

60 ATIENZA NAVARRO, Mª Luisa (2023) "¿Son necesarias reglas especiales para los daños causados por Inteligencia Artificial?", en HERBOSA MARTÍNEZ, Inmaculada (dir.) y FERNÁNDEZ DE RETANA GOROSTIZAGOIZA, David (dir.), *Derecho e Inteligencia Artificial. El jurista ante los retos de la era digital.* Editorial Aranzadi, Cizur Menor, 2023, p. 394-396.

61 Sobre la vinculación entre patrimonio y persona jurídica, ALFARO ÁGUILA-REAL, Jesús. *La persona jurídica.* Ed. Comares, 2023.

62 Propuesta de DIRECTIVA DEL PARLAMENTO EUROPEO Y DEL CONSEJO relativa a la adaptación de las normas de responsabilidad civil extracontractual a la inteligencia artificial (Directiva sobre responsabilidad en materia de IA) (Texto pertinente a efectos del EEE) {SEC(2022) 344 final} - {SWD(2022) 318 final} - {SWD(2022) 319 final} - {SWD(2022) 320 final}. Bruselas, 28.9.2022 COM(2022) 496 final 2022/0303 (COD) https://eur-lex.europa.eu/legal-content/ES/TXT/PDF/?uri=CELEX:52022PC0496

63 *Commissioner of Patents v Thaler* [2022] FCAFC 62, (13 April 2022), (párr. 119),

64 *Commissioner of Patents v Thaler* [2022] FCAFC 62, (13 April 2022), (párr. 119),

Finalmente nos podemos plantear, como se planteó la *Court of Apeals of the Federal Circuit* de Estados Unidos[65], si las invenciones realizadas por seres humanos con asistencia de Inteligencia Artificial son elegibles para la protección de la patente. De hecho, esta es una cuestión crucial, pues será el supuesto mayoritario. Incluso en el caso de DABUS, se podría haber planteado, ya que el Dr. Thaler es el propietario de los derechos de autor del código fuente de DABUS y del ordenador en el que funciona DABUS, y también es responsable de los costes de mantenimiento y funcionamiento[66]. Este supuesto nos obligará a reconsiderar no solo quiénes han intervenido en el proceso de invención, sino también el alcance de conceptos como el estado de la técnica y la actividad inventiva.

Es por ello que, ante la interpretación literal desarrollada por las distintas jurisdicciones, y la urgencia de tener soluciones jurídicas, es necesario que el legislador regule la cuestión.

VI. LA INTELIGENCIA ARTIFICIAL NO PUEDE SER OBTENTOR EN LOS TÉRMINOS DEL CONVENIO DE LA UPOV

El uso de la Inteligencia Artificial en la obtención de variedades vegetales es ya una realidad. El uso de *Big Data,* imprescindible para la reducción del tiempo de creación de las nuevas variedades, requiere que sean sistemas de Inteligencia Artificial los que procesen la descomunal información, relacionar genotipos con fenotipos, y otros rasgos que permitan predecir qué variedades funcionarán mejor en un ambiente específico sin necesidad de extensas pruebas a campo[67].

---

65 *Thaler v. Vidal,* 43 F.4th 1207, 1210 (Fed. Cir. 2022).

66 *Commissioner of Patents v Thaler* [2022] FCAFC 62, (13 April 2022), (párr. 121).

67 Los *Big Data* y la Inteligencia Artificial de nueva generación aplicada al mejoramiento de los cultivos están diseñados para predecir el mejoramiento de rasgos complejos junto a las influencias que afectan el rendimiento. El objetivo clave es poder predecir qué variedad o variedades funcionarían mejor en un ambiente específico sin necesidad de extensas pruebas a campo, sumando todo esto a un enfoque abierto y colaborativo que debería conducir, además, a la utilización de recursos genéticos vegetales no explotados o subexplotados, aumentando así la diversidad genética disponible. RAPELA, Miguel A. "Mejoramiento vegetal

Hasta ahora, no tenemos conocimiento de que una Inteligencia Artificial haya creado, descubierto y puesto a punto una variedad, pero los avances de la robótica, de la Inteligencia Artificial, y de las Nuevas Técnicas Genéticas (NGT), pueden hacer posible, en un futuro muy próximo, que se plantee la cuestión de si una Inteligencia Artificial puede ser obtentor en los términos del Convenio de la UPOV.

Para responder a esta pregunta partiremos de la interpretación del Convenio de la UPOV, teniendo en cuenta cómo han interpretado los tribunales supuestos con los que entendemos que existe una identidad de razón: los del caso DABUS antes expuesto.

1. El obtentor ha de ser una persona

De acuerdo con las sentencias que hemos comentado del caso DABUS, la cuestión que planteamos es, meramente, una cuestión de interpretación de la norma.

La norma es el artículo 1, letra. iv) de la Convención de la UPOV, conforme al Acta de 1991:

"iv) se entenderá por "obtentor"

– la persona que haya creado o descubierto y puesto a punto una variedad,

– la persona que sea el empleador de la persona antes mencionada o que haya encargado su trabajo, cuando la legislación de la Parte Contratante en cuestión así lo disponga, o

– el causahabiente de la primera o de la segunda persona mencionadas, según el caso;"[68]

---

moderno, inteligencia artificial y derechos de propiedad intelectual"..., *cit.*, p. 845.

68 A diferencia del ámbito de las patentes, el obtentor puede ser no solo el que crea o descubre la variedad vegetal, sino también su empleador o su causahabiente. En las patentes, como hemos visto, se distingue claramente entre el inventor y la persona a la que el inventor puede haber cedido los derechos de la invención para solicitar y obtener la patente. Distinción que parece más adecuada. GARCÍA VIDAL, Ángel (2017) "Capítulo 10. El derecho a la protección de una variedad vegetal por medio de una obtención vegetal", en GARCÍA VIDAL, Ángel (dir.) *Derecho de las obtenciones vegetales*. Editorial Tirant lo Blanch, Valencia, 2017, p. 454.

Como puede observarse, la definición de obtentor exige literalmente que este sea persona, por lo que una Inteligencia Artificial, que no sea persona, sino cosa, y cree una obtención no puede ser obtentor.

Esta interpretación está en la misma línea que las interpretaciones jurisprudenciales que hemos comentado sobre el caso DABUS.

Ahora bien, a diferencia de estas interpretaciones, el concepto de persona en el ámbito del Convenio de la UPOV no se circunscribe a las personas físicas. La definición legal abarca todo tipo de persona, física o jurídica, siempre que encaje en las categorías descritas en el artículo 1 letra iv)[69]. Así se aclara en las *Notas explicativas sobre la definición de obtentor con arreglo al acta de 1991 del convenio de la UPOV*:

"4. Se entenderá que el término "persona", que figura en el Artículo 1.iv) del Acta de 1991 del Convenio de la UPOV, se refiere tanto a las personas físicas como jurídicas. El término persona se refiere a una o más personas. A los efectos del presente documento, la expresión "persona jurídica" se refiere a una entidad objeto de derechos y obligaciones en virtud de la legislación del miembro pertinente de la Unión"[70].

El extender el carácter de obtentor a las personas jurídicas no tiene repercusiones directas en cuanto a la admisibilidad de la Inteligencia Artificial como posible obtentor, pues, hasta ahora, ningún país ha reconocido personalidad jurídica a la Inteligencia Artificial.

---

69 GARCÍA VIDAL, Ángel (2017) "Capítulo 10. El derecho a la protección de una variedad vegetal por medio de una obtención vegetal"..., *cit.*, p. 451.

70 7. En virtud del Convenio de la UPOV no existen restricciones respecto de quién puede ser un obtentor. El obtentor puede ser, por ejemplo, un horticultor aficionado, un agricultor, un científico, un instituto dedicado al fitomejoramiento o una empresa especializada en fitomejoramiento. UNIÓN INTERNACIONAL PARA LA PROTECCIÓN DE LAS OBTENCIONES VEGETALES. *Notas explicativas sobre la definición de obtentor con arreglo al acta de 1991 del convenio de la UPOV*, adoptado por el Consejo en su cuadragésima séptima sesión ordinaria el 24 de octubre de 2013. UPOV/EXN/BRD/1. FECHA: 24 de octubre de 2013. P. 4.

2. *Dificultades para que una Inteligencia Artificial que sea persona jurídica pueda ser obtentor*

De reconocerle la personalidad jurídica a la Inteligencia Artificial, esta debería haber "creado o descubierto y puesto a punto una variedad ". Sobre la creación de la variedad, el Convenio de la UPOV no establece restricciones con respecto a los métodos o técnicas mediante los que se "crea" una nueva variedad. En lo que respecta a "descubierto y puesto a punto", un descubrimiento podría ser el paso inicial del proceso de obtención de una nueva variedad. Sin embargo, la expresión "descubierto y puesto a punto" significa que el simple descubrimiento, o hallazgo, no daría lugar a la concesión de un derecho de obtentor[71]. Una persona no estará facultada a obtener la protección de una variedad existente que haya descubierto y reproducido sin cambios[72]. En este sentido, "descubrimiento" describe la actividad de "selección dentro de la variación natural", mientras que la "puesta a punto" describe el proceso de "reproducción o multiplicación y evaluación"[73]. Todo ello supone que, de facto, los sistemas de Inteligencia Artificial necesiten a alguien o algo (por ejemplo un sistema de robots polinizadores conectados en una red *IoT*), que se encarguen de la "reproducción o multiplicación", sin los cuales, aunque fuera persona jurídica, no podría ser obtentor. O bien, teniendo personalidad jurídica, poder contratar personal que realizara dichas funciones.

En todo caso, la Inteligencia Artificial sin personalidad jurídica no podrá ser obtentor.

---

71 UNIÓN INTERNACIONAL PARA LA PROTECCIÓN DE LAS OBTENCIONES VEGETALES. *Notas explicativas sobre la definición de obtentor con arreglo al acta de 1991 del convenio de la UPOV…, cit.*, p. 4.

72 UNIÓN INTERNACIONAL PARA LA PROTECCIÓN DE LAS OBTENCIONES VEGETALES. *Notas explicativas sobre la definición de obtentor con arreglo al acta de 1991 del convenio de la UPOV…, cit.*, p. 5.

73 UNIÓN INTERNACIONAL PARA LA PROTECCIÓN DE LAS OBTENCIONES VEGETALES. *La noción de obtentor y de lo notoriamente conocido.* CONSEJO. Decimonovena sesión extraordinaria Ginebra, 19 de abril de 2002. Revisión del documento C(Extr.)/19/2. C(Extr.)/19/2 Rev. FECHA: 9 de agosto de 2002. P. 4.

3. *Problemas en caso de que el obtentor use Inteligencia Artificial para la obtención*

Cuestión distinta es qué ocurre cuando el obtentor de una variedad ha realizado la creación o descubrimiento y desarrollo de la variedad gracias al uso de un sistema de Inteligencia Artificial. Lo lógico es que esta cuestión se haya previsto en el contrato de uso o adquisición de dicho sistema de Inteligencia Artificial. Pero en el caso de no preverse, podemos plantearnos si el propietario de dicha inteligencia artificial tiene algún derecho de obtención, por ejemplo, en los términos del artículo 11.2 del Reglamento (CE) nº 2100/94 del Consejo, de 27 de julio de 1994, relativo a la protección comunitaria de las obtenciones vegetales, que establece que "Cuando la variedad haya sido obtenida, o descubierta y desarrollada en común por varias personas, el citado derecho pertenecerá conjuntamente a dichas personas o a sus respectivos derechohabientes o causahabientes. Lo mismo ocurrirá en caso de que una o más personas hayan descubierto la variedad y otra u otras la hayan desarrollado." La cuestión es cómo se articulará esa obtención común, quiénes serán los cotitulares y en qué proporción. ¿Deberá considerarse obtentor al programador del sistema, al que aportó los datos, al que lo entrenó? ¿En la proporción a la responsabilidad que asumen conforme al Reglamento de la Unión Europea sobre Inteligencia Artificial, o en la proporción del valor de su aportación al desarrollo del sistema, o a la proporción de la inversión en el sistema realizada por cada operador?

VII. CONCLUSIONES

La Inteligencia Artificial es un elemento necesario no solo para el desarrollo de la agricultura de precisión sino también para el desarrollo de los exámenes DHE, el desarrollo de invenciones biotecnológicas y de nuevas variedades vegetales.

Los sistemas de Inteligencia Artificial más utilizados en todos estos casos son los sistemas de *Machine Learning*, Inteligencia Artificial generativa que puede alcanzar altos grados de autonomía.

Estos sistemas de Inteligencia Artificial están siendo utilizados para realizar exámenes DHE centrados en caracteres fenotípicos, y la

UPOV está dando los primeros pasos para que puedan ser incluidos en sus Directrices DHE. Actualmente está analizándose en un Comité Técnico de Trabajo. En cuanto a los exámenes genotípicos, el uso de la Inteligencia Artificial solo se ha planteado en el Reino Unido, sin perjuicio de que en un futuro, cuando se incluyan en las Directrices nacionales de este país, puedan ser analizados por la UPOV.

Al ser generativa y, en algunos casos, autónoma, la Inteligencia Artificial puede crear invenciones biotecnológicas. Sin embargo, al no ser persona física, la Inteligencia Artificial no podrá ser considerada inventor, pues los tribunales de todos los países donde se ha planteado la cuestión han interpretado sus respectivas leyes nacionales de patentes en este sentido. Es más, tampoco han admitido que el propietario de la Inteligencia Artificial pueda solicitar la patente y aprovecharse de los derechos derivados de la misma, puesto que, si no incorpora a una persona física como inventor en la solicitud, esta será denegada correctamente. La Oficina de la Patente Europea y la alemana han ofrecido como solución que el propietario solicite la patente como "inventor" añadiendo en la solicitud el uso que ha hecho de la Inteligencia Artificial, sin embargo, esta solución no es factible en todos los países, pues en los países anglosajones la patente podría ser anulada en caso de que se probara que el alegado solicitante inventor no realizó tal invención. Por otra parte, lo normal será que la Inteligencia Artificial sea usada por un inventor para realizar tal invención. En ese caso, a falta de solución contractual entre las partes, se planteará el problema de quiénes son los inventores y, sobre todo en qué proporción lo son ¿el programador, el que aporta los datos, el que entrena la inteligencia artificial, o el usuario que ha utilizado la Inteligencia Artificial como instrumento para realizar la invención?

Esta y otras cuestiones, como las que afectan al estado de la técnica, que afecta a la novedad y al esfuerzo inventivo, hacen necesario que el legislador deba plantearse en serio una reforma de la normativa de patentes.

La Inteligencia Artificial generativa tampoco puede ser obtentora de una variedad vegetal en el seno de la UPOV. Y ello porque el Convenio de la UPOV exige literalmente que el obtentor sea persona, física o jurídica. La interpretación literal de la norma, así como la interpretación que de la misma se hace en las notas explicativas no permiten que una no persona pueda ser obtentor. Solo si la Inteligencia

Artificial fuera persona jurídica podría ser obtentora, aunque para ello, la exigencia de desarrollo del descubrimiento de una variedad o la creación de la misma exigen actividades físicas que tendría que realizar mediante robots (o mediante personas físicas que contratara). Sin llegar a configurarse como persona jurídica, la Inteligencia Artificial puede ser usada por un aspirante a obtentor para conseguir la obtención, pero en dicho caso, se vuelve a plantear el problema de determinar si los operadores de la Inteligencia Artificial (programador, suministrador de datos, entrenador, usuario...) deben ser considerados también obtentores y en qué proporción. En todo caso, lo que es patente es que urge que el legislador resuelva esta y otras cuestiones.

VIII. BIBLIOGRAFÍA

ALFARO ÁGUILA-REAL, Jesús (2023) *La persona jurídica.* Ed. Comares, 2023.

ATIENZA NAVARRO, Mª Luisa (2023) "¿Son necesarias reglas especiales para los daños causados por Inteligencia Artificial?", en HERBOSA MARTÍNEZ, Inmaculada (dir.) y FERNÁNDEZ DE RETANA GOROSTIZAGOIZA, David (dir.), *Derecho e Inteligencia Artificial. El jurista ante los retos de la era digital.* Editorial Aranzadi, Cizur Menor, 2023, p. 387-425.

BLANCO, José María / COHEN, Jessica. (2018) "Inteligencia artificial y poder", *ARI* 93/2018, 24 de julio de 2018. https://media.realinstitutoelcano.org/wp-content/uploads/2018/07/ari93-2018-blanco-cohen-inteligencia-artificial-poder.pdf

EUROPEAN PATENT OFFICE (2024) *Guidelines for Examination in the European Patent Office.* Versión de marzo de 2024. https://link.epo.org/web/legal/guidelines-epc/en-epc-guidelines-2024-hyperlinked-showing-modifications.pdf Part F - Chapter II-3.3.1. Artificial intelligence and machine learning.

EUROPEAN PATENT OFFICE (2024) *Guidelines for Examination in the European Patent Office.* Versión de marzo de 2024. https://link.epo.org/web/legal/guidelines-epc/en-epc-guidelines-2024-hyperlinked-showing-modifications.pdf Part F - Chapter III-2. 3. Insufficient disclosure

GALLEGO SÁNCHEZ, Esperanza. "La patentabilidad de la inteligencia artificial. La compatibilidad con otros sistemas de protección". *LA LEY mercantil,* No 59, junio de 2019, p. 5 de 24.

GARCÍA-ARTEAGA y ZAMBRANO-ZAMBRANO y ALCIVAR-CEVALLOS; ZAMBRANO-ROMERO (2020). "Predicción del rendimiento de cultivos agrícolas usando aprendizaje automático". *Revista Arbitrada Interdisciplinaria KOINONIA*. Año 2020. Vol V. N°2. Especial: Saber y Tecnología Popular. http://dx.doi.org/10.35381/r.k.v5i2.1013

GARCÍA VIDAL, Ángel (2017) "Capítulo 10. El derecho a la protección de una variedad vegetal por medio de una obtención vegetal", en GARCÍA VIDAL, Ángel (dir.) *Derecho de las obtenciones vegetales*. Editorial Tirant lo Blanch, Valencia, 2017, p. 450-454.

ÍÑIGUEZ ORTEGA, Pilar (2021). "Intellectual property rights, artificial intelligence and big data: future perspectives", *Actas de derecho industrial y derecho de autor*, Tomo 41, 2020-2021, p. 109-132.

MARTÍN, Cristian y LLOPIS, Luis y RUBIO, Bartolomé y DÍAZ, Manuel (2021) "Revisión de tecnologías habilitadoras para el control biológico y de plagas en el sector hortofrutícola", en *XLII* Jornadas de Automática: *Libro de actas*, August 2021 (pp. 744-751). DOI:10.17979/spudc.9788497498043.744

NIAZIAN, Mohsen y NIEDBAŁA, Gniewko (2021) "Machine Learning for Plant Breeding and Biotechnology", en *Artificial Neural Networks in Agriculture* (Sebastian Kujawa y Gniewko Niedbała). MDPI Basel (Suiza). 2021, p. 131-153. También en *Agriculture* 2020, 10, 436, doi:10.3390/agriculture10100436.

RAPELA, Miguel A (2020) "Mejoramiento vegetal moderno, inteligencia artificial y derechos de propiedad intelectual", *Revista Jurídica Austral*, Vol. 1 Núm. 2 (2020) Diciembre 2020, p. 839-868. DOI: https://doi.org/10.26422/RJA.2020.0102.rap

SAINZ DE AJA IRAPU, Borja (2023) "Inteligencia Artificial y Propiedad Intelectual", en HERBOSA MARTÍNEZ, Inmaculada (dir.) y FERNÁNDEZ DE RETANA GOROSTIZAGOIZA, David (dir.), *Derecho e Inteligencia Artificial. El jurista ante los retos de la era digital*. Editorial Aranzadi, Cizur Menor, 2023, p. 247-269.

SÁNCHEZ GARCÍA, Luz (2022) "Las «pseudoinvenciones» generadas por algoritmos, ¿jaque al estado de la técnica?", *CEFLegal: Revista práctica de derecho. Comentarios y casos prácticos*, ISSN-e 2697-2239, ISSN 2697-1631, No. 262, 2022, págs. 5-34

SINGH, Rajesh, GEHLOT, Anita, PRAJAPAT, Mahesh Kumar, SINGH, Bhupendra (2022) "Chapter 11. Species Recongnition in Flowers", *Artificial Intelligence in Agriculture*. Ed. CRC (Taylor Francis Group), Boca Raton (Florida), 2022, p. 151-167.

SINGH, Rajesh, GEHLOT, Anita, PRAJAPAT, Mahesh Kumar, SINGH, Bhupendra (2022) "Chapter 12. Precision Farming", *Artificial Intelligence in Agriculture*. Ed. CRC (Taylor Francis Group), Boca Raton (Florida), 2022, p. 168-179.

TUTT, A. (2017) "An FDA for algorithms", *Administrative Law Review* 83 (2017), ttps://papers.ssrn.com/sol3/papers.cfm?abstract_id=2747994, pp. 1 y ss.

UNIÓN INTERNACIONAL PARA LA PROTECCIÓN DE LAS OBTENCIONES VEGETALES (2001) *Development of Test Guidelines. Associated Document to the General Introduction to the Examination of Distinctness, Uniformity and Stability and the Development of Harmonized Descriptions of New Varieties of Plants.* https://www.upov.int/test_guidelines/en/introduction.html TG/1/3,

UNIÓN INTERNACIONAL PARA LA PROTECCIÓN DE LAS OBTENCIONES VEGETALES (2002) *La noción de obtentor y de lo notoriamente conocido.* CONSEJO. Decimonovena sesión extraordinaria Ginebra, 19 de abril de 2002. Revisión del documento C(Extr.)/19/2. C(Extr.)/19/2 Rev. FECHA: 9 de agosto de 2002.

UNIÓN INTERNACIONAL PARA LA PROTECCIÓN DE LAS OBTENCIONES VEGETALES (2013) *Notas explicativas sobre la definición de obtentor con arreglo al acta de 1991 del convenio de la UPOV*, adoptado por el Consejo en su cuadragésima séptima sesión ordinaria el 24 de octubre de 2013. UPOV/EXN/BRD/1. FECHA: 24 de octubre de 2013.

UNIÓN INTERNACIONAL PARA LA PROTECCIÓN DE LAS OBTENCIONES VEGETALES (2023). *Discussion on molecular techniques in DUS examination - United Kingdom.* October 16, 2023. https://www.upov.int/meetings/en/doc_details.jsp?meeting_id=77230&doc_id=621765

UNIÓN INTERNACIONAL PARA LA PROTECCIÓN DE LAS OBTENCIONES VEGETALES (2024) *Use of Artificial Intelligence-Based Markers for Variety Traceability.* Documento UPOV. TWM/2/9. March 11, 2024. https://www.upov.int/edocs/mdocs/upov/en/twm_2/twm_2_9.pdf

VELASCO-MATA, Alberto y VALLEZ, Noelia y RUIZ-SANTAQUITERIA, Jesus y PEDRAZA, Anibal y BUENO, Gloria y DENIZ, Oscar (2022). "Métodos de Inteligencia Artificial para la Predicción de Componentes Químicos a partir de Imágenes Hiperespectrales", en *XLIII Jornadas de Automática Visión por computador. Libro de actas, 2022.*

IX. JURISPRUDENCIA

ALEMANIA

Decisión del Senate des BundesPatent Gericht 11 W (pat) 5/21, noviembre 11, 2021, caso Thaler v. Präsidentin des *Deutsches Patent— und Markenamt.* Patent application 10 2019 128 120.2

AUSTRALIA

Federal Court of Australia (Full Court) caso *Commissioner of Patents v. Thaler,* [2022] FCAFC 62 (Apr. 13, 2022). https://www.wipo.int/wipolex/es/text/588126

Federal Court of Australia, caso *Thaler v Commissioner of Patents* [2021] FCA 879. 30 July 2021, https://haugpartners.com/wp-content/uploads/2021/12/Australia-Thaler-v-Commissioner-2021-FCA-879.pdf

ESTADOS UNIDOS

Regents of the University of California v. Broad Institute, Inc. 2017-1907. Appeal from the United States Patent and Trademark Office, Patent Trial and Appeal Board in No. 106,048. Decided: September 10, 2018.

Thaler v. Vidal, 43 F.4th 1207, 1210 (Fed. Cir. 2022) https://cafc.uscourts.gov/opinions-orders/21-2347.OPINION.8-5-2022_1988142.pdf

Thaler v. Vidal. Petition for a Writ of Certiorari https://www.supremecourt.gov/DocketPDF/22/22-919/259306/20230317125139087_Thaler%20Cert%20Petition.pdf planteada por Thaler ante la *Supreme Court of United States,* rechazada el 24 de abril de 2023.

NUEVA ZELANDA

High Court Of New Zealand Wellington Registry, en el caso *Thaler v. Commissioner of Patents.* CIV-2022-485-118 [2023] NZHC 554. https://www.justice.govt.nz/jdo_documents/workspace___SpacesStore_03467327_0e3d_41de_b88e_da0dd54b8116.pdf

OFICINA DE LA PATENTE EUROPEA

Decisión de la Cámara de Recursos (Legal Board of Appeal) de la *European Patent Office* T 1173/97, de 1.7.1998.

Decisión de la Cámara de Recursos (Legal Board of Appeal) de la *European Patent Office* J 0008/20 - 3.1.01 of 21 December 2021 https://www.epo.org/boards-of-appeal/decisions/pdf/j200008eu1.pdf

REINO UNIDO

Thaler (Appellant) v Comptroller-General of Patents, Designs and Trade Marks (Respondent). Michaelmas Term [2023] UKSC 49 On appeal from: [2021] EWCA Civ 1374. JUDGMENT GIVEN ON 20 December 2023. https://www.supremecourt.uk/cases/docs/uksc-2021-0201-judgment.pdf

Capítulo Tercero

DESAFÍOS LEGALES DE LA AGRICULTURA DE PRECISIÓN PARA LA SOSTENIBILIDAD

ANDREA PÉREZ SUAY[1]

Profesora Colaboradora Doctora de Derecho mercantil

Universitat Abat Oliba CEU

RESUMEN: La agricultura de precisión representa una evolución para el sector agrícola, donde la aplicación de tecnologías avanzadas permite gestionar las explotaciones de manera más eficiente y sostenible. Este enfoque integra herramientas como sensores, sistemas de posicionamiento global, drones y software de gestión de datos, que juntos posibilitan una toma de decisiones fundamentada en la variabilidad de cada parcela y en el uso preciso de los recursos. La agricultura de precisión no solo mejora el rendimiento de los cultivos y la eficiencia en el uso de agua y nutrientes, sino que también reduce significa-

[1] Este trabajo es la versión escrita de la ponencia presentada en el Congreso Internacional "Propiedad Intelectual e Instrumentos Financieros para un sistema agrícola sostenible", celebrado los días 29, 30 y 31 de mayo de 2024 en la Universidad de Alicante bajo la dirección de las Profesoras Esperanza GALLEGO SÁNCHEZ y Nuria FERNÁNDEZ PÉREZ en el marco del Proyecto para Grupos de Investigación de Excelencia de la Consellería de Educación, Cultura, Universidades y Empleo de la Generalitat Valenciana, PROMETEO CIPROM/2021/057. Las labores de investigación desarrolladas en este trabajo se integran en el marco de los trabajos desarrollados por los investigadores del Grupo de Investigación de la Universidad San Pablo CEU «Gobierno Corporativo y Gestión de Riesgos» (C22/0720), y del Proyecto I+D+i *Sostenibilidad corporativa y reestructuración empresarial* PID2021-125466NB-I00 (financiado por MICIU/AEI/10.13039/501100011033 y por FEDER, UE), liderado por Ana Belén Campuzano y del que formo parte como miembro del equipo de investigación.

tivamente los costos y el impacto ambiental. Su introducción en cada una de las fases de la producción, desde la siembra y el monitoreo hasta la cosecha y la distribución, redefine el modelo tradicional, aumentando la sostenibilidad y trazabilidad de los productos alimentarios. Sin embargo, la transformación digital de la agricultura enfrenta varios desafíos legales que requieren una adaptación del marco regulador. Cuestiones que se analizan en esta contribución.

PALABRAS CLAVE: Agricultura de Precisión - Smart Farming - Tecnología - Agricultura Retos Legales - Sostenibilidad

ABSTRACT. Precision agriculture represents an evolution for the agricultural sector, where the application of advanced technologies allows farms to be managed more efficiently and sustainably. This approach integrates tools such as sensors, global positioning systems, drones and data management software, which together enable decision-making based on the variability of each plot and the precise use of resources. Precision agriculture not only improves crop yields and the efficiency of water and nutrient use, but also significantly reduces costs and environmental impact. Its introduction in each phase of production, from sowing and monitoring to harvesting and distribution, redefines the traditional model, increasing the sustainability and traceability of food products. However, the digital transformation of agriculture faces several legal challenges that require an adaptation of the regulatory framework. Issues that are analyzed in this contribution.

KEY WORDS. Precision Agriculture - Smart Farming - Technology - Agriculture Legal Challenges - Sustainability

I. INTRODUCCIÓN

La innovación en la tecnología de los alimentos está intrínsecamente ligada a los desafíos y oportunidades que enfrenta el sector agrícola. Algunos lo llaman la próxima revolución agrícola o agricultura 4.0[2]. Parte de dicha innovación, abarca cuestiones específicas en la creación de nuevas variedades alimenticias y técnicas genómicas. Pero si consideramos el ámbito de la sostenibilidad, sin duda, es tam-

---

2 DE CLERCQ, MATTHIEU, VATS, ANSHU, BIEL, ALVARO "*Agriculture 4.0: The Future of Farming Technology*", The World Government Summit, Dubai, p. 13. Disponible en https://www.worldgovernmentsummit.org (consultada el 23 de junio de 2024); También en REN, HAOLING, WU, JIANGDONG, LIN, TIANLIANG, YAO, YU, LIU, C. "Research on an intelligent agricultural machinery unmanned driving system". *Agriculture*, 13, 2023. Disponible en: https://doi.org/10.3390/agriculture13101907 (consultada el 17 de junio de 2024).

bién pertinente la búsqueda de alternativas en el modo de producción de nuestros alimentos.

La agricultura, que abarca actividades como el cultivo, la ganadería, la acuicultura, la pesca y la explotación forestal, no es únicamente el sector económico que más empleo genera a nivel mundial, sino que también constituye la principal fuente de alimentos[3]. A lo largo de miles de años[4], se han desarrollado prácticas agrícolas. Sin embargo, en las últimas décadas, la expansión y la explotación intensiva de bosques, plantas, animales y recursos hídricos han provocado una considerable desestabilización del medio ambiente y del clima.

Con la previsión de que la población mundial crezca más de un 20%, superando los nueve mil millones de personas para el año 2050[5], y enfrentando los serios desafíos de la producción actual, que van desde la sobreproducción y el consiguiente desperdicio y pérdida de alimentos[6] hasta problemas como la malnutrición y la pobreza[7], es crucial acordar medidas que fomenten una producción más responsable y sostenible.

---

3 Organización de las Naciones Unidas para la Alimentación y la Agricultura, "*Transformar la alimentación y la agricultura para alcanzar los ODS: 20 acciones interconectadas para guiar a los encargados de adoptar decisiones*". Roma, 2018. Disponible en: https://openknowledge.fao.org/server/api/core/bitstreams/65e7524f-9f38-4e3c-b98c-e25a45737800/content (consultada el 29 de junio de 2024).

4 Una célebre frase del político y abogado estadounidense Daniel Webter decía que "*When tillage begins, other arts follow. The farmers, therefore, are the founders of human civilization*". La pronunció en 1840, en una Feria Agrícola del Conddo de Hampdem, Massachusetts, y es un ejemplo del impacto que tiene la agricultura en la sociedad y en la civilización.

5 Organización de las Naciones Unidas, "*World Population Prospects: The 2017 Revision* (Report No.: ESA/P/WP/2)". New York, 2017. Disponible en: https://esa.un.org/unpd/wpp/Publications/Files/WPP2017_KeyFindings.pdf ((consultada el 16 de junio de 2024).

6 Este 29 de septiembre de 2024 se ha celebrado la quinta edición del día internacional de la Concienciación sobre la Pérdida y el Desperdicio de Alimentos. Una iniciativa creada por las Naciones Unidas para concienciar sobre la necesidad de reducir el desperdicio de alimentos y mejorar la seguridad alimentaria y la nutrición. Este encuentro está disponible en: https://www.fao.org/webcast/home/en/item/6762/icode/ (consultada el 14 de octubre de 2024).

7 En una sesión informativa sobre Agricultura y Seguridad Alimentaria Internacional patrocinada por *Farmers Feeding the World*, Bill Gates pronunció, ante el Senado de los Estados Unidos, la siguiente reflexión el 9 de mayo de 2013: "*It's*

Para España, la agricultura constituye un sector estratégico para nuestra economía[8]. En su virtud, el país ha adoptado una serie de compromisos derivados tanto de la Unión Europea como del propio Estado español para poder enfrentar las principales presiones que acabamos de señalar: el cambio demográfico, el cambio climático, el desperdicio de alimentos y también, aunque no mencionado anteriormente, la escasez de recursos naturales.

Entre estos compromisos, que analizaremos en detalle más adelante, se incluye el Pacto Verde Europeo[9] y la Política Agrícola Común[10].

El primero, busca alcanzar la neutralidad climática para el año 2050 y fomenta prácticas alimentarias sostenibles, la reducción del uso de pesticidas y la promoción de la biodiversidad. El segundo, la Política Agrícola Común, tiene como objetivo reforzar esta iniciativa con incentivos para la adopción de tecnologías agrícolas avanzadas y apoyo financiero para prácticas que mejoren la gestión de los recursos naturales.

En línea con estas directrices, España ha implementado varias medidas, incluido el Plan Nacional Integrado de Energía y Clima 2021-2030[11], que establece objetivos específicos para la reducción

---

been proven that of all the interventions to reduce poverty, improving agricultural productivity is the best. All the other different economic activity - yes it trickles down. But nothing as efficiently as in agriculture".

8 «*La Alimentación en España es un signo de identidad que surge de la gran variedad y riqueza de las producciones agroalimentarias de este país que son consecuencia de la diversidad de sus tierras, mares, ecosistemas y tradiciones*». Así se reconoce en el Preámbulo de la Ley 12/2013, de 2 de agosto, de medidas para mejorar el funcionamiento de la cadena alimentaria. BOE, núm. 185, 3/08/2013.

9 Comunicación de la Comisión al Parlamento Europeo, al Consejo Europeo, al Consejo, al Comité Económico y Social Europeo y al Comité de las Regiones. El Pacto Verde Europeo (COM (2019) 640 final), Bruselas, 11.12.2019. Disponible en: https://eur-lex.europa.eu/legal-content/ES/TXT/?uri=COM%3A2019%3A640%3AFIN (consultada el 11 de octubre de 2024).

10 POLÍTICA AGRÍCOLA COMÚN. (n.d.). "Agriculture and Rural Development". Disponible en: https://agriculture.ec.europa.eu/common-agricultural-policy_es.

11 MINISTERIO PARA LA TRANSICIÓN ECOLÓGICA Y EL RETO DEMOGRÁFICO (n.d.) "Plan Nacional Integrado de Energía y Clima (PNIEC) 2021-2030".

de las emisiones de CO2 en la agricultura y promueve técnicas que optimizan el uso del suelo y los recursos hídricos. Asimismo, se han promulgado la Ley de Cambio Climático y Transición Energética[12] y la Ley 3/2020, de 11 de marzo, de prevención de las pérdidas y el despilfarro alimentarios[13], que complementan estos compromisos.

Dentro de este marco, surge la agricultura de precisión como una respuesta idónea para enfrentar estos retos. Una estrategia que representa un cambio significativo hacia un modelo de producción más sostenible, haciendo uso de la tecnología para minimizar el impacto ambiental, la reducción de emisiones y la contaminación, la conservación del agua y la protección de la biodiversidad. Aspectos todos ellos de vital importancia[14].

II. LA AGRICULTURA DE PRECISIÓN

1. Consideraciones generales

La Asociación Internacional de Agricultura de Precisión, también conocida por sus siglas ISPA[15], define la agricultura de precisión como una estrategia de gestión que recoge, procesa y analiza datos temporales, espaciales e individuales de plantas y animales y los combina con otras informaciones para respaldar las decisiones de manejo de

---

Disponible en: https://www.miteco.gob.es/content/dam/miteco/images/es/pnieccompleto_tcm30-508410.pdf (consultada el 11 de octubre de 2024).

12 Ley 7/2021, de 20 de mayo, de cambio climático y transición energética (BOE núm. 121, de 21/05/2021, pp. 62009-62052).

13 Ley 3/2020, de 11 de marzo, de prevención de las pérdidas y el despilfarro alimentarios. (BOE núm. 78, de 21/03/2020, pp. 26512-26523).

14 Según la Organización de las Naciones Unidas para la Alimentación y la Agricultura, los sistemas agroalimentarios mundiales, que comprenden la producción de alimentos y de productos agrícolas no alimentarios, así como su almacenamiento, transporte, elaboración, distribución, comercialización, disposición y consumo, son responsables en la actualidad de aproximadamente un tercio de las emisiones de gases de efecto invernadero (GEI); del 80% de la pérdida de la biodiversidad, y consumen el 70% del agua dulce del planeta. Disponible en: https://www.fao.org/newsroom/detail/fao-launches-action-plan-for-ambitious-climate-strategy/es (consultada el 14 de octubre de 2024).

15 Las siglas se corresponden con las palabras *Internacional Society of Precision Agriculture*.

acuerdo con la variabilidad estimada, y así mejorar la eficiencia en el uso de recursos, la productividad, la calidad, la rentabilidad y la sostenibilidad de la producción agrícola[16].

Esta propuesta redefine la concepción del terreno de siembra, considerándolo una superficie versátil y adecuada para diversos cultivos. Al hacerlo, no solo optimiza el uso del espacio, sino que también mejora la producción teniendo en cuenta las variaciones temporales. Es particularmente útil en grandes extensiones de cultivo, donde facilita la identificación de zonas con diferentes grados de idoneidad para la siembra, detecta posibles deficiencias en la irrigación, e incluso proporciona información valiosa sobre la recolección.

La agricultura de precisión representa una evolución significativa respecto a la agricultura tradicional o convencional. A diferencia de los métodos antiguos, que tratan el terreno como un bloque homogéneo[17] y aplican recursos de manera uniforme a toda la superficie de siembra, este enfoque moderno reconoce y se adapta a las características específicas de cada sección del campo. Esto permite un manejo más eficiente y sensible a las particularidades del terreno, potenciando así los rendimientos agrícolas[18].

El alcance del uso de esta tecnología se extiende a lo largo de toda la cadena de producción, transformación y distribución agríco-

---

16 INTERNATIONAL SOCIETY OF PRECISION AGRICULTURE, "*Precision Ag Definition*". Disponible de https://www.ispag.org/about/definition (consultada el 11 de octubre de 2024).

17 De hecho, existen en la actualidad, lo que llaman agricultura de conservación, entre cuyos principios está la rotación de cultivos en un mismo campo. Este tipo de agricultura mejora la fertilidad del suelo, rompe los ciclos de plagas y optimiza el uso de nutrientes. La agricultura de precisión aporta innumerables ventajas tangibles sobre la gestión de esta rotación, maximizando la producción y reduciendo costes. Véase, TORRES, ANTONIO, DE LA PUERTA, JOSÉ, "La agricultura de conservación como presente y futuro del sector". *Revista Agropecuaria* (1067), 2022, p. 4.

18 ORLANDO SANTILLÁN, ORLANDO, RENTERÍA RODRÍGUEZ, MIGUEL ENRIQUE "Agricultura de Precisión", *Oficina de información científica y tecnológica para el congreso de la Unión,* (15), 2018, Disponible en. https://foroconsultivo.org.mx/INCyTU/documentos/Completa/INCYTU_18-015.pdf. En este artículo se explica que, aun cuando tratamos con terrenos de poca extensión, de una hectárea o menos, puede existir variaciones espaciales del terreno, y temporales.

la. Desde la fase de cultivo, centrada en la maximización de la producción de alimentos optimizando los recursos tanto en ambientes terrestres como marinos; hasta el consumo y eventual desperdicio de alimentos.

La fase de cultivo anteriormente mencionada cuenta con una serie de objetivos. El primero de ellos tiene en cuenta su aplicación según al ámbito al que se dirige. En este sentido, si la aplicación de técnicas de agricultura de precisión es en tierra, se tiene en cuenta la selección de variedades de cultivos más resistentes y productivas, mediante la mejora del uso de agua y nutrientes, y prácticas de manejo integrado de plagas. Sin embargo, en el ámbito marino, el enfoque se dirige hacia la acuicultura, abarcando el cultivo de peces, algas y otros organismos acuáticos, aplicando técnicas que respetan y promueven la sostenibilidad de los ecosistemas marinos.

En la fase de desarrollo y monitorización se integran tecnologías avanzadas para supervisar y gestionar la cadena de suministro de alimentos de manera eficaz. Se implementan sistemas de rastreo que aseguran la trazabilidad y la seguridad alimentaria desde el campo hasta el consumidor. Además, el uso de sensores y sistemas de información geográfica (GIS) permite un control preciso sobre las condiciones de crecimiento de los cultivos y la salud de los animales, facilitando intervenciones oportunas que incrementan la calidad y cantidad de los productos agrícolas.

Finalmente, la cadena culmina con una fase centrada en la reducción del desperdicio de alimentos, como decíamos. Esta etapa es clave, pues implica mejorar las técnicas de almacenamiento, conservación y embalaje para extender la vida útil de los productos. A tales fines, se adoptan estrategias para una gestión eficiente de la distribución de alimentos, minimizando la sobreproducción y optimizando las rutas de transporte para reducir las pérdidas, entre otros. Además, y como tendremos ocasión de comentar más adelante, se apuesta por el fomento de iniciativas para el reciclaje y/o la reutilización de los desechos alimentarios, como el compostaje de residuos orgánicos o su transformación en bioenergía.

A pesar de parecer una cuestión de reciente creación, por su vinculación al ámbito de la tecnología, hace décadas que se desarrolla la agricultura de precisión. Fue, en 1970[19], cuando dos ingenieros agrícolas estadounidenses, desarrollaron un importante invento consistente en la automatización de una maquinaria agrícola mediante la creación de un modelo matemático que permitía a los vehículos agrícolas hidrostáticos moverse y operar de manera autónoma, sin la necesidad de un conductor.

La introducción de la agricultura de precisión en España fue más tardía que en Estados Unidos, Canadá, Australia o que, en algunos países nórdicos europeos, que también tuvieron una implantación temprana, como fue el caso de Alemania o Dinamarca. Fundamentalmente porque son países cuyas explotaciones, tienen un tamaño superior al tamaño medio de las explotaciones españolas[20] y es allí donde precisamente la agricultura de precisión se ajusta mejor pues, como regla general, en ellos existe una capacidad de inversión superior y una diversificación del riesgo, que favorece el impulso para probar nuevas tecnologías[21]. Tradicionalmente, el tamaño medio de las explotaciones españolas es bastante pequeño, lo que ha justificado que la introducción de esta tecnología fuera más tardía, allí para los años 90.

La segunda cuestión responde a un asunto de medios económicos. Excedería y, se solaparía con el estudio de otros autores, el análisis de las iniciativas financieras[22] de apoyo a la implementación de

---

19 PARISH, ROBERT L., GOERING, CHARLES E. "Developing an automatic steering system for a hydrostatic vehicle". *Transactions of the ASAE,* 13, 1970, pp. 523-527.

20 No obstante, España es de los países europeos con mayor superficie, en hectáreas, dedicadas a la agricultura. Superiores a los 2.000.000 de hectáreas, tenemos a Castilla y León, 5.327.060; Aragón, 2.274.920; Castilla-La Mancha: 4.037.370; Extremadura, 2.425.120 y Andalucía, 4.399.490. Eurostat. (2021). *El sector agrícola de España en el contexto Europeo, gráficos y estadísticas. Datos actualizados el 9 de diciembre de 2021. Contribución de la agricultura al PIB de cada país europeo.* Disponible en https://www.epdata.es/datos/sector-agricola-espana-contexto-europeo-graficos-estadisticas/555 (consultada el 23 de junio de 2024).

21 FERNÁNDEZ QUINTANILLA, CÉSAR, "Perspectivas para la agricultura de precisión en España". *Vida Rural,* (225), 2006, p. 13.

22 En este sentido, señalar la iniciativa del gobierno en la implementación del programa "Kit Digital". Este programa se compone de diversas herramientas tecnológicas destinadas especialmente para agricultores y ganaderos. Incluye varios dispositivos electrónicos y software que facilitan el monitoreo y manejo de sus

esta y otras medidas que favorecerían la sostenibilidad en el ámbito agrario, más nos gustaría señalar su importancia por su relevancia a la hora de adoptar la medida que aquí se propone[23].

Finalmente, la tercera y última es, inevitablemente, la digitalización de los propios agricultores y ganaderos. Un estudio publicado el año pasado sobre *El futuro y la agricultura de precisión*[24], involucró a 217 productores con el fin de identificar el estado actual de la situación. Algunas de las conclusiones que se extrae del mismo muestran que, en cuanto a la formación, tan sólo el 5,4% cuenta con estudios superiores o técnicos y que, tan sólo un 12,3% utilizan programas de gestión de la explotación. Las principales barreras identificadas incluyen la falta de información y medios técnicos, los altos costos[25], el desconocimiento y la proximidad a la edad de jubilación, que refleja un desafío aun mayor considerando que la edad media de los titulares supera los 60 años y en algunos sectores alcanza los 65 años[26].

A pesar de que un 87,2% de los encuestados reconoce los beneficios de las nuevas tecnologías y la agricultura de precisión, solo un 33% muestra disposición para adoptarlas. Este fenómeno se ve exacerbado por el envejecimiento generalizado en el sector, lo que limita la competitividad y la implementación de tecnologías avanzadas, subrayando la necesidad urgente de rejuvenecer el sector agrario. Frente a este desafío, diversas instituciones privadas están emergiendo como actores clave en la transición hacia la digitalización del

---

operaciones. Es parte de una iniciativa pública que provee asistencia financiera para introducir soluciones digitales en explotaciones agrícolas y otros negocios pequeños, incluyendo microempresas y autónomos.

23 En el artículo de FERNÁNDEZ QUINTANILLA, de 2006, el autor apuntaba que la agricultura no vivía, en ese momento, de los ingresos directos, sino de las ayudas indirectas, señalando que el futuro de la agricultura de precisión iría muy ligado a las ayudas agroambientales.

24 ASOCIACIÓN AGRARIA DE JÓVENES AGRICULTORES, "El futuro y la agricultura de precisión. Agricultores ven el futuro en la agricultura de precisión, pero pocos están listos para el cambio", *Revista ASAJA*, 421, 2023, p. 68.

25 ASOCIACIÓN AGRARIA DE JÓVENES AGRICULTORES, "Kit Digital: únete al cambio digital". *Revista ASAJA*, 421, 2023, pp. 58-65.

26 Revertir esta situación y generar empleo en las zonas rurales, particularmente, para jóvenes y mujeres, es uno de los retos previstos en el Plan Estratégico Español, desarrollado en el marco del OE7. https://www.mapa.gob.es/es/pac/pac-2023-2027/plan-estrategico-v21_tcm30-659518.pdf.

sector primario. Por ejemplo, la Asociación Nacional de Agricultura de Precisión (ANAP), creada en noviembre de 2022, así como ARG-ASAJA y AERTIC, quienes están desarrollando proyectos como RADS (Rurales, Agrarios, Digitales y Sostenibles), que buscan incentivar y facilitar el uso de tecnologías avanzadas en la agricultura.

2. *Principales tecnologías que se emplean en la agricultura de precisión*

Existe numerosa literatura del ámbito de la ingeniería, fundamentalmente, que explora las tecnologías emergentes para mejorar los métodos de producción tradicionales y las estrategias agrícolas mundiales en cadenas de valor optimizadas, realzando soluciones disruptivas en todas las etapas de la cadena de producción agrícola. El diseño de las diferentes opciones está dirigida o diseñada para ayudar, en esencia, a llevar a cabo una producción compatible con el entorno; no adaptando el entorno a esa producción.

Conscientes de que la aplicación de este tipo de medidas, puede no ser una solución para todo tipo de explotaciones, veremos ahora distintas soluciones que podrían ser útiles para quienes valoran adaptar este tipo de medidas a su cadena de producción. Fundamentalmente, existen cinco[27] tipologías asociadas a la agricultura de precisión: los sistemas de posicionamiento global y de información geográfica, los sensores remotos, los monitores de rendimiento y aplicación, y la maquinaria agrícola inteligente.

La maquinaria agrícola inteligente, mediante conducción no tripulada fue, como se ha dicho con interioridad, el primer estudio que sitúa la agricultura de precisión como una medida idónea para mejorar la calidad y la eficiencia del cultivo[28]. En este sentido, ayuda en labores que, en la agricultura tradicional, se realizan de manera ma-

---

27 OFICINA DE INFORMACIÓN CIENTÍFICA Y TECNOLÓGICA PARA EL CONGRESO DE LA UNIÓN. (2018). *op. cit.* p. 3.

28 A los efectos del presente trabajo, usaremos el término cultivo, como sinónimo de las cuatro fases que constituyen el proceso de producción agrícola que, generalmente, incluyen, no solo la fase de cultivo, sino también, la siembra, el manejo y la cosecha. *Vid.* REN, HAOLING, WU, JIANGDONG, LIN, TIANLIANG, YAO, YU, LIU, C. (2023). *op. cit.*, p. 2.

nual. Asimismo, la citada maquinaria puede, a su vez, aplicar otro tipo de tecnologías. Como, por ejemplo, el uso de sensores. Los sensores no solo ayudan a determinar la posición de estas máquinas y aspectos de su estado general, sino también, permiten obtener información sobre los niveles de vegetación del cultivo, la cantidad de grano cosechado, su flujo, su humedad[29], o la fertilidad del suelo. Puede que estos sensores, tengan contacto con el propio suelo. Pero también los hay remotos y que se emplean para la obtención de datos como la administración del agua de riego[30], plagas o inundaciones[31].

Los drones, o vehículos aéreos no tripulados, también son una herramienta muy útil, por cuanto permiten a los agricultores mapear con exactitud sus campos y obtener datos detallados sobre las condiciones del terreno y los cultivos; facilitan la ejecución de tareas específicas como la siembra variable, el riego y la fumigación, con una consecuente reducción del uso de pesticidas, fertilizantes o el manejo localizado de plagas, lo impacta directamente en el medioambiente, pero también, en la calidad del producto que consumimos.

Asimismo, contempla la utilidad de vigilancia y supervisión contra robos o daños a los cultivos, protegiendo económica y efectivamente los cultivos[32].

Finalmente, el uso de sistemas de posicionamiento global diferencial[33] (DGPS) y sistemas de información geográfica (GIS) suelen estar vinculados con los monitores de rendimiento y aplicación; y, suelen ser muy útiles para la localización y el conocimiento de la extensión de un terreno, el análisis de su rendimiento, teniendo más

---

29 GARCÍA, EMILIANO, FLEGO, FERNANDO, "Agricultura de precisión". *Revista Ciencia y Tecnología, 8*, 2008, p. 110.

30 Según datos de la encuesta de la ASOCIACIÓN AGRARIA DE AGRICULTORES JÓVENES (2023*), op. cit.* p. 72, solo el 11,3% de los encuestados, utilizaban sensores de humedad, un 9%, tractores autoguiados y solo el 10,3% usan maquinaria de dosificación variable.

31 COX, SIDNEY WALTER REGINALD, "Measure and control in agriculture". Oxford: Blackwell Science Ltd, 1997., citado en Oficina de Información Científica y Tecnológica para el Congreso de la Unión. (2018) *op. cit.* p. 3.

32 De DE CLERCQ, MATTHIEU, VATS, ANSHU, BIEL, ALVARO (2018) *op. cit.* p. 18.

33 El matiz *diferencial* viene a corregir al GPS convencional, en cuando al uso más preciso de las coordenadas.

información para la toma de decisiones estratégicas, además de tener un coste relativamente bajo. Sin embargo, en la actualidad, en el contexto español, conforme al estudio que mencionábamos con anterioridad, apenas el 45% de los encuestados disponen de él.

El análisis de estos datos, obtenidos a través de todas estas tecnologías, también es esencial. De hecho y, aunque únicamente hemos señalado las más frecuentes, la variedad es tan amplia que se han deseñado programas informáticos que contemplan los distintos parámetros para que, tanto instituciones como agricultores, puedan adecuar sus decisiones a sus necesidades. A ello se le conoce como sistemas de ayuda a la toma de decisiones o DSS, *Decision Support Systems*; aunque los sistemas de información geográfica (GIS) también pueden procesar la información para medir la variabilidad espacial de un campo y obtener mapas donde se pueden visualizar las zonas a estudiar[34].

Desarrollados en la década de los años 70, estos DSS se definían como *sistemas informáticos interactivos que ayudan a los responsables a la toma de decisiones a utilizar datos y modelos para resolver problemas no estructurados*[35]. Hoy en día, podríamos decir que son aplicaciones web que incorporan no sólo la tecnología que mencionábamos con anterioridad, sino también, todos aquellos factores que intervienen en la agricultura: desde factores medioambientales, a factores climáticos.

III. LA SOSTENIBILIDAD EN EL ÁMBITO AGROALIMENTARIO

Para poder desarrollar prácticas agrícolas de precisión que aborden los desafíos actuales y futuros en la producción y el consumo de

---

34 GARCÍA TORRES, LUIS, JURADO EXPÓSITO, MONTSERRAT, LÓPEZ GRANADOS, FRANCISCA, & NAVARRO MARTÍNEZ, EMILIO, "Estudios sobre la agricultura de precisión en Andalucía". *Vida Rural*, (89), 1999, p. 34.

35 FICK, GÖRAN, SPRAGUE, RALPH. H. (1980). *Decision Support Systems: Issues and Challenges: Proceedings of an International Task Force Meeting* (June 23-25) citado en GONZÁLEZ DOMÍNGUEZ, ELISA., LEGIER, S. ELISABETA, "Evolución de los sistemas de ayuda a la toma de decisiones en el contexto de la producción integrada y la agricultura de precisión". *Phytoma España: La Revista Profesional de Sanidad Vegetal*, (356), 2024, p. 21.

alimentos, garantizando la seguridad y la sostenibilidad del planeta, se requiere una coordinación de medidas a nivel global.

A continuación, y teniendo como punto de referencia el estado español, veremos cuál es el marco normativo que promueve las prácticas agrícolas en esta dirección, con la protección del medio ambiente y la salud pública en el horizonte del mismo.

1. Marco legislativo supranacional

1.1. La Política Agrícola Común

La primera iniciativa legislativa[36] adoptada al amparo de la agricultura es la Política Agrícola Común, conocida comúnmente por sus siglas PAC. Surgida para afrontar las necesidades alimentarias tras la Segunda Guerra Mundial, ha atravesado distintas fases de evolución para dar respuesta al mercado alimentario europeo.

Desde ese primer enfoque, en 1980, se transforma; del déficit a la proliferación de excedentes, causando diferentes modificaciones para adaptarse a los retos del sector y a las nuevas necesidades de los ciudadanos.

La última reforma[37] de la PAC fue en 2021, para el periodo 2023 a 2027, con la publicación del Reglamento de Planes Estratégicos de la PAC, el Reglamento de financiación, la gestión y el seguimiento de la PAC y el Reglamento sobre la organización común de mercados de los productos agrarios[38].

---

36 Tiene su fundamento en el Tratado de Funcionamiento de la Unión Europea, artículos 38 y siguientes. Tratado de Funcionamiento de la Unión Europea. Diario Oficial de la Unión Europea, C 326, 1-390.

37 Las principales etapas de la política agraria común han sido calificadas como PAC 1.0 (de 1962 a 1991), PAC 2.0 (de 1992 a 2022) y PAC 3.0 (de 2023 en adelante). Véase, MASSOT, ALBERT "Hacia una gobernanza marco y multinivel de la Política Agrícola Común post 2023: un análisis institucionalista". *Economía Agraria y Recursos Naturales*, 22(2), 2022, p. 7.

38 La estructura de la PAC consta de dos pilares: medidas de ayuda a la renta o pagos directos y medidas de mercado; y, medidas de desarrollo rural. En este último aspecto nos centraremos. Sin embargo, y en consonancia con el impacto económico que comentábamos con anterioridad, la PAC establece un conjunto de ayudas de financiación para los agricultores a través del Fondo

Esta nueva PAC mantiene los fundamentos de la política anterior pero se estructura en torno a tres objetivos generales: (1) promover un sector agrícola que sea inteligente, competitivo, resiliente y diversificado, asegurando la seguridad alimentaria a largo plazo; (2) apoyar la protección del medio ambiente y la acción climática para cumplir con los objetivos medioambientales y climáticos de la Unión Europea, incluidos los compromisos del Acuerdo de París; y (3) fortalecer el tejido socioeconómico de las zonas rurales[39].

Además, estos objetivos se desglosan en nueve objetivos específicos que se apoyan en los tres pilares de la sostenibilidad: la innovación, el conocimiento y la digitalización en las áreas rurales; junto con un enfoque transversal que busca modernizar el sector agrario.

España, como el resto de los países miembros, ha tenido que adoptar un Plan Estratégico *ad hoc*, como una de las principales novedades de esta PAC 2023-2027, de acuerdo con el Reglamento 2021/2115 de 2 de diciembre de 2021 de planes estratégicos. El Plan (PEPAC) fue aprobado el 31 de agosto de 2022, versión que fue modificada un año después y que sigue vigente hoy. No obstante, el 15 de marzo de este año 2024, la Secretaría General de Recursos Agrarios y Seguridad

---

Europeo Agrícola de Garantía (FEAGA) y a través del Fondo Europeo Agrícola de Desarrollo rural (FEADER). La modificación consistió en la revisión de tres condiciones medioambientales que deben cumplir los agricultores para recibir financiación. También ofrece más flexibilidad a los países de la UE para conceder exenciones de las normas de la PAC en caso de dificultad para aplicarlas y ante condiciones meteorológicas extremas. Las pequeñas explotaciones de menos de diez hectáreas quedarán exentas de controles y sanciones por incumplimiento de las normas de la PAC. Véase El Parlamento Europeo aprueba una revisión de la política agrícola común de la Unión Europea. *La Ley Unión Europea*, (125). Disponible en: https://www.europarl.europa.eu/news/es/press-room/20240419IPR20582/el-parlamento-aprueba-una-revision-de-la-politica-agricola-comun-de-la-ue (consultada el 14 de octubre de 2024).

39 El artículo 5 del Reglamento (UE) 2021/2115 del Parlamento Europeo y del Consejo de 2 de diciembre de 2021 por el que se establecen normas en relación con la ayuda a los planes estratégicos que deben elaborar los Estados miembros en el marco de la política agrícola común (planes estratégicos de la PAC), financiada con cargo al Fondo Europeo Agrícola de Garantía (FEAGA) y al Fondo Europeo Agrícola de Desarrollo Rural (Feader), y por el que se derogan los Reglamentos (UE) nº 1305/2013 y (UE) nº 1307/2013. Diario Oficial de la Unión Europea, L 435, 1-186. Disponible en http://data.europa.eu/eli/reg/2021/2115/oj (consultada el 14 de octubre de 2024).

Alimentaria, junto con la Autoridad de gestión del Plan Estratégico, propuso[40] la modificación del Plan estratégico 2024 en base a las propuestas presentadas por las Comunidades Autónomas y las contribuciones recibidas por parte de las organizaciones profesionales agrarias y cooperativas agroalimentarias.

Las medidas vinculadas a la agricultura de precisión son reconocidas a lo largo del plan, planteando la necesidad de adoptar la tecnología para permitir un uso más eficiente de los recursos y la implementación de prácticas que minimicen el impacto ambiental de la agricultura.

Además, también promueve la capacitación y el desarrollo de habilidades en el uso de estas nuevas tecnologías para los agricultores, lo cual es un factor clave para la expansión de la agricultura de precisión.

1.2. El Pacto Verde Europeo

Vinculada a la Política Agraria Común, se alinea el Pacto Verde Europeo, formado por un conjunto de medidas legislativas intersectoriales destinadas a apoyar la transición hacia la sostenibilidad ambiental, con el objetivo de alcanzar la neutralidad de carbono en 2050. Como indicamos, las medidas integradas en esta estrategia

---

40 La propuesta se fundamenta, principalmente, en la necesidad de ajustar el plan para garantizar la ejecución efectiva de los mismos y reducir la burocracia. Además, la ejecución de los planes no debe considerarse de forma aislada de los debates sobre otras propuestas legislativas del Pacto Verde que afecten o puedan afectar directamente a los agricultores y a los requisitos de los planes estratégicos. Asimismo, el Reglamento sobre los Planes Estratégicos de la PAC se acordó antes del inicio de la guerra de agresión a gran escala de Rusia contra Ucrania, que sigue repercutiendo intensamente en los mercados (y en los márgenes de los agricultores) y en el contexto de la política agrícola europea. Véase Comisión Europea. (2024). Propuesta de Reglamento del Parlamento Europeo y del Consejo por el que se modifican los Reglamentos (UE) 2021/2115 y (UE) 2021/2116 en lo que respecta a las normas en materia de buenas condiciones agrarias y medioambientales, los regímenes en favor del clima, el medio ambiente y el bienestar animal, las modificaciones de los planes estratégicos de la PAC, la revisión de los planes estratégicos de la PAC y las exenciones de controles y sanciones. COM (2024) 139 final, 2024/0073 (COD). Bruselas, 15 de marzo de 2024.

promovida por la Unión Europea no se acotan al ámbito de la agricultura, sino que se extiende e incluye la energía, el transporte, la biodiversidad y la economía circular, entre otros.

Sin embargo, y en cuanto al ámbito específico de la agricultura, el Pacto Verde se vertebra en base a cuatro objetivos principales: el primero, (1) asegurar la seguridad alimentaria mientras se combate el cambio climático y se mitiga la pérdida de recursos naturales y la biodiversidad; el segundo, (2) minimizar el impacto ambiental y climático de toda la cadena alimentaria; el tercero, (3) aumentar la capacidad de adaptación del sistema agroalimentario europeo; y finalmente, (4) posicionarse como líder mundial en la transformación hacia una competitividad sostenible en el sector agroalimentario.

Además, el Pacto implementó una iniciativa llamada «De la Granja a la Mesa», cuyas medidas principales, para el año 2030, consisten en la reducción de un 20% del uso de fertilizantes, para evitar el 50% de la pérdida de nutrientes en los alimentos; la disminución del uso de plaguicidas químicos y el consumo de antimicrobianos por la ganadería; la reducción de un 10% del desperdicio alimentario, la cobertura de banda ancha al 100% de las zonas rurales[41] y el fomento de la producción ecológica.

1.3. Objetivos de Desarrollo Sostenible

Por su parte, las Naciones Unidas, desarrollaron los Objetivos de Desarrollo Sostenible, más comúnmente conocidos como ODS; una serie de directrices vinculadas a la pobreza, el hambre, la salud, la educación, la igualdad de género, el agua limpia, el trabajo, el crecimiento económico, la reducción de las desigualdades, y el cambio climático[42]. Todas ellas, con miras a lograr un futuro global sostenible.

---

41 Para un comentario exhaustivo del desarrollo de la PAC y el Pacto Verde Europeo, consúltese: MASSOT ALBERT "¿Puede convertirse la Política Agrícola Común (PAC) en la política alimentaria de la Unión Europea?" *Papeles de economía española,* (179), 2024, pp. 21-39.

42 En particular, son los siguientes: ODS 1: Fin de la pobreza, ODS 2: Hambre cero, ODS 3: Salud y bienestar, ODS 4: Educación de calidad, ODS 5: Igualdad de género, ODS 6: Agua limpia y saneamiento, ODS 7: Energía asequible y no contaminante, ODS 8: Trabajo decente y crecimiento económico, ODS 9: Industria, innovación e infraestructura, ODS 10: Reducción de las desigualdades.

En el ámbito de la alimentación y la agricultura, han desarrollado 5 principios, de la mano de la FAO[43], y un conjunto de 20 acciones interconectadas para guiar a los encargados nacionales, esto es, las personas responsables de integrar los objetivos y las metas de la Agenda 2030[44], en la adopción de las decisiones necesarias para transformarlas y alcanzar los citados objetivos[45].

En particular, y según las necesidades que hemos ido comentando en este trabajo, entre las citadas acciones quisiéramos destacar varias iniciativas clave. En primer lugar, el fomento del conocimiento de los productores y el desarrollo de sus capacidades, donde se destaca que la agricultura familiar representa un 88% de las explotaciones agrícolas del mundo y genera, aproximadamente, el 80% de los alimentos. Segundo, la mejora de la salud del suelo, especialmente al considerar que cerca de un tercio de la superficie terrestre está degradada. Tercero, la protección y la gestión eficiente del agua, teniendo en cuenta que, según se señala, la agricultura es responsable del 70% del consumo mundial de agua. En cuarto lugar, la reducción de las pérdidas y el fomento del reciclaje, dado que el desperdicio de alimentos es el tercer mayor emisor de gases de efecto invernadero. Y, finalmente, vinculado a la temática de este estudio, el refuerzo a

---

ODS 11: Ciudades y comunidades sostenibles. ODS 12: Producción y consumo responsables, ODS 13: Acción por el clima, ODS 14: Vida submarina, ODS 15: Vida de ecosistemas terrestres, ODS 16: Paz, justicia e instituciones sólidas y ODS 17: Alianzas para lograr los objetivos.

43 La FAO (Organización de las Naciones Unidas para la Alimentación y la Agricultura) es una agencia especializada de las Naciones Unidas que lidera los esfuerzos internacionales para derrotar el hambre. Fundada en octubre de 1945, la FAO tiene por objeto ayudar a eliminar el hambre, la inseguridad alimentaria y la malnutrición; hacer que la agricultura, la silvicultura y la pesca sean más productivas y sostenibles; reducir la pobreza rural; y garantizar sistemas alimentarios inclusivos y eficientes a nivel mundial.

44 Guía de Referencia para la Integración de la Agenda 2030 para el Desarrollo Sostenible del PNUD. El PNUD o UNDP, *United Nations Development Programme,* es una agencia que ayuda a los países a desarrollar políticas, habilidades de liderazgo, habilidades de asociación, capacidades institucionales y a desarrollar resiliencia para lograr los Objetivos de Desarrollo Sostenible.

45 ORGANIZACIÓN DE LAS NACIONES UNIDAS PARA LA ALIMENTACIÓN Y LA AGRICULTURA (2018). *Transformar la alimentación y la agricultura para alcanzar los ODS: 20 acciones interconectadas para guiar a los encargados de adoptar decisiones.* Roma.

los sistemas de innovación, los cuales sirven como catalizadores para mejorar las cosechas, el ganado, la reducción del consumo de agua, el incremento frente la resistencia a plagas y enfermedades, y el aumento de la adaptabilidad de los cultivos y del ganado frente al cambio climático.

2. *Marco legislativo nacional*

Con carácter meramente enunciativo, y en vistas al impacto que impulsan tanto la Unión Europea como las Naciones Unidas, España ha aprobado una serie de medidas legislativas tendentes a alinearse con los objetivos del Pacto Verde Europeo y los Objetivos de Desarrollo Sostenible.

En particular, fueron aprobadas, la Ley 7/2021, de 20 de mayo, de cambio climático y transición energética[46] y el Plan Nacional Integrado de Energía y Clima 2021-2030, como documentos estratégicos que definen los objetivos de reducción de emisiones de gases de efecto invernadero, de penetración de energías renovables y de eficiencia energética.

El Plan Nacional de Adaptación al Cambio Climático 2021-2030 prevé diferentes acciones para promover una acción coordinada frente a los efectos del cambio climático en España. En particular, también, los relativos al ámbito específico de la agricultura, la ganadería, la pesca, la acuicultura y la alimentación (punto 7.6). Todas ellas, al amparo del fomento de los objetivos del Pacto Verde Europeo.

En cuanto a las vinculadas con los Objetivos de Desarrollo Sostenible (ODS), destaca la Estrategia Española de Desarrollo Sostenible y el Plan de Acción para la Implementación de la Agenda 2030, anteriormente mencionada y adoptada en 2018.

No quisiéramos dar por finalizado el presente epígrafe sin antes mencionar la Ley 3/2020, de 11 de marzo, de prevención de las pérdidas y el despilfarro alimentarios.

Por su relevancia en el ámbito de la agricultura, y como consecuencia del impacto que tiene sobre la sostenibilidad ambiental y

---

46 Ley 7/2021, de 20 de mayo, de cambio climático y transición energética. BOE, (121), 21/05/2021.

económica[47], resulta imprescindible hacer un breve comentario al respecto.

La norma se inspira, también, en el cumplimiento de los Objetivos de Desarrollo Sostenible (ODS). En particular, en el 12.3, donde se establece la necesidad de disminuir a la mitad el desperdicio de alimentos por persona a nivel mundial en el sector minorista y en el consumo, así como minimizar las pérdidas alimentarias en las cadenas de producción y distribución, incluyendo las que ocurren tras la cosecha.

Como en ella misma se indica, al ser una ley autonómica[48], no puede incorporar medidas en el ámbito de la Política Agrícola Común (PAC), de la política pesquera o de la seguridad alimentaria, porque excede de la competencia de la Generalitat catalana. Sin embargo, pretende concienciar, inspirándose en la Directiva 2008/98/CE del Parlamento Europeo y del Consejo, de 19 de noviembre de 2008, sobre los residuos[49] y la posterior Resolución de 19 de enero de 2012 del Parlamento Europeo, sobre cómo evitar el desperdicio de alimentos.

La norma, en este sentido, se estructura en cuatro capítulos: uno de disposiciones generales, donde se establece el ámbito objetivo, el ámbito subjetivo y definiciones; tales como alimento o producto ali-

---

47 Algunos estudios sobre el desperdicio de alimentos arrojan datos tan impactantes como que cada año el planeta descarta aproximadamente un tercio de los alimentos que produce. *Cfr.* Preámbulo de la propia Ley 3/2020. Esta pérdida representa un coste económico global estimado en 750,000 millones de dólares, una cifra que se asemeja, por su magnitud, al PIB de Suiza en el año 2011 o un 1,3% del PIB total de EEUU. *Cfr.* DE CLERCQ, MATTHIEU, VATS, ANSHU, BIEL, ALVARO. (2018). *op. cit.*, p. 11; En India, debido a deficiencias en la infraestructura, se desperdicia el 40% de la producción agrícola.

48 Por su parte, el Consejo de Ministros aprobó el 9 de enero de este año 2024, a propuesta del Ministerio de Agricultura, Pesca y Alimentación, el proyecto de Ley de Prevención de las Pérdidas y el Desperdicio Alimentario, una norma que se encontraba ya en el Senado durante la pasada legislatura, pero que decayó por la disolución de las Cortes Generales.

49 La Directiva de 2008 fue modificada por la Directiva (UE) 2018/851 del Parlamento Europeo y del Consejo de 30 de mayo de 2018 por la que se modifica la Directiva 2008/98/CE sobre los residuos. Diario Oficial de la Unión Europea, L 150/109, pp. 109-140.

mentario, empresa alimentaria, pequeñas empresas, cadena alimentaria, residuo, cooperativa o consumidor.

Un segundo capítulo, sobre la legislación específica de las responsabilidades que deben asumir los agentes de la cadena alimentaria. Se destacan las obligaciones para las empresas alimentarias y las organizaciones sin ánimo de lucro involucradas en la distribución de alimentos, las entidades de iniciativa social y otras organizaciones sin ánimo de lucro. También las microempresas, quienes estarían exentas de ciertas obligaciones.

En cuanto al sector de la restauración y la hostelería, además de las obligaciones generales, deben fomentar el consumo de productos de temporada y facilitar que los consumidores puedan llevarse los alimentos no consumidos sin coste adicional. También se exigen prácticas sostenibles en el embalaje y disposición de estos alimentos.

Y, finalmente, la Administración pública que, por su parte, tendría la obligación de incorporar cláusulas antidespilfarro en los contratos públicos, crear sistemas de información para el seguimiento de estos esfuerzos y facilitar la creación de espacios para la distribución de excedentes alimentarios. También debe proporcionar recursos económicos y guías para la elaboración de planes de prevención de pérdidas alimentarias y realizar la inspección y control de las actividades reguladas por esta ley.

El capítulo tercero se dedica a los planes estratégicos de prevención de las pérdidas y el despilfarro alimentario, así como a las medidas de apoyo. Y, en último término, el cuarto capítulo, establece un régimen sancionador, calificando como administrativas, las acciones u omisiones, graves o leves, que son susceptibles de sanción.

IV. DESAFÍOS JURÍDICOS

Apuntábamos con anterioridad que, el alcance de esta tecnología se extiende a lo largo de toda la cadena de producción, transformación y distribución agrícola. En este sentido, y aunque existen desafíos vinculados con cada una de las etapas, trataremos de identificar aquellos que son trasversales.

Con carácter previo, es fundamental identificar a quiénes son exigibles las responsabilidades derivadas del uso de esta tecnología, con el fin de imputar adecuadamente las obligaciones correspondientes. Es innegable que los agentes implicados en la cadena alimentaria son diversos: desde empresas privadas, como las alimentarias, las del sector de la hostelería y la restauración, hasta entidades de iniciativa social y otras que prestan servicios de distribución de alimentos, así como los consumidores y la propia Administración Pública.

Sin embargo, los límites de esta investigación se acotan a los sujetos privados[50]. En particular, las empresas alimentarias de carácter privado con ánimo de lucro que tengan como actividad cualquiera relacionada con las etapas de la producción, transformación y distribución de alimentos. Quienes, a su vez, se subclasifican generando una gran diversidad empresarial.

La Ley 3/2020, de 11 de marzo, de prevención de las pérdidas y el despilfarro alimentarios, modera convenientemente el grado de exigibilidad de dichas obligaciones, teniendo en cuenta factores como el tamaño de la sociedad o la capacidad económica de los distintos sujetos. También, la Ley 12/2013, de 2 de agosto, de medidas para mejorar el funcionamiento de la cadena alimentaria, donde se pone de manifiesto los desequilibrios existentes entre los distintos eslabones de la cadena, velando por un equilibrio justo y una competencia leal y efectiva.

En este sentido, la irrupción de este nuevo escenario, la agricultura de precisión añade un sujeto más, entre los productores efectivos y los productores empresarios[51]. Una figura híbrida que combina o conecta a ambos sujetos; aunque también puede formar parte intrín-

---

[50] Si bien, no se excluye de manera explícita a otras entidades de iniciativa social, como fundaciones, asociaciones o cooperativas que realicen tales actividades, en la medida que les sean aplicables tales disposiciones; sí se establece de forma clara la exclusión frente a consumidores y la Administración Pública.

[51] La agricultura familiar representa a 500 millones (un 88%) de los 570 millones de explotaciones agrícolas del mundo, las cuales, producen un 80% de los alimentos. Según datos de la Organización de las Naciones Unidas para la Alimentación y la Agricultura de 2021, titulado, "La FAO presenta la nueva Plataforma técnica para la agricultura familiar". Disponible en: https://fao.sitefinity.cloud/newsroom/detail/fao-unveils-new-technical-platform-for-family-farming/es.

seca de ellos. Esto son, los sujetos que emplean los citados medios tecnológicos[52] y quienes se encargan de ello de forma profesional.

La agricultura de precisión suele dividir el conjunto de tecnologías en tres etapas: la etapa de recolección de datos, recabada a través de los equipos especializados como sensores o satélites; el análisis de dichos datos y su interpretación, para un adecuado manejo de la variación del espacio y tiempo detectada; y la implementación, donde el productor aplica la tecnología según sus recomendaciones[53].

En cualquier caso, existen dos ámbitos especialmente relevantes a la luz de dichos datos: la protección del medio a través del cual se obtienen y su protección como activo intangible de gran valor empresarial.

1. Desafíos legales relativos a la propiedad intelectual e industrial

Poniendo en relación la definición de la agricultura de precisión que apuntábamos al inicio con la protección que merecen estas herramientas tecnológicas, resulta imprescindible explorar el tratamiento jurídico del medio a través del cual, dichas herramientas, permiten, efectivamente, la gestión más eficiente del uso de los recursos, la productividad, la calidad, la rentabilidad y la sostenibilidad de la producción agrícola.

A lo largo de las líneas que precedían este apartado, hemos tratado de identificar los innumerables beneficios y aplicaciones que tiene el empleo de la tecnología al desarrollo de las diversas etapas que componen la citada producción agrícola. No obstante, veremos a continuación, cómo protegemos la creación de las citadas herramientas, toda vez que consisten en el empleo de una serie de dispositivos electrónicos y softwares específicos.

Gran parte de los esfuerzos por impulsar e incentivar la adopción de estas tecnologías agrícolas avanzadas, y de prestar apoyo financie-

---

52 No se trata tan solo de una inversión en tecnología por parte del agricultor, sino que requiere también de una simulación de conocimientos y una preparación previa.

53 BONGIOVANNI, RODOLFO, MONTOVANI, EVANDRO C., BEST, STANLEY, ROEL, ALVARO, *Agricultura de precisión: Integrando conocimientos para una agricultura moderna y sustentable*. Montevideo: PROCISUR/IICA, 2006, p. 17.

ro para prácticas que mejoren la gestión de los recursos naturales, como mencionábamos, pasan precisamente, por impulsar el uso de softwares y algoritmos que permitan la monitorización, el seguimiento, el análisis, el procesamiento y el cotejo de datos e información.

Por este motivo, la expectativa de crecimiento de la industria supone la necesidad de proteger el componente técnico, como parte de los desafíos legales de la agricultura de precisión.

Si bien, en la actualidad, el régimen principal de protección de los softwares se lleva a cabo mediante la asimilación a una obra literaria, protegida por los derechos de autor, resultan ampliamente conocidas las dificultades[54] que ello comporta. Ante la imposibilidad de agotar todo su espectro en el ámbito de la propiedad intelectual.

La protección viene reconocida en sendos planos, nacional y comunitario, a través de la Directiva 2009/24/CE del Parlamento Europeo y del Consejo, de 23 de abril de 2009, sobre la protección jurídica de programas de ordenador[55] y de la Ley de Propiedad Intelectual[56]. Pero también, existe conformidad en el plano internacional, como muestra el Convenio de Berna para la Protección de las Obras Literarias y Artísticas[57] y el Acuerdo de la Organización Mundial del Comercio sobre los Aspectos de los Derechos de Propiedad Intelectual relacionados con el Comercio, también conocido por sus siglas ADPIC.

---

54 Una revisión sobre el tema puede encontrarse en ADÁN CASTAÑO, FRANCISCO J. (2024) "Derecho de autor del software", en CERNADA BADIA, ROSA (Coord.) *Respuestas jurídicas al desafío tecnológico: nuevas perspectivas del Derecho Digital.* Tirant lo Blanch, Valencia, 2024, pp. 172 a 192.

55 Directiva 2009/24/CE del Parlamento Europeo y del Consejo, de 23 de abril de 2009, sobre la protección jurídica de programas de ordenador. Diario Oficial de la Unión Europea, L 111/16, 5.5.2009.

56 Real Decreto Legislativo 1/1996, de 12 de abril, por el que se aprueba el texto refundido de la Ley de Propiedad Intelectual. (1996). Boletín Oficial del Estado, núm. 97, 22 de abril.

57 Convenio de Berna para la Protección de las Obras Literarias y Artísticas del 9 de septiembre de 1886, completado en París el 4 de mayo de 1896, revisado en Berlín el 13 de noviembre de 1908, completado en Berna el 20 de marzo de 1914 y revisado en Roma el 2 de junio de 1928, en Bruselas el 26 de junio de 1948, en Estocolmo el 14 de julio de 1967 en París el 24 de julio de 1971 y enmendado el 28 de septiembre de 1979.

En todos ellos, el objeto es coincidente en la protección del trabajo del creador. Sin embargo, esta es una cuestión notablemente complicada. Si bien, conforme al artículo 10.1 apartado i) de la Ley de Propiedad Intelectual, se reconoce explícitamente como objeto de propiedad intelectual los programas de ordenador, entendidos como *toda secuencia de instrucciones o indicaciones destinadas a ser utilizadas, directa o indirectamente, en un sistema informático para realizar una función o una tarea o para obtener un resultado determinado, cualquiera que fuere su forma de expresión y fijación*[58]; Es preciso que, siendo de carácter eminentemente intangible, sean *creaciones originales*. Y, en este sentido, cumplan con los requisitos de originalidad y novedosidad que exige la norma para poder gozar de los derechos de titularidad y explotación.

Las dificultades se generan, precisamente, ante esta nota de originalidad, tradicionalmente vinculada al ámbito subjetivo[59], al amparo de la tendencia hacia la que se orienta la evolución de los programas informáticos y otros derechos *sui generis*, en la desaparición de este factor subjetivo o la dificultad de que esta sea fácilmente reconocible[60].

Y, ello, toda vez que no existe obligación de inscribirlos en el Registro de Propiedad Intelectual para gozar de los mencionados derechos, naciendo tal protección desde su misma creación, sin perjuicio de la recomendación de que efectivamente sean objeto de registro, con el fin de determinar el objeto de protección[61].

La nota de novedosidad introduce otro de los desafíos en el desarrollo de estas tecnologías, que no solo incluyen softwares de análisis y visualización de datos, sino también, como hemos visto, sensores y

---

58 Artículo 96.1 de la Ley de Propiedad Intelectual.

59 Así lo reconoce el artículo 96.2 de la Ley de Propiedad Intelectual «El programa de ordenador será protegido únicamente si fuese original, en el sentido de ser una creación intelectual propia de su autor». No obstante, empiezan a existir interpretaciones hacia una originalidad objetiva. Véase, BERCOVITZ RODRÍGUEZ-CANO, RODRIGO, *Manual de Propiedad Intelectual*. Tirant lo Blanch, Valencia, 2015.

60 ADÁN CASTAÑO, FRANCISCO J. (2024) *op. cit.* P. 179.

61 ORTEGA BURGOS, ENRIQUE, "Las patentes en los videojuegos. Especial referencia a la patentabilidad del software". *La Ley mercantil*, 109, 2024, p. 3.

mejoras que suponen verdaderas innovaciones en los sistemas de monitorización del proceso de los cultivos. Invenciones tecnológicas que por sí mismas, y a pesar de estar relacionadas[62] con el procesamiento de los citados datos, merecen una protección independiente[63].

En este particular, para su protección, corresponderá al régimen jurídico de la propiedad industrial, determinar o no si la invención es susceptible de ser patentable. En su virtud, será necesario acreditar la existencia de una actividad inventiva, que sea novedosa y que cumpla con la aplicación industrial.

Algunas patentes recientes inscritas en la Oficina Española de Patentes y Marcas vinculadas a la agricultura de precisión son la patente ES 2 883 327 T5, publicada el 21 de octubre de 2024, propiedad de BASF Agro Trademarks GmbH, consistente en un invento que se centra en un sistema y método para la planificación e implementación de medidas agrícolas de precisión utilizando datos de teledetección y sensores de campo[64]; y la patente ES 2 958 557 T3, registrada en España con publicación en el Boletín Oficial de la Propiedad Industrial el 9 de febrero de 2024, cuyo invento, propiedad de GUSS Automation LLC, consiste en un sistema agrícola robótico autónomo especialmente diseñado para la pulverización en huertos y viñedos. El sistema incluye vehículos autónomos (ADV) que aplican productos químicos como pesticidas y fertilizantes, optimizando la distribución a través de tecnología GPS, sensores LiDAR y una interfaz de

---

62 El artículo 4 de la Ley de Patentes y Marcas, excluye los programas de ordenadores como invenciones patentables en su apartado 4 letra c). Ley 24/2015, de 24 de julio, de Patentes. Boletín Oficial del Estado, núm. 117, de 25/07/2015. No obstante, cuando la invención se implemente en un ordenador, *a través de un programa de ordenador*, sí podrá ser patentable cuando la mencionada invención resuelva una cuestión técnica adicional. Véase el artículo de la Oficina de Patentes y Marcas titulado ¿Patentar software? Normas y usos en la Oficina Europea de Patentes. Disponible en: https://www.oepm.es/cs/OEPMSite/contenidos/Folletos/FOLLETO_3_PATENTAR_SOFTWARE/017-12_EPO_software_web.html (consultada el 24 de octubre de 2024).

63 Esta correlación también la identifica la propia norma, artículos 96.3 segundo párrafo, al reconocer precisamente que los programas de ordenador pueden formar parte de una patente o modelo de utilidad.

64 Disponible en: https://consultas2.oepm.es/pdf/ES/0000/000/02/88/33/ES-2883327_T5.pdf (consultada el 30 de octubre de 2024).

control remoto que permite el manejo seguro y preciso del equipo en el campo[65].

2. *Secretos empresariales y competencia desleal*

La protección de los datos, entendidos como toda aquella información obtenida como consecuencia de la implementación de esta tecnología para la mejora y la maximización de la productividad en términos espacio-temporales, también se presenta como un desafío emergente.

Estos *farm data*[66] ostentan un gran valor empresarial y, en consecuencia, supone un desafío la identificación de los mecanismos adecuados para su efectiva protección.

En términos generales y, como hemos venido comentando, los datos no tienen cabida en la protección que ofrece la propiedad intelectual o industrial. Tampoco, tratándose de datos puramente técnicos, vinculados a aspectos como la humedad o la calidad del suelo, datos climáticos, entre otros, podrían quedar subsumidos en la protección que ofrece la Ley Orgánica 3/2018, de 5 de diciembre, de Protección de Datos *Personales* y garantía de los derechos digitales[67], ni en su Reglamento europeo[68].

---

65 Disponible en: https://consultas2.oepm.es/pdf/ES/0000/000/02/95/85/ES-2958557_T3.pdf (consultada el 30 de octubre de 2024).

66 El uso de los secretos empresariales está comúnmente extendido, entre otros, en el *farm data* o datos agrícolas, de forma similar al *big data*. Así lo expresa RABASA MARTINEZ, IGNACIO, *El secreto empresarial en la industria del fitomejoramiento*. Tirant lo Blanch, 2023, p. 75, citando a ELLIXSON, ASHLEY, GRIFFIN, TERRY, "Farm Data: Ownership and Protections", 2016, Disponible en: http://dx.doi.org/10.2139/ssrn.2839811 (consultada el 28 de octubre de 2024).

67 Ley Orgánica 3/2018, de 5 de diciembre, de Protección de Datos Personales y garantía de los derechos digitales. Boletín Oficial del Estado, núm. 294, de 6.12.2018.

68 Reglamento (UE) 2016/679 del Parlamento Europeo y del Consejo, de 27 de abril de 2016, relativo a la protección de las personas físicas en lo que respecta al tratamiento de datos personales y a la libre circulación de estos datos y por el que se deroga la Directiva 95/46/CE. Diario Oficial de la Unión Europea, L 119/1, de 4.5.2016.

No obstante, la Ley 1/2019, de Secretos Empresariales[69] sí podría proteger toda aquella información confidencial —secreta—, que tiene o pueda tener un valor empresarial[70] y sobre la cual, se hayan establecido determinadas medidas razonables para mantener su privacidad.

Dicha protección se extenderá, de manera indirecta, al uso indebido o no autorizado de los mencionados datos, pudiendo ser constitutivo de una práctica de competencia desleal, regulada a través de la Ley 3/1991, de Competencia Desleal[71].

Para finalizar, y habiendo realizado una aproximación a los desafíos legales que presenta la agricultura de precisión, no podemos concluir esta revisión sin hacer mención a los desafíos económicos que ella conlleva.

Sin duda, la inversión que supone el desarrollo de la tecnología aplicada a cualquier ámbito, en general, pero especialmente, al desarrollo de la industria agrícola, requiere de grandes inversiones de capital; Lo que justifica la necesidad de protección que veníamos apuntando.

No obstante, estos desafíos plantean otros que trascienden al plano económico, toda vez que, como es sabido, la agricultura no vive de los ingresos directos, sino de las ayudas indirectas. En este sentido, es fundamental el papel de la Administración Pública, en su aportación para la dotación de todos aquellos recursos económicos desti-

---

69 También la Directiva (UE) 2016/943 del Parlamento Europeo y del Consejo, de 8 de junio de 2016, relativa a la protección de los conocimientos técnicos y la información empresarial no divulgados (secretos comerciales) contra su obtención, utilización y revelación ilícitas. Diario Oficial de la Unión Europea, l 157/1, 15.6.2016.

70 Uno de los desafíos vinculados a esta cuestión tiene relación con la imputación de obligaciones que apuntábamos al inicio de este epígrafe: sobre los diferentes sujetos que interactuarán con esos datos. En este sentido, la incorporación de un prestador de servicios vinculado a este tratamiento de datos obligará al legislador a determinar en qué supuestos, dichos datos serán propiedad de agricultor o, en su caso, de aquél que los procesa. Una aproximación a la cuestión se identifica la publicación de ELLIXSON, ASHLEY, GRIFFIN, TERRY (2016) *op. cit.* p. 4.

71 Ley 3/1991, de 10 de enero, de Competencia Desleal. Boletín Oficial del Estado, núm. 10, de 11.01.1991.

nados al impulso de la agricultura de precisión, ligado a las ayudas agroambientales[72].

V. CONCLUSIONES

La agricultura de precisión representa una evolución para el sector agrícola, donde la aplicación de tecnologías avanzadas permite gestionar las explotaciones de manera más eficiente y sostenible. Este enfoque integra herramientas como sensores, sistemas de posicionamiento global, drones y software de gestión de datos, que juntos posibilitan una toma de decisiones fundamentada en la variabilidad de cada parcela y en el uso preciso de los recursos. La agricultura de precisión no solo mejora el rendimiento de los cultivos y la eficiencia en el uso de agua y nutrientes, sino que también reduce significativamente los costos y el impacto ambiental. Su introducción en cada una de las fases de la producción, desde la siembra y el monitoreo hasta la cosecha y la distribución, redefine el modelo tradicional, aumentando la sostenibilidad y trazabilidad de los productos alimentarios.

La transformación digital de la agricultura enfrenta, sin embargo, varios desafíos legales que requieren una adaptación del marco regulador. La recopilación y uso de datos en las explotaciones plantea cuestiones sobre la protección y la propiedad de la información, especialmente en lo que respecta a los *farm data* o datos agrícolas generados por sensores y dispositivos de monitoreo. Estos datos, que poseen un valor estratégico tanto para el agricultor como para los agentes que intervienen en la cadena de suministro, no encajan del todo en las normativas actuales de propiedad intelectual ni en los marcos de protección de datos personales. Este vacío regulador subraya la necesidad de establecer derechos claros sobre la recopilación, almacenamiento y uso de los datos, promoviendo así un entor-

---

[72] En referencia a ello, hace apenas unos días, el Ministerio de Agricultura, Pesca y Alimentación, a través del Fondo Español de Garantía Agraria (FEGA), ha coordinado el pago, por parte de las comunidades autónomas, de algo más de 4.833 millones de euros de las ayudas directas de la Política Agraria Común (PAC) correspondiente a la campaña 2023. https://www.lamoncloa.gob.es/serviciosdeprensa/notasprensa/agricultura/paginas/2024/231024-pagos-ayudas-directas-pac.aspx. (consultada el 28 de octubre de 2024).

no de confianza y transparencia en el que los agricultores puedan adoptar estas tecnologías sin temores legales.

Otro desafío legal relevante es el de la protección de la innovación tecnológica aplicada a la agricultura. Actualmente, el sistema de propiedad intelectual ofrece una protección limitada en cuanto a software y algoritmos específicos, lo que plantea interrogantes sobre la viabilidad de patentar innovaciones tan rápidamente cambiantes. Además, la agricultura de precisión utiliza herramientas tecnológicas de alta complejidad y componentes que no siempre cumplen con los requisitos tradicionales de novedad y actividad inventiva. Para asegurar que la industria pueda proteger sus innovaciones sin que estos requisitos limiten su aplicación, es necesario adaptar las normativas de propiedad intelectual a la realidad de las innovaciones tecnológicas en el sector agrícola.

En este contexto, el papel de la administración pública y de las alianzas público-privadas se torna esencial para apoyar esta transición tecnológica y sostenible. Iniciativas como el proyecto RADS (Rurales, Agrarios, Digitales y Sostenibles), promovidas por organizaciones del sector como ARAG-ASAJA y AERTIC, resaltan la importancia de la colaboración estratégica en la digitalización del sector primario. Estas asociaciones no solo proporcionan financiación para la adquisición de tecnología, sino que también facilitan el acceso a conocimiento técnico y formación especializada, impulsando así una transición gradual hacia modelos de gestión agrícola digitalizada que permitan maximizar los beneficios de la agricultura de precisión.

No obstante, el envejecimiento de la población agrícola plantea también retos importantes para la adopción de estas tecnologías. La edad media elevada de los agricultores y la limitada disposición de muchos de ellos a capacitarse en el uso de tecnología avanzada limitan la expansión de la agricultura de precisión en el sector. Para superar estas barreras generacionales y facilitar la adopción tecnológica, es crucial que los programas de capacitación y las políticas de incentivo se enfoquen en hacer accesible la tecnología a todos los niveles. En contrapartida a esta dificultad surge una oportunidad; y es que los jóvenes agricultores puedan encontrar en esta digitalización una opción de desarrollo profesional, que les permita participar activamente en un sector estratégico y en constante evolución.

En último término, aunque no menos importante, la agricultura de precisión fomenta prácticas alineadas con los principios de la economía circular, donde los residuos agrícolas pueden ser reutilizados en el propio proceso de producción, por ejemplo, a través del compostaje, la bioenergía y la producción de biocompuestos que reducen la dependencia de insumos químicos. Estos modelos sostenibles no solo mejoran la eficiencia de la producción, sino que también disminuyen la huella de carbono del sector agrícola, contribuyendo a la protección del medio ambiente y a la sostenibilidad económica.

En suma, la implementación de la agricultura de precisión y la tecnología en todas las fases de la producción alimentaria transforma el sector agrícola, permitiéndole adaptarse a los retos del cambio climático y a las demandas de una producción sostenible. Sin embargo, la adopción efectiva de estas tecnologías requiere una adecuación del marco normativo en relación con la propiedad y protección de los datos, así como de las innovaciones tecnológicas aplicadas. La colaboración entre el sector público y privado, el fomento de la capacitación y una regulación que respalde estos desarrollos son aspectos esenciales para consolidar una agricultura de precisión que mejore la competitividad, la sostenibilidad y la resiliencia del sector ante los desafíos globales actuales y futuros.

VI. BIBLIOGRAFÍA

ADÁN CASTAÑO, FRANCISCO J., (2024) "Derecho de autor del software", en CERNADA BADIA, ROSA (Coord.) *Respuestas jurídicas al desafío tecnológico: nuevas perspectivas del Derecho Digital.* Tirant lo Blanch, Valencia, 2024, pp. 172 a 192.

ASOCIACIÓN AGRARIA DE JÓVENES AGRICULTORES, "Kit Digital: únete al cambio digital". *Revista ASAJA*, 421, 2023, pp. 58-65.

ASOCIACIÓN AGRARIA DE JÓVENES AGRICULTORES, "El futuro y la agricultura de precisión. Agricultores ven el futuro en la agricultura de precisión, pero pocos están listos para el cambio", *Revista ASAJA*, 421, 2023, pp. 66-73.

BERCOVITZ RODRÍGUEZ-CANO, RODRIGO, *Manual de Propiedad Intelectual.* Tirant lo Blanch, Valencia, 2015.

BONGIOVANNI, RODOLFO, MONTOVANI, EVANDRO C., BEST, STANLEY, ROEL, ALVARO, *Agricultura de precisión: Integrando conocimientos pa-*

ra una agricultura moderna y sustentable. Montevideo: PROCISUR/IICA, 2006.

BONGIOVANNI, RODOLFO, MONTOVANI, EVANDRO C., BEST, STANLEY, ROEL, ALVARO (2006). *Agricultura de precisión: Integrando conocimientos para una agricultura moderna y sustentable.* Montevideo: PROCISUR/IICA, p. 17.

DE CLERCQ, MATTHIEU, VATS, ANSHU, BIEL, ALVARO, "Agriculture 4.0: The Future of Farming Technology", The World Government Summit, Dubai. Disponible en https://www.worldgovernmentsummit.org.

FERNÁNDEZ QUINTANILLA, CÉSAR, "Perspectivas para la agricultura de precisión en España". *Vida Rural,* (225), 2006, pp. 12-15.

GARCÍA TORRES, LUIS, JURADO EXPÓSITO, MONTSERRAT, LÓPEZ GRANADOS, FRANCISCA, & NAVARRO MARTÍNEZ, EMILIO, "Estudios sobre la agricultura de precisión en Andalucía". *Vida Rural,* (89), 1999, p. 34-38.

GARCÍA, EMILIANO, FLEGO, FERNANDO, "Agricultura de precisión". *Revista Ciencia y Tecnología, 8,* 2008, pp. 99-116.

GONZÁLEZ DOMÍNGUEZ, ELISA., LEGIER, S. ELISABETA, "Evolución de los sistemas de ayuda a la toma de decisiones en el contexto de la producción integrada y la agricultura de precisión". *Phytoma España: La Revista Profesional de Sanidad Vegetal,* (356), 2024, pp. 20-25.

INTERNATIONAL SOCIETY OF PRECISION AGRICULTURE, "*Precision Ag Definition*". Disponible de https://www.ispag.org/about/definition.

MASSOT, ALBERT, "¿Puede convertirse la Política Agrícola Común (PAC) en la política alimentaria de la Unión Europea?" *Papeles de economía española,* (179), 2024, pp. 21-39.

MASSOT, ALBERT, "Hacia una gobernanza marco y multinivel de la Política Agrícola Común post 2023: un análisis institucionalista". *Economía Agraria y Recursos Naturales,* 22(2), 2022, p. 5-29.

ORGANIZACIÓN DE LAS NACIONES UNIDAS PARA LA ALIMENTACIÓN Y LA AGRICULTURA, "*Transformar la alimentación y la agricultura para alcanzar los ODS: 20 acciones interconectadas para guiar a los encargados de adoptar decisiones*". Roma, 2018. Disponible en: https://openknowledge.fao.org/server/api/core/bitstreams/65e7524f-9f38-4e3c-b98c-e25a45737800/content.

ORLANDO SANTILLÁN, ORLANDO, RENTERÍA RODRÍGUEZ, MIGUEL ENRIQUE, "Agricultura de Precisión", *Oficina de información científica y tecnológica para el congreso de la Unión,* (15), 2018, Disponible en. https://foroconsultivo.org.mx/INCyTU/documentos/Completa/INCYTU_18-015.pdf.

ORTEGA BURGOS, ENRIQUE, "Las patentes en los videojuegos. Especial referencia a la patentabilidad del software". *La Ley mercantil,* 109, 2024.

PARISH, ROBERT L., GOERING, CHARLES E., “Developing an automatic steering system for a hydrostatic vehicle”. *Transactions of the ASAE,* 13, 1970, pp. 523-527.

RABASA MARTINEZ, IGNACIO, *El secreto empresarial en la industria del fitomejoramiento.* Tirant lo Blanch, 2023.

REN, HAOLING, WU, JIANGDONG, LIN, TIANLIANG, YAO, YU, LIU, C., “Research on an intelligent agricultural machinery unmanned driving system”. *Agriculture,* 13, 2023. Disponible en: https://doi.org/10.3390/agriculture13101907.

TORRES, ANTONIO, DE LA PUERTA, JOSÉ, “La agricultura de conservación como presente y futuro del sector”. *Revista Agropecuaria,* (1067), 2022, pp. 4-8.

Capítulo Cuarto

NUEVAS FÓRMULAS DE FINANCIACIÓN EN EL SECTOR AGROALIMENTARIO: ALGUNAS CONSIDERACIONES SOBRE LA TOKENIZACIÓN DE CULTIVOS

EDUARDO MIRANDA RIBERA[1]

Profesor Ayudante Doctor de Derecho Mercantil

CEGEA. Universitat Politècnica de València

Sumario: I. INTRODUCCIÓN. II. TECNOLOGÍA *BLOCKCHAIN*. III. *TOKENS*. IV. TOKENIZACIÓN DE CULTIVOS. V. BIBLIOGRAFÍA.

RESUMEN: Tradicionalmente, las empresas del sector agroalimentario han tenido dificultades para acceder a nuevas fuentes de financiación debido al riesgo inherente de su actividad y la desconfianza de algunos intermediarios financieros que suelen ser reacios a invertir en ellas. Este contexto exige la búsqueda de nuevas fórmulas de financiación, teniendo en consideración el temor que actualmente existe en muchos operadores del sector agroalimentario, ante la entrada de grandes fondos de inversión que ha generado cierta preocupación a los pequeños y medianos productores, por cuanto se teme que estas entidades puedan poner en peligro su existencia. Esta necesidad ha provocado que afloren en el sector agroalimentario nuevos sistemas para financiar las cosechas y los cultivos de los productores, de entre los que interesa centrarse en la tokenización de cultivos.

PALABRAS CLAVE: tokenización, cultivos, financiación, tecnología *blockchain*, agroalimentario.

ABSTRACT: Traditionally, companies in the agri-food sector have had difficulty accessing new sources of financing due to the inherent risk of their activity and the distrust of some

---

[1] Este trabajo es la versión escrita de la Comunicación presentada en el Congreso Internacional "Propiedad Intelectual e Instrumentos Financieros para un sistema agrícola sostenible", celebrado los días 29, 30 y 31 de mayo de 2024 en la Universidad de Alicante bajo la dirección de las Profesoras Esperanza GALLEGO SÁNCHEZ y Nuria FERNÁNDEZ PÉREZ en el marco del Proyecto para Grupos de Investigación de Excelencia de la Consellería de Educación, Cultura, Universidades y Empleo de la Generalitat Valenciana, PROMETEO CIPROM/2021/057.

financial intermediaries who are often reluctant to invest in them. This context requires the search for new financing formulas, taking into account the fear that currently exists among many operators in the agri-food sector, in the face of the entry of large investment funds, which has generated some concern among small and medium-sized producers, as it is feared that these entities may endanger their existence. This need has led to the emergence of new systems in the agri-food sector to finance the harvests and crops of producers, among which the focus is on crop tokenization.

KEY WORDS: tokenization, crops, financing, blockchain technology, agri-food.

I. INTRODUCCIÓN

Tradicionalmente, las empresas del sector agroalimentario han tenido dificultades para acceder a nuevas fuentes de financiación debido al riesgo inherente de su actividad y la desconfianza de algunos intermediarios financieros que suelen ser reacios a invertir en ellas. Sin embargo, en los últimos años, parecía que esta situación iba a cambiar ante el auge del fenómeno de la sostenibilidad y la necesidad de muchas entidades para cumplir con las exigencias en materia de sostenibilidad[2]. Ello podía intuirse ante las consecuencias de este

---

2 BATALLER GRAU, J., "Noción, objeto y fuentes de la responsabilidad social y la sostenibilidad", en BATALLER GRAU, J., BOQUERA MATARREDONA, J. (Dirs.), *Responsabilidad social y sostenibilidad. El marco de actuación de la empresa*, Tirant lo Blanch, 2023, pp. 26-28. Desde la óptica de la sostenibilidad, adquiere cada vez más importancia la responsabilidad social empresarial o corporativa (RSE o RSC). Y es que hoy en día las empresas están "obligadas" a asumir compromisos socialmente responsables con sus grupos de interés o *stakeholders* (empleados, accionistas, clientes, proveedores, etc.) a lo largo de toda la cadena de suministro, ya sea para obtener financiación o para garantizar su competitividad en el mercado. En nuestro ordenamiento jurídico el primer hito legislativo que configuró la promoción de la responsabilidad social de las empresas lo encontramos en la Ley 2/2011, de 4 de marzo, de Economía Sostenible. Esta situación ha evolucionado a una situación más genérica eludiendo de la expresión el término "empresa" y acotándose el concepto en Responsabilidad Social. Ello ha provocado que el valor de la información en materia de sostenibilidad para la toma de decisiones empresariales esté creciendo de manera exponencial, lo que pone el foco sobre los procesos de rendición de cuentas en aras de garantizar la transparencia en el entorno empresarial. Ahora ya no basta con afirmar que una entidad es sostenible, sino que además se debe explicar que actividades realiza para serlo y debe estar sometida a un proceso de verificación que garantice el cumplimiento de sus compromisos. Entre todas las disposiciones en ma-

nuevo contexto que está provocando que desde hace unos años en el análisis de las inversiones, no sólo se atienda a la posible rentabilidad y riesgo de la inversión, sino que, además, se tenga en consideración el índice de sostenibilidad de la entidad que emite los títulos, dándole importancia a los factores ambientales, sociales y de gobierno corporativo (ASG)[3], incluidos, entre otros, en los denominados Principios de Inversión Responsable de naciones unidas (UN-PRI), los principios de inversión responsable del PNUMA[4] y los Principios

---

teria de sostenibilidad y diligencia debida promulgadas, destaca la publicación de la Directiva (UE) 2024/1760 del Parlamento Europeo y del Consejo, de 13 de junio de 2024, sobre diligencia debida de las empresas en materia de sostenibilidad y por la que se modifican la Directiva (UE) 2019/1937 y el Reglamento (UE) 2023/2859, por cuanto pretende dar un paso adelante en el control de los órganos directivos respecto de las obligaciones de información, especialmente no financieras; lo que puede suponer un avance hacia mercados trasparentes y sostenibles con el consiguiente beneficio para consumidores, inversores e, incluso, los socios. Para ello, la Directiva pretende establecer un estándar obligatorio de conducta empresarial para asegurar que las sociedades cumplan con su deber de respetar los derechos humanos y el medio ambiente.

3 Vid. TAPIA HERMIDA, A. J., "Sostenibilidad financiera en la Unión Europea: El Reglamento (UE) 2019/2088 sobre finanzas sostenibles", *La Ley Unión Europea*, Nº 77, 2020, p. 3; MUÑOZ PÉREZ, A. F., "Los mercados de capitales y el impulso de las finanzas sostenibles", *Revista de Derecho del Mercado de Valores*, N. º 25, 2019, pp. 2-3; ALONSO-MUÑUMER, M.ª E., "Transparencia y sostenibilidad: nuevos retos de la información no financiera", *Revista de Derecho del Mercado de Valores*, Nº 27, 2020, p. 4; MARIMÓN DURÁ R., "Los principios de la inversión responsable auspiciados por Naciones Unidas (UN-PRI", en BATALLER GRAU, J., BOQUERA MATARREDONA, J., *Responsabilidad social y sostenibilidad. El marco de actuación de la empresa*, Tirant lo Blanch, Valencia, 2023, p. 354.

4 Para un análisis exhaustivo de estos principios, véase MARIMÓN DURÁ R., en BATALLER GRAU, J., BOQUERA MATARREDONA, J., *Responsabilidad social..., ob. cit., passim.* Igualmente, véase el documento relativo a los principios para la inversión responsable disponible en http:///www.unpri.org/download?ac=10970, consultado por última vez el día 30 de junio de 2023. Los denominados Principios de Inversión Responsable de PNUMA pretenden, entre otras cuestiones, incorporar factores ambientales, sociales y de gobierno corporativo (ASG) en los análisis de inversión y en los procesos de toma de decisiones, promocionar su implementación y la adquisición de productos financieros que incluyan asuntos ASG entre sus miembros y la sociedad y trabajar de forma colaborativa para incrementar la aplicación y desarrollo de los productos que incluyan factores ASG.

del Ecuador[5]. Debido a esta situación, se observa que el volumen de productos financieros sostenibles emitidos se ha incrementado considerablemente[6],

Ahora bien, deberá aclararse entonces cuando un instrumento financiero puede catalogarse como sostenible. Para ello, se deberá atender a lo dispuesto en el Reglamento (UE) 2020/852 del Parlamento Europeo y del Consejo de 18 de junio de 2020 relativo al establecimiento de un marco para facilitar las inversiones sostenibles y por el que se modifica el Reglamento (UE) 2019/2088 (en adelante Reglamento 2020/852, también conocido como Reglamento de Taxonomía)[7], por cuanto es el encargado de establecer los criterios para su concreción[8]. Entre los propósitos de este Reglamento se destaca el fomento de las inversiones sostenibles[9] mediante la configuración de un lenguaje armonizado que acredite el cumplimiento de los Objetivos de Desarrollo Sostenible y el Pacto Mundial de las

---

5 Para un análisis minucioso de estos principios, véase MARTÍ MIRAVALLS, J., "Instituciones financieras, sostenibilidad y los principios del ecuador y de banca responsable", en BATALLER GRAU, J., BOQUERA MATARREDONA, J., *Responsabilidad social y sostenibilidad. El marco de actuación de la empresa,* Tirant lo Blanch, Valencia, 2023, *passim.*

6 Vid. ALONSO-MUÑUMER, M.ª E., *Revista de Derecho del Mercado de Valores,* N° 27, 2020, p. 7; VICENTE MAMPEL, C., "El pacto mundial de las naciones unidas", en BATALLER GRAU, J., BOQUERA MATARREDONA, J., *Responsabilidad social y sostenibilidad. El marco de actuación de la empresa,* Tirant lo Blanch, Valencia, 2023, p. 139.

7 Publicado en Diario Oficial de la Unión Europea de 22.6.2020 (L 198/13). El antecedente normativo más directo de este Reglamento es la Directiva 2014/95/UE del Parlamento Europeo y del Consejo, de 22 de octubre de 2014, por la que se modifica la Directiva 2013/34/UE en lo que respecta a la divulgación de información no financiera e información sobre diversidad por parte de determinadas grandes empresas y determinados grupos (TAPIA HERMIDA, A. J., *La Ley Unión Europea,* N° 77, 2020, p. 4).

8 Vid. MUÑOZ PÉREZ, A. F., *Revista de Derecho del Mercado de Valores,* N. ° 25, 2019, p. 10; TAPIA HERMIDA, A. J., *La Ley Unión Europea,* N° 77, 2020, pp. 5-6; FANEGO, M., "Finanzas sostenibles: novedades regulatorias. Has the EU sustainable finance regime pressed the right buttons?", *Revista de Derecho del Mercado de Valores,* N° 27, 2020, p. 3.

9 Vid. LATORRE CHINER, N., "La responsabilidad social de la empresa en la normativa europea y española", en BATALLER GRAU, J., BOQUERA MATARREDONA, J., *Responsabilidad social y sostenibilidad. El marco de actuación de la empresa,* Tirant lo Blanch, Valencia, 2023, pp. 92-93.

naciones unidas[10]; y la búsqueda de aquellos productos financieros que no pretendan alcanzar actividades sostenibles sino acceder al denominado “blanqueo ecológico” o *greenwashing* para captar la atención de los inversores con títulos que realmente no son sostenibles[11].

El Reglamento 2020/852 define como inversión medioambientalmente sostenible aquella que financie una o varias actividades económicas que puedan considerarse medioambientalmente sostenibles (art. 2.1 Reglamento 2020/852)[12]. En este sentido, se determinan como objetivos medioambientales la mitigación del cambio climático, la adaptación al cambio climático, el uso sostenible y protección de los recursos hídricos y marinos, la transición hacia una economía circular, la prevención y control de la contaminación y la protección y recuperación de la biodiversidad y los ecosistemas (art. 3 Reglamento 2020/852)[13]. Entiende el legislador europeo que la mitigación del cambio climático se podrá alcanzar mediante la promulgación de actividades innovadoras, sostenibles y reutilizables que pretendan reducir los gases de efectos invernadero (art. 10.1 Reglamento 2020/852). En esta tarea adquieren especial importancia aquellas actividades que pretendan la limitación de la temperatura a 1,5 °C respecto de los niveles preindustriales y no provoquen la retención

---

[10] Para un análisis pormenorizado del contenido del pacto mundial de las naciones unidas, véase VICENTE MAMPEL, C., en BATALLER GRAU, J., BOQUERA MATARREDONA, J., *Responsabilidad social..., ob. cit.*, pp. 125-130.

[11] BATALLER GRAU, J., “Desmontando tópicos sobre la responsabilidad social de la empresa”, *Revista de Derecho Mercantil,* núm. 323, 2022, pp. 20-21. El “ecoblanqueo”, “ecopostureo” o *greenwashing* es una conducta que hace referencia a la estrategia publicitaria desarrollada por algunas empresas u organizaciones mediante la que se presentan como entidades respetuosas con el medioambiente con el fin de ocultar ciertas prácticas nocivas para la naturaleza que ellos mismos llevan a cabo. En otras palabras, consisten en prácticas comerciales de las empresas en sus relaciones con los consumidores que sugieren o crean la impresión (en la comunicación comercial, la comercialización o la publicidad) de que un bien o servicio tiene un impacto positivo o nulo en el medio ambiente o de que es menos dañino para el medio ambiente que los bienes o servicios competidores, cuando no es cierta o no puede ser verificada.

[12] Vid. TAPIA HERMIDA, A. J., *La Ley Unión Europea,* N° 77, 2020, p. 26; TAPIA SÁNCHEZ, M. R., *Revista de Derecho del Mercado de Valores,* N° 27, 2020, p. 3; CALVO VÉRGEZ, J., “La delimitación del concepto de inversión financiera sostenible”, *Revista Aranzadi de derecho ambiental,* N° 50, 2021, pp. 138-140.

[13] Vid. ult. loc.

de activos intensivos en carbono (art. 10.2 Reglamento 2020/852). Sobre las actividades que pueden contribuir a la adaptación al cambio climático se focalizan los esfuerzos en buscar actividades que reduzcan los efectos adversos que afecten al clima sin que ello suponga un aumento de los efectos adversos sobre las personas, la naturaleza u otros activos (art. 11 Reglamento 2020/852). Respecto de las actividades que favorezcan el uso sostenible y la protección de los recursos hídricos y marinos se hace referencia a aquellas que pretendan garantizar el buen estado medioambiental del agua y evitar su deterioro mediante la eliminación de los efectos adversos de los vertidos lanzados a las aguas residuales o bebidas destinadas al consumo humano de forma que no ostenten ningún microorganismo que pueda ser perjudicial para salud humana y que de forma indirecta proteja el ecosistema marino (art. 12 Reglamento 2020/852)[14].

Definidos los objetivos medioambientales, el propio Reglamento 2020/852 exige que se determinen criterios técnicos de selección para verificar su cumplimiento. Para ello, se deberán cuantificar los umbrales que permitan verificar la consecución de estos objetivos a través de las actividades desarrolladas con la financiación recibida (art. 19.1 Reglamento 2020/852)[15]. Estos criterios técnicos de selección incluirán criterios aplicables a las actividades relacionadas con la transición hacia la energía limpia (art. 19.2 Reglamento 2020/852); garantizarán que las actividades de generación de electricidad que emplean combustibles fósiles sólidos no se consideren actividades económicas medioambientalmente sostenibles (art. 19.3 Reglamento 2020/852); e incluirán criterios aplicables a las actividades relacionadas con el paso a una movilidad limpia o climáticamente neutra (art. 19.4 Reglamento 2020/852). Para ello, se publicó el Reglamento Delegado (UE) 2021/2139 de la Comisión, de 4 de junio de 2021, por el que se completa el Reglamento (UE) 2020/852 del Parlamento Europeo y del Consejo y por el que se establecen los criterios técnicos de selección para determinar las condiciones en las que se considera que una actividad económica contribuye de forma

[14] Vid. TAPIA SÁNCHEZ, M. R., *Revista de Derecho del Mercado de Valores*, Nº 27, 2020, pp. 7-9.

[15] Vid. LATORRE CHINER, N., en BATALLER GRAU, J., BOQUERA MATARREDONA, J., *Responsabilidad social..., ob. cit.*, p. 93.

sustancial a la mitigación del cambio climático o a la adaptación al mismo, y para determinar si esa actividad económica no causa un perjuicio significativo a ninguno de los demás objetivos ambientales (en adelante Reglamento 2021/2139)[16]. Estos criterios que determinan cuando una actividad económica contribuye de forma sustancial a la mitigación y adaptación al cambio climático se definen respectivamente en el Anexo I y II del citado Reglamento 2021/2139.

Este Reglamento define determinadas actividades que pueden contribuir tanto a la mitigación (Anexo I Reglamento 2021/2139) como a su adaptación (Anexo II Reglamento 2021/2139) al cambio climático y establece los criterios técnicos de selección distinguiendo entre la contribución de la actividad a la mitigación o adaptación al cambio climático y la falta de generación de un perjuicio significativo. Los criterios técnicos de selección de las actividades que contribuyen de forma sustancial a la mitigación del cambio climático definen los elementos que pueden contribuir a este fin e indican que actividades pueden contribuir a la consecución de los objetivos medioambientales. Son criterios razonables que incluso, en ocasiones, definen los porcentajes o cantidades necesarias para alcanzar los objetivos medioambientales del Reglamento 2020/852. En este sentido, las entidades interesadas en emitir los títulos sostenibles deberán identificar la actividad a la que desean destinar la financiación recibida y adaptarla a las exigencias el citado Reglamento 2021/2139 para evitar la generación de un perjuicio significativo. Ahora bien, estos criterios requieren de una mayor concreción por lo que una alternativa sería completarlos con otras disposiciones del ámbito europeo, nacional e incluso autonómico para determinar el carácter sostenible de las actividades a las que se destine la financiación obtenida[17]. Con todo, se observa que la sostenibilidad de la inversión dependerá de si se destina a alcanzar alguno de los propósitos establecidos en el Reglamento de Taxonomía.

Ante esta situación, se podía pensar en un incremento de la inversión en entidades del sector agroalimentario, como por ejemplo, las

---

16 Ibid., p. 94.

17 Vid. TAPIA SÁNCHEZ, M. R., *Revista de Derecho del Mercado de Valores,* Nº 27, 2020, p. 11.

cooperativas agroalimentarias, ya que muchas de las actividades definidas en sus Estatutos coinciden con las establecidas en el Reglamento de Taxonomía; de lo que se podría deducir que los instrumentos financieros emitidos por estas entidades se podrían calificar como medioambientalmente sostenibles. Sin embargo, en otro trabajo anterior[18], se observó que, a pesar de la flexibilidad normativa existente en materia cooperativa (que habilita la emisión de prácticamente cualquier instrumento financiero adaptable a las particularidades de cada entidad), la principal fuente de financiación de estas sociedades es la financiación otorgada por las entidades de crédito, que en la mayoría de los casos supera a las aportaciones de los socios, y que rechaza la opción de admitir financiación ajena.

Este contexto exige la búsqueda de nuevas fórmulas de financiación, teniendo en consideración el temor que actualmente existe en algunos operadores del sector agroalimentario ante la entrada de entidades de capital riesgo y grandes fondos de inversión que ha generado cierta preocupación a los pequeños y medianos productores, por cuanto están preocupados por si estas entidades pueden poner en peligro su existencia. Esta necesidad ha provocado que afloren en el sector agroalimentario nuevos sistemas para financiar las cosechas y los cultivos de los productores. De las diferentes novedades existentes, interesa centrarse en la tokenización de cultivos que ofrece una nueva forma de financiar la agricultura mediante el uso de tecnología blockchain. Con todo, la presente contribución, pretende abordar las principales cuestiones relaciones con la tokenización de cultivos como método alternativo de financiación en el que ineludiblemente se ha de abordar los conceptos de tecnología *blockchain* y *token.*

---

18 Vid. PALAU RAMÍREZ, F., JULIÁ IGUAL, J. F., MELIÁ MARTÍ, E., MIRANDA RIBERA, E., "Aproximación jurídica a la regulación cooperativa de los instrumentos financieros no tradicionales y su utilización en el sector agroalimentario español", *REVESCO. Revista de estudios cooperativos,* N° 139, 2021, pp. 12-13.

II. TECNOLOGÍA *BLOCKCHAIN*

Para poder explicar que es un *token* o en que consiste la tokenización de activos es necesario mencionar las principales características de la tecnología *blockchain*. Esta tecnología o cadena de bloques es un registro de transacciones único, gestionado y controlado de forma descentralizada por los usuarios que interactúan en un determinado sistema, equivalente al libro mayor de la contabilidad[19]. En este sistema es fundamental el papel que desempeña Internet, al permitir la interconexión directa de todos los usuarios en tiempo real (*peer-to-peer* o P2P). La tecnología *blockchain* se sustenta bajo complejos procesos de digitalización, agrupados en algoritmos de encriptación asimétrica o doble clave y algoritmos de resumen o *hash*[20].

Los algoritmos de doble clave son fundamentalmente sistemas de verificación. Cada usuario ostenta dos claves de encriptación enlazadas, consistentes, por un lado, en una clave pública, de identificación del usuario y, por otro lado, en una clave privada, de firma electrónica. Cuando un usuario accede al sistema se genera, aleatoriamente, un número de 256 *bits* que será su clave privada de encriptación. Posteriormente se genera una clave pública a partir de la clave privada. Para solicitar las claves no es necesario acreditar ningún tipo de identificación, por lo que, podrán regenerarse tantas veces como se desee[21].

El algoritmo *hash* es un algoritmo matemático que al aplicarse sobre un determinado archivo digital genera un código alfanumérico de 30 caracteres. Cuando se emplea este algoritmo sobre un archivo

---

19 El RMiCA habla de tecnología de registro distribuido o TRD y la define como "una tecnología que permite el funcionamiento y el uso de registros distribuidos"; asimismo, un registro distribuido será "un repositorio de información que mantiene registros de operaciones y se comparte a través de un conjunto de nodos de red TRD y está sincronizado entre dichos nodos, utilizando mecanismos de consenso". (art. 3.1.1 y 3.1.2 RMiCA).

20 Vid. GONZÁLEZ-MENESES, M., *Entender Blockchain. Una introducción a la tecnología de registro distribuido,* Thomson Reuters Aranzadi, 2017, pp. 40 y 63; VARMAZ, A., VARMAZ, N., GÜNTHER, S., PODDIG, T., "Rechtliche...", *ob. cit.,* p. 13.

21 Vid. GONZÁLEZ-MENESES, M., *Entender..., ob. cit.,* pp. 65 y 70; SIEGEL, D., "Technische Grundlagen", en OMLOR, S., LINK, M., *Kryptowährungen und Token,* Fachmedien Recht und Wirtschaft, Frankfurt, 2021, p. 76.

digital se genera un código que se repite cada vez que se aplique sobre ese archivo; ello implica que, si se modifica mínimamente un archivo, se generará un nuevo *hash*. Este algoritmo es irreversible, por lo que no puede construirse un archivo original desde un *hash* (imposibilidad de realizar ingeniería inversa). De esta manera el *hash* asegura la integridad de la información debido a que su contenido no podrá haber sido modificado. Como consecuencia de esto, la cadena de bloques se define como una cadena de *hashes*[22]. Cada transacción realizada queda recogida en un mensaje con lenguaje informático (denominado *script*), que contiene, por una parte, un *input*, en el que se identifica quién transfiere, qué se transfiere, su saldo disponible y su firma y, por otra parte, un *output*, en el que se recoge lo transmitido y su beneficiario[23].

El registro único de todas las transacciones se realiza mediante *nodos* o *mineros*, que son usuarios cualificados que verifican la cronología de las transacciones para evitar duplicidades en la cadena de bloques. Cada *nodo* se encarga de recopilar todas las transacciones recibidas durante un tiempo determinado, formando cada recopilación o grupo de transacciones un bloque de la cadena[24]. Cada bloque, excepto el primero, contiene el *hash* del bloque anterior, por lo que, al generar un bloque, se genera automáticamente un *hash* que se incorporará al bloque siguiente, evitando posibles manipulaciones y permitiendo identificar inmediatamente posibles falsificaciones en la cadena de bloques. El hecho de que la cadena de bloques no se administre en un solo lugar, sino en la red de diferentes *nodos*, proporciona mayor seguridad al sistema como consecuencia de la descentralización. La descentralización *per se* no es una ventaja, pero actúa como factor diferencial para garantizar la transparencia en

---

22 Vid. HERRERO MORANT, T., en GUERRERO LEBRÓN, M. J., ALVARADO HERRERA, L., (Dirs.), BLANCO SÁNCHEZ, M. J., *El Derecho Mercantil y la pandemia: algunos problemas del pasado, la crisis conyuntural y las perspectivas futuras*, Colex, 2023, p. 934.

23 Vid. GONZÁLEZ-MENESES, M., *Entender…, ob. cit.*, pp. 75-81; VARMAZ, A., VARMAZ, N., GÜNTHER, S., PODDIG, T., en OMLOR, S., LINK, M., *Kryptowährungen…, ob. cit.*, pp. 14-15.

24 El RMiCA define el nodo como "un dispositivo o proceso que forma parte de una red y que posee una copia completa o parcial de los registros de todas las operaciones en un registro distribuido" (art. 3.1.4 RMiCA).

el historial de transacciones y el acceso a la información en tiempo real[25].

Ahora bien, no todos los bloques son incorporables a la cadena, sólo se introducirán aquellos cuyo *hash* empiece con un determinado número de ceros. Esto es posible incorporando al *hash* un *nonce*[26], no obstante, no hay un algoritmo que permita obtener directamente la secuencia de ceros deseada, por ello, los *nodos* deberán ir probando hasta conseguir el *hash* que sea capaz de cerrar el bloque. En este momento se pone en valor la figura del *minero,* diferenciándola del *nodo,* ya que todos los usuarios que se encargan de recopilar transacciones serán *nodos,* pero solamente aquellos capaces de conseguir el *hash* deseado serán *mineros.* Este proceso continúa tantas veces como se desee siempre y cuando se cumplan los requisitos mencionados. Cuando un *minero* consigue un *nonce* capaz de cerrar un bloque, lo incorpora a la red en aras de que los demás *nodos* verifiquen la concurrencia de los requisitos necesarios para su registro. Ahora bien, puede ocurrir que en el mismo momento dos *mineros* cierren dos bloques sobre el mismo *hash,* provocando la generación de dos líneas de bloques diferentes conocidas como *fork* (horquilla o bifurcación). Cuando esto sucede, los *mineros* irán incorporando bloques a la línea más larga, abandonando la más corta[27].

---

25 Vid. VERHOEVEN, P., SINN, F., HERDEN, T. T., "Examples from Blockchain Implementations in Logistics and Supply Chain Management: Exploring the Mindful Use of a New Technology", *Logistics 2,* N. ° 3, 2018, p. 2. En el mismo sentido, véase GONZÁLEZ-MENESES, M., *Entender..., ob. cit.,* pp. 83-85. En este sentido, en el Derecho comparado, véase VARMAZ, A., VARMAZ, N., GÜNTHER, S., PODDIG, T., en OMLOR, S., LINK, M., *Kryptowährungen..., ob. cit.,* p. 15; SIEGEL, D., en OMLOR, S., LINK, M., *Kryptowährungen..., ob. cit.,* pp. 75-76.

26 Vid. GONZÁLEZ-MENESES, M., *Entender..., ob. cit.,* p. 88. El *nonce* "es una combinación de *number* y *once,* es decir, una abreviatura de *number used once,* algo así como número de un solo uso o número para la ocasión. En informática, los nonces son números generados para un uso específico, normalmente con finalidad de autentificación, como cuando recibimos un número en nuestro móvil que debemos teclear para una compra en una web ".

27 Vid. GONZÁLEZ-MENESES, M., *Entender..., ob. cit.,* pp. 89-96; VARMAZ, A., VARMAZ, N., GÜNTHER, S., PODDIG, T., en OMLOR, S., LINK, M., *Kryptowährungen..., ob. cit.,* pp. 14-16.

De esta breve explicación, podemos extraer que la tecnología *blockchain* se caracteriza por ser un sistema transparente, imparcial y matemáticamente infranqueable. En concreto, lo que más debe llamar nuestra atención es la descentralización de los usuarios, al no existir un organismo o entidad central y estar todos los usuarios del sistema autorizados para procesar las transacciones, y la posibilidad de acceso a toda la información del sistema en tiempo real[28].

III. *TOKENS*

La expresión *token, jeton,* ficha o elemento simbólico[29] no es novedosa en nuestro vocabulario por cuanto ha sido utilizada recurrentemente en el tráfico económico para poder adquirir un producto o servicio dentro de un determinado contexto como pudiera ser recoger una prenda del guardarropa (utilizándose como un título de legitimación)[30]. Ahora bien, desde la aparición de la tecnología *blockchain,* también se utiliza el término *token* para hacer referencia a un activo digital al que se le asigna un valor determinado y ostenta una función concreta; es decir, podría definirse como un pagaré digitalizado de un derecho subyacente registrado en una base de datos[31]. Como principales características de estos títulos destacan su capacidad para ser objeto de negociación y la atribución de un determina-

---

28 Vid. VARMAZ, A., VARMAZ, N., GÜNTHER, S., PODDIG, T., en OMLOR, S., LINK, M., *Kryptowährungen…, ob. cit.*, pp. 14-17.

29 Vid. JIMÉNEZ SERRANÍA, V., "Tokenización, propiedad fraccionada y mercado de valores: algunos aspectos para la reflexión", *Revista de Derecho del Mercado de Valores,* N° 34, 2024, p. 2.

30 Vid. MADRID PARRA, A., "Del valor anotado al tokenizado", *Revista de Derecho del Sistema Financiero,* 2022, p. 69 donde se hace referencia al trabajo FLOZ GIRALT, X., "Implicaciones jurídicas de la tokenización de activos financieros", *Alastria Lega 1,* N° 01, 2020, *passim.*

31 Vid. TATO PLAZA, A., "Régimen jurídico de la publicidad de criptoactivos presentados como objeto de inversión", *Revista de Derecho Mercantil,* Núm. 324, 2022, p. 7; BEDNARZ, Z., "La representación de acciones en forma de *tokens* en la *blockchain", Revista de Derecho del Mercado de Valores,* N° 26, 2020, pp. 2-3; NAVARRO LÉRIDA, M.ª S., "Tokenización de la economía: la regulación francesa de las ICOS. *Loi Pacte* y régimen de los jetons", *Revista de Derecho del Mercado de Valores,* N° 24, 2019, pp. 3-4.

do derecho a su titular[32]. Estas consideraciones han sido perfiladas con la reciente publicación del Reglamento 2023/1114 relativo a los mercados de criptoactivos. Este Reglamento clasifica como criptoactivo cualquier "representación digital de un valor o de un derecho que puede transferirse y almacenarse electrónicamente, mediante la tecnología de registro distribuido o una tecnología similar" [art. 3.1.4 RMiCA; así también se ha definido en el art. 2.e) Circular 1/2022 de la CNMV en materia de publicidad sobre criptoactivos[33]][34].

Dentro del concepto de *token,* aplicado al sector financiero, convergen diferentes modalidades que pueden agruparse en la siguiente "tripartición taxonómica"[35]: *security tokens* o *tokens*-valor (fichas de inversión), *utility tokens* (fichas de servicio) y *currency tokens* o *payment-tokens*[36]. Los *security tokens* o *tokens*-valor (fichas de inversión) ostentan características similares a las acciones o participaciones sociales de una sociedad de capital[37]. El propietario de estos títulos recibe una participación sobre los futuros beneficios de la entidad emisora, en forma de intereses o dividendos. De esta manera, el titular

---

32 Vid. IBÁÑEZ JIMÉNEZ, J., "Criptoactivos negociables y fichas de servicio (tokens no monetarios) en la propuesta de reglamento europeo de mercados distribuidos o blockchain". *Revista de Derecho del Mercado de Valores,* Nº 28, 2021, pp. 4-5.

33 Para un análisis exhaustivo de esta circular, véase, LLOPIS BLANQUE, A., "Algunas cuestiones de interés en la nueva circular 1/2022 de publicidad sobre criptoactivos", *Revista de Derecho del Sistema Financiero,* 2022, pp. 219-240. Igualmente, sobre esta circular, véase PALÁ LAGUNA, R., "La nueva Ley de los Mercados de Valores y de los Servicios de Inversión", *Gómez-Acebo & Pombo,* marzo 2023, p. 4.

34 Vid. TAPIA HERMIDA, A. J., "Desafíos en la regulación y supervisión de los criptoactivos en la Unión Europea y en España", *Revista de Derecho del Mercado de Valores,* Nº 28, 2021, pp. 7-8; MUÑOZ GARCÍA, A., "Una aproximación a la propuesta de reglamento europeo sobre mercados de criptoactivos", en AA.VV. *Derecho de Sociedades, Concursal y de los Mercados Financieros. Libro Homenaje al profesor Adolfo Sequeira Martín,* Sepín, Madrid, 2022, p. 801.

35 Esta es la expresión que se ha utilizado para referirse a las diferentes modalidades de *tokens* en IBÁÑEZ JIMÉNEZ, J., *Revista de Derecho del Mercado de Valores,* Nº 28, 2021, p. 7.

36 Vid. TATO PLAZA, A., *Revista de Derecho Mercantil,* Núm. 324, 2022, p. 7; IBÁÑEZ JIMÉNEZ, J., *Revista de Derecho del Mercado de Valores,* Nº 28, 2021, p. 7.

37 Vid. IBÁÑEZ JIMÉNEZ, J., *Revista de Derecho del Mercado de Valores,* Nº 28, 2021, p. 8.

del *security token* adquiere la copropiedad de la cadena de bloques del emisor y, por lo tanto, participa en su crecimiento[38]. Los *utility tokens* (fichas de servicio) permiten a su titular acceder a una red específica, generalmente de productos o servicios del emisor[39]. Los *currency tokens* o *payment-tokens* representan medios de pago, es decir, monedas digitales en el contexto de una cadena de bloques destinadas a ser utilizadas como medios de pago sustitutivos del dinero. Esta modalidad de *tokens* comparte con los medios de pago convencionales que también obtienen su valor a través de la interacción entre la oferta y la demanda. No obstante, su característica distintiva reside en que reflejan un valor que no es creado por un banco central o una autoridad, por lo que, carecen de valor intrínseco ya que su valor surge de la confianza depositada por parte de los usuarios[40]. Con todo, existe una última clasificación caracterizada por reunir propiedades de diferentes modalidades de *token*, esto es, el proveedor de un *token* de utilidad también puede permitir que el *token* se use como medio de pago; estos títulos se conocen como *tokens* híbridos[41].

Respecto de esta clasificación, el citado Reglamento MiCA regula la emisión de tres modalidades de criptoactivos: los *asset-referenced tokens* o fichas referenciadas a activos (en adelante ART), los *electronic money tokens* o fichas de dinero electrónico (en adelante EMT) y aquellos criptoactivos que sean distintos de los ART y EMT, como, por ejemplo, los mencionados *utility tokens*[42]. Las fichas referencia-

---

38 Vid. IBÁÑEZ JIMÉNEZ, J., *Revista de Derecho del Mercado de Valores*, Nº 28, 2021, p. 8.

39 Ibid., p. 10.

40 VARMAZ, A., VARMAZ, N., GÜNTHER, PODDIG, "Rechtliche...", *ob. cit.*, p. 25.

41 Vid. GABERLE, O., KÜHN, T., "Bewertungsfragen", en OMLOR, S., LINK, M., *Kryptowährungen und Token*, Fachmedien Recht und Wirtschaft, Frankfurt, 2021, pp. 131-141. Véase, igualmente, MARTÍ MIRAVALLS, J., "Fintech: aproximación jurídica a los retos que plantea", *Revista Española de Capital Riesgo*, N. º 2/2018, p. 36.

42 Vid. ANGUREN, R., GARCÍA ALCORTA, J., GARCÍA CALVO, L., HERNÁNDEZ GARCÍA, D., VALDEOLIVAS, E., "La regulación de los criptoactivos en el marco internacional y europeo en curso", *Revista de estabilidad financiera*, Nº 44, Banco de España, 2023, pp. 124-125; TAPIA HERMIDA, A. J., *Revista de Derecho del Mercado de Valores*, Nº 28, 2021, p. 8; IBÁÑEZ JIMÉNEZ, J., "Mecanismos europeos postpandemia para el control del fraude en criptoactivos. Referencia especial al caso de los tokens de servicio", en GUERRERO LEBRÓN, M. J., ALVARADO

das a activos se definen como "un tipo de criptoactivo que no es una ficha de dinero electrónico y que pretende mantener un valor estable referenciado a otro valor o derecho, o a una combinación de ambos, incluidas una o varias monedas oficiales" (art. 3.1.6 RMiCA)[43]. Por su parte, las fichas de dinero electrónico son "un tipo de criptoactivo que, a fin de mantener un valor estable, se referencia al valor de una moneda oficial" (art. 3.1.7 RMiCA); entendiéndose como moneda oficial aquella emitida por un banco central u otra autoridad monetaria (art. 3.1.8 RMiCA)[44].

Ante las incógnitas que plantea la utilización de *tokens,* la Autoridad Europea de Valores y Mercados (*European Securities and Markets Authority,* en adelante ESMA) publicó el pasado 29 de enero de 2024 un borrador de directrices sobre las condiciones y criterios para considerar los criptoactivos como instrumentos financieros (*Draft Guidelines on the conditions and criteria for the qualification of crypto-assets as financial instruments*[45], en adelante Borrador de Directrices). El Borrador de Directrices establece determinados criterios para calificar los criptoactivos como valores negociables. Como premisa fundamental, se incide en que la tecnología de registros distribuidos no debería alterar la naturaleza jurídica de los criptoactivos y el hecho de que se utilicen estos sistemas para representar títulos no es impedimento para su calificación como valor negociable; máxime cuando al principio de neutralidad tecnológica, reconocido en el Reglamento MiCA, garantiza su validez con independencia del formato empleado. Con todo, el Borrador de Directrices establece que los criptoactivos se-

---

HERRERA, L., (Dirs.), BLANCO SÁNCHEZ, M. J., *El Derecho Mercantil y la pandemia: algunos problemas del pasado, la crisis conyuntural y las perspectivas futuras,* Colex, 2023, pp. 952-953.

43 Vid. MADRID PARRA, A., *Revista de Derecho del Sistema Financiero,* 2023, pp. 87-88.

44 Vid. TAPIA FRADE, A., "Las ofertas públicas de criptoactivos distintos de fichas referenciadas a activos o fichas de dinero electrónico como medio alternativo de financiación en la propuesta de Reglamento MiCA", *La LEY mercantil,* Nº 99, 2023, pp. 7-8.

45 Puede consultarse el texto íntegro de este documento en el siguiente enlace: https://www.esma.europa.eu/sites/default/files/2024-01/ESMA75-453128700-52_MiCA_Consultation_Paper_-_Guidelines_on_the_qualification_of_crypto-assets_as_financial_instruments.pdf, consultado por última vez el día 17/09/2024.

rán considerados como valores negociables cuando: formen parte de una clase de valores que otorguen a su titular derechos equivalentes a los que concede una acción o una obligación; sea negociable en el mercado de capitales; y no sea un instrumento o medio de pago [art. 4.1.44 Directiva 2014/65/UE del Parlamento Europeo y del Consejo, de 15 de mayo de 2014, relativa a los mercados de instrumentos financieros y por la que se modifican la Directiva 2002/92/CE y la Directiva 2011/61/UE (también conocida como MiFID II)].

En primer lugar, la referencia a determinadas clases de valores no se encuentra definida ni en la Directiva MiFID II ni en la normativa nacional de los Estados Miembros. Ahora bien, el Borrador de Directrices estima que para que un determinado grupo de criptoactivos formen parte de una clase de valores concreta, deberán otorgar a sus titulares derechos similares, garantizando su comercialización en los mercados. Aquí ESMA se está refiriendo a títulos que estén estandarizados como, por ejemplo, sucede con los bonos del estado u otras formas de deuda titulizada. Por lo tanto, se integrarán en una misma clase de valores aquellos criptoactivos que sean intercambiables, estén emitidos por un mismo emisor, sean similares y otorguen los mismos derechos a sus titulares (párrafo 32 Borrador de Directrices).

En segundo lugar, la mención a que el criptoactivo sea negociable implica la posibilidad de poder transmitirlo en el mercado de capitales (párrafo 33 Borrador de Directrices). La referencia al mercado de capitales deberá realizarse en sentido amplio y admitir la posibilidad de negociar los títulos en cualquier mercado incluidos los extrabursátiles (*over the counter —OTC—*) a través de, por ejemplo, un Sistema Multilateral de Negociación (párrafo 34 Borrador de Directrices).

En tercer lugar, los instrumentos o medios de pago estarán explícitamente excluidos de la definición de valores negociables de la Directiva MiFID II. Para entender el concepto de instrumento o medio de pago interesa traer a colación la definición que configura la Directiva (UE) 2015/2366 del Parlamento Europeo y del Consejo de 25 de noviembre de 2015 sobre servicios de pago en el mercado interior y por la que se modifican las Directivas 2002/65/CE, 2009/110/CE y 2013/36/UE y el Reglamento (UE) Nº 1093/2010 y se deroga la Directiva 2007/64/CE (en adelante DSP2[46]), por cuanto difiere de la establecida en la Directiva MiFID II. La Directiva 2014/65 los define conforme al concepto de fondos establecido en la Directiva 2015/2366 al considerar como tales los billetes, monedas o dinero electrónico. Por su parte, la Directiva 2015/2366 entiende que los instrumentos o medios de pago son cualquier dispositivo personalizado y/o conjunto de procedimientos acordados entre el usuario de servicios de pago y el proveedor de servicios de pago y utilizados para iniciar una orden de pago. En ambos casos, la noción de instrumento o medio de pago debe entenderse en sentido amplio, esto es, abarcar los métodos de pago líquidos y las herramientas de pago distintas del efectivo (párrafo 31 Borrador de Directrices).

Asimismo, el Borrador de Directrices incide en que quedarán fuera del ámbito de aplicación del Reglamento MiCA aquellos criptoactivos que se califiquen como instrumentos financieros conforme a las consideraciones citadas de la Directiva 2014/65 (art. 2 RMiCA). Estos criterios de MiFID II coinciden con los establecidos en nuestra normativa sobre el mercado de valores fruto de su transposición a nuestro ordenamiento jurídico (art. 2.1 LMVSI y art. 3.1 Real Decreto 814/2023); así como los configurados en la normativa comparada citada anteriormente[47]. Por tanto, aquellos criptoactivos que reúnan las características de MiFID II (en concreto, que puedan ser negociados en un mercado de capitales, sean transferibles y otorguen derechos a su titular) se calificarán como valores negociables y, por consiguiente, como instrumentos financieros[48].

Ahora bien, en el Borrador de Directrices se incide en que MiFID II no define el concepto de instrumento financiero, sino que este se delinea a través de un listado ejemplificativo, en lugar de configurar un conjunto de condiciones. A ello se le debe sumar la falta de armo-

---

46 Sobre el contenido de esta Directiva, véase, BUESO GUILLÉN, P. J., "Dictamen de la autoridad bancaria europea en respuesta a la solicitud de asesoramiento sobre la revisión de la Directiva (UE) 2015/2366 sobre servicios de pago en el mercado interior (DSP2)", *Revista de Derecho del Sistema Financiero,* 2023, pp. 403-410.

47 Me remito a lo indicado *supra* en relación con la normativa alemana y francesa.

48 Vid. VARMAZ, A., VARMAZ, N., GÜNTHER, PODDIG, "Rechtliche...", *ob. cit.,* pp. 22-23.

nización del término como consecuencia de las diferentes transposiciones realizadas por parte de los Estados Miembros a sus ordenamientos jurídicos internos. Esta situación dificulta la adopción de un enfoque holístico de las Directrices y la fijación de un estándar aplicable a todos los instrumentos financieros. Por ello, ESMA pretende la fijación de criterios que puedan utilizarse para promover prácticas convergentes a nivel nacional en lo que respecta a la clasificación de los criptoactivos como instrumentos financieros. De manera que, a pesar de todo y teniendo claros los criterios de calificación, su evaluación deberá realizarse necesariamente caso por caso.

IV. TOKENIZACIÓN DE CULTIVOS

La tokenización de cultivos consiste en la creación de *tokens* representativos de un determinado activo, cultivo o ingresos derivados de la producción agrícola. Lo que se pretende con estos *tokens* es utilizar la tecnología *blockchain* para convertirlos en *tokens* capaces de ser negociados y conceder nuevas fuentes de financiación a los agricultores. La versatilidad que ofrece la tecnología *blockchain* habilita que la tokenización sea posible respecto de diferentes realidades del sector agroalimentario.

Para abordar algunas cuestiones de la tokenización de títulos, en general, y de la tokenización de cultivos, en particular, debe tenerse muy presente el respeto de los principios rectores de los títulos valores[49]. La desmaterialización o desincorporación del derecho incluido

---

49 Para un análisis pormenorizado de los principios rectores de los títulos-valores, véase, MARTÍNEZ-ECHEVARRÍA Y GARCÍA DE DUEÑAS, A., *Sobre el concepto, naturaleza y régimen jurídico de los valores mobiliarios anotados en cuenta,* Tesis doctoral dirigida por F. Sánchez Calero, disponible en https://eprints.ucm.es/id/eprint/2198, Universidad Complutense de Madrid, 1996, pp. 132-141; GARRIGUES, J., "Los títulos-valores", *Revista de derecho mercantil,* Nº 36, 1951, pp. 312-361; PAZ-ARES RODRÍGUEZ, J. C., "La desincorporación de los títulos-valor (el marco conceptual de las anotaciones en cuenta)", en AA.VV., *El nuevo mercado de valores: seminario sobre el nuevo Derecho español y europeo del Mercado de Valores,* Consejo General del Notariado, Madrid, 1995, pp. 87-97. Igualmente, sobre la desmaterialización del conocimiento de embarque, véase, RECALDE CASTELLS, A., "El conocimiento de embarque y otros documentos del transporte marítimo", *Cuadernos de Derecho y Comercio,* N. º 15, 1994, pp. 138-145; TAKAHASHI,

en el papel deberá respetar, en todo caso, los principios de literalidad, autonomía y legitimación por la posesión[50]. La desincorporación exige la representación registral del derecho incorporado en el título valor[51]. Esta circunstancia estaría superada al incorporar la información del título valor en la cadena de bloques y quedar registrado el derecho[52]. El mantenimiento de los principios de literalidad y autonomía, también estarían garantizados dado que el registro del derecho en el bloque se realizaría respetando la literalidad del título valor y su titular adquiere un derecho autónomo, al que no podrán oponerse excepciones personales de otras partes intervinientes en el tráfico distintas de aquellas que surjan entre quien reclame el derecho y quien sea reclamado; en otros términos, solo serán oponibles las excepciones personales *inter partes*[53]. Ahora bien, respecto del principio de literalidad, basta mencionar que se estaría ante un caso de literalidad indirecta al contenerse necesariamente la información del título en la documentación elaborada para su emisión (concretamente, en el folleto informativo de la emisión o en el libro blanco de criptoactivos)[54] . Sobre la legitimación y la transmisión del derecho, habrá que atender a las particularidades de cada *token*[55]. Ahora bien, nuestra doctrina advierte de la necesidad de inscribir en el registro distribuido quién ostenta la titularidad, como bien exige nuestra normativa en materia de mercado de valores[56].

Dilucidadas las consideraciones generales de la tokenización de títulos y activos, interesa centrarse en la tokenización de futuros agrícolas (consistente en la tokenización de los ingresos futuros que es-

---

K., "Blockchain technology and electronic bills of lading", *Journal of International Maritime Law,* N. ° 22, 2016, pp. 204-209.

50 Vid. PALÁ LAGUNA, R., *Revista de derecho del mercado de valores,* N° 31, 2022, p. 8; IBÁÑEZ JIMÉNEZ, J., *Tokens valor…, ob. cit.*, pp. 172-175.

51 Sobre la importancia de los títulos valores en nuestro ordenamiento jurídico y la desaparación del *corpus* o elemento material del título véase MADRID PARRA, A., *Revista de Derecho del Sistema Financiero,* 2023, p. 74.

52 Vid. PALÁ LAGUNA, R., *Revista de derecho del mercado de valores,* N° 31, 2022, p. 8.

53 Vid. ult. loc.

54 Vid. ult. loc.

55 Vid. MADRID PARRA, A., "La legitimación en los criptovalores", *Revista de derecho del mercado de valores,* N° 33, 2023, p. 12.

56 Ibid., p. 12.

pera obtener un determinado agricultor de una determinada cosecha). En este sentido, es preciso matizar que es habitual en el sector agroalimentario que las ventas se pacten con antelación a la certeza de la cantidad de producto de la cosecha obtenido, para tratar de cubrir el posible riesgo derivado de una situación climatológica adversa. De ahí que muchos agricultores, algunos meses antes de iniciar las labores de recolección, pacten con determinados comerciantes la venta de sus posibles cosechas a un precio aproximado al hipotético de mercado para así tratar de garantizarse un determinado ingreso (a esta actividad se la conoce comúnmente en la Comunidad Valenciana como alfarrazar). Estos contratos pueden ser objeto de tokenización y servir de fuente de financiación hasta que se produzca la venta efectiva del material cosechado.

Este modelo plantearía una gran disrupción en un sector caracterizado fundamentalmente por ser muy tradicional. Sin embargo, supondría una importante novedad para el sector agroalimentario al poder financiar proyectos sin necesidad de intermediarios tradicionales, como bancos o instituciones financieras, que, en ocasiones, implican un encarecimiento del acceso al crédito. Las ventajas serían múltiples: acceso a nuevos inversores, reducción de costes al eliminarse intermediarios financieros y el incremento de la transparencia al poderse establecer sistemas de trazabilidad capaces de controlar la autenticidad de los activos tokenizados y el estado de los cultivos en tiempo real.

Aunque parece que estos sistemas estén lejanos en el tiempo, encontramos que en algunos países ya existen algunos proyectos sobre la materia de entre los que destaca la plataforma AgriToken[57]. Esta iniciativa basada en la tokenización de cultivos y sus derivados trata de apoyar a los principales actores del sector agroalimentario (no solo agricultores, sino a inversores y empresas agroalimentarias como las cooperativas) ubicados en Filipinas. Su labor engloba tanto la facilitación de nuevas fórmulas de financiación como la formación de los agentes implicados para informarles de las ventajas de su sistema

---

57 Puede consultarse toda la información de esta plataforma en el siguiente enlace web: https://agritoken.com.ph/, visitado por última vez el día 9 de diciembre de 20024 a las 18:11.

mediante diferentes herramientas de marketing. La forma en la que AgriToken configura un sistema de financiación basado en la tecnología *blockchain* es mediante una billetera electrónica, una plataforma de intercambio de productos (Agrixchange) y otra plataforma de préstamos para los usuarios del sistema. La billetera digital permite a sus usuarios almacenar los AgriTokens, monedas digitales y otros activos en una simple aplicación de teléfono móvil al objeto de poder facilitar su comercialización en la plataforma AdriXchange. Asimismo, la plataforma de préstamos tiene como objetivo proporcionar financiación a los agricultores que tengan necesidades puntuales de financiación y no puedan ser atendidas con los Agritokens[58].

Ahora bien, esta iniciativa y otras que están surgiendo en el sector exigen la configuración de un sistema que sea capaz de garantizar la tokenización de las diferentes modalidades de activos y futuros agrícolas, por cuanto, la tokenización de activos, en general, y de cultivos, en particular, carece de una regulación armonizada que permita garantizar su validez, trazabilidad y transparencia en todos los países. A esta situación se le debe sumar la necesidad de invertir y formar a los agentes implicados en el sector agroalimentario para poder introducir la cultura digital y de la tecnología *blockchain* en un sector tan tradicional.

Con todo, no debe olvidarse que muchos de los planteamientos presentados pretenden contribuir a la reducción de los efectos adversos sobre el medio ambiente como se indicaba al inicio del presente trabajo atendiendo al fenómeno de la sostenibilidad. La utilización de la tecnología *blockchain* permitiría obtener un considerable ahorro en costes a la hora de transmitir información[59]; al mismo

---

58 Puede consultarse toda la información de esta plataforma en el siguiente enlace web: https://agritoken.com.ph/, visitado por última vez el día 9 de diciembre de 20024 a las 18:11.

59 Como por ejemplo en la regulación las comunicaciones societarias entre sociedad y socios. Vid. PÉREZ RODRÍGUEZ, Á. Mª., "El consentimiento en el ejercicio de los derechos del socio mediante medios de comunicación electrónicos en el Derecho español e inglés". *Derecho de sociedades. Revisando el derecho de sociedades de capital*, GONZÁLEZ FERNÁNDEZ, Mª. B., y COHEN BENCHETRIT, A. (Dirs.), OLMEDO PERALTA, E. y GALACHO ABOLAFIO, A. (Coords.), Tirant lo Blanch, Valencia, 2018, pp. 171 y 172. Valgan como ejemplo, la página web corporativa, el correo electrónico y los servicios de mensajería instantánea co-

tiempo que facilitaría el cumplimiento de los Objetivos de Desarrollo Sostenibles[60]. Sin embargo, su empleo lleva aparejado un evidente gasto energético que podría derivar en implicaciones negativas para el medio ambiente[61]. Por lo que, todas estas ventajas planteadas podría contribuir al cumplimiento de la letra G (relativa al gobierno corporativo de los criterios o principios ESG), pero se estaría descuidando la letra E (relativa al medio ambiente de los citados criterios o principios ESG) contribuyendo a un posible perjuicio del medio ambiente.

V. BIBLIOGRAFÍA

ALONSO-MUÑUMER, M.ª E., "Transparencia y sostenibilidad: nuevos retos de la información no financiera", *Revista de Derecho del Mercado de Valores,* Nº 27, 2020.

ANGUREN, R., GARCÍA ALCORTA, J., GARCÍA CALVO, L., HERNÁNDEZ GARCÍA, D., VALDEOLIVAS, E., "La regulación de los criptoactivos en el marco internacional y europeo en curso", *Revista de estabilidad financiera,* Nº 44, Banco de España, 2023, pp. 119-147.

BATALLER GRAU, J., "Desmontando tópicos sobre la responsabilidad social de la empresa", *Revista de Derecho Mercantil,* núm. 323, 2022.

BATALLER GRAU, J., "Noción, objeto y fuentes de la responsabilidad social y la sostenibilidad", en BATALLER GRAU, J., BOQUERA MATARREDONA, J. (Dirs.), *Responsabilidad social y sostenibilidad. El marco de actuación de la empresa,* Tirant lo Blanch, 2023.

BEDNARZ, Z., "La representación de acciones en forma de *tokens* en la *blockchain", Revista de Derecho del Mercado de Valores,* Nº 26, 2020.

---

mo los diversos medios telemáticos susceptibles de servir para convocar la junta, vid. BLANCO SÁNCHEZ, Mª. J., "Convocatoria de junta general y medios de comunicación electrónicos. Exigencia de denuncia previa de los defectos de forma para la impugnación de acuerdos". *Derecho de sociedades, ob. cit.,* p. 100.

60 Vid. MUÑOZ PÉREZ, A. F., "Blockchain, criterios ESG y objetivos ODS. Consideraciones sobre las DAOS sostenibles", *Revista de derecho del mercado de valores,* Nº 31, 2022, *passim.*

61 Vid. HERRERO MORANT, T., "Evolución y normativa de los criptoactivos durante la pandemia de la COVID-19. El régimen jurídico de la publicidad sobre criptoactivos", en GUERRERO LEBRÓN, M. J., ALVARADO HERRERA, L., (Dirs.), BLANCO SÁNCHEZ, M. J., *El Derecho Mercantil y la pandemia: algunos problemas del pasado, la crisis conyuntural y las perspectivas futuras,* Colex, 2023, pp. 934-395.

BLANCO SÁNCHEZ, M.ª. J., "Convocatoria de junta general y medios de comunicación electrónicos. Exigencia de denuncia previa de los defectos de forma para la impugnación de acuerdos". *Derecho de sociedades. Cuestiones sobre órganos sociales,* GONZÁLEZ FERNÁNDEZ, M.ª. B., y COHEN BENCHETRIT, A. (Dirs.), OLMEDO PERALTA, E., y GALACHO ABOLAFIO, A. (Coords.), Tirant lo Blanch, Valencia, 2019, p. 99-116.

BUESO GUILLÉN, P. J., "Dictamen de la autoridad bancaria europea en respuesta a la solicitud de asesoramiento sobre la revisión de la Directiva (UE) 2015/2366 sobre servicios de pago en el mercado interior (DSP2)", *Revista de Derecho del Sistema Financiero,* 2023, pp. 403-410.

CALVO VÉRGEZ, J., "La delimitación del concepto de inversión financiera sostenible", *Revista Aranzadi de derecho ambiental,* Nº 50, 2021.

CASTILLO IBORRA, F., "Principios Unidroit sobre activos digitales y derecho privado", *Revista de Derecho del Sistema Financiero,* 2023, pp. 365-380.

CANALEJAS, J. F., "Algunas cuestiones en torno a la propuesta de la Comisión europea sobre los mercados de criptoactivos (MiCA)", *Revista de Derecho del Mercado de Valores,* Nº 27, 2020.

FANEGO, M., "Finanzas sostenibles: novedades regulatorias. Has the EU sustainable finance regime pressed the right buttons?", *Revista de Derecho del Mercado de Valores,* Nº 27, 2020.

FLOZ GIRALT, X., "Implicaciones jurídicas de la tokenización de activos financieros", *Alastria Lega 1,* Nº 01, 2020, pp. 20-26.

GABERLE, O., KÜHN, T., "Bewertungsfragen", en OMLOR, S., LINK, M., *Kryptowährungen und Token,* Fachmedien Recht und Wirtschaft, Frankfurt, 2021, pp. 110-172.

GARRIGUES, J., "Los títulos-valores", *Revista de derecho mercantil,* Nº 36, 1951, pp. 312-361.

GONZÁLEZ-MENESES, M., *Entender Blockchain. Una introducción a la tecnología de registro distribuido,* Thomson Reuters Aranzadi, 2017.

HERRERO MORANT, R., "Análisis de las novedades de la Ley de los mercados de valores y de los servicios de inversión", *Revista de Derecho del Sistema Financiero,* 2023, pp. 281-310.

HERRERO MORANT, T., "Evolución y normativa de los criptoactivos durante la pandemia de la COVID-19. El régimen jurídico de la publicidad sobre criptoactivos", en GUERRERO LEBRÓN, M. J., ALVARADO HERRERA, L., (Dirs.), BLANCO SÁNCHEZ, M. J., *El Derecho Mercantil y la pandemia: algunos problemas del pasado, la crisis coyuntural y las perspectivas futuras,* Colex, 2023, pp. 929-946.

IBÁÑEZ JIMÉNEZ, J., "Mecanismos europeos postpandemia para el control del fraude en criptoactivos. Referencia especial al caso de los tokens de servicio", en GUERRERO LEBRÓN, M. J., ALVARADO HERRERA, L., (Dirs.), BLANCO SÁNCHEZ, M. J., *El Derecho Mercantil y la pandemia:*

algunos problemas del pasado, la crisis conyuntural y las perspectivas futuras, Colex, 2023, pp. 947-960.

IBÁÑEZ JIMÉNEZ, J., "Criptoactivos negociables y fichas de servicio (tokens no monetarios) en la propuesta de reglamento europeo de mercados distribuidos o blockchain". *Revista de Derecho del Mercado de Valores,* Nº 28, 2021.

IBÁÑEZ JIMÉNEZ, J., *Tokens valor (security tokens). Régimen y técnica de los criptoactivos negociables y sus mercados (MICAs),* Reus editorial, Madrid, 2021.

JIMÉNEZ SERRANÍA, V., "Tokenización, propiedad fraccionada y mercado de valores: algunos aspectos para la reflexión", *Revista de Derecho del Mercado de Valores,* Nº 34, 2024.

JULIENNE, M., "Les actifs numériques, entre droit et technologie, *BJB,* Nº 118, 2020.

LATORRE CHINER, N., "La responsabilidad social de la empresa en la normativa europea y española", en BATALLER GRAU, J., BOQUERA MATARREDONA, J., *Responsabilidad social y sostenibilidad. El marco de actuación de la empresa,* Tirant lo Blanch, Valencia, 2023.

LLOPIS BLANQUE, A., "Algunas cuestiones de interés en la nueva circular 1/2022 de publicidad sobre criptoactivos", *Revista de Derecho del Sistema Financiero,* 2022, pp. 219-240.

MADRID PARRA, A., "La legitimación en los criptovalores", *Revista de derecho del mercado de valores,* Nº 33, 2023.

MADRID PARRA, A., "Regulación inicial de los criptovalores", *Revista de Derecho del Sistema Financiero,* 2023, pp. 71-104.

MADRID PARRA, A., "Del valor anotado al tokenizado", *Revista de Derecho del Sistema Financiero,* 2022, pp. 65-98.

MARIMÓN DURÁ R., "Los principios de la inversión responsable auspiciados por Naciones Unidas (UN-PRI", en BATALLER GRAU, J., BOQUERA MATARREDONA, J., *Responsabilidad social y sostenibilidad. El marco de actuación de la empresa,* Tirant lo Blanch, Valencia, 2023.

MARTÍNEZ CANELLAS, A., "Sociedades mercantiles administradas por inteligencia artificial: DAOS y entidades algorítmicas autónomas en Derecho español", *La Ley mercantil,* Nº 112, 2024.

MARTÍ MIRAVALLS, J., "Instituciones financieras, sostenibilidad y los principios del ecuador y de banca responsable", en BATALLER GRAU, J., BOQUERA MATARREDONA, J., *Responsabilidad social y sostenibilidad. El marco de actuación de la empresa,* Tirant lo Blanch, Valencia.

MARTÍ MIRAVALLS, J., "Fintech: aproximación jurídica a los retos que plantea", *Revista Española de Capital Riesgo,* N. º 2/2018, pp. 27-39.

MARTÍNEZ-ECHEVARRÍA Y GARCÍA DE DUEÑAS, A., *Sobre el concepto, naturaleza y régimen jurídico de los valores mobiliarios anotados en cuenta,* Tesis doctoral dirigida por F. Sánchez Calero, disponible en https://eprints.ucm.es/id/eprint/2198, Universidad Complutense de Madrid, 1996.

MEKKI, M., "Actifs numériques", en AA.VV., *Répertoire de droit commercial* Dalloz, 2024.

MUÑOZ GARCÍA, A., "Una aproximación a la propuesta de reglamento europeo sobre mercados de criptoactivos", en AA.VV. *Derecho de Sociedades, Concursal y de los Mercados Financieros. Libro Homenaje al profesor Adolfo Sequeira Martín,* Sepín, Madrid, 2022, pp. 797-813.

MUÑOZ PÉREZ, A. F., "Finanzas des-intermediadas y políticas de control de los supervisores (SEC, CFTC) en Estados Unidos. En particular, la supervisión de la SEC sobre la actividad del mercado de stake", *Revista de derecho del mercado de valores,* Nº 32, 2023.

MUÑOZ PÉREZ, A. F., "Blockchain, criterios ESG y objetivos ODS. Consideraciones sobre las DAOS sostenibles", *Revista de derecho del mercado de valores,* Nº 31, 2022.

MUÑOZ PÉREZ, A. F., "Los mercados de capitales y el impulso de las finanzas sostenibles", *Revista de Derecho del Mercado de Valores,* N. º 25, 2019.

NAVARRO LÉRIDA, M.ª S., "El papel de la gobernanza en los criterios ESG: hacia modelos empresariales más sostenibles de la mano de *blockchain,* la tokenización y las DAOS", *Revista de Derecho del Mercado de Valores,* Nº 33, 2023.

NAVARRO LÉRIDA, M.ª S., "Tokenización de la economía: la regulación francesa de las ICOS. *Loi Pacte* y régimen de los jetons", *Revista de Derecho del Mercado de Valores,* Nº 24, 2019.

NAVARRO LÉRIDA, M.ª S., "Gobierno corporativo, *blockchain* y *smart contracts.* Digitalización de las empresas y nuevos modelos descentralizados (DAOs)", *Revista de Derecho del Mercado de Valores,* Nº 23, 2018.

PALAU RAMÍREZ, F., JULIÁ IGUAL, J. F., MELIÁ MARTÍ, E., MIRANDA RIBERA, E., "Aproximación jurídica a la regulación cooperativa de los instrumentos financieros no tradicionales y su utilización en el sector agroalimentario español", *REVESCO. Revista de estudios cooperativos,* Nº 139, 2021.

PAZ-ARES RODRÍGUEZ, J. C., "La desincorporación de los títulos-valor (el marco conceptual de las anotaciones en cuenta)", en AA.VV., *El nuevo mercado de valores: seminario sobre el nuevo Derecho español y europeo del Mercado de Valores,* Consejo General del Notariado, Madrid, 1995, pp. 81-106.

PALÁ LAGUNA, R., "Diez años de la MiFID II: hacia un régimen único de los mercados de valores y de quienes en ellos participan", *La Ley Mercantil,* Nº 116, 2024.

PALÁ LAGUNA, R., "La nueva Ley de los Mercados de Valores y de los Servicios de Inversión", *Gómez-Acebo & Pombo,* marzo 2023.

PALÁ LAGUNA, R., "Los criptoactivos valores negociables como nueva categoría de los derechos-valor", en GUERRERO LEBRÓN, M. J., ALVARADO HERRERA, L., (Dirs.), BLANCO SÁNCHEZ, M. J., *El Derecho Mer-*

cantil y la pandemia: algunos problemas del pasado, la crisis conyuntural y las perspectivas futuras, Colex, 2023, pp. 961-975.

PALÁ LAGUNA, R., "Los criptoactivos valores negociables como nueva categoría de los derechos-valor", *Revista de derecho del mercado de valores,* Nº 31, 2022.

PALÁ LAGUNA, R., "Criptoactivos: primeras regulaciones en el Derecho español (RDL 7/2021)", *Gómez-Acebo & Pombo,* Análisis, 4 mayo 2021.

PÉREZ RODRÍGUEZ, Á. M.ª., "El consentimiento en el ejercicio de los derechos del socio mediante medios de comunicación electrónicos en el Derecho español e inglés". *Derecho de sociedades. Revisando el derecho de sociedades de capital,* GONZÁLEZ FERNÁNDEZ, M.ª. B., y COHEN BENCHETRIT, A. (Dirs.), OLMEDO PERALTA, E. y GALACHO ABOLAFIO, A. (Coords.), Tirant lo Blanch, Valencia, 2018, pp. 171-192.

RECALDE CASTELLS, A. J., "Tokens financieros: ¿Cuándo importa el "soporte"?", *Revista de Derecho del Sistema Financiero: mercados, operadores y contratos,* Nº 7, 2024, pp. 11-44.

RECALDE CASTELLS, A., "El conocimiento de embarque y otros documentos del transporte marítimo", *Cuadernos de Derecho y Comercio,* N. º 15, 1994, pp. 107-145.

SIEGEL, D., "Technische Grundlagen", en OMLOR, S., LINK, M., *Kryptowährungen und Token,* Fachmedien Recht und Wirtschaft, Frankfurt, 2021, pp. 72-109.

TAKAHASHI, K., "Blockchain technology and electronic bills of lading", *Journal of International Maritime Law,* N. º 22, 2016, pp. 202-211.

TAPIA FRADE, A., "Las ofertas públicas de criptoactivos distintos de fichas referenciadas a activos o fichas de dinero electrónico como medio alternativo de financiación en la propuesta de Reglamento MiCA", *La LEY mercantil,* Nº 99, 2023.

TAPIA HERMIDA, A. J., "La arquitectura reglamentaria del mercado de valores español: la Ley 6/2023 y sus reglamentos de desarrollo", *Revista de Derecho del Mercado de Valores,* Nº 34, 2024.

TAPIA HERMIDA, A. J., "Desafíos en la regulación y supervisión de los criptoactivos en la Unión Europea y en España", *Revista de Derecho del Mercado de Valores,* Nº 28, 2021.

TAPIA HERMIDA, A. J., "Sostenibilidad financiera en la Unión Europea: El Reglamento (UE) 2019/2088 sobre finanzas sostenibles", *La Ley Unión Europea,* Nº 77, 2020.

TATO PLAZA, A., "Régimen jurídico de la publicidad de criptoactivos presentados como objeto de inversión", *Revista de Derecho Mercantil,* Núm. 324, 2022.

VARMAZ, A., VARMAZ, N., GÜNTHER, S., PODDIG, T., "Rechtliche und finanzökonomische Grundlagen", en OMLOR, S., LINK, M., *Kryp-*

towährungen und Token, Fachmedien Recht und Wirtschaft, Frankfurt, 2021, pp. 1-71.

VERHOEVEN, P., SINN, F., HERDEN, T. T., "Examples from Blockchain Implementations in Logistics and Supply Chain Management: Exploring the Mindful Use of a New Technology", *Logistics 2,* N. ° 3, 2018, pp. 1-19.

VICENTE MAMPEL, C., "El pacto mundial de las naciones unidas", en BATALLER GRAU, J., BOQUERA MATARREDONA, J., *Responsabilidad social y sostenibilidad. El marco de actuación de la empresa,* Tirant lo Blanch, Valencia, 2023.

Capítulo Quinto

JURISPRUDENCIA EUROPEA RECIENTE EN EL ÁMBITO DE LA EXCEPCIÓN EN BENEFICIO DEL AGRICULTOR

ALTEA ASENSI MERÁS[1]
Profesora Titular de Derecho Mercantil
Universidad de Alicante

Sumario: I. CONTEXTO JURÍDICO: LA EXCEPCIÓN EN BENEFICIO DEL AGRICULTOR O EXENCIÓN AGRÍCOLA. II. LA JURISPRUDENCIA EUROPEA RECIENTE SOBRE EL ALCANCE DE LA OBLIGACIÓN DE INFORMACIÓN A PROPÓSITO DE LA EXCEPCIÓN EN BENEFICIO DEL AGRICULTOR. 1. Análisis de la jurisprudencia europea acerca de la obligación de información del agricultor y el transformador frente al titular de una variedad vegetal protegida. 2. Análisis de la Jurisprudencia europea acerca de la obligación de información de los organismos oficiales frente al titular de una variedad vegetal protegida. III. LA JURISPRUDENCIA EUROPEA RECIENTE SOBRE LA RESPONSABILIDAD DE LOS AGRICULTORES QUE INCUMPLEN REITERADA E INTENCIONALMENTE SU OBLIGACIÓN DE PAGAR LA REMUNERACIÓN AL TITULAR EN EL ÁMBITO DE LA EXENCIÓN AGRÍCOLA. 1. Régimen jurídico aplicable a la responsabilidad por la acción de infracción del derecho de obtención vegetal. 2. Análisis de la jurisprudencia europea que invalida la "regla de la cuádruple tasa" para los infractores de la protección de las obtenciones vegetales amparados por la exención agraria. IV. CONCLUSIONES. V. BIBLIOGRAFÍA.

RESUMEN: Las reglas de configuración del privilegio o beneficio del agricultor, que coinciden a nivel europeo y español, pretenden posibilitar su ejercicio sin menoscabar los intereses legítimos de obtentor y agricultor. Teniendo en cuenta este marco regulatorio, la jurisprudencia europea reciente se ha pronunciado sobre dos cuestiones esenciales aplicables a las condiciones exigibles en el ámbito del privilegio en favor del agricultor: sobre el alcance de la obligación de suministrar información a propósito del privilegio del agricultor y sobre la responsabilidad de los agricultores que incumplen reiterada e inten-

---

[1] Este trabajo es la versión escrita de la ponencia presentada en el Congreso Internacional "Propiedad Intelectual e Instrumentos Financieros para un sistema agrícola sostenible", celebrado los días 29, 30 y 31 de mayo de 2024 en la Universidad de Alicante bajo la dirección de las Profesoras Esperanza GALLEGO SÁNCHEZ y Nuria FERNÁNDEZ PÉREZ en el marco del Proyecto para Grupos de Investigación de Excelencia de la Consellería de Educación, Cultura, Universidades y Empleo de la Generalitat Valenciana, PROMETEO CIPROM/2021/057.

cionalmente su obligación de pagar la remuneración al titular en el ámbito de la exención agrícola. En concreto, son objeto de análisis las cuestiones prejudiciales planteadas en los últimos años, por un lado, en relación con el alcance de la obligación de información a propósito del privilegio del agricultor, que se plantea, en la Sentencia del Tribunal de Justicia, Sala quinta, de 17 de octubre de 2019, asunto C-239/18, Saatgut-Treuhandverwaltungs GmbH v Freistaat Thüringen; y, por otro lado, el cálculo de la tasa aplicable en el la responsabilidad de los agricultores que incumplen reiterada e intencionalmente su obligación de pagar la remuneración al titular, que es objeto de discusión en la Sentencia del Tribunal de Justicia, Sala Cuarta, de 16 de marzo de 2023, asunto C-522/21, Ms v Saatgut-Treuhandverwaltung.

PALABRAS CLAVE: excepción en beneficio del agricultor, exención agrícola, obligación de información, regla de la cuádruple tasa.

ABSTRACT: The rules for the configuration of the farmer's privilege, which coincide at the European and Spanish levels, aim to enable its exercise without undermining the legitimate interests of the breeder and farmer. Taking into account this regulatory framework, recent European jurisprudence has ruled on two essential issues applicable to the conditions required in the field of the farmer's privilege: on the scope of the obligation to provide information regarding the farmer's privilege and on the responsibility of farmers who repeatedly and intentionally fail to comply with their obligation to pay remuneration to the holder within the scope of the agricultural exemption. Specifically, the preliminary questions raised in recent years are the subject of analysis, on the one hand, in relation to the scope of the obligation of information regarding the farmer's privilege, which is raised, in the Judgment of the Court of Justice, Chamber fifth, October 17, 2019, case C-239/18, Saatgut-Treuhandverwaltungs GmbH v Freistaat Thüringen; and, on the other hand, the calculation of the rate applicable to the liability of farmers who repeatedly and intentionally fail to comply with their obligation to pay remuneration to the holder, which is the subject of discussion in the Judgment of the Court of Justice, Fourth Chamber, of 16 March 2023, case C-522/21, Ms v Saatgut-Treuhandverwaltung.

KEY WORDS: Farmer's privilege, Farm-Saved Seed, Agricultural exemption, information obligation, quadruple rate rule.

I. CONTEXTO JURÍDICO: LA EXCEPCIÓN EN BENEFICIO DEL AGRICULTOR O EXENCIÓN AGRÍCOLA

El régimen jurídico aplicable a las obtenciones vegetales en la Unión Europea se encuentra regulado en el Convenio Internacional para la protección de las obtenciones vegetales, de 2 de diciembre de 1961, revisado en Ginebra el 10 de noviembre de 1972, el 23 de octubre de 1978 y el 19 de marzo de 1991 y en el Reglamento (CE) Nº 2100/94 del Consejo de 27 de julio de 1994, relativo a la protección comunitaria de las obtenciones vegetales[2]. El artículo 13 del Reglamento (CE) Nº 2100/94 establece que los derechos sobre obtenciones vegetales confieren al titular del material vegetal protegido un derecho en exclusiva de llevar a cabo las operaciones de: "a) producción o reproducción (multiplicación); b) acondicionamiento con vistas a la propagación; c) puesta en venta; d) venta y otro de tipo de comercialización; e) exportación de la Comunidad; f) importación a la Comunidad; g) almacenamiento"[3].

La denominada "excepción en beneficio del agricultor", también conocida como "exención agrícola" o "privilegio del agricultor", constituye una de las limitaciones más notorias de los derechos de obtención vegetal[4]. Por medio de esta excepción el agricultor puede, sin necesidad de obtener la previa autorización del obtentor, emplear en su propia explotación y con fines de propagación, el producto de la cosecha que haya obtenido de la plantación de material de propagación de una variedad que esté protegida por un derecho de obtenciones vegetales[5]. El fundamento jurídico de la regulación de la excepción en beneficio del agricultor[6] se encuentra en la necesidad de lograr un equilibrio ente los intereses contrapuestos de los agricultores y de los titulares de variedades vegetales protegidas[7]. Por medio de su reconocimiento, se concede a favor de los agricultores una excepción[8] en el ejercicio de sus derechos por los

---

2 DO Nº L 227 de 1.9.1994.

3 Art. 13 Reglamento (CE) Nº 2100/94, art. 14 CUPOV y art. 12 LOV.

4 BOTANA AGRA, M., "Capítulo 15. La excepción en beneficio del agricultor", en GARCÍA VIDAL, A. (Dir.), *Derecho de las Obtenciones Vegetales*, Tirant lo Blanch, Valencia, 2017, p. 612.

5 VIVES VALLÉS, J. A., "Los límites del derecho de obtentor de variedades vegetales: la excepción del agricultor, el agotamiento de la protección y otros límites", *La Ley Mercantil*, 26, 2016, p. 3.

6 VERKEY, E., "Shielding farmers' rights", *Journal of Intellectual Property Law & Practice*, 2007, Vol. 2, No. 12, p. 825.

7 GARCÍA VIDAL, A., "El material vegetal protegido por una patente o un derecho de obtentor y el empleo del producto de su cosecha con fines de propagación: Agotamiento y privilegio del agricultor en Europa y en los EE. UU", *Cuadernos de Derecho Transnacional*, 2016, Vol. 8, Nº 1, p. 90.

8 AMAT LLOMBART, P., "El privilegio del agricultor como límite al ejercicio del derecho de obtención sobre nuevas variedades vegetales", *Revista de Derecho agrario y alimentario*, Segunda época, año XXI, Nº 45, 2005, p. 11.

obtentores de las variedades protegidas que responde a la necesidad de proteger la producción agrícola[9] ya que exime a los agricultores de la necesidad de obtener la correspondiente autorización de los obtentores para emplear en sus cultivos el material de propagación de las variedades vegetales protegidas[10].

En el ámbito de la Unión europea, la excepción en beneficio del agricultor o exención agrícola se encuentra regulada en el artículo 14 del Reglamento Nº 2100/9 y en el Reglamento Nº 1768/95 de la Comisión, de 24 de julio de 1995, por el que se adoptan normas de desarrollo de la exención agrícola contemplada en el apartado 3 del artículo 14 del Reglamento (CE) Nº 2100/94 relativo a la protección comunitaria de las obtenciones vegetales[11]. Asimismo, en el ámbito nacional, en materia de obtenciones vegetales se deberá atender a lo dispuesto en la Ley 3/2000, de 7 de enero, de régimen jurídico de la protección de las obtenciones vegetales[12] y en el Real Decreto 1261/2005, de 21 de octubre, por el que se aprueba el Reglamento de protección de obtenciones vegetales[13], que reproducen, en esencia, la configuración jurídica aplicable a la excepción del agricultor[14].

---

9 MARTÍNEZ LÓPEZ, A., "Information is power: ruling C-239/18 and the informative obligation of oficial bodies vis-a`-vis plant variety right holders within the framework of the agricultural exemption", *Journal of Intellectual Property Law & Practice*, 2020, Vol. 15, No. 2, p. 89.

10 BOTANA AGRA, M., "Capítulo 15. La excepción en beneficio del agricultor…, *op. cit.*, p. 613.

11 DO L 173 de 25.7.1995. El Reglamento (CE) Nº 1768/95 de la Comisión de 24 de julio de 1995 ha sido modificado por el Reglamento (CE) Nº 2605/98 de la Comisión de 3 de diciembre de 1998 que modifica el Reglamento (CE) Nº 1768/95 por el que se adoptan normas de desarrollo de la exención agrícola contemplada en el apartado 3 del artículo 14 del Reglamento (CE) Nº 2100/94 del Consejo relativo a la protección comunitaria de las obtenciones vegetales (DO Nº L 328 de 4.12.1998).

12 BOE núm. 8 de 10/01/2000. Referencia: BOE-A-2000-414.

13 BOE núm. 265 de 05/11/2005. Referencia: BOE-A-2005-18264.

14 La configuración de la "excepción del agricultor" de la Ley 3/2000 reproduce, en esencia, la regulación contenida en el Reglamento (CE) no 2100/94, destacando la definición de los conceptos de "explotación propia" y "agricultor", no definidos en el Reglamento (CE) no 2100/94⊠ así como la ampliación de las especies vegetales sujetas a la "excepción del agricultor. VIVES VALLÉS, J. A., "Los límites del derecho de obtentor de variedades vegetales…, *op. cit.*, p. 5.

El artículo 14.1 del Reglamento (CE) Nº 2100/94 regula la de la excepción de semillas guardadas en finca o excepción en beneficio del agricultor, según la cual, los agricultores "estarán autorizados a emplear, en sus propias explotaciones, con fines de propagación en el campo, el producto de la cosecha que hayan obtenido de haber plantado en sus propias explotaciones material de propagación de una variedad que, no siendo híbrida ni sintética, esté acogida a un derecho de protección comunitaria de las obtenciones vegetales"[15]. Mediante esta previsión se les reconoce a los agricultores un derecho de explotación especial del material de reproducción de una variedad protegida con fines de reproducción, en su propia explotación[16], constituyendo una de las excepciones al derecho de exclusiva del obtentor sobre el componente de una variedad vegetal.

El artículo 14.2 del Reglamento (CE) Nº 2100/94 reduce el alcance material de la exención agrícola[17] a determinadas especies vegetales forrajeras, cereales, patatas y especies oleaginosas[18]. El alcance de esta exención se limita porque las especies vegetales implicadas se enumeran de forma exhaustiva[19], de tal manera, que únicamente resulta aplicable a las 21 especies vegetales agrícolas expresamente enumeradas[20] en la normativa europea de protección las obtenciones vegetales[21]. Asimismo, es importante destacar que el material empleado por el agricultor habrá de haberse obtenido por el cultivo de la variedad vegetal protegida realizado en la propia explotación

---

15 AMAT LLOMBART, P., "El privilegio del agricultor como límite al ejercicio del derecho de obtención sobre nuevas variedades vegetales" *Revista de Derecho agrario y alimentario*, Segunda época, año XXI, Nº 45, 2005, p. 13.

16 Art. 14.1 del Reglamento (CE) Nº 2100/94 y art. 14.1 LOV.

17 VIVES VALLÉS, J. A., "Los límites del derecho de obtentor de variedades vegetales..., *op. cit.*, p. 3.

18 Art. 14.2 del Reglamento (CE) Nº 2100/94 y art. 14.2 LOV.

19 WÜTENBERG, G., VAN DER KOOIJ, P., KIEWIET, B., EKVAD, M., *European Union Plant Variety Protection*, Oxford University Press, 2015, p. 144.

20 GARCÍA VIDAL, A., "El material vegetal protegido por una patente..., *op. cit.*, p. 91.

21 DE LA VEGA GARCÍA, F., *Variedades Vegetales y Defensa de la Competencia. Innovación, producción y comercialización del material de reproducción de las variedades vegetales y/o de su producto cosechado*, Aranzadi, 2022, p. 250.

del agricultor[22]. Es decir, se requiere que el material de propagación que se cultive en la explotación haya sido obtenido como resultado de la cosecha de la variedad vegetal protegida[23] y que el empleo de ese material ha de tener como fin exclusivo el de la propagación en la propia explotación[24], excluyendo toda actividad de comercialización o intercambio entre agricultores[25].

A continuación, el 14.3 del Reglamento (CE) Nº 2100/94 establece las condiciones que deben concurrir para hacer efectiva esta excepción[26]. En primer lugar, establece que "no habrá restricciones cuantitativas en la explotación del agricultor cuando así lo requieran las necesidades de la explotación". Es posible, por tanto, que el agricultor siembre en su explotación la cantidad de material de propagación que sea precisa, sin restricciones cuantitativas prefijadas, para cubrir las necesidades de la explotación[27]. En este sentido, es posible que el agricultor convenga con el obtentor la cantidad de material de propagación que resulte necesario para satisfacer las necesidades de su explotación o, en caso contrario, atender a otros criterios para su determinación, como la extensión de la superficie de cultivo o la importancia del este material para la alimentación. Asimismo, el producto de la cosecha que se destina a la plantación, podrá estar sometido a tratamiento o acondicionamiento por el propio agricultor o por medio de servicios especializados para su transformación.

---

22 BOTANA AGRA, M., "Capítulo 15. La excepción en beneficio del agricultor…, *op. cit.*, p. 619.

23 WÜTENBERG, G., VAN DER KOOIJ, P., KIEWIET, B., EKVAD, M., *European Union Plant Variet…, op. cit.*, p. 143.

24 GARCÍA VIDAL, A., "El material vegetal protegido por una patente…, *op. cit.*, p. 90.

25 MIRANDA RIBERA, E., "Los intercambios de información en el ámbito de las obtenciones vegetales a propósito del privilegio del agricultor", La Ley mercantil, Nº 63, 2019, Wolters Kluwer, p. 2.

26 WÜTENBERG, G., VAN DER KOOIJ, P., KIEWIET, B., EKVAD, M., *European Union Plant Variety…, op. cit.*, p. 144.

27 BOTANA AGRA, M., "Capítulo 15. La excepción en beneficio del agricultor…, *op. cit.*, p. 619.

En segundo lugar, se dispone que todo agricultor, a excepción de aquellos que ostenten la condición de "pequeño agricultor"[28], deberán abonar una remuneración justa al titular de la variedad vegetal protegida[29] que "será apreciablemente menor que la cantidad que se cobre por la producción bajo licencia de material de propagación de la misma variedad en la misma zona"[30]. El pago de la remuneración al titular de la obtención vegetal es necesario para invocar el privilegio del agricultor[31]. Las condiciones del nivel de remuneración podrán fijarse mediante contrato entre el titular y el agricultor[32]. En ausencia de pacto o cuando este no sea posible "la remuneración que habrá de pagarse ascenderá al 50% de los importes que se cobran para la producción bajo licencia de material de propagación"[33].

Finalmente, se establece que "los agricultores y los proveedores de servicios de procesamiento proporcionarán la información pertinente a los titulares que lo soliciten; la información pertinente también puede ser facilitada por los organismos oficiales implicados en el control de la producción agrícola"[34]. En este sentido, se prevé que el agricultor y los transformadores deberán facilitar determinada información al titular cuando éste se la requiera. Este deber de información se extiende a los organismos oficiales y, en ocasiones, al propio de titular de la variedad vegetal en favor del agricultor[35]. El control de la observancia de estas disposiciones es responsabilidad

---

28 GARCÍA VIDAL, A., "El material vegetal protegido por una patente..., *op. cit.*, p. 91.

29 ARROYO APARICIO, A., "Obtenciones vegetales y excepción agrícola: pago por utilización del producto de la cosecha", *Revista Aranzadi Doctrinal*, N° 11, 2015, p. 224.

30 Art. 14.3 del Reglamento (CE) N° 2100/94 y art. 14.3.d) LOV.

31 MIRANDA RIBERA, E., "Los intercambios de información..., *op. cit.*, p. 3.

32 Art. 5.1 del Reglamento (CE) N° 1768/95.

33 Art. 1 del Reglamento (CE) N° 2605/98 Reglamento (CE) N° 2605/98 de la Comisión, de 3 de diciembre de 1998, que modifica el Reglamento (CE) N° 1768/95 por el que se adoptan normas de desarrollo de la exención agrícola contemplada en el apartado 3 del artículo 14 del Reglamento (CE) N° 2100/94 del Consejo relativo a la protección comunitaria de las obtenciones vegetales.

34 Art. 14.3 del Reglamento (CE) N° 2100/94 y art. 14.3.f) y 4 LOV.

35 MIRANDA RIBERA, E., "Los intercambios de información..., *op. cit.*, p. 3.

de los titulares de las variedades protegidas[36]. Por este motivo, se establece que el titular de la variedad vegetal protegida, con el objetivo de poder comprobar la veracidad de los informes entregados por parte de los agricultores y transformadores[37], podrá establecer determinados mecanismos de control a tal efecto[38].

II. LA JURISPRUDENCIA EUROPEA RECIENTE SOBRE EL ALCANCE DE LA OBLIGACIÓN DE INFORMACIÓN A PROPÓSITO DE LA EXCEPCIÓN EN BENEFICIO DEL AGRICULTOR

1. Análisis de la jurisprudencia europea acerca de la obligación de información del agricultor y el transformador frente al titular de una variedad vegetal protegida

En el ámbito del denominado privilegio del agricultor, el artículo 14.3 del Reglamento (CE) Nº 2100/94 establece expresamente que los agricultores y los prestadores de servicios de tratamiento facilitarán a instancia del titular de una variedad vegetal protegida la "información pertinente"[39]. Los detalles de la información que deberá facilitar el agricultor y el transformador al titular del material vegetal podrán ser objeto de un contrato celebrado entre el titular y el agricultor interesado[40]. Sin embargo, esta norma no se refiere al contenido de las cláusulas contractuales que podrán establecer entre el titular y el agricultor o el transformador en lo referente al intercambio de información. Para evitar que la información intercambiada permitida o "pertinente" pueda afectar negativamente a la competencia[41], es preciso analizar, caso por caso, las condiciones del intercambio de

---

36 Art. 14.3 del Reglamento (CE) Nº 2100/94 y art. 14.3.d) LOV.

37 MILLET, T., "ECJ case law on holders' rights to acquire information on the use of farm-saved seed", *Journal of Intellectual Property Law & Practice*, 2010, Vol. 5, No. 6, p. 424.

38 art. 14.3 Reglamento (CE) Nº 2100/94, arts. 14 y 15 del Reglamento (CE) Nº 1768/95 y art. 14.3.e) LOV.

39 Art. 14.3 Reglamento (CE) Nº 2100/94 y art. 14.3. f) LOV.

40 Art. 8.1 y art. 9.1 del Reglamento (CE) Nº 1768/95.

41 MIRANDA RIBERA, E., "Los intercambios de información..., *op. cit.*, p. 4.

información[42], a propósito del privilegio del agricultor, para determinar en qué casos estos acuerdos podrían derivar en una conducta restrictiva de la competencia o incluso en la creación de un cártel[43].

Cuando el agricultor o el transformador y el titular no pacten las condiciones del deber de información o cuando, a pesar de existir un contrato, este no sea aplicable, resultará de aplicación lo dispuesto en el Reglamento (CE) Nº 1768/95 de la Comisión, de 24 de julio de 1995[44], que detalla, en cada caso, los datos pertinentes en relación a los intercambios de información[45]. En el caso del intercambio de información entre el agricultor y el titular de la variedad protegida, la información "pertinente" que deberá facilitar el agricultor al titular del material vegetal hace referencia a sus datos identificativos y la determinación de la "cantidad" de material vegetal utilizado por parte del agricultor[46] y

---

42 DE LA VEGA GARCÍA, F., Variedades Vegetales y Defensa de la Competencia..., *op. cit.*, p. 252.

43 MIRANDA RIBERA, E., "Los intercambios de información..., *op. cit.*, p. 4.

44 BOTANA AGRA, M., "Capítulo 15. La excepción en beneficio del agricultor..., *op. cit.*, p. 623.

45 MILLET, T., "ECJ case law on holders' rights to acquire information..., *op. cit.*, p. 424.

46 Art. 8. 2. del Reglamento (CE) Nº 768/95 dispone que "cuando no se haya celebrado tal contrato o no sea aplicable, se pedirá al agricultor que presente al titular, a solicitud de éste, un informe con los datos pertinentes, sin perjuicio de los requisitos de información que establezcan otras disposiciones de la normativa comunitaria. o de los Estados miembros. Se consideran pertinentes los siguientes datos: a) nombre del agricultor, localidad del domicilio y dirección de su explotación; b) utilización o no por el agricultor del producto de la cosecha perteneciente a una o más variedades del titular para ser plantada en el campo o los campos de su explotación; c) si el agricultor ha utilizado ese material, cantidad del producto de la cosecha perteneciente a la variedad o variedades en cuestión que el agricultor ha utilizado de acuerdo con lo dispuesto en el apartado 1 del artículo 14 del Reglamento de base; d) si se cumple la misma condición, nombre y dirección de la persona o personas que hayan prestado el servicio de tratamiento del producto de la cosecha en cuestión para que el agricultor lo plante; e) si los datos de las letras b), c) o) no pueden ser confirmados con arreglo a lo dispuesto en el artículo 14, cantidad utilizada del material de distribución bajo licencia de las variedades en cuestión, así como nombre y dirección del suministrador o suministradores; y f) en caso de que el agricultor se acoja a lo establecido en el segundo guion del apartado 4 del artículo 116 del Reglamento de base, información sobre si ya ha utilizado la variedad para los

en qué medida[47], no debiendo informar sobre otras cuestiones relacionadas con los costes de producción, los precios o sistemas de fijación de precios del sector, todo ello sin perjuicio de los requisitos de información que establezcan otras disposiciones de la normativa comunitaria o de los Estados miembros[48].

Sobre este deber del agricultor de suministrar información a favor del titular de la variedad vegetal protegida, el Tribunal de Justicia de la Unión europea se ha pronunciado en diversas ocasiones[49]. Primero, en la sentencia del de 10 de abril de 2003, en el caso *Christian Schulin* contra *Treuhandverwaltungsgesellschaft GmbH*[50] y, después, en la sentencia de de 11 de marzo de 2004, en el caso *Saatgut-Treuhandverwaltungsgesellschaft GmbH contra Werner Jäger*[51], el Tribunal de Justicia considera que las disposiciones del artículo 14, apartado 3, del Reglamento (CE) Nº 2100/94 del Consejo, de 27 de julio de 1994, relativo a la protección comunitaria de las obtenciones vegetales, en relación con el artículo 8 del Reglamento Nº 1768/95 *"no pueden ser interpretadas en el sentido de que facultan al titular de la protección comunitaria de una obtención vegetal para solicitar a un agricultor la información establecida en dichas disposiciones cuando no dispone de indicios de que el agricultor ha utilizado o utilizará, en su propia explotación, con fines de propagación en el campo, el producto de la cosecha que haya obtenido de haber plantado en su propia explotación material de propagación de una variedad que, no siendo híbrida ni sintética, está acogida a dicha protección y pertenece a una de las especies de plantas agrícolas enumeradas en el artículo 14, apartado 2, del Reglamento Nº 2100/94"*[52]. De esta manera, se considera que se restringen sustancialmente los derechos de los obtentores a

---

fines descritos en el apartado 1 del artículo 14 del Reglamento de base sin pagar una remuneración y, en caso afirmativo, desde cuándo".

47 MILLET, T., "ECJ case law on holders' rights to acquire information..., *op. cit.*, p. 424.

48 MIRANDA RIBERA, E., "Los intercambios de información..., *op. cit.*, p. 5.

49 MILLET, T., "ECJ case law on holders' rights to acquire information..., *op. cit.*, p. 424.

50 Sentencia del Tribunal de Justicia de la Unión Europea, Sala Quinta de 10 de abril de 2003, Asunto C-305/00, [ECLI:EU:C:2003:218].

51 Sentencia del Tribunal de Justicia de la Unión Europea, Sala Quinta, de 11 de marzo de 2004, asunto C-182/01, [ECLI:EU:C:2004:135].

52 Schulin (C-305/00), párrafo 72; Jäger (C-182/01), párrafo 62.

adquirir información sobre el uso de semillas guardadas en granjas[53] al considerarse que el titular deberá disponer de indicios[54] que acrediten que el agricultor ha utilizado el material vegetal protegido en el ámbito de la exención agrícola[55] en relación con una variedad protegida[56] para solicitarle la información[57].

Asimismo, el titular de la obtención vegetal protegida podrá, asimismo, recabar información del transformador o acondicionador y el régimen que ha de observarse es el mismo que el establecido para el supuesto de información al agricultor[58]. En ausencia de pacto entre ambos, y de no existir contrato no éste no resultar aplicable, la información "pertinente" que deberá facilitar el transformador al titular del material vegetal, previo requerimiento, hace referencia a: sus datos identificativos; la determinación de la prestación o no de un servicio de tratamiento del producto de la cosecha de una o más variedades del titular para su plantación y, en caso afirmativo, la cantidad del producto de la cosecha perteneciente a la variedad o variedades en cuestión que ha sometido a tratamiento para su plantación y cantidad resultante de ese tratamiento; las fechas y lugares del tratamiento realizado y el nombre y dirección de las personas a las que haya prestado el servicio de tratamiento[59].

---

53 MILLET, T., "ECJ case law on holders' rights to acquire information..., *op. cit.*, p. 425.

54 BOTANA AGRA, M., "Capítulo 15. La excepción en beneficio del agricultor..., *op. cit.*, p. 623.

55 WÜTENBERG, G., VAN DER KOOIJ, P., KIEWIET, B., EKVAD, M., European Union Plant Variety..., *op. cit.*, p. 149.

56 GARCÍA VIDAL, A., "El material vegetal protegido por una patente..., *op. cit.*, p. 92.

57 MIRANDA RIBERA, E., "Los intercambios de información..., *op. cit.*, p. 6.

58 BOTANA AGRA, M., "Capítulo 15. La excepción en beneficio del agricultor..., *op. cit.*, p. 623.

59 Art. 9.2. del Reglamento (CE) Nº 1768/95 dispone que "cuando no se haya celebrado tal contrato o no sea aplicable, se pedirá al transformador que presente al titular, a solicitud de éste, un informe con los datos pertinentes, sin perjuicio de los requisitos de información que establezcan otras disposiciones de la normativa comunitaria. o de los Estados miembros. Se consideran pertinentes los siguientes datos: a) nombre del transformador, localidad del domicilio y denominación y dirección registradas de su empresa; b) prestación o no por su parte de un servicio de tratamiento del producto de la cosecha de una o más

Sobre el deber del transformador de suministrar información a favor del titular de la variedad vegetal protegida se ha pronunciado el Tribunal de Justica de la Unión Europea, en su Sentencia del Tribunal de Justicia, Sala Primera, de 14 de octubre de 2004, en el caso

Saatgut-Treuhandverwaltungsgesellschaft mbH contra Brangewitz GmbH[60], cuando señala que el artículo 14, apartado 3, del Reglamento Nº 2100/94, en relación con el artículo 9 del Reglamento Nº 1768/95, *"(…) no puede interpretarse en el sentido de que faculta al titular de la protección comunitaria de una obtención vegetal para solicitar a un transformador la información prevista en dichas disposiciones cuando no tiene indicios de que éste ha efectuado, o ha previsto efectuar, operaciones de tratamiento del producto de la cosecha obtenido por los agricultores mediante el cultivo de material de propagación de una variedad del titular afectada por el privilegio, para su plantación"*[61]. En esencia, esta parte de la sentencia se aplica el criterio del caso *Schulin* en el caso del suministro de información a los transformadores de semillas[62].

Sin embargo, esta misma resolución también señala que *"(…) cuando el titular dispone de indicios de que el transformador ha efectuado, o ha previsto efectuar, operaciones de tratamiento del producto de la cosecha obtenido por los agricultores mediante el cultivo de material de propagación de una variedad del titular afectada por el privilegio para su plantación, el transformador está obligado a facilitarle las informaciones pertinentes acerca no sólo de los agricultores respecto de los que el titular dispone de indicios de que el transformador ha efectuado, o ha previsto efectuar, dichas operaciones,*

---

variedades del titular para su plantación, cuando dichas variedades hayan sido declaradas como cuentos o conocidas por el transformador de otro modo; c) si ha prestado ese servicio, cantidad del producto de la cosecha perteneciente a la variedad o variedades en cuestión que ha sometido a tratamiento para su plantación y cantidad resultante de ese tratamiento; d) fechas y lugares del tratamiento contemplado en la letra c); ye) nombre y dirección de la persona o personas a las que ha prestado el servicio de tratamiento contemplado en la letra c) y cantidades respectivas".

60 Sentencia del Tribunal de Justicia de la Unión Europea, Sala Primera, de 14 de octubre de 2004, asunto.
C-336/02 [ECLI:EU:C: 2004:622].

61 Schulin (C-305/00), párrafo 53; Brangewitz, (C-336/02), párrafo 54.

62 MILLET, T., "ECJ case law on holders' rights to acquire information…, *op. cit.*, p. 424.

sino también sobre todos los demás agricultores para los que ha efectuado, o ha previsto efectuar, operaciones de tratamiento del producto de la cosecha obtenido mediante el cultivo de material de propagación de la variedad afectada, cuando dicha variedad haya sido declarada como tal o conocida por el transformador de otro modo"[63]. De esta forma, existiendo tales indicios, el transformador estará obligado a facilitar las informaciones pertinentes acerca no sólo de los agricultores respecto de los que el titular dispone de indicios de que el transformador ha efectuado, o ha previsto efectuar, dichas operaciones, sino también sobre todos los demás agricultores para los que ha efectuado, o ha previsto efectuar, operaciones de tratamiento del producto de la cosecha[64] obtenido mediante el cultivo de material de propagación de la variedad afectada[65], cuando dicha variedad haya sido declarada como tal o conocida por el transformador de otro modo[66]. Sin embargo, persiste la restricción básica, es decir, que el obtentor debe tener algún indicio del uso de su variedad antes de poder solicitar la dicha información al transformador[67].

2. *Análisis de la Jurisprudencia europea acerca de la obligación de información de los organismos oficiales frente al titular de una variedad vegetal protegida*

El privilegio del agricultor también afecta al cumplimento de la obligación de los organismos oficiales frente al titular de la variedad

---

63 *Brangewitz*, (C-336/02), párrafo 66.

64 Una vez que el titular tenga indicios de que el transformador ha elaborado o tiene intención de transformar el producto de la cosecha obtenido por el agricultor mediante la plantación de material de reproducción de una variedad del titular, el proveedor está obligado a proporcionar al titular todos los la información relevante. WÜTENBERG, G., VAN DER KOOIJ, P., KIEWIET, B., EKVAD, M., European Union Plant Variety..., *op. cit.*, p. 151.

65 GARCÍA VIDAL, A., "El material vegetal protegido por una patente..., *op. cit.*, p. 94.

66 MIRANDA RIBERA, E., "Los intercambios de información..., *op. cit.*, p. 7.

67 MILLET, T., "ECJ case law on holders' rights to acquire information..., *op. cit.*, p. 427.

protegida en el ámbito del ejercicio del privilegio del agricultor[68]. El artículo 14.3 del Reglamento (CE) Nº 2100/94 dispone que los organismos oficiales que intervengan en el control de la producción agrícola deberán facilitar al titular de la variedad vegetal protegida "información pertinente[69], si han obtenido dicha información en el cumplimiento ordinario de sus tareas, sin que esto represente nuevas cargas o costes"[70]. En desarrollo de este precepto, el art. 11 del Reglamento (CE) Nº 1768/95 se refiere a la solicitud de información dirigida a los organismos oficiales. El legislador europeo considera que el titular podrá solicitar información sobre "la utilización real, mediante plantación, de material vegetal de especies o variedades concretas o sobre los resultados de esa utilización"[71]. Esta información deberá solicitarse por escrito y en la solicitud el titular indicará "su nombre y dirección, las variedades sobre las que esté interesado en recibir información y el tipo de información que desea". Asimismo, deberá presentar las correspondientes pruebas que acrediten de su calidad de titular respecto de la correspondiente variedad vegetal protegida[72].

Los organismos oficiales ostentan una facultad, de la que carecen los agricultores y los transformadores, consistente en poder negarse a proporcionar información a los titulares del material vegetal. En este sentido, el legislador europeo establece una lista numerus clausus de supuestos en los que los organismos oficiales podrán negarse a proporcionar dicha información[73]. En este sentido, el artículo 11, apartado segundo, del Reglamento (CE) Nº 1768/95 establece que el organismo oficial sólo podrá negarse a facilitar la información solicitada cuando concurra alguna de las siguientes situaciones: (i) el or-

---

68 BOTANA AGRA, M., "Capítulo 15. La excepción en beneficio del agricultor..., *op. cit.*, p. 623.

69 A diferencia que ocurre con los agricultores y los transformadores, el titular y los organismos oficiales no podrán fijar contractualmente las bases del intercambio de información. MIRANDA RIBERA, E., "Los intercambios de información..., *op. cit.*, p. 7.

70 Art. 14.3 Reglamento (CE) Nº 2100/94 y art. 14.4 LOV.

71 Art. 11 del Reglamento (CE) Nº 1768/95].

72 MARTÍNEZ LÓPEZ, A., "Information is power: ruling C-239/18..., *op. cit.*, p. 88.

73 MIRANDA RIBERA, E., "Los intercambios de información..., *op. cit.*, p. 9.

ganismo oficial no participa en el control de la producción agrícola; (ii) la legislación nacional que rige la discrecionalidad aplicable con respecto a las actividades de los organismos oficiales impide la concesión de la información solicitada; (iii) la información solicitada no está disponible o no puede obtenerse mediante el desempeño ordinario de las tareas del organismo oficial o sólo puede obtenerse con cargas o costos adicionales; o (iv) la información solicitada se refiere específicamente a material que no pertenece a variedades vegetales protegidas por el titular[74].

La reciente sentencia del Tribunal de Justicia de la Unión Europea, de 17 de octubre de 2019, en el caso *Saatgut-Treuhandverwaltungs GmbH* contra *Freistaat Thüringen*[75], se ha pronunciado sobre el alcance de la información que los organismos oficiales deben facilitar a un titular de un derecho de obtención vegetal en el marco de la llamada exención agrícola o privilegio del agricultor. Este pronunciamiento resulta relevante en cuanto que para los titulares es esencial el conocimiento de los agricultores y el uso concreto por parte de estos de la exención agrícola para garantizar una base tangible sobre la cual hacer valer su derecho a exigir la correspondiente remuneración justa[76] en compensación por el uso de los agricultores a emplear, en sus propias explotaciones, con fines de propagación en el campo, el producto de la cosecha que hayan obtenido de haber plantado en sus propias explotaciones material de propagación de una variedad que,

---

74 El artículo 11.2 del Reglamento (CE) Nº 1768/95 establece que "el organismo oficial sólo podrá negarse a facilitar la información solicitada por alguna de las siguientes razones: no interviene en el control de la producción agrícola; no está autorizado para facilitar esa información a titulares en virtud de la legislación comunitaria o de la legislación de los Estados miembros en materia de discreción aplicable a las actividades de los organismos oficiales; está facultado para negarse a facilitarla en virtud de la legislación comunitaria o de la legislación de los Estados miembros que sea aplicable a la solicitud de información; la información solicitada (ya) no está disponible; la información no puede ser obtenida en el cumplimiento ordinario de las tareas del organismo oficial; la información sólo puede ser obtenida con costos o gastos suplementarios o la información se refiere expresamente a material que no pertenece a las variedades del titular".

75 Sentencia del Tribunal de Justicia, Sala Quinta, de 17 de octubre de 2019, Asunto C-239/18, [ECLI:EU:C:2019:869].

76 Art. 14.3 Reglamento (CE) Nº 2100/94 y art. 14.3. f) LOV.

no siendo híbrida ni sintética, esté acogida a un derecho de protección comunitaria de las obtenciones vegetales[77].

La petición de decisión prejudicial tiene por objeto la interpretación del artículo 11, apartados 1 y 2, del Reglamento (CE) Nº 1768/95 de la Comisión, de 24 de julio de 1995, por el que se adoptan normas de desarrollo de la exención agrícola contemplada en el apartado 3 del artículo 14 del Reglamento (CE) no 2100/94 relativo a la protección comunitaria de las obtenciones vegetales. Esta petición se ha presentado en el contexto de un litigio entre *Saatgut-Treuhandverwaltungs GmbH* y el *Freistaat Thüringen* en relación con la negativa de este último a comunicarle información que puede obtenerse de una base de datos constituida por datos facilitados por agricultores en el marco de solicitudes de subvención abonadas con cargo a fondos agrícolas europeos[78]. En estas circunstancias, el Tribunal Regional Superior de Turingia suspendió el procedimiento y planteó al Tribunal de Justicia si existe un derecho a la información frente a organismos oficiales, referido exclusivamente a información sobre especies vegetales, sin que mediante la solicitud de información se pida igualmente información referida a una variedad protegida. Y en caso de responder afirmativamente a esta cuestión, si debe considerarse que una autoridad pública que supervisa las subvenciones a los agricultores con fondos europeos tiene la condición de un organismo oficial implicado en el control de la producción agrícola[79].

El 23 de mayo de 2019, el Abogado General *Bobek* presentó sus conclusiones[80]. En cuanto a la primera cuestión planteada, sostuvo que las solicitudes de información presentadas por los titulares de obtenciones vegetales a los organismos oficiales han de referirse a variedades vegetales específicas del titular de la obtención vegetal solicitante[81]. En esta coyuntura, revisó la operatividad de la exención

---

77 MARTÍNEZ LÓPEZ, A., "Information is power: ruling C-239/18..., *op. cit.*, p. 88.

78 *Freistaat Thüringen*, C-239/18), párrafo 2.

79 MARTÍNEZ LÓPEZ, A., "Information is power: ruling C-239/18..., *op. cit.*, p. 89.

80 Conclusiones del Abogado General Sr. M. Bobek, presentadas el 23 de mayo de 2019. Asunto C-239/18 Saatgut-Treuhandverwaltungs GmbH contra Freistaat Thüringen. [ECLI:EU:C: 2019:445]

81 Conclusiones del Abogado General Sr. M. Bobek, presentadas el 23 de mayo de 2019, párrafo 47.

agrícola en base a la legislación vigente de la Unión Europea. En este sentido, interpretó el sexto guion del artículo 14, apartado 3, del Reglamento Nº 2100/94 como el establecimiento de una especie de jerarquía entre los destinatarios de las solicitudes de información, de forma que, los titulares de derechos de obtenciones vegetales deben obtener la información principalmente de los agricultores y prestadores de servicios de tratamiento y, con carácter secundario, de los organismos oficiales[82] Además, se consideró que, si el derecho de acceso a la información de los organismos oficiales se interpretara de manera amplia, los titulares de derechos de obtenciones vegetales podrían tener acceso a una información que va mucho más allá de lo necesario para proteger sus derechos de propiedad intelectual[83].

En esta misma línea, el Tribunal de Justicia de la Unión Europea responde únicamente a la primera cuestión planteada. En su sentencia de 17 de octubre de 2019, asunto C-239/18, *Saatgut-Treuhandverwaltungs GmbH* contra *Freistaat Thüringen*, se ha pronunciado sobre la facultad del titular del material vegetal para solicitar información a un organismo oficial estableciendo que: *"el artículo 11, apartado 1, del Reglamento (CE) n.o 1768/95 de la Comisión, de 24 de julio de 1995, por el que se adoptan normas de desarrollo de la exención agrícola contemplada en el apartado 3 del artículo 14 del Reglamento (CE) n.o 2100/94 relativo a la protección comunitaria de las obtenciones vegetales, debe interpretarse en el sentido de que no confiere al titular de la protección comunitaria de una obtención vegetal la facultad de solicitar a un organismo oficial información sobre la utilización de material de especies sin precisar en su solicitud la variedad protegida concreta con respecto a la cual solicita esa información"*[84]. De manera que, en caso de que el titular del material vegetal solicite información a un organismo oficial será necesario, por tanto, que precise la variedad vegetal protegida respecto de la que se solicita información[85]. A tal efecto, se le faculta al titular de derechos de obtención vegetal para formular a los organismos oficiales cualquier

---

[82] Conclusiones del Abogado General Sr. M. Bobek, presentadas el 23 de mayo de 2019, párrafo 59.

[83] Conclusiones del Abogado General Sr. M. Bobek, presentadas el 23 de mayo de 2019, párrafo 74.

[84] *Freistaat Thüringen*, C-239/18), párrafo 52.

[85] MIRANDA RIBERA, E., "Los intercambios de información..., *op. cit.*, p. 9.

información pertinente con el único fin de preservar sus derechos de propiedad intelectual[86], los cuales, solamente pueden referirse a la variedad vegetal concreta con respecto a la cual se solicita información y no, en términos más generales, a especies vegetales[87].

III. LA JURISPRUDENCIA EUROPEA RECIENTE SOBRE LA RESPONSABILIDAD DE LOS AGRICULTORES QUE INCUMPLEN REITERADA E INTENCIONALMENTE SU OBLIGACIÓN DE PAGAR LA REMUNERACIÓN AL TITULAR EN EL ÁMBITO DE LA EXENCIÓN AGRÍCOLA

1. *Régimen jurídico aplicable a la responsabilidad por la acción de infracción del derecho de obtención vegetal*

El artículo 94 del Reglamento (CE) Nº 2100/94, titulado "Infracción", establece la responsabilidad derivada de los actos de infracción de un derecho de obtención vegetal. Esta disposición establece un sistema de dos niveles. Por un lado, de conformidad con lo dispuesto en el apartado primero, se establece que toda persona que realice un acto de infracción "podrá ser demandada por el titular a fin de que ponga fin a la infracción o pague una indemnización razonable o con ambos fines"[88]. Por otro lado, el aparado segundo del mismo precepto regula específicamente las infracciones dolosas y negligentes, otorgando el derecho a los titulares a obtener una indemniza-

---

86 MARTÍNEZ LÓPEZ, A., "Information is power: ruling C-239/18..., *op. cit.*, p. 89.

87 *Freistaat Thüringen*, C-239/18), párrafo 38 y 39.

88 El Artículo 94.1 del Reglamento (CE) Nº 2100/94 dispone que "1. Toda persona que: a) sin estar legitimada para ello realice alguna de las operaciones mencionadas en el apartado 2 del artículo 13 en relación con una variedad para la que ya se haya concedido una protección comunitaria de obtención vegetal; u b) omita utilizar correctamente la denominación de una variedad según se menciona en el apartado 1 del artículo 17 u omita la información pertinente a que se refiere el apartado 2 del artículo 17; o c) en contra de lo dispuesto en el apartado 3 del artículo 18 utilice la denominación asignada a una variedad para la que ya se haya concedido una protección comunitaria de obtención vegetal, u otra designación que pueda confundirse con esta denominación, podrá ser demandada por el titular a fin de que ponga fin a la infracción o pague una indemnización razonable o con ambos fines".

ción por "daños adicionales", es decir, una compensación superior a la "compensación razonable" prevista en el apartado primero para el supuesto de que se cometa dicha infracción sin que medie dolo o negligencia[89]. De esta forma, se dispone textualmente que toda persona que cometa infracción deliberadamente o por negligencia "estará obligada además a indemnizar al titular por el perjuicio resultante. En caso de negligencia leve, el derecho de reparación podrá reducirse en consecuencia, sin que pueda no obstante ser inferior a la ventaja obtenida por la persona que cometió la infracción"[90].

Asimismo, tal y como se ha señalado, el 14.3 del Reglamento (CE) Nº 2100/94 establece que, para hacer efectiva la exención agrícola, todo agricultor a excepción de aquellos que ostenten la condición de "pequeño agricultor", deberán abonar una remuneración justa al titular de la variedad vegetal que "será apreciablemente menor que la cantidad que se cobre por la producción bajo licencia de material de propagación de la misma variedad en la misma zona"[91]. Estas condiciones se desarrollan, asimismo, en el Reglamento (CE) nº 1768/95 de la Comisión, de 24 de julio de 1995 por el que se adoptan normas de desarrollo de la exención agrícola contemplada en el apartado 3 del artículo 14 del Reglamento (CE) nº 2100/94 relativo a la protección comunitaria de las obtenciones vegetales[92]. Por un lado, se dispone que las condiciones aplicables para la determinación de la remuneración podrán fijarse mediante contrato entre el titular y el agricultor[93]. En ausencia de pacto o cuando este no sea posible "la remuneración que habrá de pagarse ascenderá al 50% de los importes que se cobran para la producción bajo licencia de material de propagación"[94]. Por otro lado, se establece en relación

---

89 CRESPO VELASCO, A., "The CJEU sets aside the quadruple fee rule for plant variety right infringers covered by the agricultural exemption", Journal of Intellectual Property Law & Practice, 2023, Vol. 00, No. 00, pp. 1-4.

90 Art. 94.2 del Reglamento (CE) Nº 2100/94.

91 Art. 14.3 Reglamento (CE) Nº 2100/94 y art. 14.3.d) LOV.

92 CRESPO VELASCO, A., "The CJEU sets aside the quadruple fee rule..., p. 3.

93 Art. 5.1 del Reglamento (CE) Nº 1768/95.

94 Art. 1 del Reglamento (CE) Nº 2605/98 de la Comisión, de 3 de diciembre de 1998, que modifica el Reglamento (CE) Nº 1768/95 por el que se adoptan normas de desarrollo de la exención agrícola contemplada en el apartado 3 del

a la responsabilidad de los agricultores que incumplen reiterada e intencionalmente su obligación de pagar la remuneración al titular que "cubrirá, como mínimo, una cantidad a tanto alzado calculada tomando como base el cuádruple del importado cobrado, por término medio, por la producción bajo licencia de una cantidad correspondiente de material de propagación de variedades protegidas de las especies vegetales en cuestión en la misma zona"[95], sin perjuicio de la indemnización que corresponda por cualquier otro perjuicio que se ocasione.

En este caso, la discusión objeto de estudio se centra en determinar la compatibilidad existente entre el artículo 94.2 del Reglamento (CE) Nº 2100/94 y el artículo 18, apartado 2, del Reglamento (CE) Nº 1768/95 de la Comisión de 24 de julio de 1995, por el que se adoptan normas de desarrollo de la agricultura agrícola contemplada en el apartado 3 del artículo 14 del Reglamento (CE) nº 2100/94 relativo a la protección comunitaria de las obtenciones vegetales. Mientras que el artículo 94.2 del Reglamento (CE) Nº 2100/94 sostiene que el infractor doloso o negligente está obligado a indemnizar al titular del derecho por cualquier "daño adicional" sin que se establezca presunción alguna sobre el alcance de los daños; el artículo 18.2 del Reglamento (CE) Nº 1768/95, sin embargo, dispone que resulta aplicable la "regla de tarifa cuádruple" y establece una presunción respecto de aquellos agricultores acogidos a la exención agraria que, no obstante, hayan incumplido de forma deliberada y reiterada su obligación de remunerar al titular[96].

2. *Análisis de la jurisprudencia europea que invalida la "regla de la cuádruple tasa" para los infractores de la protección de las obtenciones vegetales amparados por la exención agraria*

La reciente sentencia del Tribunal de Justicia, Sala Cuarta, de 16 de marzo de 2023, asunto C-522/21, *Ms* contra *Saatgut-Treuhand-*

---

artículo 14 del Reglamento (CE) Nº 2100/94 del Consejo relativo a la protección comunitaria de las obtenciones vegetales.

95 Art. 18.2 Reglamento (CE) nº 1768/95.

96 CRESPO VELASCO, A., "The CJEU sets aside the quadruple fee rule…, p. 3.

verwaltung[97] ha invalidado el artículo 18, apartado 2, del Reglamento Nº 1768/95, dejando sin efecto la "regla de la tarifa cuádruple" para los agricultores que, amparados por la exención agrícola, incumplen reiterada e intencionalmente su obligación de pagar la remuneración al titular. La petición de la decisión prejudicial tiene por objeto la determinar la validez del artículo 18, apartado 2, del Reglamento (CE) Nº 1768/95 de la Comisión, de 24 de julio de 1995, por el que se adoptan normas de desarrollo de la exención agrícola contemplada en el apartado 3 del artículo 14 del Reglamento (CE) Nº 2100/94, en relación con lo dispuesto en el artículo 94, apartado 2, primera frase, del Reglamento (CE) Nº 2100/94 del Consejo, de 27 de julio de 1994, relativo a la protección comunitaria de las obtenciones vegetales.

Esta petición se ha presentado en el contexto de un litigio entre *MS* y *Saatgut-Treuhandverwaltungs GmbH,* en relación con el cálculo de la cuantía de la indemnización del perjuicio sufrido por esta última como resultado del cultivo ilícito de la variedad de cebada de invierno KWS Meridian por MS[98]. El demandante, *Saatgut-Treuhandverwaltungs GmbH* (STV), es una institución privada alemana que se encarga de la gestión y ejecución de los derechos de obtenciones vegetales de sus miembros. El demandado, *MS,* es un agricultor alemán que plantó la variedad de cebada de invierno *"KWS Meridian"* registrada durante cuatro campañas comerciales[99]. Sin embargo, STV reclamó, con posterioridad, el pago de una indemnización por daños y perjuicios adicional que ascendía al cuádruple del referido canon, en concepto de la indemnización prevista en el artículo 94, apartado 2, del Reglamento Nº 2100/94, en relación con el artículo 18, apartado 2, del Reglamento Nº 1768/95, deduciendo de esa cantidad el importe del canon ya abonado por Ms por ese mismo periodo[100].

La pretensión de STV fue estimada en primera instancia, en aplicación de la disposición controvertida. Sin embargo, contra dicha sentencia MS interpuso un recurso de apelación alegando que la

---

97 Sentencia del Tribunal de Justicia de la Unión Europea, Sala Cuarta, de 16 de marzo de 2023, asunto C-522/21 [ECLI:EU:C:2023:218].

98 CRESPO VELASCO, A., "The CJEU sets aside the quadruple fee rule..., p. 3.

99 *MS* (C-522/21), párrafos 12 y 13.

100 *MS* (C-522/21), párrafo 16.

disposición controvertida debe declararse nula por no ser conforme con el artículo 94, apartado 2, del Reglamento Nº 2100/94, que no autoriza al titular del derecho de obtención vegetal el derecho a obtener una indemnización por daños y perjuicios punitiva a tanto alzado, equivalente, en el presente asunto, al cuádruple del canon que se adeudaría por la producción bajo licencia. A la vista de esta argumentación, el tribunal alemán remitente suspendió el procedimiento y le plantea al Tribunal de Justicia la siguiente cuestión prejudicial: ¿Es compatible con el Reglamento Nº 2100/94, en particular con su artículo 94, apartado 2, primera frase, el artículo 18, apartado 2, del Reglamento Nº 1768/95, en la medida en que dispone que, en las condiciones que señala, se puede reclamar una indemnización por daños y perjuicios mínima equivalente al cuádruple del importe del canon de la licencia?[101].

Para resolver esta cuestión, en primer lugar, el Tribunal de Justicia de la Unión Europea analiza una serie de cuestiones previas. En primer lugar, observó que la "exención agrícola" establecida en el artículo 14, apartado 1, del Reglamento Nº 2100/94, es una excepción al artículo 13, apartado 2 Reglamento Nº 2100/94, de forma que, lo que permite es que, en determinadas condiciones, los agricultores pueden utilizar el material de la variedad de la variedad registrada sin autorización del titular del derecho. En segundo lugar, también se observó que un agricultor que, en principio, tiene derecho a la "exención agrícola", en aplicación del artículo 14, apartado 1, del Reglamento Nº 2100/94, no puede, sin embargo, invocar la excepción si no paga la correspondiente remuneración equitativa[102]. En caso contrario, debe considerarse que el agricultor lleva a cabo, sin la autorización del titular, uno de los actos de infracción enumerados en el artículo 13, apartado 2, del Reglamento Nº 2100/94.

En su sentencia, el Tribunal de Justicia de la Unión Europea considera que el artículo 18, apartado 2, del Reglamento (CE) Nº 1768/95 de la Comisión, de 24 de julio de 1995, por el que se adoptan normas de desarrollo de la exención agrícola contemplada en el apartado 3 del artículo 14 del Reglamento (CE) Nº 2100/94 del Consejo relativo

---

101 *MS* (C-522/21), párrafo 23.

102 CRESPO VELASCO, A., "The CJEU sets aside the quadruple fee rule..., p. 3.

a la protección comunitaria de las obtenciones vegetales, en su versión modificada por el Reglamento (CE) Nº 2605/98 de la Comisión, de 3 de diciembre de 1998, es nulo[103]. En consecuencia, deja sin efecto este precepto que establece la "regla de la tarifa cuádruple" para los agricultores que, amparados por la exención agrícola, incumplen reiterada e intencionalmente su obligación de pagar la remuneración al titular, al considerar que resulta contrario a lo dispuesto en el artículo el artículo 94, apartado 2, primera frase, del Reglamento (CE) Nº 2100/94 del Consejo, de 27 de julio de 1994, relativo a la protección comunitaria de las obtenciones vegetales.

La invalidez de la regla que establece la cuádruple tarifa establecida se justifica por el hecho de que se considera contraria al Reglamento (CE) Nº 2100/94 del Consejo, de 27 de julio de 1994, relativo a la protección comunitaria de las obtenciones vegetales por cuatro razones diferentes. En primer lugar, el Tribunal de Justicia de la Unión Europea procede a señalar que, si bien el artículo 18, apartado 2, del Reglamento (CE) Nº 1768/95 fija una cantidad mínima a tanto alzado calculada en función del importe, por término medio, del canon de la licencia, el importe de este canon no puede servir per se de fundamento para la evaluación del perjuicio en virtud del artículo 94, apartado 2, del Reglamento Nº 2100/94[104]. Tal y como se dictaminó en el caso *Hansson*[105], el artículo 94 del Reglamento Nº 2100/94 no puede interpretarse en el sentido de que pueda servir de base jurídica, en beneficio de ese titular, para que se condene al infractor a una indemnización por daños y perjuicios de carácter punitivo, fijada mediante una cantidad a tanto alzado. Esta sola razón ya se considera suficiente para invalidar el precepto controvertido[106].

En segundo lugar, se tiene en cuenta que el establecimiento de una cantidad mínima a tanto alzado para indemnizar el perjuicio sufrido por el titular implica, que dicho titular no está obligado a probar la extensión del perjuicio sufrido, sino únicamente la existencia de una vulneración, repetida e intencionada, de sus derechos. De

---

103 *MS* (C-522/21), párrafo 53.

104 *MS* (C-522/21), párrafo 45.

105 Sentencia del Tribunal de Justicia, Sala Quinta, de 9 de junio de 2016, asunto C-481/14, ECLI: ECLI:EU:C:2016:419.

106 CRESPO VELASCO, A., "The CJEU sets aside the quadruple fee rule..., p. 4.

nuevo, esto resulta incompatible con la interpretación del artículo 94, apartado 2, del Reglamento (CE) Nº 2100/94 ya que en el mismo debe ser interpretado en el sentido de que la indemnización debe reflejar con precisión, en la medida de lo posible, los perjuicios reales y ciertos sufridos por dicho titular. En este sentido, la fijación de una cantidad mínima a tanto alzado en concepto de indemnización implica, asimismo, el establecimiento de una presunción iuris et de iure en lo que respecta a la extensión mínima de dicho perjuicio y limita la facultad de apreciación del juez, ya que este solo puede aumentar la cantidad mínima a tanto alzado fijada por la disposición controvertida, pero no disminuirla, aun cuando el perjuicio real pueda determinarse fácilmente y resulte inferior a dicha cantidad mínima a tanto alzado[107].

En tercer lugar, si bien la extensión de la indemnización debida en virtud del artículo 94 del Reglamento Nº 2100/94 debe reflejar con precisión, en la medida de lo posible, los perjuicios reales y ciertos sufridos por el titular, sin constituir una condena de carácter punitivo, la disposición controvertida, al establecer la cuantía de la indemnización de tal perjuicio en una cantidad mínima a tanto alzado calculada tomando como base el cuádruple del importe, por término medio, del canon de la licencia, puede dar lugar a la concesión de una indemnización por daños y perjuicios de carácter punitivo[108], en la medida en que la suma global se fija en la cantidad mínima a tanto alzado calculada tomando como base el cuádruple del canon de la licencia en concepto de indemnización por un incumplimiento repetido e intencionado. Por último, se constata como el rechazo a la aplicación de la "regla de la tarifa cuádruple" implica considerar que la Comisión Europea se ha excedido en el ámbito de sus competencias de ejecución al adoptar el artículo 18, apartado 2, del Reglamento (CE) Nº 1768/95, que resulta incompatible con lo dispuesto en el artículo 94, apartado 2, del Reglamento (CE) Nº 2100/94. Por tanto, se concluye que debe invalidarse el artículo 18, apartado 2, del Reglamento (CE) Nº 1768/95[109].

---

107 *MS* (C-522/21), párrafo 47.

108 MS (C-522/21), párrafo 49.

109 CRESPO VELASCO, A., "The CJEU sets aside the quadruple fee rule for plant variety right infringers covered by the 'agricultural exemption'", Journal of Intellectual Property Law & Practice, 2023, Vol. 00, No. 00, pp. 1-4.

IV. CONCLUSIONES

El objetivo del legislador europeo al regular las condiciones del privilegio del agricultor radica en establecer un equilibrio equitativo entre los intereses del titular y los agricultores. La justificación del privilegio del agricultor encuentra su fundamento en la salvaguarda de la producción agrícola. Por ello, con el objetivo de equiparar los intereses de ambas partes y asegurar el derecho del titular a una remuneración justa de su esfuerzo innovador, se confieren a su favor el derecho a una remuneración cuando se utilice el material de propagación en una nueva cosecha por un agricultor que no pueda ser calificado de pequeño agricultor, en aras de compensar la reducción del alcance de protección del derecho en exclusiva del titular del material vegetal. Precisamente, para garantizar el carácter adecuado o justo de la remuneración se le otorga al titular la facultad de exigir determinada información.

Las reglas de configuración del privilegio o beneficio del agricultor, y su normativa de desarrollo, que coinciden a nivel europeo y español, pretenden posibilitar su ejercicio sin menoscabar los intereses legítimos de obtentor y agricultor. En este sentido, el Reglamento (CE) Nº 1768/95 de la Comisión, de 24 de julio de 1995, de ejecución desarrolla el contenido del artículo 14, apartado 3, del Reglamento (CE) Nº 2100/94. Asimismo, la jurisprudencia europea reciente se ha pronunciado sobre dos cuestiones esenciales aplicables a las condiciones exigibles en el ámbito del privilegio en favor del agricultor: sobre el alcance de la obligación de suministrar información a propósito del privilegio del agricultor y sobre la responsabilidad de los agricultores que incumplen reiterada e intencionalmente su obligación de pagar la remuneración al titular en el ámbito de la exención agrícola.

En primer lugar, la jurisprudencia europea reciente ha considerado que las limitaciones aplicables en el ámbito de la obligación de suministrar información del agricultor y el transformador frente al titular de una variedad vegetal protegida se justifican al ser consideradas como un término medio entre, por un lado, la dificultad del titular para hacer valer su derecho a obtener información, debido a que el examen del material vegetal no revela si fue obtenida por el uso del producto de la cosecha o por la compra de semillas, y, por otro lado, la obligación de salvaguardar los intereses legítimos tanto del obtentor como del agricultor y el prestador de servicios de tratamiento, en virtud de lo dispuesto en el artículo 14.3 del Reglamento (CE) nº 2100/94 y el Reglamento (CE) nº 1768/95 de la Comisión, de 24 de julio de 1995, por el que se adoptan normas de desarrollo de la exención agrícola.

En el caso del suministro de información por los organismos oficiales a favor del titular de un derecho de obtención vegetal, el Tribunal de Justicia de la Unión Europea ha determinado que el objeto de las solicitudes de información debe referirse específicamente a las variedades vegetales y no puede referirse, de manera más general, a las especies vegetales. En términos de impacto práctico, se puede argumentar que esta limitación puede complicar el esfuerzo de los titulares para identificar a los agricultores que hacen uso del material cubierto por sus variedades protegidas. La obtención de información relevante de los agricultores, procesadores y organismos oficiales sigue siendo clave para los titulares con miras a la aplicación eficiente del derecho a la remuneración bajo la protección de su derecho de propiedad intelectual. De hecho, los datos sobre el tamaño de las áreas donde los agricultores cultivan especies de plantas pueden resultar relevantes. clave para los titulares con miras a la aplicación eficiente del derecho a la remuneración bajo la protección de su derecho de propiedad intelectual.

Por último, en relación a la determinación de la responsabilidad de los agricultores que incumplen reiterada e intencionalmente su obligación de pagar la remuneración al titular en el ámbito de la exención agrícola, la jurisprudencia europea reciente ha considerado necesario invalidar la "regla de la tarifa cuádruple" para los infractores intencionados y negligentes de la protección de las obtenciones vegetales amparados por la "exención agraria". La implicación más obvia es que los titulares de derechos de obtención vegetal ya no pueden obtener una tarifa cuádruple de los agricultores que abusan deliberada de la exención agrícola. En su lugar, pueden simplemente reclamar "daños adicionales" de conformidad con lo dispuesto en el artículo 94, apartado segundo, del Reglamento (CE) Nº 2100/94. En la mayoría de los casos, es probable que cuatro múltiplos de la tasa de regalías representen una compensación mayor que el lucro cesante del titular del derecho y, en muchos casos, es mayor que el margen de beneficio obtenido por el infractor y, por lo tanto, un daño punitivo. Sin embargo, desde el punto de vista de los agricultores la exención agrícola pretende lograr un equilibrio entre los intereses de los titulares de derechos de obtenciones vegetales y los agricultores, por lo que la aplicación de la regla de la "tarifa cuádruple" puede resultar desproporcionada.

V. BIBLIOGRAFÍA

AMAT LLOMBART, P., "El privilegio del agricultor como límite al ejercicio del derecho de obtención sobre nuevas variedades vegetales" *Revista de Derecho agrario y alimentario,* Segunda época, año XXI, Nº 45, 2005, pp. 9-20.

ARROYO APARICIO, A., "Obtenciones vegetales y excepción agrícola: pago por utilización del producto de la cosecha", *Revista Aranzadi Doctrinal,* Nº 11, 2015, pp. 219-228.

BOTANA AGRA, M., "Capítulo 15. La excepción en beneficio del agricultor", en GARCÍA VIDAL, A. (Dir.), *Derecho de las Obtenciones Vegetales,* Tirant lo Blanch, Valencia, 2017, pp. 611-635.

CRESPO VELASCO, A., "The CJEU sets aside the quadruple fee rule for plant variety right infringers covered by the 'agricultural exemption'", *Journal of Intellectual Property Law & Practice,* 2023, Vol. 00, No. 00, pp. 1-4

DE LA VEGA GARCÍA, F., *Variedades Vegetales y Defensa de la Competencia. Innovación, producción y comercialización del material de reproducción de las variedades vegetales y/o de su producto cosechado,* Aranzadi, 2022, p. 250.

GARCÍA VIDAL, A., "El material vegetal protegido por una patente o un derecho de obtentor y el empleo del producto de su cosecha con fines de propagación: Agotamiento y privilegio del agricultor en Europa y en los EE. UU", *Cuadernos de Derecho Transnacional,* 2016, Vol. 8, Nº 1, pp. 76-100.

MARTÍNEZ LÓPEZ, A., "Information is power: ruling C-239/18 and the informative obligation of oficial bodies vis-a`-vis plant variety right holders within the framework of the agricultural exemption", *Journal of Intellectual Property Law & Practice,* 2020, Vol. 15, No. 2, pp. 88-90.

MILLET, T., "ECJ case law on holders' rights to acquire information on the use of farm-saved seed", *Journal of Intellectual Property Law & Practice,* 2010, Vol. 5, No. 6, pp. 424-428.

MIRANDA RIBERA, E., "Los intercambios de información en el ámbito de las obtenciones vegetales a propósito del privilegio del agricultor", *La Ley mercantil,* Nº 63, 2019, Wolters Kluwer, pp. 1-20 (consulta en La Ley digital LA LEY 14043/2019).

VERKEY, E., "Shielding farmers' rights", *Journal of Intellectual Property Law & Practice,* 2007, Vol. 2, No. 12, pp. 825-831.

VIVES VALLÉS, J. A., "Los límites del derecho de obtentor de variedades vegetales: la excepción del agricultor, el agotamiento de la protección y otros límites", *La Ley Mercantil,* 26, 2016, pp. 1-21, (consulta en La Ley digital LA LEY 4311/2016).

WÜTENBERG, G., VAN DER KOOIJ, P., KIEWIET, B., EKVAD, M., *European Union Plant Variety Protection,* Oxford University Press, 2015, p. 144.

Capítulo Sexto

LA LICENCIA CONTRACTUAL DE EXPLOTACIÓN DE LA OBTENCIÓN VEGETAL

JAUME LLORCA GALIANA[1]

Profesor Ayudante de Derecho Mercantil

Universidad de Alicante

RESUMEN: Los contratos de licencias de explotación de obtenciones vegetales son instrumentos muy habituales en el tráfico mercantil, cuyo estudio no ha sido frecuente en la doctrina. Su aplicación implica una casuística muy variada cuyas necesidades no siempre se ven cubiertas con la regulación normativa actual, resultando necesario acudir a criterios interpretativos para la completa comprensión de este contrato. Se abordan en este trabajo las cuestiones esenciales del régimen contractual y su aplicación práctica, haciendo especial referencia a la reciente jurisprudencia del TJUE y TS que rompe una mayoritaria jurisprudencia menor y determina la limitación de los derechos del obtentor en determinadas circunstancias, así como la problemática que plantea la extinción del derecho y el proceso de registro de la inscripción de la licencia dependiendo de la clase y según resulte de aplicación la normativa europea o española.

PALABRAS CLAVE: obtención vegetal, licencia, variedad vegetal, derechos del obtentor, registro de licencia.

---

1 Este trabajo es la versión escrita de la comunicación presentada en el Congreso Internacional "Propiedad Intelectual e Instrumentos Financieros para un sistema agrícola sostenible", celebrado los días 29, 30 y 31 de mayo de 2024 en la Universidad de Alicante bajo la dirección de las Profesoras Esperanza GALLEGO SÁNCHEZ y Nuria FERNÁNDEZ PÉREZ en el marco del Proyecto para Grupos de Investigación de Excelencia de la Consellería de Educación, Cultura, Universidades y Empleo de la Generalitat Valenciana, PROMETEO CIPROM/2021/057.

ABSTRACT: Licencing contracts for the exploitation of plan varieties are very common resources on commercial traffic, which has not been often studied on the judicial doctrine. Its practical application implies a wide casuistry which needs are not often covered on the current legal frameworks. Making it necessary to follow subjective criteria for the comprehensive understanding of this contract. This work addresses the key contractual regime issues and its practical applications, making special reference to the recent CJEU and TS' jurisprudence. Which breaks an ample minor jurisprudence and determines the limits of the plant breeder's rights in certain circumstances. As well as the problems posed by the extinction of the rigtht and issues raised by the licencing registration process. Which is subject to the class and on whether European or Spanish law should be followed.

KEY WORDS: plant variety, licence, plant breeder's rights, licencing registry

I. INTRODUCCIÓN

La obtención vegetal supone otorgar protección en el ámbito de la propiedad intelectual a la variedad vegetal. La innovación en el ámbito del sector agrícola ha sido una constante a lo largo de la historia. Ahora bien, al avance de las tecnologías en los últimos años ha permitido desarrollar con notable intensidad el campo del fitomejoramiento. La obtención de una variedad vegetal representa un esfuerzo notable para el obtentor[2] que, de media, debe invertir más de un millón de euros durante 12 años para obtener la variedad vegetal. En este sector el 25% de la facturación se destina a I+D dada su notable importancia, teniendo en cuenta que unas 12.000 personas trabajan en la UE en ese campo de investigación y cuyo resultado reporta unos royalties considerables[3]. El volumen de negocio asciende a unos 6.800 millones de euros[4]. Ello hace que las obtenciones vegetales tengan una especial relevancia en el mercado.

La cesión del derecho del titular de la obtención por medio de la licencia contractual de explotación de la variedad vegetal protegida mediante obtención vegetal resulta cada vez más frecuente en

---

2 GALLEGO SÁNCHEZ, E./FERNÁNDEZ PÉREZ, N., *Derecho Mercantil. Parte Primera*, 5ª edición. Tirant lo Blanch, Valencia, 2019, p. 290.

3 En los últimos 10 años, la media anual ha sido de 50 millones de euros en Francia, 35 en Alemania, 26 en Reino Unido y 4 en España.

4 ANOVE, Datos del sector, datos de interés. Disponible en https://www.anove.es/datos-del-sector/datos-de-interes/.

la práctica y su aplicación conlleva, en algunos aspectos, unos problemas cuya solución no es unánime. La regulación del contrato de licencia plantea una serie de particularidades derivadas de la propia naturaleza del derecho[5] que la normativa no ha sabido regular con la debida amplitud, otorgando un amplio margen de discrecionalidad a las partes, y que se ha visto afectada por la declaración de nulidad de algunos preceptos de su regulación que no se han visto suplidos, implicando ello una carencia normativa relevante que se ha tenido que ir modulando por vía jurisprudencial y doctrinal.

II. OBJETO

El objeto del contrato de licencia es la autorización del titular del derecho de obtención vegetal a un tercero para explotar la variedad vegetal de dicha obtención bajo una serie de condiciones. Lo cierto es que la regulación que se ofrece de este contrato es, por diversas razones que posteriormente se detallarán, parca e insuficiente, siendo necesaria, en gran medida, la aplicación subsidiaria de la Ley de Patentes[6]. La legislación española no ofrece una definición de este contrato, limitándose a señalar el art. 23.1 de la Ley 3/2000, de 7 de enero, de régimen jurídico de la protección de las obtenciones vegetales (en adelante, LOV) que "El titular de un título de obtención vegetal podrá conceder licencias de explotación de la variedad objeto del mismo, siempre que se cumplan las condiciones que por dicho titular se establezcan, y cuanto sobre esta materia se regule en

---

5 BROSETA PONT, M/MARTÍNEZ SANZ, F., *Manual de Derecho Mercantil. Volumen I*, 25ª edición, Tecnos, Madrid, 2018, p. 244 "La razón principal del tratamiento diverso (de las patentes y las obtenciones vegetales) reside en la dificultad de garantizar, respecto de las variedades vegetales, la "repetibilidad" que es esencial a las invenciones patentables".

6 Conforme a lo previsto en la disposición adicional segunda de la LOV que prevé que "En defecto de norma expresamente aplicable a los derechos del obtentor regulados en la presente Ley se aplicarán supletoriamente las normas que regulan la protección legal de las invenciones".

la presente Ley y sus disposiciones complementarias"[7][8]. Lo mismo sucede con la legislación europea, recogiéndose en el Reglamento (CE) nº 2100/94 del Consejo, de 27 de julio de 1994 relativo a la protección comunitaria de las obtenciones vegetales (en adelante, ROV) que "La protección comunitaria de una obtención vegetal podrá ser objeto total o parcialmente de licencias contractual de explotación. Las licencias podrán ser exclusivas o no exclusivas"[9]. Por tanto, el objeto del contrato no parece claramente definido por la legislación[10]. Siendo así, conviene realizar una serie de puntualizaciones a la definición ofrecida.

En primer lugar, debe remarcarse que el titular de la obtención continúa siendo propietario de su título de obtención vegetal. Si bien es cierto que el título puede ser objeto de diferentes contratos[11], en

---

7 Dicho artículo se basa en el concepto dispuesto en el artículo 6.3 de la derogada Ley 12/1975 que establecía que "El titular de un «Título de Obtención Vegetal», previa comunicación al Registro de Variedades Protegidas, podrá conceder licencias de explotación de la variedad objeto del título a toda persona que lo solicite, siempre que se cumplan las condiciones que por dicho titular se establezcan, y cuanto sobre esta materia se regule en la presente Ley y sus disposiciones complementarias. A tal efecto, se tomará razón de dichos contratos en el Instituto Nacional de Semillas y Plantas de Vivero."

8 Tampoco se describe el contenido del contrato en el RLOV.

9 Art. 27 ROV.

10 La doctrina se encuentra dividida sobre si la regulación es suficiente. Así, VILLAROEL LÓPEZ DE LA GARMA, A., "El contrato de licencia de explotación sobre variedades vegetales" en Amat Llombart, P. (Coord.), *La propiedad industrial sobre obtenciones vegetales y organismos transgénicos*, Tirant lo Blanch, Valencia, 2007, p. 237, considera que "la regulación en el Derecho español y en la mayoría de ordenamientos de otros países" no se puede entender como coherente y completa. En el mismo sentido opina SALDAÑA VILLOLDO, B., "Los contratos de licencia de explotación sobre obtenciones vegetales: algunas consecuencias de la precariedad normativa", Revista de Derecho Mercantil, nº 307, (2018), p. 256. En cambio, MUÑOZ CADENAS, M. A., *El contrato de licencia de explotación de las obtenciones vegetales en el derecho español y comunitario*, Sevilla, 2015, disponible en https://idus.us.es, p. 185, entiende que las disposiciones existentes tanto en la "normativa nacional como en la comunitaria nos permiten acercarnos a la noción de este contrato".

11 A este respecto GALLEGO SÁNCHEZ, E./FERNÁNDEZ PÉREZ, N., *Derecho Mercantil. Parte Primera, cit.*, p. 290 indica que, como sucede en otros ámbitos de la propiedad intelectual, el bien inmaterial "puede ser objeto de propiedad y tráfico jurídico por todos los medios que el Derecho reconoce".

este caso, el objeto del contrato de licencia es la autorización para explotar la variedad, pudiendo asimilarse en cierto modo al contrato de arrendamiento[12]. En cambio, no formarían parte del concepto de licencia que ahora se expone los "contratos de experimentación", entendidos como aquellos mediante los cuales el titular del derecho de obtención vegetal cede a un tercero el material de la variedad para que este realice ensayos, pero sin permitirle producción o comercialización, con independencia de que el objetivo último sea la concesión posterior de una licencia de explotación[13]. En esta línea, no requeriría licencia la actuación que suponga la utilización de una variedad para lograr una nueva variedad[14] ni, en general, aquellas que se encuentren fuera del ámbito de facultades del titular de la obtención. Por tanto, en el contrato de licencia únicamente existe una autorización para explotar los derechos que le corresponden al titular de la obtención.

Por lo que se refiere a los derechos del titular, la normativa europea no es plenamente coincidente sobre la delimitación de estos derechos e, incluso, la normativa española incurre en contradicción entre la LOV y el RLOV. El ROV determina en su artículo 13.2 que "se requerirá la autorización del titular para la ejecución de las operaciones siguientes con componentes de una variedad o material cosechado de la variedad en cuestión". En cambio, la LOV en su artículo 12.2 se expresa en términos parecidos, pero limita la autorización para la ejecución de actuaciones "al material de reproducción o de multiplicación de la variedad". El matiz resulta relevante porque se limita el derecho del obtentor al material de reproducción o multiplicación, cuando no siempre el producto de la cosecha tiene ca-

---

12 MARTÍN ARESTI, P. *La licencia contractual de patente*. Aranzadi Editorial, Pamplona, 1997, p. 79, hace referencia a la "identidad de estructura negocial".

13 En este tipo de contratos, conocidos como *testing agreements*, generalmente el obtentor se reserva el derecho futuro sobre la variedad resultante de la experimentación y el tercero obtiene una licencia de explotación exclusiva en un determinado territorio, según SÁNCHEZ GIL, O., *La protección de las obtenciones vegetales. El privilegio del agricultor*. Ministerio de Medio Ambiente y Medio Rural y Marino, Madrid, 2008, p. 118.

14 Por estar amparada por el privilegio del titular de la obtención.

pacidad para reproducirse[15]. Ahora bien, el RLOV en su artículo 16.4 determina que "Las licencias de explotación de variedades protegidas se referirán únicamente al material de reproducción y serán concedidas por el obtentor al productor de dicho material". Con este precepto queda restringido el derecho del obtentor únicamente al material de reproducción de la variedad vegetal y adicionalmente se prevé que el obtentor conceda la licencia a quien tenga la condición de productor. Pese a que bien se podría entender que este precepto reglamentario contraviene lo dispuesto en la Ley por restringir con mayor intensidad que la prevista por la norma superior los derechos del titular de la obtención, el Tribunal Supremo ha entendido que el artículo 16.4 del RLOV es ajustado a Derecho[16].

En cuanto al canon o royalty en contraprestación por la licencia, es uno de los principales fines de la obtención de la variedad vegetal, máxime teniendo en cuenta la inversión realizada por el obtentor y que supone un estímulo para poder encontrar una variedad adecuada que pudiera tener éxito en el mercado. En todo caso, se debe puntualizar que ello no resulta un requisito imprescindible para la validez del contrato. La licencia no siempre debe ser retribuida, pese a que sea ello lo más frecuente[17]. En el caso de que se acuerde una contraprestación podrá fijarse de manera libre por las partes teniendo en cuenta la extensión de la autorización que se pueda fijar contractualmente. En todo caso, la retribución puede ser fija en único o sucesivos pagos, variable o incluso mixta[18].

---

15 VILLAROEL LÓPEZ DE LA GARMA, A., "El contrato de licencia de explotación sobre variedades vegetales", *cit.*, p. 244.

16 Sentencia del Tribunal Supremo de 5 de junio de 2007, nº 4622/2007.

17 El artículo 85.1 de la Ley de Patentes, aplicable por remisión de la LOV, dispone que "Quien transmita a título oneroso una solicitud de patente (...)", desprendiéndose de ello que cabe, a sensu contrario, la licencia a título gratuito.

18 GARCÍA VIDAL, A., "La licencia contractual de explotación de una variedad protegida con un título de obtención vegetal" en García Vidal, A. (Dir.), *Derecho de las obtenciones vegetales*, Tirant lo Blanch, Valencia, 2017, pp. 853-854.

III. CLASES

La licencia se divide en diferentes clases conforme a la extensión de la autorización pactada en el contrato.

1. Licencia de producción, reproducción y cultivo

La licencia de explotación de la obtención vegetal puede abarcar la producción y reproducción de la variedad. Dentro de este ámbito se encuentra la reproducción sexual y la multiplicación asexual[19]. A este respecto, el Convenio internacional para la Protección de las Obtenciones Vegetales (en adelante, CUPOV) habla de "la producción o la reproducción (multiplicación)"[20], sin hacer mayor aclaración sobre su alcance y sin hacer mención en ningún momento al término "uso" o similar. Igualmente, el Real Decreto 1261/2005, de 21 de octubre, por el que se aprueba el Reglamento de protección de obtenciones vegetales (en adelante, RLOV) delimita la licencia al "material de reproducción"[21]. Así mismo, resulta relevante el artículo 13.3 ROV, que hace referencia al material cosechado[22].

La doctrina se encuentra dividida respecto a si el derecho del obtentor abarca el cultivo o producción agraria de la variedad, entendida como la plantación o siembra de una variedad para la obtención del producto o fruto cosechado. La importancia de esta delimitación es innegable dado que permite determinar con precisión el alcance del derecho del obtentor para licenciar la obtención para la producción y reproducción o, en su caso, para el cultivo y cosecha.

---

19 Respecto de la multiplicación asexual; SEGUÍ SIMARRO, J. M. *Biología y biotecnología reproductiva de las plantas*. Editorial UPV, Valencia, 2011, p. 20. Tiene lugar cuando interviene un único progenitor, implicando ello que "las nuevas plantas resultarán idénticas genéticamente a este progenitor. Desde una sola célula, un tejido o una parte de una planta se pueden originan plantas nuevas".

20 Art. 14.1.i) CUPOV.

21 Art. 16 RLOV.

22 Lo dispuesto en el apartado 2 se aplicará al material cosechado sólo si éste se ha obtenido mediante el empleo no autorizado de componentes de la variedad protegida, y siempre y cuando el titular no haya tenido una oportunidad razonable para ejercer sus derechos sobre dichos componentes de la variedad.

De un lado, un sector de la doctrina entiende que cuando se cultiva o siembra una variedad para obtener sus productos y comercializarlos se estaría vulnerando el derecho del obtentor si no se ha requerido previamente el consentimiento del titular y podría ser objeto de prohibición (primer escalón de protección)[23].

De otro lado, se ha entendido que la producción o reproducción no incluye la plantación y comercialización de los frutos, no vulnerando con ello el derecho del titular de la obtención. Únicamente quedaría vulnerado este derecho si el titular no ha podido ejercer sus derechos previamente sobre el material de multiplicación y reproducción, pudiendo, en ese caso, ejercer sus derechos en relación al producto cosechado[24] (segundo escalón de protección). Así, con

---

23 THEVENON, D., "Experiencia de obtentores: la función de los contratos en el ejercicio de los derechos del obtentor" en *Simposio sobre contratos relativos al derecho de obtentor*, Ginebra, octubre de 2008, disponible en https://www.upov.int/, p. 4, Se defiende que los derechos que pueden ser objeto de licencia pueden variar en función de la naturaleza del titular de licencia, distinguiendo entre viveristas, arboricultores, comercializadores e importadores o exportadores. En el caso de los arboricultores destaca que puede concederse al fruticultor, abarcando la autorización al cultivo de las plantas para la producción y venta del fruto cosechado. En este mismo sentido se expresa, MUÑOZ CADENAS, M. A., *El contrato de licencia de explotación de las obtenciones vegetales en el derecho español y comunitario, cit.*, p. 213.

24 SALDAÑA VILLOLDO, B., "Cuestiones en torno a la extensión de la protección provisional del obtentor de una variedad vegetal en el Reglamento CE nº 2100/94". *Cuadernos de Derecho y Comercio,* nº 59 (2013), p. 177. "El obtentor no elige cuándo y frente a qué tipo de material (material de multiplicación o reproducción o sobre la cosecha) ejerce su derecho, sino que debe ejercer su derecho necesariamente sobre el material de reproducción/multiplicación y, si no puede razonablemente hacerlo, cabe a tenor de este precepto que lo ejerza sobre el fruto. De los preceptos analizados se infiere que, para extender la protección al producto de la cosecha, el obtentor debe desplegar una cierta diligencia en su actuación, esto es, estimamos que el legislador de forma indirecta está imponiendo al obtentor una cierta vigilancia sobre el material de reproducción o multiplicación sobre el que prima facie se extiende su derecho. Esto debiera suponer que si el obtentor conoció o debió conocer la distribución sin su autorización del material de reproducción, y no actuó, ello le impediría extender sus derechos al fruto en tal caso. El alcance a estos efectos del término "oportunidad razonable" deberá fijarse por los Tribunales y dependerá, como resulta lógico, de las circunstancias concurrentes. Esta previsión legal entendemos que debiera proyectarse sobre actos posteriores a la concesión del título". Esta interpretación va en línea de lo previsto en el art. 13.3 del ROV.

la compra del material de reproducción se agotaría el derecho del obtentor, salvo que no hubiera podido ejercitar los derechos sobre la obtención.

Por lo que se refiere a la jurisprudencia, son diversos los supuestos resueltos por los tribunales. En primer lugar, puede suceder que la variedad se plantara durante el periodo de protección provisional[25]. Ante ello se ha considerado por los Tribunales en algunas ocasiones que cuando se produzca la reproducción o la multiplicación con anterioridad a la fecha de concesión de la protección se vulneraría el derecho del obtentor si se comercializa posteriormente el fruto sin solicitar la debida licencia al titular[26].

---

25 Art. 95 ROV.

26 La sentencia de la Audiencia Provincial de Zaragoza de 2 de julio de 2007 nº 406/2007 indica que "Se plantea así la cuestión de si el ámbito de la protección incluye o no la producción y comercialización de los productos obtenidos con los individuos obtenidos mediante actos de multiplicación anteriores a la fecha de la concesión. El recurrente afirma que alcanza a los actos incluidos en el art. 13 del Reglamento, y si la Sala tiene dudas al respecto, insta al planteamiento de la cuestión comunitaria. Pues bien, coincidimos con el recurrente. En contra de lo mantenido por el juzgador de primer grado, no cabe entender legalizada una plantación de una especie protegida por una concesión de comunitaria de variedad vegetal en el sentido de entender que cualquier clase de acto realizado en relación a ella queda fuera del control del titular de la concesión, pues la protección no tiene otras excepciones que las señaladas en el propio reglamento. No cabe entender legalizada una plantación de una especie protegida por una concesión de comunitaria de variedad vegetal en el sentido de entender que cualquier clase de acto realizado en relación a ella queda fuera del control del titular de la concesión, pues la protección no tiene otras excepciones que las señaladas en el propio reglamento".
Igualmente, la Sentencia de la Audiencia Provincial de Valencia de 24 de enero de 2012 nº 23/2012 indica que "Ha sido acreditado que con posterioridad al momento en que se consolida la titularidad de la variedad vegetal, ha tenido lugar la producción de fruta y su consecuente comercialización por el demandado, sin consentimiento de quien ostenta el derecho de exclusiva sobre la variedad controvertida. (...) Discrepamos, por ello, de la afirmación que se contiene en la sentencia apelada (FJ 1º) en orden a que el demandado no ha realizado después del 16 de febrero de 2006 ninguno de los actos mencionados en el artículo 13.2 del Reglamento e igualmente discrepamos en orden a que la protección respecto del material cosechado sea una excepción al régimen general de protección, pues entendemos que la protección al titular del derecho de explotación se extiende también al producto de la cosecha de forma subsidiaria —en los términos prevenidos legalmente— que no es lo mismo que como excepción

Ahora bien, la Sentencia del TJUE de 16 de diciembre de 2019[27] resuelve de manera definitiva esta controversia al interpretar el artículo 13 del ROV. Dicha resolución tiene origen en una consulta prejudicial que formula el Tribunal Supremo en el seno de un procedimiento judicial respecto de la posible vulneración del derecho del obtentor por la plantación y comercialización de mandarinas Nadorcott sin autorización del obtentor[28]. Así, resulta de la interpretación de la normativa comunitaria que "en lo que respecta al período de protección mencionado en el artículo 95 del Reglamento Nº 2100/94, el titular de esa protección comunitaria de obtenciones vegetales no puede prohibir la ejecución de las operaciones mencionadas en el artículo 13, apartado 2, de este Reglamento invocando la falta de consentimiento por su parte, de modo que la ejecución de tales operaciones no constituye un «empleo no autorizado», en el sentido del artículo 13, apartado 3, de dicho Reglamento. En el pre-

---

al ámbito de protección general. Tampoco compartimos la afirmación de que el demandado no necesitase la oportuna autorización para la explotación de los árboles injertados (pues considera el Juzgador a quo que al momento de producirse los componentes pertenecían al dominio público) dado que el injerto se produce en el momento amparado por la protección provisional derivado de la solicitud anterior".

27 Sentencia del Tribunal de Justicia de la Unión Europea, Sala Séptima, de 16 de diciembre de 2019, asunto C-176/18, Club de Variedades Vegetales Protegidas vs Martínez Sanchís.

28 Este procedimiento tiene origen en la reclamación que formula el Club de Variedades Vegetales Protegidas en nombre de CARPA DORADA S. L., licenciataria exclusiva de la obtención vegetal conocida como Nadorcott frente a un agricultor valenciano. En primera instancia, el Juzgado de lo Mercantil nº 3 de Valencia, estima la excepción de prescripción y absuelve al demandado. La Audiencia Provincial de Valencia resuelve desestimar la excepción de prescripción por no concurrir los presupuestos necesarios. En cambio, estima la alegación de falta de legitimación pasiva por entender aplicable el art. 85 Ccom dado que los árboles fueron adquiridos en un establecimiento abierto al público. El TS considera que no puede resultar de aplicación dicho precepto dado que "en el ámbito de los derechos de propiedad intelectual en sentido estricto, se distingue entre el corpus mechanicum (cuerpo material) y el corpus mysticum (creación intelectual) para el cual el primero sirve de soporte material, en el caso de un plantón de una variedad vegetal registrada en la oficina comunitaria, puede distinguirse entre la materialidad del plantón y la creación que supone la obtención de esa variedad vegetal". Tras ello, se formula cuestión prejudicial al TJUE, con el resultado que se expone en el texto.

sente asunto, se desprende de lo antes expuesto que, en la medida en que la multiplicación y la venta al Sr. Martínez Sanchís de los plantones de la variedad vegetal protegida de que se trata en el asunto principal se realizaron durante el período mencionado en el artículo 95 del Reglamento Nº 2100/94, tales operaciones no pueden considerarse un «empleo no autorizado» en el sentido antes indicado. Así pues, los frutos obtenidos a partir de estos plantones no deben considerarse frutos obtenidos mediante un empleo no autorizado, en el sentido del artículo 13, apartado 3, de dicho Reglamento, ni siquiera en el caso de que hayan sido cosechados después de la concesión de la protección comunitaria de obtenciones vegetales. En efecto, como se desprende de la respuesta dada a las cuestiones prejudiciales primera y segunda, la plantación de los componentes de una variedad vegetal y la cosecha de sus frutos, que no son utilizables como material de propagación, no constituye una operación de producción o de reproducción de componentes de una variedad, en el sentido del artículo 13, apartado 2, letra a), del Reglamento Nº 2100/94"[29]. Tras ello, el Tribunal Supremo dicta sentencia el 11 de junio de 2020 resolviendo que no se vulneró el derecho del obtentor[30].

---

29 Concluye el TJUE declarando, en la sentencia antedicha, que "El artículo 13, apartado 3, del Reglamento Nº 2100/94 debe interpretarse en el sentido de que los frutos de una variedad vegetal no utilizables como material de propagación no pueden considerarse obtenidos «mediante el empleo no autorizado de componentes» de dicha variedad vegetal, según los términos de esa disposición, cuando un vivero haya multiplicado y vendido dichos componentes de la variedad a un agricultor en el período comprendido entre la publicación de la solicitud de protección comunitaria de obtenciones vegetales relativa a esa variedad vegetal y la concesión de dicha protección.

30 La Sentencia del Tribunal Supremo de 11 de junio de 2020, nº 282/2020, determina que "De este modo, en atención a los hechos probados en la instancia, el demandado no habría realizado ninguna de las conductas reseñadas en el apartado 2 del art. 13 RCE 2100/94, pues la producción o reproducción se referiría a los plantones que habrían sido realizados por el vivero y adquiridos antes de que generara efectos la obtención de la variedad vegetal; y no alcanzaría ni a su plantación ni a la recolección de la cosecha de mandarinas, que en ambos casos resulta indiferente que pudieran haberse realizado después de la publicación de la concesión de la variedad vegetal".

Con esa interpretación se rompe una amplia jurisprudencia de numerosas Audiencias Provinciales[31], clarificando el alcance de los derechos del obtentor en el periodo que transcurre entre la solicitud de la protección y la concesión del título de obtención.

Cuestión diferente resulta la controversia respecto de la vulneración del derecho del obtentor cuando el titular de la explotación agraria adquiere los productos en un vivero abierto al público y, tras la concesión de la protección, planta o siembra la variedad y recolecta sus frutos. Diferentes efectos se han atribuido a esta situación[32], que quedó zanjada con las antedichas sentencias del TJUE y el TS. Así, el TJUE ha entendido que en esos casos "En efecto, el artículo 13, apartado 3, de este Reglamento precisa que, en lo que respecta a las operaciones mencionadas en el apartado 2 de dicho artículo que se realicen con material cosechado, solo se requiere tal autorización si ese material se ha obtenido mediante el empleo no autorizado de componentes de la variedad protegida y a condición de que el titular de dicha variedad no haya tenido una oportunidad razonable de ejer-

---

31 Debe mencionarse que la jurisprudencia no era unánime, aunque sí mayoritaria. A estos efectos, la sentencia Audiencia Provincial de Badajoz de 12/11/2007, nº 396/2007 considera "que los árboles fueron plantados con una anterioridad notable a la fecha de concesión de los derechos de propiedad industrial". "No estaba obligada la demandada a conservar la documentación relativa a tal lejana fecha que acreditase la denominación y características de la variedad de nectarina cuya explotación entonces comenzaba (...) La demandada no tenía porqué ser conocedora en la fecha de publicación de la solicitud de la protección de la variedad que defiende la actora (...) porque cuando tal variedad es plantada aún no se había inscrito en el registro correspondiente la variedad Valentina a la que se refiere la demanda (...) quien explota lícitamente una variedad vegetal en un momento determinado también la explota en el futuro porque la producción posterior viene dada, en cada momento, por el árbol mismo, sin necesidad de aplicación, por lo general, de nuevos injertos ya que las características de la variedad producida están ya en el propio árbol".

32 La Sentencia de la Audiencia Provincial de Madrid de 3 de marzo de 2011, nº 109/2011 resuelve que el titular de la obtención vegetal se puede dirigir directamente contra el titular de la plantación dado que "no cabe duda que, cuando la actora descubre la plantación en 2004, ya hacía tiempo que se había producido la infracción de los derechos del titular de la protección comunitaria, por lo que, no constando quién había sido su autor, resulta razonable que se dirija la demanda contra el que explota y obtiene sus productos de esa variedad protegida, máxime cuando se desconocía quien era el posible suministrador, dato del que no fue notificada la actora hasta la contestación a la demanda".

cer sus derechos sobre dichos componentes de la variedad protegida. Por lo tanto, la autorización del titular de una protección comunitaria de obtenciones vegetales exigida por el artículo 13, apartado 2, letra a), de dicho Reglamento solo es necesaria, tratándose de operaciones que se realicen con material cosechado, en la medida en que concurran los requisitos fijados en el apartado 3 del mismo artículo".

Por ello, para que sea imperativo solicitar autorización se han de cumplir cumulativamente dos requisitos; el empleo no autorizado de componentes de la variedad y que el titular no hubiera podido ejercitar de manera razonable los derechos sobre los componentes de la obtención. En el caso de que no se cumplan ambos requisitos, el titular no podrá exigir que se le solicite autorización para plantar y cosechar el producto.

Con ello, el TJUE y el TS clarifican esta cuestión y rompen nuevamente con la jurisprudencia que se había formado al respecto por la Audiencias Provinciales. El TJUE diferencia así el material entendido como "componente de una variedad" y material de cosecha dado que, pese a que el concepto "material" abarca a ambos, la protección ofrecida es diferente. En el sentido de "componente de una variedad" tiene una protección primaria y en el sentido de material de cosecha tiene una protección secundaria[33].

Por tanto, se limita de manera considerable el derecho del titular de la obtención, con especial intensidad en lo que se refiere a sus derechos en el periodo de protección provisional y, en todo caso, dada la protección secundaria que se otorga tras la concesión de la licencia definitiva. Ello conlleva que el ámbito de aplicación de las licencias contractuales quede acotado a los requisitos establecidos en la normativa comunitaria conforme a la interpretación del TJUE y el TS.

2. *Licencia en parte o todo el territorio*

La licencia contractual tiene eficacia en un determinado territorio, quedando anudada la validez de esa licencia al lugar específico

[33] Reforzando con ello la interpretación realizada en la Sentencia del TJUE de 20 de octubre de 2011, asunto C-140/10 (Greenstar-Kanzi Europe NV y Jean Hustin).

que se acuerde. La licencia puede abarcar el territorio de la Unión Europea o el territorio nacional. En el primer caso, la obtención vegetal será europea por estar registrada en la Oficina Comunitaria de Variedades Vegetales y en el segundo caso la obtención será nacional por registrarse en la Oficina Española de Variedades Vegetales. La regulación normativa sobre este aspecto es escasa, debiendo estar a lo que libremente pacten las partes, cuyo acuerdo vendrá determinado por los intereses de estas[34]. Ello es una muestra más del amplio margen de libertad de pactos que ofrece la normativa que regula la licencia contractual de obtenciones vegetales. La única previsión legal sobre este aspecto la contempla el RLOV[35] al presumir que, si no se acuerda nada al respecto, la licencia se entiende concedida para todo el territorio nacional. Por ende, a sensu contrario, el ámbito territorial de validez de la licencia puede restringirse a una zona concreta de la UE o a una parte del territorio nacional[36]. Así mismo, debe tenerse en cuenta lo previsto en el ROV al determinar que la protección comunitaria de la obtención vegetal es uniforme en todo el territorio de la UE y los derechos que la misma otorga solamente pueden transmitirse de manera uniforme[37].

3. Licencia exclusiva y no exclusiva

La licencia puede tener el carácter de exclusiva o no exclusiva. En el caso de que sea exclusiva, se permitirá al licenciatario explotar la licencia sin que ningún tercero pueda hacerlo en relación con dicha obtención vegetal. Ahora bien, dentro de las licencias exclusivas cabe diferenciar entre aquellas que otorgan al licenciante la posibilidad de explotar la variedad vegetal y aquellas que no lo hacen. Por un

---

34 Sin perjuicio de la posible aplicación la normativa sobre condiciones generales de contratación si los contratos de licencia cumplen las características establecidas en la legislación para que resulte de aplicación.

35 Art. 16.1.b) RLOV.

36 En ese caso, si el obtentor concediera licencias adicionales en el restante territorio de la UE o nacional, se entiende que existe una "red de licencias" según MARTÍN ARESTI, P., "Cesión y licencia de patente y marca" en Bercovitz Rodríguez-Cano, A. (dir.) y Calzada Conde, M. A. (dir), *Contratos Mercantiles. Volumen II*, 3° edición, Aranzadi Thomson, Navarra, 2007, p. 2139.

37 Art. 2 ROV.

lado, las licencias exclusivas simples prohíben al licenciante otorgar más licencias para una variedad en un ámbito temporal y territorial concreto, pero no le impiden explotar en su propio nombre dicha variedad. En cambio, las licencias exclusivas completas suponen que, además de la prohibición referida para el licenciante, tampoco podrá explotar la variedad vegetal, quedando únicamente el licenciatario como autorizado para dicha explotación. En el caso de que las partes no determinaran si la licencia exclusiva tiene el carácter de simple o completa, el RLOV determina que se presumirá que tiene el carácter de completa[38].

Por lo que se refiere a la licencia no exclusiva, el licenciante podrá otorgar licencias adicionales de la misma variedad en el mismo ámbito temporal y territorial. Este tipo de licencia resultará de aplicación si no se pactara por las partes el carácter de exclusiva o temporal conforme a la presunción prevista en el RLOV[39].

Por lo que se refiere a su inscripción en el Registro, son diferentes los efectos que se atribuyen a la licencia según su carácter. Así, el ROV[40] determina que serán objeto de inscripción en el Registro de Protección Comunitaria de Obtenciones Vegetales las licencias de explotación exclusivas y las obligatorias, pareciendo vetar el acceso a dicho registro a las restantes licencias que no se encuadren en estos supuestos. En cambio, la legislación española sí que parece permitir el acceso de las licencias al Registro Oficial de Variedades Protegidas al determinar el RLOV que en los asientos de dicho registro se deberá hacer constar, entre otras cuestiones, las condiciones de las licencias[41], ampliando así los tipos de licencia que pueden tener acceso al

---

38 Art. 16.2 RLOV "Salvo que el titular del título de obtención vegetal se reserve expresamente el derecho a explotar la variedad, cuando se otorgue una licencia exclusiva, se entenderá que sólo el titular de la licencia puede explotarla".

39 Art. 16.1.c) RLOV.

40 Art. 87.2.f) RUE "La Oficina llevará un registro de la protección comunitaria de obtenciones vegetales, en el que, tras la concesión de cualquier protección comunitaria de obtención vegetal, deberán inscribirse los siguientes datos: previa solicitud, las licencias de explotación exclusivas, o licencias de explotación obligatorias, indicando nombre y dirección de la persona que goce del derecho de explotación".

41 Art. 19.2.c) RLOV "En cada asiento se hará constar: El ámbito, duración y condiciones de las licencias".

registro. Por tanto, es clara la dispar protección que se ofrece según el registro, vetando el acceso al registro a aquellas licencias que no se enmarquen dentro de los supuestos previstos en la normativa europea y, en cambio, permitiendo que todas las licencias se puedan inscribir en el registro nacional, como posteriormente se detallará. Se considera que la protección otorgada a los licenciatarios no exclusivos es más intensa en el caso de la protección nacional que la comunitaria dados los efectos de protección que el registro otorga[42].

4. Licencia con autorización a conceder sublicencias

Las licencias pueden permitir conceder sublicencias. Las partes, en el marco de la libertad de pactos, podrán acordar si la licencia permite la concesión de sublicencias teniendo en cuenta una serie de cuestiones. En primer lugar, cabe destacar que cuando se permite la sublicencia y esta se lleva a cabo, se interconectan los contratos. Es decir, el contrato celebrado entre el sublicenciante y el sublicenciatario estará vinculado por el que hubieran pactado el licenciante y el licenciatario. Así, la duración que se hubiera convenido, el ámbito temporal que pudiera abarcar o cualquier incidente que pudiera surgir[43] con el primer contrato tendrá reflejo directo en el contrato por el que se acuerda la sublicencia. En segundo lugar, debe advertirse que, si las partes nada pactaran sobre la posibilidad de conceder sublicencias en el contrato, se presumirá que no está permitida dicha facultad por mor de la presunción iuris tantum prevista en el RLOV[44].

En todo caso, debe distinguirse la figura de la sublicencia de la cesión del derecho del licenciatario a un tercero. Dicha cesión implicaría que el tercero asumiría todos los derechos y obligaciones del

---

42 MUÑOZ CADENAS, M. A., *El contrato de licencia de explotación de las obtenciones vegetales en el derecho español y comunitario, cit.*, p. 348.

43 ORTEGA PIANA, M. A., "Los contratos conexos", CMS Grau Suplemento de análisis legal, (2018), p. 3.

44 Art. 16.1.e) "Conforme a lo dispuesto en el último inciso del artículo 23.1 de la Ley 3/2000, de 7 de enero, y en relación con el contrato de licencia, se presumirá, salvo pacto en contrario, lo siguiente: que los titulares de las licencias no están autorizados a conceder sublicencias".

licenciatario y se colocaría en su posición contractual. Esta transmisión del derecho, por más que sea perfectamente válida, debe quedar recogida y autorizada en el contrato para que se pueda llevar a cabo teniendo en cuenta el carácter personal[45] del contrato[46].

IV. REGISTRO DE LA LICENCIA

Las licencias contractuales de las obtenciones vegetales son objeto de inscripción en registros a fin de gozar de una serie de derechos para proteger dicha licencia y dotarla de publicidad frente a terceros. Según sea la obtención, comunitaria o nacional, deberá inscribirse la licencia en uno u otro registro. En el caso de la obtención con protección comunitaria, como ya se mencionó anteriormente, la inscripción solamente es posible para las licencias exclusivas y obligatorias[47]. Las restantes licencias se verán privadas del acceso al registro con la desprotección que ello implica. Las licencias exclusivas y obligatorias serán objeto de inscripción en el Registro de Protección Comunitaria de Obtenciones Vegetales[48]. Este registro tiene, entre sus múltiples funciones, registrar las licencias de explotación, debiendo hacer constar el nombre y la dirección de la persona que goce del derecho de explotación. Por tanto, con la identificación de la persona física o jurídica que sea licenciataria de la obtención así como su dirección quedaría completo el imperativo registro de la licencia comunitaria exclusiva y obligatoria. Ahora bien, el legislador español estableció[49] que, con el objetivo de evitar la vulneración de los derechos de pro-

---

45 VILLAROEL LÓPEZ DE LA GARMA, A., "El contrato de licencia de explotación sobre variedades vegetales", *cit.*, p. 243.

46 SALDAÑA VILLOLDO, B., "Los contratos de licencia de explotación sobre obtenciones vegetales: algunas consecuencias de la precariedad normativa", *cit.*, p. 273, plantea la posibilidad de que se venda o transmita *mortis causa* la finca en la que se encuentre plantado el cultivo y el agricultor licenciatario sea sustituido por el adquirente en la explotación de las plantas que fueron objeto de licencia, entendiendo que ello no quedaría prohibido como transmisión del derecho.

47 Art. 87.2.f) ROV.

48 Se trata del registro de protección de variedades vegetales más extenso del mundo, con más de 53.000 solicitudes y más de 41.000 variedades registradas desde 1995. Disponible en: https://europa.eu/european-union/about-eu/

49 En aplicación de lo dispuesto en el art. 107 ROV.

piedad intelectual y garantizar el conocimiento por terceros del contrato de licencia, se inscribieran en el libro registro de licencias de explotación dependiente del Ministerio de Agricultura todas aquellas licencias con protección comunitaria en las mismas condiciones que las que gozan de protección nacional[50].

Por lo que se refiere al ámbito de las licencias de obtenciones vegetales con protección nacional, debe mencionarse que se deberán inscribir en uno de los libros[51] del Registro Oficial de Variedades Protegidas conforme a lo previsto en la LOV y el RLOV[52].

Este registro ofrece una protección muy superior al registro comunitario. En primer lugar, admite la inscripción de todo tipo de licencias contractuales, sin hacer exclusión de algún tipo de licencia, así como las licencias obligatorias y las obligatorias por dependencia. En segundo lugar, la información que se debe proporcionar al registro es amplia y detallada, en contraste con la escasa información requerida por el registro europeo. Se debe indicar la identidad del titular de la obtención, del cedente y del licenciatario, la especie, variedad y categoría de la variedad, así como el ámbito, duración y condiciones de la licencia[53]. Con esta información queda delimitada con mayor precisión la licencia y se protege de manera más eficaz a las partes.

La inscripción de las licencias en los términos expuestos es obligatoria tanto en el registro comunitario como en el español[54]. El beneficio fundamental de la inscripción de la licencia de obtención vegetal en los registros correspondientes es la publicidad formal y material. Gracias a ello se puede evitar que se otorgue una licencia

---

[50] Art. 19.3 RLOV "Para garantizar que las disposiciones destinadas a sancionar las infracciones de los derechos nacionales de propiedad correspondientes sean aplicables igualmente y en las mismas condiciones a las infracciones de la protección comunitaria de obtención vegetal, a las licencias de explotación de estas variedades se les aplicará lo dispuesto en este artículo, así como lo dispuesto en el artículo 56 de la Ley 3/2000, de 7 de enero, sobre el pago de las tasas correspondientes".

[51] Denominado "Libro Registro de licencias de explotación".

[52] Art. 33 LOV y art. 19 RLOV.

[53] Art. 19.2 RLOV.

[54] Art. 87.2.f) ROV y art. 33 LOV.

sobre la misma variedad y en el mismo lugar y tiempo a dos licenciatarios diferentes dado que cualquiera puede conocer las condiciones y características fundamentales del contrato de licencia inscrito. De hecho, la publicidad no queda limitada a la consulta en el registro, sino que las licencias registradas serán objeto de comunicación por parte del Ministerio de Agricultura a los órganos competentes del estado y las comunidades autónomas, indicándose los detalles relativos al licenciante y licenciatario, variedad, ámbito y duración así como si el licenciatario es el conservador de la variedad y cuando se produce la cancelación de la licencia, salvo que sea por el mero transcurso del tiempo[55].

V. FORMA

La forma de los contratos de licencia viene determinada por lo previsto en la LOV. La LOV prevé que los actos de transmisión del derecho del obtentor "deberán constar por escrito"[56]. Igualmente, en lo que se refiere específicamente a las licencias contractuales se determina que "se realizarán por escrito y no surtirán efectos frente a terceros mientras no estén debidamente inscritos en el libro registro de licencias"[57]. Ello ha dado a entender que la forma escrita en el caso de la licencia de obtención vegetal tiene carácter *ad probationem* y no *ad solemnitatem*[58], no siendo imprescindible la forma escrita para su validez. Así, un contrato de licencia verbal es perfectamente válido[59], sin perjuicio de la problemática respecto de la prueba de las condiciones y los términos pactados por las partes. En todo caso, parece que el legislador no condicionó la validez del contrato a la necesidad de que este fuera escrito. Cuestión distinta es que un contrato que no sea escrito no podrá tener acceso al registro, como indica expresamente la LOV, siendo necesaria la forma escrita para poder

---

55 Art. 20.1 RLOV.

56 Art. 20.3 LOV.

57 Art. 23.3 LOV.

58 GARCÍA VIDAL, A., "La licencia contractual de explotación de una variedad protegida con un título de obtención vegetal" *cit.*, p. 838.

59 MUÑOZ CADENAS, M. A., *El contrato de licencia de explotación de las obtenciones vegetales en el derecho español y comunitario, cit.*, p. 346.

beneficiarse de los efectos del registro. Ello plantea una discordancia no resuelta entre la obligación de inscripción de todas las licencias contractuales de obtenciones vegetales y la posibilidad de que esta licencia se acuerde de manera verbal y, por ello, no tenga acceso al registro.

VI. EXTINCIÓN

1. Renuncia y consentimiento del licenciatario

Los artículos 19.3 ROV y el 28.b) LOV prevén como causa de extinción del derecho del obtentor la renuncia del titular a su derecho. Dicha renuncia tendrá un efecto directo en la licencia de explotación y en los derechos y obligaciones del licenciante. En este punto cabe distinguir si el registro de la licencia de la obtención vegetal se ha producido en el Registro comunitario o nacional. En el caso de que la obtención tuviera protección comunitaria y estuviera inscrita la licencia contractual en el Registro de Protección Comunitaria de Obtenciones Vegetales será necesario que el titular formule la solicitud necesariamente por escrito dirigido al registro, surtiendo efecto desde el día siguiente a la presentación de la declaración[60]. La normativa europea no prevé en ningún momento que el licenciatario deba otorgar consentimiento para que surta efectos dicha renuncia ni contempla la posibilidad de proteger sus derechos derivados de la licencia de algún modo[61]. En cambio, si la licencia de la obtención vegetal está inscrita en el Registro de Variedades Protegidas, el titular podrá renunciar a su derecho de obtención vegetal pero, en todo caso, será necesario el consentimiento del licenciatario. El RLOV[62] prevé que no será admisible la renuncia a una patente si existe una licencia inscrita y no consta el consentimiento del licenciatario[63] o un

---

[60] Art. 19.3 ROV.

[61] Como sí hace, por ejemplo, en el artículo 23.3 ROV.

[62] Art. 11 RLOV.

[63] Art. 110.4 LP "No se admitirá la renuncia de una patente sobre la que existan derechos reales, opciones de compra, embargos o licencias inscritos en el Registro de Patentes sin que conste el consentimiento de los titulares de esos derechos".

aviso con un año de antelación por parte del titular del derecho al licenciatario[64]. En ese caso, el licenciatario podrá exigir, a cambio de prestar su consentimiento, la indemnización correspondiente a los daños que le pueda causar dicha renuncia[65]. Por tanto, dependiendo de la oficina en la que se encuentre inscrita la licencia de obtención vegetal será necesario contar con el consentimiento del licenciatario para renunciar al derecho de obtención vegetal o se podrá hacer sin que tome parte en ello. Ahora bien, si el contrato de licencia no se encuentra inscrito en el registro nacional, el licenciatario nada podrá manifestar al respecto y el titular podrá renunciar a su derecho con una mera solicitud por escrito y sin tener que recabar el consentimiento del licenciante, quien solamente podrá reclamar por los daños y perjuicios que le provoque que, desde ese momento, la obtención vegetal pase a ser de dominio público. En todo caso, nada impide que las partes libremente pacten un régimen indemnizatorio en favor del licenciatario para el caso de que se produzca una renuncia por parte del titular con independencia de la inscripción de la licencia y de la oficina en la que conste inscrita.

2. *Transcurso del plazo*

El transcurso del tiempo puede ser causa de extinción del contrato. Ello sucede cuando transcurre el plazo por el cual se concedió la licencia cuando sea inferior al de la obtención vegetal o bien cuando caduca el derecho de obtención. En el primer caso, la extinción tendrá lugar conforme al pacto que hubieran alcanzado las partes. En ese supuesto, la licencia se extinguirá en el momento que ambas partes hubieran acordado y el titular podrá volver a licenciar el derecho de obtención si lo considera oportuno. En el caso de que el

---

64 GALLEGO SÁNCHEZ, E. "La caducidad del derecho del obtentor" en García Vidal, A. (Dir.), *Derecho de las obtenciones vegetales*, Tirant lo Blanch, Valencia, 2017, p. 1024, "el titular deberá presentar escrito de los titulares de las licencias en los que se haga constar la renuncia a los derechos derivados de éstas o una comunicación enviada a los titulares de las licencias por el titular del derecho, con un año de antelación, en la que se les indiciará la intención de presentar la renuncia al derecho del obtentor".

65 MUÑOZ CADENAS, M. A., *El contrato de licencia de explotación de las obtenciones vegetales en el derecho español y comunitario, cit.*, p. 422.

licenciatario continuara haciendo uso de la obtención vegetal una vez transcurrido el plazo contractual pactado, incurrirá en infracción de este derecho y el licenciante podrá ejercitar las acciones previstas para la protección del derecho de patente[66], por aplicación subsidiaria de dicha regulación. En el segundo supuesto, una vez caduque el derecho de obtención por el transcurso del plazo de 25 años desde la concesión de la protección[67], se extinguirá el derecho del obtentor[68] y, con ello, el contrato de licencia, pasando a ser de dominio público dicha variedad y pudiendo seguir siendo explotada por el licenciatario aunque, desde ese momento, cualquier otro interesado también podrá hacer uso de dicha variedad.

3. *Nulidad y derogación del artículo 18 RLOV*

El artículo 18 RLOV contemplaba, en su origen, las causas de nulidad de los contratos de la licencia de obtención vegetal. Se preveía expresamente que "serán consideradas nulas las cláusulas de los contratos de licencia que impongan al concesionario limitaciones que no se deriven de los derechos conferidos por el título de obtención vegetal" y detallaba un listado de cláusulas que, en todo caso y sin ser *numerus clausus*, se entendían nulas. Ello permitía disponer de una regulación adecuada y suficiente de este ámbito de la licencia contractual. Ahora bien, por sentencia del TS de 5 de junio de 2007[69] se declaró la nulidad del artículo 18 RLOV, entre otros. Ello ha comportado que se tenga que acudir a la aplicación supletoria de la Ley de Patentes haciendo un uso de la disposición final segunda que no estaba previsto en su origen, resultando obligado aplicar una normativa que no prevé las particularidades propias de este tipo de contra-

---

66 GALLEGO SÁNCHEZ, E./FERNÁNDEZ PÉREZ, N., *Derecho Mercantil. Parte Primera*, *cit.*, p. 272.

67 En el caso de la vid y especies arbóreas serán 30 años conforme a lo previsto en los artículos 19.1 ROV y 18.1 LOV.

68 Conforme prevé el artículo 28.1.a) LOV.

69 Sentencia del Tribunal Supremo de 5 de junio de 2007, nº 4622/2007.

tos. En todo caso, la aplicación subsidiaria de esta normativa no debe aplicarse de manera extensiva[70].

4. Nulidad, caducidad y regalías

La caducidad o nulidad del derecho de obtención vegetal provoca un efecto directo sobre las regalías que no siempre ofrece una solución sencilla. Así, en el caso de que se declare la caducidad del derecho de obtención vegetal se extinguiría el contrato de licencia de dicha obtención. Los efectos de la caducidad serán *ex nunc* y, por tanto, el licenciatario deberá abonar las regalías que tuviera pendientes de retribución por el uso de la licencia con anterioridad a la declaración de caducidad, pero quedará eximido de abonar las que restaran pendientes por el plazo acordado en la licencia. En el caso de que las regalías se hubieran abonado en un único pago, tendrá derecho el licenciatario a solicitar la devolución proporcional al periodo que no podrá hacer uso de la licencia, ello sin perjuicio de poder solicitar indemnización por los daños y perjuicios que le provocara la caducidad.

Cuestión distinta se plantea en el caso de la nulidad de la obtención vegetal. En este caso, los efectos de la nulidad son *ex tunc* y, por ende, la afectación sobre la licencia es mucho mayor. En este supuesto el licenciatario, naturalmente, no deberá abonar regalías por el plazo que reste de licencia tras la declaración de nulidad y tendrá derecho a exigir la devolución de lo abonado por dicho plazo si la regalía se hubiera satisfecho en un único plazo. Ahora bien, teniendo en cuenta los efectos *ex tunc,* conviene analizar si el licenciatario tendrá obligación de devolver las regalías abonadas con anterioridad a la nulidad de la obtención vegetal. Sobre ello se ha pronunciado el Tribunal Supremo entendiendo que "la patente indebidamente otorgada surte los mismos efectos y puede servir de título para el ejercicio de las mismas acciones que la patente concedida con la con-

---

70 SALDAÑA VILLOLDO, B., "Los contratos de licencia de explotación sobre obtenciones vegetales: algunas consecuencias de la precariedad normativa", *cit.*, p. 271 entiende que el impacto de esta STS es mayor y que la declaración de nulidad del artículo 18 RLOV ha supuesto "una desregulación del contrato de licencia sobre obtenciones vegetales".

currencia de todos los requisitos legales (entre ellos su originalidad o invención) mientras no se declare su nulidad"[71]. De ello se extrae que el licenciatario no tendrá derecho a reclamar las regalías abonadas por la licencia con anterioridad a la declaración de nulidad dado que el "objeto del contrato de licencia es la posición jurídico-formal que se deriva del acto del registro"[72] , es decir, que el licenciante en tanto no se declare la nulidad ha podido aprovecharse de la licencia y obtener unos beneficios por ello, enriqueciéndose injustamente en el caso de que se le reintegraran las regalías y, a su vez, conservara los beneficios obtenidos por el uso de la licencia.

5. Incumplimiento del contrato

El incumplimiento grave de las obligaciones contractuales por una de las partes podrá dar lugar a la extinción del contrato por aplicación del artículo 1124 CC[73]. En este caso, si una de las partes incumple de manera reiterada sus obligaciones, podrá la otra optar por exigir el cumplimiento o instar la resolución, teniendo derecho a la correspondiente indemnización de daños y perjuicios, así como al abono de los intereses procedentes. En todo caso, para que se pueda interesar la resolución del contrato debe concurrir un incumplimiento grave y esencial[74], aunque es suficiente con que se incumpla por una causa ajena a la parte que interesa la resolución, sin ser re-

---

71 Sentencia del Tribunal Supremo de 24 de mayo de 1994, nº 456/1994, citada en la nota al pie 88 de GARCÍA VIDAL, A., "La licencia contractual de explotación de una variedad protegida con un título de obtención vegetal", *cit.*

72 GARCÍA VIDAL, A., "La licencia contractual de explotación de una variedad protegida con un título de obtención vegetal", *cit.*, p. 860.

73 MUÑOZ CADENAS, M. A., *El contrato de licencia de explotación de las obtenciones vegetales en el derecho español y comunitario, cit.*, p. 417, por aplicación analógica de la licencia de marca conforme a lo indicado por RONCERO SÁNCHEZ, A. *El contrato de licencia de marca*, Civitas, Madrid, 1999, p. 288.

74 Sentencia del Tribunal Supremo de 30 de octubre de 2008, nº 1000/2008, que establece que "la jurisprudencia más reciente tiene declarado que el incumplimiento contractual que da lugar al ejercicio de la facultad resolutoria contemplada en el artículo 1124 CC debe ser esencial, intencional y que haga pensar a la otra parte que no puede esperar razonablemente un cumplimiento futuro de quien se comporta de ese modo, privando sustancialmente al contratante perjudicado de lo que tenía derecho a esperar de acuerdo con el contrato".

levante la voluntad de incumplir[75]. Debe tenerse en cuenta que la resolución contractual por incumplimiento produce sus efectos retroactivamente, es decir, tiene efectos *ex tunc*. Por tanto, la carga para las partes en caso de resolver el contrato por esta vía es sustancial. En todo caso, bien se puede entender que resulta de aplicación en cuanto a las regalías lo anteriormente expuesto para el supuesto de nulidad de la obtención vegetal[76].

VII. CONCLUSIONES

La licencia contractual de la obtención vegetal es un contrato de indudable transcendencia práctica, con un crecimiento sostenido a lo largo de los últimos años. Ahora bien, la regulación actual carece de una solidez adecuada que provoca que existan lagunas interpretativas, cuando no directamente incoherencias. La legislación sobre este contrato se regula de manera escueta y, en gran parte, se remite a la aplicación subsidiaria de la Ley de Patentes, permitiendo una amplia libertad de pactos a las partes. Por si ello no fuera suficiente, a la incompleta regulación, se une la sentencia del TS que anuló dos

---

75 Sentencia del Tribunal Supremo de 31 de mayo de 2007, nº 631/2007 "Como señala la sentencia de esta Sala de 5 de febrero de 2007, no se exige «para la apreciación de una situación de incumplimiento resolutorio una patente voluntad rebelde, y tampoco una voluntad de incumplir, sino sólo el hecho objetivo del incumplimiento, injustificado o producido por causa no imputable al que pide la resolución (Sentencias, entre otras, de 7 de mayo y 15 de julio de 2003)".

76 Sentencia del Tribunal Supremo de 10 de diciembre de 2015, nº 698/2015, establece que "esta Sala, en sentencia número 812/2005, de 27 octubre, que cita en igual sentido las de 17 junio 1986 y 5 febrero 2002, afirma que «es opinión comúnmente aceptada, tanto por la doctrina científica como por la jurisprudencia, que la resolución contractual produce sus efectos, no desde el momento de la extinción de la relación obligatoria, sino retroactivamente desde su celebración, es decir, no con efectos «ex nunc» sino «ex tunc», lo que supone volver al estado jurídico preexistente como si el negocio no se hubiera concluido, con la secuela de que las partes contratantes deben entregarse las cosas o las prestaciones que hubieran recibido en cuanto la consecuencia principal de la resolución es destruir los efectos ya producidos, tal como se ha establecido para los casos de rescisión en el art. 1295 del Código Civil, al que expresamente se remite el art. 1124 del mismo Cuerpo legal, efectos que sustancialmente coinciden con los previstos para el caso de nulidad en el art. 1303 y para los supuestos de condición resolutoria expresa en el art. 1123".

preceptos del RLOV y que supuso un inicial varapalo al sistema de regulación del que el legislador no ha sabido (o no ha querido) reponerse. Así mismo, la regulación existente plantea lagunas que han llevado a dispares soluciones jurisprudenciales. Recientemente se ha quebrado en el TJUE una doctrina jurisprudencial mayoritaria, que no unánime, sobre el alcance de los derechos del titular de la obtención. A mayor abundamiento, la protección europea y española de la obtención vegetal y la inscripción de la licencia en un registro u otro, con unos requisitos que difieren sustancialmente, no contribuyen a mejorar la regulación de este contrato sino, más bien, a crear problemas de difícil solución.

Este contrato, por las características únicas que plantean las obtenciones vegetales, reviste unas particularidades que deben ser objeto de estudio. En cambio, la doctrina no ha mostrado un gran interés en analizar la figura contractual de la licencia de obtención vegetal pese a su creciente importancia. En este trabajo se ha pretendido analizar los puntos más conflictivos de este contrato, en los que la regulación manifiesta carencias, exponiendo la contrapuesta visión de la doctrina y la jurisprudencia e incidiendo en aquellos puntos que, en la práctica, pueden resultar más problemáticos, poniendo de relieve las inconsistencias e, incluso, incoherencias de la norma, ofreciendo salidas interpretativas a situaciones conflictivas.

VIII. BIBLIOGRAFÍA

BROSETA PONT, M/MARTÍNEZ SANZ, F., *Manual de Derecho Mercantil. Volumen I*, 25ª edición, Tecnos, Madrid, 2018.

GALLEGO SÁNCHEZ, E. "La caducidad del derecho del obtentor" en García Vidal, A. (Dir.), *Derecho de las obtenciones vegetales*, Tirant lo Blanch, Valencia, 2017.

GALLEGO SÁNCHEZ, E./FERNÁNDEZ PÉREZ, N., *Derecho Mercantil. Parte Primera*, 5ª edición. Tirant lo Blanch, Valencia, 2019.

GARCÍA VIDAL, A., "La licencia contractual de explotación de una variedad protegida con un título de obtención vegetal" en García Vidal, A. (Dir.), *Derecho de las obtenciones vegetales*, Tirant lo Blanch, Valencia, 2017.

MARTÍN ARESTI, P. *La licencia contractual de patente*. Aranzadi Editorial, Pamplona, 1997.

MARTÍN ARESTI, P., "Cesión y licencia de patente y marca" en Bercovitz Rodríguez-Cano, A. (dir.) y Calzada Conde, M. A. (dir), *Contratos Mercantiles. Volumen II*, 3º edición, Aranzadi Thomson, Navarra, 2007.

MUÑOZ CADENAS, M. A., *El contrato de licencia de explotación de las obtenciones vegetales en el derecho español y comunitario*, Sevilla, 2015.

ORTEGA PIANA, M. A., "Los contratos conexos", CMS Grau Suplemento de análisis legal, (2018), p. 3.

SALDAÑA VILLOLDO, B., "Cuestiones en torno a la extensión de la protección provisional del obtentor de una variedad vegetal en el Reglamento CE nº 2100/94". *Cuadernos de Derecho y Comercio*, nº 59 (2013).

SALDAÑA VILLOLDO, B., "Los contratos de licencia de explotación sobre obtenciones vegetales: algunas consecuencias de la precariedad normativa", Revista de Derecho Mercantil, nº 307, (2018).

SÁNCHEZ GIL, O., *La protección de las obtenciones vegetales. El privilegio del agricultor.* Ministerio de Medio Ambiente y Medio Rural y Marino, Madrid, 2008.

SEGUÍ SIMARRO, J. M. *Biología y biotecnología reproductiva de las plantas*. Editorial UPV, Valencia, 2011.

THEVENON, D., "Experiencia de obtentores: la función de los contratos en el ejercicio de los derechos del obtentor" en *Simposio sobre contratos relativos al derecho de obtentor*, Ginebra, octubre de 2008.

VILLAROEL LÓPEZ DE LA GARMA, A., "El contrato de licencia de explotación sobre variedades vegetales" en Amat Llombart, P. (Coord.), *La propiedad industrial sobre obtenciones vegetales y organismos transgénicos*, Tirant lo Blanch, Valencia, 2007.

Capítulo Séptimo

PERSPECTIVAS ACTUALES DE LOS ORGANISMOS MODIFICADOS GENÉTICAMENTE

MIGUEL CANO MENOR[1]

Investigador Predoctoral

Área de Derecho Mercantil

Universidad de Alicante

RESUMEN: Debido a las necesidades constantes de la sociedad, es necesaria la incorporación de cultivos con nuevas técnicas de creación o también conocidos modificados genéticamente, en entornos donde las condiciones climáticas o sociales no son tan asequibles como otras en las que sí se consigan resultados de mejor calidad para su consumo, de ahí la importancia de los Organismos modificados genéticamente (O.M.G) y su impacto en la sociedad a corto y largo plazo.

PALABRAS CLAVE: Organismos Modificados Genéticamente, cultivos, protección, obtención vegetal, protocolo de Cartagena.

ABSTRACT: Due to the constant needs of society, it is necessary to incorporate crops with new creation techniques or also known as genetically modified crops, in environments

1 Este trabajo es la versión escrita de la comunicación presentada en el Congreso Internacional "Propiedad Intelectual e Instrumentos Financieros para un sistema agrícola sostenible", celebrado los días 29, 30 y 31 de mayo de 2024 en la Universidad de Alicante bajo la dirección de las Profesoras Esperanza GALLEGO SÁNCHEZ y Nuria FERNÁNDEZ PÉREZ en el marco del Proyecto para Grupos de Investigación de Excelencia de la Consellería de Educación, Cultura, Universidades y Empleo de la Generalitat Valenciana, PROMETEO CIPROM/2021/057.

where climatic or social conditions are not as affordable as others in which better quality results are achieved for consumption, hence the importance of GMOs and their impact on society in the short and long term.

KEYWORDS: Genetically Modified Organisms, crops, protection, plant breeding, Cartagena Protocol.

I. CONSIDERACIONES GENERALES

1. El estado de la cuestión

La cultura agrícola y alimentaria ha ido evolucionando desde el inicio de la humanidad, transformándose desde los principios de subsistencia que regían al hombre primitivo, a nuestros tiempos con la agricultura basada en la economía de mercado, en la que la alimentación cada vez más ha de ser más numerosa, duradera y sustancial de cara a la enorme población mundial que habita el planeta en la actualidad.

Debido a esto es necesario investigar nuevas técnicas de creación o alteración de ciertas características para los cultivos, en entornos donde las condiciones climáticas o sociales no son tan asequibles como otras en las que sí se consigan resultados de la mejor calidad posible para su consumo, de ahí la idea de los organismos modificados genéticamente y su impacto en la sociedad a corto y largo plazo.

Siempre hay que exponer ciertas dudas acerca de su repercusión en la salud de las personas, y la fauna animal que los consumen, del ecosistema en los que se cultivan y se recogen, para ver si afectan a nuestra salud de manera directa o indirecta negativamente en lugar de los productos sin alteración alguna, no sólo por consumirlo la población de manera inmediata puede llegar a tener problemas de salud, sino que si el ganado lo toma y luego es consumido por la población puede desarrollarlo posteriormente.

También puede llegar a crear problemas en el medio ambiente, como variar el nivel de PH de la tierra, producir efectos secundarios en la vegetación cercana, en el agua subterránea, por lo que es un campo que debe de ser probado y estudiado al milímetro para no causar dificultades a la sociedad.

Por lo que son una herramienta más para poder asistir a reducir las necesidades de una cada vez mayor sociedad superpoblada, que poco a poco tiene más exigencias en torno a la cantidad y calidad de alimentos que existen en la actualidad, ya que con el daño a los ecosistemas naturales los cultivos suelen aparecer con diferencias a los de antaño.

Empleando este tipo de productos se demuestra que si se han llevado a cabo los numerosos controles que han realizado las instituciones, corporaciones y gobiernos a nivel nacional, europeo e internacional es posible determinar que no existe riesgo en proporcionar al público dichos alimentos, aunque es entendible que ante el desconocimiento y desinformación que todavía existe aún haya cierta reticencia a su no consumo.

Sería conveniente que para que vuelva a considerarse simplemente como una de las herramientas más importantes para poder asistir a la sociedad en su desarrollo en estos tiempos difíciles, por la cada vez mayor escasez de recursos naturales, el empleo de estos productos ayudaría a satisfacer las necesidades que concentran a tal cantidad masiva de personas cada día en el planeta, tanto en núcleos urbanos como en zonas rurales de difícil acceso o de difícil actuación para el cultivo habitual.

El objetivo de las políticas actuales de cara a la incorporación de estos cultivos hacia el mercado y la vida diaria de la sociedad es paliar las complicaciones públicas derivadas de todos los comentarios negativos que consideran a los productos transgénicos unas malas herramientas para poder asistirnos en estos tiempos, ya que aún se tiene la creencia que a largo plazo podrían afectar a la salud por la ingesta directa, o por la afectación a la fauna, al entorno, a los microrganismos, ya que se expone que pueden no estar afectados por los pesticidas o químicos para eliminar cualquier problema externo de la tierra o ambiente y que se pueda desarrollar sin complicaciones, y que podamos emplearlos con total normalidad como se debería hacer.

Es por ello que la nueva agricultura desde la Revolución Industrial se ha transformado en un negocio muy rentable, no sólo para el abastecimiento actual de las masas, sino para probar técnicas con las que innovar y crear nuevas vías de cultivo y producción de alimentos por las que se satisfacen las necesidades de la sociedad, aprovechando así la posibilidad de seleccionar el mejor material para reproducirlo y/o multiplicarlo hacia el resto de agricultores, obtentores o competidores, propiciando un gran crecimiento económico e industrial de la propia población, de las empresas y de las naciones.

La inclusión de ideas innovadoras en el sector como la materia biológica, el procedimiento microbiológico, el material genético, técnicas de recombinación, o la hibridación han sido los artífices de la actual práctica agrícola, su descubrimiento y perfección la han llevado hasta tal punto de que en este tiempo se considera sostenible[2], de ser capaz de ayudar a satisfacer las necesidades de demanda del mercado, haciendo además que la comunidad jurídica logre grandes avances en el campo de la propiedad industrial a la par que la comunidad científica, creando normativa y nuevas vías de protección en base a estos descubrimientos, como la protección por patente de invención biotecnológica, o la protección como obtención vegetal.

2. *Instrumentos de propiedad intelectual idóneos para la protección de nuevos tipos de cultivo*

2.1. El organismo modificado genéticamente (OMG)

Se entenderá por "organismo", toda entidad biológica capaz de reproducirse o de transferir material genético; cuyo material genético haya sido modificado de una manera que no se produce naturalmente en el apareamiento ni en la recombinación natural.

El Organismo modificado genéticamente u "organismo vivo modificado" (en adelante, OMG) según el apartado g del artículo 3 del Protocolo de Cartagena[3], sobre seguridad de la biotecnología del convenio sobre la diversidad biológica es: "se entiende cualquier organismo vivo que posea una combinación nueva de material genéti-

---

2 ASENSI MERÁS, A:" La protección de los organismos modificados genéticamente (OMG) mediante patente de invención biotecnológica", La Ley Mercantil, nº 20, 2015, pp. 1-16.

3 Secretaría del Convenio sobre la Diversidad Biológica (2000). Protocolo de Cartagena sobre Seguridad de la Biotecnología del Convenio sobre la Diversidad Biológica: texto y anexos. Montreal: Secretaría del Convenio sobre la Diversidad Biológica.

co que se haya obtenido mediante la aplicación de la biotecnología moderna.

Es toda entidad biológica que cuyo material genético ha sido modificado mediante técnicas de ingeniería genética, a través de procesos como la recombinación, la eliminación o la inclusión del código genético mediante técnicas actuales en el campo de la biotecnología. Entendemos a los organismos modificados genéticamente que se crean para su consumo ya sea para las personas o los animales.

Se produce una modificación genética siempre que se utilicen, al menos, cualquier introducción deliberada en el medio ambiente de un OMG o de una combinación de OMG, para la cual no se empleen medidas específicas de confinamiento con el fin de limitar su contacto con el conjunto de la población y el medio ambiente y proporcionar a éstos un elevado nivel de seguridad.

Por todo ello hay que pensar que la sociedad global continúa con su progreso y necesitan completarse una serie de requisitos, a través de herramientas como los alimentos transgénicos podemos ver una salida para tratar de solucionar la crisis de la hambruna de múltiples zonas y preservar estos métodos, para que puedan emplearse para las futuras generaciones.

Lo que debemos tener en cuenta desde el primer momento es que no existen actualmente análisis o estudios que sean por instituciones gubernamentales[4] o semejantes que detallen lo perjudiciales que podrían llegar a ser para nuestra salud.

Estos organismos no pueden ser creados en laboratorios como tal[5], necesitan de medios naturales para poder experimentar con ellos, saber de sus características, y hacer a posteriori los pertinentes estudios por temas de control y seguimiento de cara a la salubridad de los mismos hacia los humanos y los animales, o el propio medio

---

4 BERCOVITZ-RODRIGUEZ CANO, A:" Problemática de la protección de las invenciones biotecnológicas desde una perspectiva europea", Revista de Instituciones Europeas, Vol. 17, nº 1, Centro de Estudios Políticos y Constitucionales, Madrid, 1990, pp. 23-30.

5 FRAMIÑÁN SANTAS, J: "Biodiversidad y Propiedad Intelectual sobre recursos fitogenéticos" en GARCÍA VIDAL, Á. (dir.):" Derecho de las obtenciones vegetales", Tirant lo Blanch, Valencia, 2017, pp. 224-232.

ambiente, ya que al no tener datos suficientes previos de ellos no se pueden poner a la venta con tanta normalidad como los alimentos que no han sido modificados o creados de primeras, existen muchas incógnitas al respecto, por lo que el control exhaustivo está más que justificado[6].

Se estudian y guardan constantemente formas para obtener los mejores rendimientos desde los inicios del cultivo de la tierra, tratando de emplear las semillas que den los frutos con una mejor calidad que el resto, y pensando que estos ofrecerán además semillas con la calidad idéntica o superior a la ya utilizada.

Se puede observar desde los primeros registros de cultivo, que con el paso del tiempo mostraban ya interés en emplear las semillas que les proporcionaban mayor y mejor cantidad y calidad de sus futuros vegetales, esta técnica es conocida como la técnica de selecciones:

En este caso al seleccionar aquellas semillas y vegetales con mejores condiciones para el comercio y el consumo se le considera como selección de manera positiva, por lo que la elección contraria para el no consumo y comercio se le considera como descarte o selección negativa.

Hay multitud de ejemplos de plantas y de vegetales que son muy consumidos en nuestra época que son derivados de otras que ya no existen, y que gracias a técnicas como la anterior descrita ha propiciado su continuidad y desaparición de varios conjuntos de productos[7].

Otro método, que también se ha introducido a lo largo de nuestra historia para favorecer la mejora y el desarrollo de las plantas y vegetales, ha sido el cruce entre diferentes tipos de especies, para así aumentar sus características de base al consumo y al comercio de estos hacia los consumidores: ya sea su defensa frente a la climatología y a plagas, o que resulte más tentativa al tacto, a la vista, al sabor frente a lo que eran en otras generaciones.

Un derivado transgénico es un producto con base orgánica, ya sea vegetal o animal, cuyo gen ha sido manipulado por mano de expertos

---

6 CASTILLA GUERRA, J:" El régimen jurídico de los organismos modificados genéticamente, Tecnos, Madrid, 2007, pp. 30 y ss.

7 CUBERO SALMERÓN/MOYANO, SALVADOR/MORENO YANGÜELA:" Recursos fitogenéticos", Editorial Agrícola Española, Madrid, 2006, pp. 27-35.

en la materia, con genes de otras especies para crear una combinación de ambas a partir de la nueva generación, por lo que dispone de las características inducidas que por sí mismas no podrían disponer.

Este tipo de técnicas son la razón de que los productos en la actualidad tanto se obtengan y como en menor tiempo que con otros procesos ya que no sería posible con un cruce normal entre las dos especies de por sí. Cabe destacar por ejemplo la comida: se trata de mejorar su defensa a enfermedades a la climatología, a que nos proporcionen más nutrientes, etc.

Aunque han existido y todavía existen dificultades a la hora de poder completar los vacíos en la genética que hay entre la multitud de especies, es muy complicado al principio el obtener resultados plenamente satisfactorios, son a lo largo de diferentes generaciones los que muestran esa mejora, al respecto de sus ascendientes los que son considerados como obtenciones resultado de cruces inter-especies.

Cabe destacar a estos dos tipos de seres modificados:

1. Plantas: vegetales cuyos genes han sido modificados para temas de alimentación, para temas medioambientales: para aumentar el nivel de nutrición de la población mundial, para restaurar ecosistemas, búsquedas de compuestos sostenibles para temas energéticos, para el transporte, para mejoras de compuestos en el sector textil, etc.
2. Animales: modificados para aumentar la tasa de productos alimentarios hacia la población mundial ya sea para que su ritmo de crecimiento sea más rápido, para que su tasa de reproducción aumente de manera exponencial a las necesidades de las zonas con menos recursos etc.
3. Microorganismos: bacterias que han alteradas para crear materia o borrar defectos en material ya producido. Se cuestiona de manera ética si pueden tener efectos negativos sobre la salud y el medio ambiente a propósito.

Hay multitud de ejemplos que podemos determinar que son fruto del empleo de esta técnica a lo largo de la historia, ya sean de la vid con multitud de tipos de uva entre ellas para el vino, por ejemplo, y ciertas hortalizas y vegetales para mejorar su resistencia a temperaturas que dificultaban el desarrollo de sus predecesoras:

Casos como el del guisante moderno, o el maíz, son muy relevantes de sus cruces con otros vegetales[8] para su mejor implantación en terrenos que antes era improbable su desarrollo, en ambientes con mucha humedad, o muy secos o fríos, por lo que mediante el cruce de especies y las técnicas de conservación y cultivo modernas, es mucho más sencilla la adaptación y desarrollo de futuros alimentos en zonas de desnutrición masiva, aunque estamos muy lejos aún de acabar con la hambruna son pasos a seguir por el momento.

Gracias a la tecnología moderna, existe la capacidad de transmitir el código de genes inter-especies[9], a otros provocando cambios simples o masivos en la estructura de base, por lo que así se denominan productos transgénicos— que van más allá del gen propio, es decir.

2.2. La patente

Es el título que reconoce oficialmente el mérito a explotar una invención a través de una idea en exclusiva durante una duración determinada de 20 años. Una vez finalice ese período de tiempo pasará a ser de dominio público[10].

Debe de tener una serie de características reconocibles para considerar a una invención como patentable, como que posea una actividad inventiva, sea novedosa y sea susceptible de aplicarse industrialmente: esto quiere decir que debe de ser la idea y la invención de alguien y que no sea el plagio de nadie, además de que a través de una serie de instrucciones un experto en la pertinente oficina de patentes pueda reproducir la misma.

---

8 GUILLÉN CARRAU, J:" BROCOLI II y TOMATE II: Hacia un sistema europeo de protección dual (patentes y obtenciones vegetales)", Comunicaciones en propiedad Industrial y Derecho de la Competencia, nº 79, CEFI, Madrid, 2016, pp. 159-182.

9 ZAPATER ESPÍ, Mª J:"Marco jurídico internacional y comunitario para la protección de nuevas obtenciones vegetales" en AMAT LLOMBART, La propiedad industrial sobre obtenciones vegetales y organismos transgénicos, Tirant lo Blanch, Valencia, 2007.

10 AMAT LLOMBART, P:" La propiedad industrial sobre obtenciones vegetales y organismos transgénicos, Tirant lo Blanch, Valencia, 2007.

Las invenciones biotecnológicas serán patentables[11], si tienen por objeto: que todo material biológico que se aísla de su entorno natural o se produce mediante un proceso técnico, incluso si se produjo de manera previa en el entorno natural, sin perjuicio de lo que expone el artículo 28 acerca de que si la viabilidad técnica de la invención de las plantas no se limita a una variedad particular de plantas; otro punto de entendimiento del artículo sería la consecución de un proceso microbiológico u otro proceso técnico, o un producto obtenido mediante dicho proceso como las bacterias o un virus.

El proceso para la consecución de organismos modificados genéticamente de plantas que se basa en el cruce de genomas completos y en la posterior selección de plantas queda excluido de la patentabilidad por ser esencialmente biológico, incluso si otros pasos técnicos relacionados con la preparación de la planta o su posterior tratamiento están presentes en el reclamo antes o después de los pasos del cruce y selección: caso Tomate / Brócoli I.

Este paso es solo una herramienta que sirve para llevar a cabo la tarea de reproducción: uso de un invernadero confinado o del uso de marcadores genéticos de conformidad con el artículo 53, letra b), no se otorgarán patentes europeas respecto de plantas o animales obtenidos exclusivamente mediante un proceso esencialmente biológico.

El término se usa exclusivamente para significar que una planta que se origina en un proceso técnico o se caracteriza por una intervención técnica en el genoma no está cubierta por la exclusión de la patentabilidad, incluso si además de un método no técnico— como es el caso del cruce o la selección-se aplica en su producción.

Hay que determinar si una planta se genera por medios esencialmente biológicos, lo que implica que hay que examinar si hay algún cambio en una de las posibles características heredadas del organismo que reclama, del cual es el resultado de un proceso técnico que excede el mero cruce y la selección, es decir, que no solo sirve para permitir o ayudar en la ejecución de los pasos del proceso esencialmente biológico.

---

11 CURTO POLO, M:" La materia biológica como invención patentable" Thomson Reuters Aranzadi, Cizur Menor, 2016, pp. 223-228.

2.3. La Obtención Vegetal[12]

Podrá ser objeto de la protección de las obtenciones vegetales las variedades de todos los géneros y especies botánicos, incluidos, entre otros, los híbridos de géneros o de especies[13].

Entendemos que una "variedad vegetal "[14] es un conjunto de plantas de un solo taxón botánico del rango más bajo conocido que, con independencia de si responde o no plenamente a las condiciones para la concesión de un derecho de obtentor[15], pueda:

1. Definirse por la expresión de los caracteres resultantes de un cierto genotipo o de una cierta combinación de genotipos,
2. Distinguirse de cualquier otro conjunto de plantas por la expresión de uno de dichos caracteres por lo menos,
3. Considerarse como una unidad, habida cuenta de su aptitud a propagarse sin alteración.

Se puede obtener una clara referencia a qué es una obtención vegetal[16]: es un medio de protección con un título reconocido y protegido a una nueva clase de variedad vegetal, encontrándose dentro el organismo modificado genéticamente, que, a través de procesos esencialmente biológicos como la selección y el cruce, por ejemplo, es un proceso mucho más desarrollado y concreto que el de protección por patente.

---

12 MAROÑO GARGALLO, M.ª M:" La denominación de las variedades protegidas con un título de obtención vegetal" en GARCÍA VIDAL, A, en Derecho de las obtenciones vegetales, Tirant lo Blanch, Valencia, 2017, p. 396.

13 FEMENÍA TORRES, J:" Protección de las variedades hortofrutícolas, el pre-uso en las obtenciones vegetales", Revista jurídica de la Comunidad Valenciana, nº 38, Valencia, 2011, pp. 8-12.

14 SALDAÑA VILLOLDO, B:" Sobre la inevitable revisión del concepto de variedad esencialmente derivada" ADI, 37(2016-2017), pp. 363-374.

15 CARBAJO CASCÓN, F:" Las licencias Obligatorias" en GARCÍA VIDAL, A. (dir), Derecho de las obtenciones vegetales, Tirant lo Blanch, Valencia, 2017, pp. 1-17.

16 ÍÑIGUEZ ORTEGA, P:" Procedimiento de registro nacional" en GARCÍA VIDAL, A:" Derecho de las obtenciones vegetales", Tirant lo Blanch, Valencia, 2016, pp. 512-513.

II. MARCO NORMATIVO APLICABLE A LA PROTECCIÓN DEL ORGANISMO MODIFICADO GENÉTICAMENTE

1. Protección a nivel internacional[17]

Para hablar de protección a nivel internacional tengo que referirme al protocolo de Cartagena sobre seguridad de la biotecnología del convenio sobre la diversidad biológica, es un acuerdo internacional cuya base es el convenio de diversidad biológica de 1992. En el año 1995 se creó un grupo de expertos que elaboró este protocolo para examinar el movimiento entre fronteras de los OMG.

Lo esencial de este protocolo que podemos ver desde su artículo primero es garantizar la seguridad de los OMG frente a las repercusiones que podrían tener en el consumo humano, animal y su cultivo y desarrollo en el medio ambiente, además de proteger su seguridad durante su movimiento entre fronteras. Aunque no todas las clases de OMG quedan expuestos, ya que si analizamos lo expuesto en los artículos 5 y 6 los OMG que son utilizados para la experimentación farmacéutica o los que son empleados en zonas confinadas son regulados en otros tratados y acuerdos internacionales.

Lo que fundamenta es la cooperación de la evolución económica con el desarrollo sostenible del medio ambiente, y las especies que cohabitan en estos.

Trata de distinguir diferentes procedimientos que tiene incluidos, dependiendo de lo siguiente:

1. Organismos modificados genéticamente cuyo fin es el de desarrollarlos directamente y de manera voluntaria en un medio ambiente de manera liberada y sin contención, por lo que pueden transmitir sus genes en el entorno.
2. Organismos modificados genéticamente cuyo fin es el de aumentar los niveles de alimentación para su consumo ya sea para humanos o animales, o sean una parte de un alimento más elaborado para cualquier especie. A través de inspecciones de

17 CHANZÁ JORDÁN, D:" El procedimiento nacional, europeo e internacional para la concesión de obtenciones vegetales" en AMAT LLOMBART, P. (coord.)" Propiedad Industrial sobre obtenciones vegetales y organismos transgénicos, Valencia, Tirant lo Blanch, Valencia, 2007, pp. 150-151.

riesgos y análisis se envía la información requerida a los países que los reciben y tomen la decisión de aceptarla o denegar su incorporación a los mercados de consumo, esto queda indicado en el artículo 7, aquí tenemos que hacer referencia a la Directiva 2001/18/CE, a su artículo 32 concretamente, en el que expone la pertinente necesidad de implantar de manera comunitaria lo que describe el protocolo en estos casos.

3. Además cabe mencionar de todo lo que se nos explica en el protocolo es la mención a la concienciación y la colaboración ciudadana, invitando a los países a cooperar en su promoción y en la consulta activa al público sobre los OGM y la biotecnología, involucrándoles en el proceso de adopción de decisiones y promoviendo la transparencia.

Por otro lado, el protocolo concluye algunas recomendaciones para los Estados, asumiendo que solo se podrá garantizar[18] que un uso seguro de la biotecnología a nivel mundial si todos y cada uno de los países promueven activamente esa seguridad en el ámbito nacional.

Otra norma a nivel internacional que debe de ser tenida en cuenta es el Código Alimentario: es una acumulación de normas y prácticas de manera asistencial en base a su nivel de calidad, y características tan esenciales para un alimento como su inocuidad, fue mandado a realizar por la Naciones Unidas, la FAO y la OMS a una comisión internacional de expertos en la materia, aborda temas con mucha más profundidad y concreción que el protocolo sobre seguridad de Cartagena, siendo la salubridad de los alimentos, su protección y seguridad hacia los consumidores sus principales puntos y baluartes en la cuestión, incidiendo en el análisis, el estudio de su entorno, de su cultivo y creación, las características del medio ambiente y la zona, la fauna y la flora y el público hacia el que va encaminado en cada caso, para así dar menos protagonismo a las necesidades comerciales del mercado en Europa.

---

[18] GUILLÉN CARRAU, J:" La protección de las variedades vegetales y su problemática actual" en PLAZA PENADÉS, A (dir.):" Cuestiones actuales sobre la protección de las obtenciones vegetales", Thomson Reuters Aranzadi, Cizur Menor, 2014, pp. 49-62.

2. *En el ámbito de la Unión Europea*

La primera norma comunitaria para tener en cuenta es la directiva 90/220/CEE4, sobre la implantación de manera intencionada en el entorno de microorganismos modificados genéticamente[19], además de su cultivo y su tratamiento en los alimentos de carácter animal. A partir de ahí en la década de los 90 fue evolucionando u concepción y se llegó hasta un reglamento acerca de nuevos tipos de alimentos y una serie de ingredientes para alimentación de la población humana: el reglamento 97/258/CE5.

Pero para que su uso fuera lo más correcto y no tuviera ningún problema entre todas las fronteras comunitarias habidas y de cara al futuro se crea la norma que permite su cambio entre fronteras y su movimiento en el año 2003: el cual es el conocido reglamento 1946/20036.

La Directiva 90/220 mencionada anteriormente se ve derogada por la directiva 2001/18/CE8, por lo que se crean dos nuevos reglamentos en base a esta directiva: el relativo a los alimentos y piensos formados por organismos modificados genéticamente, y su empleo a la alimentación en torno a la población animal y a la humana y el segundo acerca de su etiquetado, entre otras cuestiones; el 1829 y el 1830/2003/CEE9 el cual tiene varios objetivos, uno de ellos es crear un sello de calidad y seguridad de cara a los consumidores, lo que genera la posibilidad de retirar el alimento si hubiese algún tipo de problema, o sólo a modo de prevención de cara a la salud de los consumidores humanos o animales, por lo que las trazas son realmente útiles, además de que ofrece la información de su procedencia de manera detallada, por lo que permite al consumidor elegir el producto o no de cara a su origen, la base de la directiva 2001 les ayuda mejorando su transparencia, además de su eficiencia[20].

Pasando a la directiva 2009/41/CE10, la cual explica el proceso de utilizar en entornos controlados los organismos modificados genéticamente, como la revisión continua de las instalaciones, las nue-

---

19 DEWAN, M:" IP Protection in Agriculture. An overview", Journal of Intellectual Property Right, Vol. 16, Oxford Press, 2011, pp. 131-138.

20 DI CATALDO, V./ VANZETTI, A:" Manualle di Diritto Industrialle, Giuffré Editore, 2020, pp. 83-89.

vas medidas de confinamiento de las mismas, el control de riesgos y sus informes a la comisión cada año y luego cada tres años se hace uno como añadido, y luego los informes de garantías de medidas solutorias en caso de haber cualquier tipo de accidente, por ejemplo, para proteger en todo momento el entorno, el medio ambiente, a los trabajadores ya los consumidores.

Otra norma comunitaria para la consecución de este apartado es el reglamento 1946/200311, cuyo objeto es el traslado entre fronteras de un organismo modificado genéticamente, actuando en colaboración con el protocolo de Cartagena trata de exponer los criterios de seguridad de los posibles traslados entre fronteras de los organismos modificados genéticamente, y de recalcar que no hay resultados negativos hacia la salud de los consumidores y del entorno por el movimiento entre fronteras del organismo, trata en todo momento de garantizar el proceso de comunicación y transparencia entre los estados afectados y a terceros fronterizos, para así mostrar que los traslados se ejecutan con total seguridad, garantizando la estabilidad y salubridad del entorno y de los ciudadanos, animales, etc.

Con el paso de los años la comisión europea al examinar los avances en agricultura con las nuevas técnicas de ingeniería genética realizó una recomendación en el año 2003 acerca de realizar nuevas ideas, estrategias y prácticas a nivel estatal para certificar la convivencia de los nuevos tipos de cultivo modificados genéticamente frente a los tradicionales.

Además del reglamento 1830/2003/CEE se crea en poco tiempo el 25/200412, para así se crea y se distribuye un sistema de códigos identificativos de manera individual por caracteres a los organismos modificados genéticamente.

También se destaca el reglamento 541/200413, que se encuentra relacionado con el 1829/200314, en materia de examen y notificar cualquier riesgo que pudiera ser evitable en temas de alimentos y piensos genéticamente modificados.

Lo más relevante sobre la normativa comunitaria de los organismos modificados genéticamente es la propuesta de reglamento 375 2010/20815 de 13 de julio de 2010, cuyo objetivo es que las naciones europeas que formen parte puedan limitar, o en su caso, prohibir el cultivo de organismos modificados genéticamente dentro de sus fronteras, una medida que tuvo mucha repercusión en el panorama legal de la época en la última década[21].

Normativa Obtenciones Vegetales Comunitaria[22]:

1. Reglamento 1768/1995, de 24 de julio, por el que se adoptan normas de desarrollo de la exención agrícola contemplada en el apartado 3 del artículo 14 del Reglamento 2100/94.
2. Reglamento 2100/1994, de 27 de julio, relativo a la protección comunitaria de las obtenciones vegetales.

La principal fuente de defensa se concentra en el Reglamento Nº 2100/9430, relativo a la protección comunitaria de las obtenciones vegetales, en el que nos deja bastante claro desde el principio que cualquier género y especie botánica[23], establece un sistema de protección a nivel comunitario hacia las obtenciones vegetales[24] como única y exclusiva manera de protección comunitaria de la propiedad industrial para las variedades vegetales, además de los híbridos son protegidos a través de este reglamento, por lo que un organismo modificado genéticamente entra dentro de estas características para que sea considerado como una obtención vegetal y así ser protegido por este reglamento.

Tras el estudio de los artículo 2, 5, 17, 18 y 63 del Reglamento se prueba que el uso de las obtenciones vegetales[25] hacia la protección de los organismos modificados genéticamente es mucho más completo que el de patentes, tienen en cuenta la mayoría de las consideraciones hacia estos productos, por lo que a corto plazo recomiendo

---

21 GARCÍA PÉREZ, R:" Nulidad del derecho del obtentor" en GARCÍA VIDAL, A (dir.)" Derecho de las obtenciones vegetales", Tirant lo Blanch, Valencia, 2017.

22 MIGUEL CARVALHO, M:" El procedimiento de solicitud de protección de las obtenciones vegetales en la Unión Europea" en GARCÍA VIDAL, A, en Derecho de las obtenciones vegetales, Tirant lo Blanch, Valencia, 2017, p. 473.

23 ACUÑA, J. C:" Productores agrarios, semillas, reserva para uso propio y los contratos de licencia de uso de tecnología", Revista Iberoamericana de Derecho Agrario, nº 9, Legister, 2019, pp. 3-25.

24 ASENSI MERÁS, A:" El derecho de la obtención vegetal, requisitos de protección de las variedades vegetales, Thomson Reuters Aranzadi, Cizur menor, 2021.

25 CURTO POLO, M:" Cotitularidad y transmisión del derecho de obtentor" en GARCÍA VIDAL, A (dir.), Derecho de obtenciones vegetales, Tirant lo Blanch, Valencia, 2017, pp. 807-818.

que la protección se emplee a base de las obtenciones vegetales[26], mientras que también se debería de reformar el convenio de patentes europeo y que las características de los OMG sean incorporados.

Además de todo lo que se habla en la Directiva 98/44, que de por sí ya es muy completo todo lo que se habla dentro de ella, pero los tiempos cambian y todo se debe de actualizar, lo más conocido es que prácticamente no menciona a la edición genética a través de los CRISPR, algo que se considera que es un método que debe de ser mucho más tenido en cuenta, ya que en el argot común es un corta y pega en la edición genética de los organismos, y no una modificación de otra manera como otros argumentan.

Y en un futuro sí que propondría una ley unificada que hable de todos estos procesos en común, aunque ahora en estos tiempos soy plenamente partidario de la regulación a través de las obtenciones vegetales y no como patente, ya que el material, la forma de tratarlo, el procedimiento, todo ello es tenido en consideración teórica hacia los OMG aplicados a las variedades vegetales[27].

3. España

Nuestro país muestra desde sus inicios una clara escisión en la forma de recoger toda la normativa sobre los organismos modificados genéticamente, además de su creación, está su forma de comerciar con ellos, su estudio, cultivo, las formas de previsión de cualquier riesgo, de evitarlos o por lo menos de reducir sus efectos sobre el entorno, sobre el medio ambiente o los consumidores.

La ley es la 9/2003, por la cual se protege[28] jurídicamente el uso en entornos controlados los organismos modificados genéticamente, su exposición y comercio de manera libre, entre otras cuestiones.

---

[26] BATALLER GRAU, J./ESPINOSA CALABUIG, R:" La protección comunitaria de las obtenciones vegetales, requisitos para su concesión", ADI, 26, 2006, Marcial Pons, Madrid, pp. 422-423.

[27] BULMA, M:" Las variedades esencialmente derivadas y la perspectiva de los productores" UPOV, Seminario sobre las variedades esencialmente derivadas, 22 de octubre de 2013, Ginebra, pp. 47-49.

[28] ÍÑIGUEZ ORTEGA, P:" El procedimiento de Registro para la concesión del título de obtención vegetal", Thomson Reuters Aranzadi, 2022.

Autoriza al estado con las competencias necesarias el estudio, la vigilancia de todos los procesos y las respectivas sanciones en caso de no cumplir con la normativa vigente.

Existen varios niveles de sanciones e infracciones que puede haber: Bajo, la consecuencia es una multa, intermedio, la consecuencia es la paralización de actos de fabricación o comercio de los productos que contienen los organismos, y alto, cuya consecuencia es la prohibición de comercio temporal o indefinidamente, paralización de la fábrica, laboratorio, entorno en donde se ha ideado todo el proceso.

Además de las medidas expuestas previamente, se observa en la ley que el infractor debe de restablecer la situación al momento previo de iniciar el proceso de infracción, además de efectuar un pago de indemnización de daños y perjuicios ocasionados.

Cabe destacar que las directivas comunitarias 2001/18 y la 98/81 fueron constituidas a nivel nacional por esta ley, por lo que el estudio y uso en entorno controlado, la liberación en entornos naturales abiertos, el comercio queda amparado dentro de ella, para el progreso de esta ley se aprueba el real decreto 178/200416, además del 1697/2003, en el que se forma la comisión española de Bio-vigilancia, órgano encargado de investigar todos los actos relacionados con el cultivo, desarrollo, traslado o tramitación a comercio de productos que contienen o que forman en su totalidad de organismos modificados genéticamente.

A partir de ahí se crea la ley 30/2006, del 26 de julio, de semillas y plantas de vivero y de recursos filogenéticos, la cual se complementará con la ley 26/200719, por si tuvieran los que han cultivado a través de semillas o plantas de viveros algún tipo de responsabilidad en el medio ambiente por los organismos modificados genéticamente con los naturales y tradicionales.

Por último, queda analizar el real decreto 367/2010, el cual modificado un gran número reglamentos medioambientales tras adaptarse a la 17/2009, acerca de la libertad de acceso a los actos procesos de servicios a su ejercicio.

La concesión de una patente depende del cumplimiento de todos los requisitos formales y sustantivos de las normativas, como este es el caso del Convenio sobre la Patente Europea, especialmente: La novedad, según el artículo 56 del CPE. la actividad inventiva, según el artículo 56 del CPE, la suficiencia de divulgación, según el artículo 83 del CPE, y la claridad, según el artículo 84 del CPE, ninguna extensión más allá de la divulgación original art. 123.2 del CPE.

El sistema de regulación por Obtenciones Vegetales[29], el procedimiento de protección conocido como obtención vegetal es lo siguiente:

"La definición de variedad vegetal del Convenio de la UPOV comienza declarando que se trata de "un conjunto de plantas de un solo taxón botánico del rango más bajo conocido".

Podrán ser objeto de la protección de las obtenciones vegetales las variedades de todos los géneros y especies botánicos, incluidos, entre otros, los híbridos de géneros o de especies.

La legislación de la protección por obtenciones vegetales de los organismos modificados genéticamente es la siguiente:

1. Ley 30/2006, de Semillas y Plantas de Vivero y de Recursos Fitogenéticos.
2. Real Decreto 1261/2005, por el que se aprueba el Reglamento de Protección de Obtenciones Vegetales.
3. Ley 3/2000, de Régimen Jurídico de la Protección de las Obtenciones Vegetales.
4. Real Decreto 1709/1997, por el que se regula el acondicionamiento de granos destinados a la siembra.
5. Decreto 3767/1972, por el que se aprueba el Reglamento General sobre Producción de Semillas y Plantas de Vivero.

A la vista de las consideraciones precedentes, pueden encontrarse diferencias claras entre el sistema de protección por obtención vegetal y el de patente[30]. En el caso de las obtenciones vegetales, la ley principal en España es la 3/2000, aunque queda a través de la ley 3/200232 modificada, y es desarrollada por el Real Decreto

---

29 MIGUEL CARVALHO, M:" El procedimiento de solicitud de protección de las obtenciones vegetales en la Unión Europea" en GARCÍA VIDAL, A, en Derecho de las obtenciones vegetales, Tirant lo Blanch, Valencia, 2017, p. 473.

30 GÓMEZ SECADE, J. A:" Diferencias entre el sistema de patentes y el sistema de protección de las obtenciones vegetales" en GARCÍA VIDAL, A (dir.):" Derecho de las obtenciones vegetales", Tirant lo Blanch, Valencia, 2017, p. 113.

1261/2005. En materia de patentes, como hemos visto, la ley principal en España es ley 11/1986, que fue modificada en 2002, para incorporar la directiva sobre biotecnología de la ue, modificación de la legislación, a través del real decreto 2245/1986, modificado en 1996 y 2010 por separado.

En relación con la patentabilidad de una variedad vegetal[31], cabe señalar que resulta posible patentar los resultados de investigación, así como la mejora de nuevos procedimientos y las secuencias de genes. Pero a través del sistema de obtención vegetal[32] se puede proteger: una secuencia genética completa, la reproducción de la planta en la totalidad, y la protección se extiende a los productos, por una duración máxima de 25 años o en ramas de vid o especies arbóreas hasta 30, según nos cuenta el artículo 18.1 de la ley 3/2000. Mientras que por patente se protegen las invenciones vegetales que no constituyan una variedad vegetal, y no reproduce la secuencia de la planta en su totalidad, y lo que se protege es el método o procedimiento de obtención vegetal, con un período de protección de 20 años improrrogables[33], según el artículo 49 de la ley de patentes[34].

III. EFECTOS ANUDADOS A LA PRODUCCIÓN DE ORGANISMOS MODIFICADOS GENÉTICAMENTE

1. En materia medio ambiental

Los estudios sobre los transgénicos no han demostrado por el momento que su uso con los agroquímicos asociados, como el glifosato,

---

31 CURTO POLO, M:" La protección de las innovaciones vegetales en la Unión Europea, patentes vs títulos de obtención vegetal", Tirant lo Blanch, Valencia, 2020.

32 MARCO ALCALÁ, L. A:" Variedades vegetales, el requisito de la novedad" en GARCÍA VIDAL, A. (dir.):" Derecho de protección de las obtenciones vegetales", Tirant lo Blanch, Valencia, 2016, p. 320.

33 GALLEGO SÁNCHEZ, E:" La caducidad del obtentor" en GARCÍA VIDAL, A:" Derecho de las obtenciones vegetales", Tirant lo Blanch, Valencia, 2017, pp. 1011-1012.

34 GARCÍA VIDAL, A: "Las relaciones entre el sistema de protección de obtenciones vegetales y sistema de patentes, en GARCÍA VIDAL, A. (dir.)" Derecho de las obtenciones vegetales", Marcial Pons, Madrid, 2017, pp. 143-144.

contaminen y produzcan efectos negativos más que los convencionales en menor medida el suelo y las aguas.

No se ha demostrado con resultados negativos que el uso y desarrollo de estas variedades orgánicas sobre zonas de cultivo habituales de productos no modificados provoquen efectos negativos en el suelo, el ambiente[35], las aguas subterráneas, ni se reportan casos de animales intoxicados de estos cultivos en caso de que hayan accedido algunos a esas zonas.

Tampoco se ha podido demostrar, tal y como muestran los sectores favorables al cultivo de transgénicos, que el control artificial y no natural de las malezas, así como las prácticas de no labranza, mejoren el suelo de manera indirecta debido a que la menor cantidad de labores agrícolas contribuya a reducir la erosión.

Hay quien advierte que la aplicación masiva de químicos como el glifosato puede evidenciar efectos negativos sobre el medio ambiente. Hay casos preocupantes como Argentina, cuyo consumo de glifosato pasó de 1 hacia 1990 a más de 92 millones en la actualidad. Aunque es de escasa o nula toxicidad para especies terrestres, puede ser tóxico para especies acuáticas.

Por otra parte, hay consenso en cuanto a que otros subproductos que se aplican junto al herbicida para elevar su eficiencia, suelen ser lesivos para los peces y otros organismos acuáticos.

En Argentina se ha comprobado que algunas zonas, con repercutida introducción masiva de glifosato, se han mostrado firmes a éste, por lo que se necesitó añadir otros productos para controlar esas plantas. En cuanto al supuesto efecto favorable sobre la erosión, algunos autores sostienen que el uso repetido del control químico altera la estructura del suelo y disminuye su capacidad de absorción.

Por lo que aún se están realizando los estudios pertinentes sobre esto, por lo que es precipitado tanto afirmar como desmentir que hubiera algún inconveniente en el entorno terrestre y marítimo por haber introducido estos nuevos productos y químicos que ayudan para su correcto desarrollo.

---

35 VIVES VALLÉS, J. A:" Los límites del derecho de obtentor de variedades vegetales, la excepción del agricultor, el agotamiento de la protección y otros límites", Revista La Ley Mercantil, nº 26, MADRID, 2016.

Se estudia en la actualidad fervientemente en la aplicación en el entorno de los microorganismos modificados genéticamente[36], por si crearan alguna clase de resultado negativo, ya sea como algún tipo de pesticida, o que perjudicara el ph de la tierra, o el agua, o entrara en contacto a reacción negativa con algún tipo de metal pesado subterráneo, o con algún yacimiento de hidrocarburos, petróleo, etc.

Pero lo que más se estudia es la posibilidad de que generen nutrientes, proteínas a los organismos para ser así más resistentes a la climatología, que se desarrollen con más facilidad y que así no se tengan tantas pérdidas económicas en caso de posible pérdida por fuerza mayor.

Aunque también se está observando que al no conocer todas sus características estamos en territorio de nadie, estos seres mejorados podrían hacer que la población y el entorno cambiara drásticamente hasta tal.

Cabe mencionar el cruce en acciones como la polinización, un acto tan necesario para la flora y la fauna estaría en posible peligro si se causara una modificación de la diversidad biológica elemental. Además, está la posibilidad del efecto espejo, los organismos y microorganismos modificados genéticamente son creados para ser más resistentes a las plagas, a los patógenos, pero si no se está al 100% seguro de su implantación en un entorno no confinado podría causar que esa plaga se hiciera mucho más eficiente y resistiera mucho más que en su nivel natural, por lo que es un camino con un peligro que aún no somos conscientes de ello.

Hay que destacar al respecto de la posibilidad de contaminación del suelo y de las aguas subterráneas producidas por los organismos modificados genéticamente, al ser inmunes a ciertos pesticidas o al segregar ellos mismos la sustancia que elimina ese pesticida o plaga, podría dañar el entorno que tienen en su base, en la raíz, y el suelo podría absorberlo y contaminar toda la zona inferior, propagarse y afectar a todo el ecosistema, además de crear el efecto pantalla y producir igualmente pestes o plagas inmunes a esos organismos.

---

36 FRAMIÑÁN SANTAS, J: "Biodiversidad y Propiedad Intelectual sobre recursos fitogenéticos" en GARCÍA VIDAL, Á. (dir.):" Derecho de las obtenciones vegetales", Tirant lo Blanch, Valencia, 2017, pp. 224-232.

Aunque en muchos casos se encuentran aún en la fase inicial de su desarrollo, por lo que se toman medidas para controlar su reproducción, como su esterilización, la imposición de barreras físicas, así se evita que se desarrollen más allá de los límites esperados.

Aunque desde el año 1999 con los estudios de Riechmann se ha descubierto que la naturaleza es muy impredecible, la mutación, la evolución del entorno que poseen las especies hace realmente complicado su confinamiento en un entorno controlado, al transmitir su código genético por métodos como la polinización y demás el control de la especie esperado.

Cabe mencionar el caso de los animales, cuyo riesgo es más alto por sus capacidades físicas y su nivel de reproducción superior que el de la flora.

Existen una serie de riesgos y repercusiones que podrían ser perjudiciales para el entorno y la fauna, como es el caso de las mariposas monarca, en el que en un informe de la FAO se afirma que el polen resultante del cultivo de OMG en determinadas zonas de México provoca un efecto tóxico en su ingesta de alimento.

Por lo que ha aumentado su tasa de migración masiva a otras partes del continente. Además, se muestra que puede afectar el terreno en el que se desarrolla, siendo culpable de alterar genéticamente a ciertas bacterias y animales que lo consuman de manera no prevista al considerar esos organismos como naturales y no modificados.

Por todo ello existe una normativa al respecto que trata de impedir que estos sucesos que he explicado más arriba se produzcan, como es el caso de la Directiva 2015/412 del Parlamento y del Consejo, la 2001/18/CE sobre liberación intencional, y la 9/2003 sobre la utilización confinada, la liberación voluntaria y la comercialización de los organismos modificados genéticamente en España.

La Directiva 2015/412 nos habla de la restricción o prohibición de sus estados miembros del cultivo de organismos modificados genéticamente en su territorio, en el que prima la libertad de circulación de las semillas convencionales, el material vegetal de reproducción y el producto de su cultivo, además adoptar medidas de etiquetado e información de manera eficaz.

Cabe destacar la adopción de las pertinentes medidas transitorias, las cuales se justifican también por la necesidad de evitar una posible distorsión de la competencia al tratar de forma diferente a los titulares de autorizaciones actuales y a los futuros solicitantes de autorización.

En pro de la protección de la jurisdicción nacional[37] individual, el período durante el cual pueden adoptarse esas medidas transitorias debe limitarse al tiempo absolutamente imperioso para respaldar un cambio claro al próximo sistema.

Estas medidas transitorias, por tanto, deben permitir a las naciones aplicar lo dispuesto en la Directiva a productos que estaban autorizados o que estaban en proceso de ser autorizados antes de la entrada en vigor de la Directiva, siempre que las variedades de semillas y el material vegetal de reproducción modificados genéticamente y autorizados que ya hayan sido plantados legalmente no se vean afectados.

La 2001/18/CE trata sobre la liberación intencional en el medio ambiente de los organismos modificados genéticamente, tomando las medidas de seguimiento del proceso de desarrollo, planes de inspección, medios que faciliten el control o retirada de esos organismos en caso de ser necesario, detección de cualquier anomalía, riesgo que podría tener sobre el entorno o los consumidores, ya sean animales o humanos de manera directa o indirecta.

Mientras que la 9/200335 expone la utilización confinada, la liberación voluntaria y la comercialización de los organismos modificados genéticamente en España, ya sean por temas de evitar contacto con el entorno, con la población, bajo autorización expresa administrativa, o la puesta en libertad o comercio bajo autorización expresa también, aunque también hay plazos muy rigurosos de estudio y seguimiento, por lo que la comunicación es fundamental para que se dé el caso de la autorización en un nivel medio-alto.

2. *En materia de seguridad alimentaria*

Se considera a la seguridad alimentaria como la situación en la que se encuentra el conjunto de la humanidad que tiene acceso a ali-

---

37 GALLEGO SÁNCHEZ, E:" Otras creaciones técnicas, obtenciones vegetales" en GALLEGO SÁNCHEZ, E./FERNÁNDEZ PÉREZ, N. (dirs.):" Manual de Derecho Mercantil, Parte primera, Valencia, Tirant lo Blanch, 2023, pp. 277-279.

mentos considerados como suficientemente adecuados para atender sus necesidades físicas para una vida saludable[38] y activa.

La FAO, es la institución encargada de analizar y controlar el estado de la seguridad alimentaria a en el mundo, además de acabar con la malnutrición y con el hambre. Realiza informes para comisiones de todo el mundo conocidos como SOFI, son las siglas de State of Food Insecurity.

Aunque a pesar de las bajadas en las estadísticas del hambre en el mundo, no se han alcanzado los objetivos que se establecieron en el año 2000, ya que, tras los informes recogidos en los años 2005, 2010 y 2015 se ha comprobado que como meta reducir el hambre un 50% en el mundo no se ha podido conseguir. De hecho, poco más de la mitad de los países lo han conseguido.

La culpa es de la constante bajada en la creación y obtención de los de la subida de los precios de los alimentos, el descenso del empleo mundial. Además de los cambios climatológicos constantes y exponenciales, y los cataclismos globales, junto con las guerras han provocado graves crisis humanitarias que han detenido el progreso de conseguir los objetivos propiciados por 169 Naciones en el año 2000.

A través de Informes de la OMS-Organización Mundial de la Salud— Los consumidores han mostrado su preocupación de que los OMG afectan negativamente a nuestra salud, ya que al modificar y transferir material genético a estos organismos puede dañar por ejemplo a nuestra salud, que provoque ciertas reacciones alérgicas o que provoquen fallos en la no asimilación de los nutrientes necesarios para realizar las actividades propias de nuestra vida a través de la combustión orgánica habitual.

Otro punto problemático acerca de la cuestión es sobre la transferencia de genes sobre los alimentos, los consumidores muestran a ser reacios a consumir estos productos que consideran que pueden contener ciertos tipos de alérgenos que un producto natural no tendría, o que es resistente al uso de antibióticos si fuera necesario, por lo que aún se está estudiando esta problemática en la OMS y en la FAO.

---

38 ACUÑA, J. C:" Productores agrarios, semillas, reserva para uso propio y los contratos de licencia de uso de tecnología", Revista Iberoamericana de Derecho Agrario, nº 9, Legister, 2019, pp. 3-25.

Lo que aún está creando mucha polémica[39] en la actualidad son los posibles efectos secundarios, ya sea como reacción alérgica y demás en los organismos modificados genéticamente hacia el consumo humano, pero los estudios siguen demostrando que estos organismos no producen efectos alérgicos en la actualidad sobre los consumidores, aunque siempre habrá recelo en estos tiempos hacia su consumo por la falta de información y detalles de producción de estos productos.

Los consumidores imaginan que afecta negativamente a su salud, ya que al modificar y transferir material genético a estos organismos puede dañar por ejemplo nuestro estómago: que no se absorba el suficiente número de nutrientes por parte de nuestra pared gastrointestinal, lo que dañaría nuestra salud al no tener la energía necesaria para realizar nuestra vida cotidiana de manera normal, pero esto es, con lo que me he referido antes por la falta de información y comprensión hacia estos productos, hacen falta más campañas de concienciación para cortar de raíz estos pensamientos y comentarios.

Aunque hay que tener en cuenta que la mayor preocupación de este tipo de consumidores es sobre el uso de material genético resistente a antibióticos y medicamentos semejantes, por si hiciera falta para ayudar a mejorar la salud de alguien, por lo que algunas de esas preocupaciones son entendibles, aunque siempre se ha incentivado por los expertos de la Organización Mundial de la Salud por ejemplo que se emplee tecnología de transferencia sin genes con resistencia a los antibióticos, por ejemplo.

Lo que también hay que mostrar y dejar claro que es una tecnología que aún se encuentra en proceso de estudios e investigación, por lo que un cruce de especies que ya han sido modificadas no se podría decir que es totalmente seguro para nuestra salud, ya que podrá generar algún daño indirecto hacia nuestro organismo, ya que no es un cruce de variedades naturales y se modifica ad hoc.

---

39 GALLEGO SÁNCHEZ, E:" Sistema de protección de las variedades vegetales" en MORRAL SOLDEVILLA (dir.), "Problemas actuales de derecho de la Propiedad Industrial" IX Jornada de Barcelona de Derecho de la propiedad industrial, Tecnos, Madrid, 2010, pp. 57-92.

Sino que ya son dos que han sido modificadas y se vuelven a modificar durante su cruce, por lo que sus efectos están por descubrirse aún, lo más conocido es el de una variedad de maíz transgénico que solo es apto para el consumo animal.

Una serie de naciones han ideado planes para reconducir en diferentes líneas de estudio en los campos de cultivo: los convencionales y los GM. En el que estudian y discuten acerca de los procedimientos de análisis y supervisión de los productos modificados genéticamente y su posterior venta, para así observar que no son problema alguno para el consumo humano y animal.

El OMG además posee una serie de características no muy beneficiosas para insectos y semejantes animales que tienen muchos beneficios para el ser humano, además de ciertas clases de pescado. Cabe destacar, que se están realizando aún estudios sobre su repercusión en la tasa de crecimiento en ciertas bacterias que se encuentran en el suelo, que algunos observan que los niveles de nitrógeno necesarios para que no se vea reflejado de manera negativa en el medio ambiente se han desestabilizado en algunas zonas expuestas al crecimiento del OMG.

Hay que mencionar otros compuestos que de ser empleados para el diseño y desarrollo de OMG podrían ser más dañinos y podrían ser causantes de enfermedades y de ciertos casos de intoxicaciones:

Los agroquímicos se trata de estudiar todo lo posible para que no se empleen y así no dañar nuestra salud, tales como el glufosinato, el amonio y el glifosato que se ha demostrado que sor perjudiciales para el consumo habitual de productos agroalimentarios por nuestra parte y una gran serie de animales, el número de intoxicaciones y enfermedades generadas por estos compuestos ha aumentado exponencialmente a lo largo de este siglo, y se trata de analizarlo y reducirlo hasta 0, será difícil, pero es posible que en unos años existan otros compuestos igual de eficaces y que sustituyan a los ya mencionados.

El más conocido es el glifosato, su uso y exposición, aunque sea en niveles bajos puede ser realmente dañino para nuestro organismo, ya sea para casos neurológicos, cardíacos, o neumológicos, por ejemplo, o los casos osteológicos son preocupantes en animales, los estudios que los analizan dejan unos resultados preocupantes, se debe de revisar mucho más por si altera nuestros organismos hasta niveles de producir cáncer, por ejemplo.

IV. CONCLUSIONES

Con este enfoque, lo que se trata de explicar es que no se puede considerar desde el comienzo a la mayoría de los productos transgénicos como perjudiciales o peligrosos para el sostenimiento y desarrollo del mundo. A través de las técnicas actuales, se pueden amoldar las necesidades del futuro teniendo en cuenta el interés superior y la protección de la población y de los entornos, los cuales no dependen de nosotros, cosa que hemos incumplido con el paso del tiempo al vulnerar las disposiciones protectoras de los intereses de los objetivos de las Naciones Unidas establecidas en las disposiciones, directivas y cartas de estos últimos 30 años.

Aunque, por otra parte, también han resultado especialmente duras las normativas y directivas con los propios investigadores: ellos tratan de mejorar la calidad de vida de la población mundial, de nuestro entorno y de nuestro ecosistema. Al margen se encuentran los que realizan investigaciones fuera de los límites éticos y legales y que no pueden representar a todos; cuando realizan prohibiciones generales están deteniendo avances en ramas que no estarían consideradas como no permitidas en un futuro, mientras las que sí que conocemos como no permitidas sí que lo fueron durante un período de tiempo bastante superior entre que fueron ideadas y probadas por los investigadores.

Cabe destacar ya el no posible proceso por patente a los vegetales y animales desde 2016 en la UE, como hemos podido observar en los casos en los que, hasta antes de la publicación de la directiva, por lo que en 2016 decidieron regresar a su país natal.

Casos como los de Broccoli II y Tomate II y semejantes, tienen que ser más renombrados, ya que han sentado precedentes y jurisprudencia después de haber sido tratados en el Parlamento Europeo, habiendo sido dispuestos en la Directiva sobre biotecnología el caso por la Comisión Europea, siendo por lo que resulta muy difícil que no se tenga ya en cuenta la negativa actual de no proteger por patentes a los vegetales (y animales) que hayan sido obtenidos en procesos esencialmente biológicos, esto es así desde el 24 de noviembre de 2016 aunque sigue habiendo una problemática discusiva acerca del asunto.

Si se priva a las futuras generaciones de la misma manera que se ha estado realizando como en la actualidad, se estaría provocando unos resultados que no se puede calcular para un futuro cada vez más difícil, las superpoblaciones de las ciudades provocan escasez de los recursos, que de por sí ya son limitados, por lo que es muy complicado pensar que la situación mejorará por sí misma.

La naturaleza nos ha ayudado en todo lo posible desde nuestros comienzos como especie dominante de este planeta, pero no hay que permitir un descontrol de nuestras obligaciones tanto al cuidado de nuestro entorno como de nuestra prole, los productos transgénicos controlados y aptos para nuestro consumo por las organizaciones alimentarias gubernamentales son más que necesarios para satisfacer las populares demandas del mercado, por lo que habrá que observar el futuro desde una posición más activa que hasta la hora cuasi pasiva que hemos tenido, pudiendo llegar a los ínfimos niveles de alimentación de zonas de la población mundial: África, Latinoamérica, zonas de Asia ya ni controladas, zonas concretas de USA y Europa no disponen de recursos para satisfacer a sus poblaciones, por lo que las personas que están localizadas se encuentran bajos de forma y han perdido mucha confianza en sí mismos, pudiendo llegar a considerarse catastrófico para el avance de sus vidas en el terreno personal, profesional y ético en la sociedad global.

Además del importante impacto psicológico, esto es debido a su desconocimiento acerca de sus características y lo que nos pueden aportar en comparación con otros productos, incluso siendo estudiados durante años sus efectos en seres vivos y en el medio ambiente todavía existe un recelo al consumo de estos productos, pueden conllevar a efectos de tiempo directo como la no tolerancia correcta en la digestión o a tiempo indirecto con ciertos problemas de tensión sanguínea, malestar general; pero no considero tras haber realizado esta investigación que si existen tantas instituciones realizando estudios de prueba de mercado, análisis exhaustivos sobre la composición de materia orgánica, pruebas de nivel toxicológico, pruebas de caducidad en las que se pretenden enfocar, los que denuncian en general el empleo de estos productos utilizan con poco conocimiento de causa sus derechos como seres humanos al ejercitar acciones como entes autónomos sobre el tema.

Por lo que es necesario el aumento de investigadores y especialistas por parte de las comisiones encargadas de autorizar estos casos de aprobación o denegación de la entrada de productos transgénicos hacia las personas, para que se realicen labores de estudio de la situación económica, alimentaria, ambiental y social con las empresas, laboratorios, encargados para que no existan más casos irregulares o con cierto recelo de lanzarlos al mercado en el futuro.

Para finalizar, a través de todos estos datos la protección por patentes, aunque es posible, no se ajusta a todas las características fundamentales que debe de atenerse un organismo modificado genéticamente, por lo que la posibilidad de protegerlo a través del proceso legal de la obtención vegetal es la opción más completa que podemos tener en estos momentos, en el que desarrolla y toma en cuenta detalles que por cercanía de tiempo y la especialización en la materia es más viable que la patente en sí misma, aunque por ello no es considerado que sea inviable su uso, pero debe actualizarse el convenio europeo a las necesidades actuales.

V. BIBLIOGRAFÍA

ACUÑA, J. C:" Productores agrarios, semillas, reserva para uso propio y los contratos de licencia de uso de tecnología", Revista Iberoamericana de Derecho Agrario, nº 9, Legister, 2019, pp. 3-25.

AMAT LLOMBART, P:" La propiedad industrial sobre obtenciones vegetales y organismos transgénicos, Tirant lo Blanch, Valencia, 2007.

ASENSI MERÁS, A:" La protección de los organismos modificados genéticamente (OMG) mediante patente de invención biotecnológica", La Ley Mercantil, nº 20, 2015, pp. 1-16.

ASENSI MERÁS, A:" El derecho de la obtención vegetal, requisitos de protección de las variedades vegetales, Thomson Reuters Aranzadi, Cizur menor, 2021.

BATALLER GRAU, J./ESPINOSA CALABUIG, R:" La protección comunitaria de las obtenciones vegetales, requisitos para su concesión", ADI, 26, 2006, Marcial Pons, Madrid, pp. 422-423.

BERCOVITZ-RODRIGUEZ CANO, A:" Problemática de la protección de las invenciones biotecnológicas desde una perspectiva europea", Revista de

Instituciones Europeas, Vol. 17, nº 1, Centro de Estudios Políticos y Constitucionales, Madrid, 1990, pp. 23-30.

BOTANA AGRA:" Protección FERNÁNDEZ-NOVOA, C/OTERO LASTRES, J. M./BOTANA AGRA, M (dirs.):" Manual de Propiedad Industrial", Marcial Pons, Madrid, 2017, pp. 335-352.

"Adhesión de la Comunidad Europea al Convenio Internacional para la Protección de las Obtenciones Vegetales (CUPOV)", ADI 25, Marcial Pons, Madrid, 2005, p. 1437.

BULMA, M:" Las variedades esencialmente derivadas y la perspectiva de los productores" UPOV, Seminario sobre las variedades esencialmente derivadas, 22 de octubre de 2013, Ginebra, pp. 47-49.

CARBAJO CASCÓN, F:" Las licencias Obligatorias" en GARCÍA VIDAL, A. (dir), Derecho de las obtenciones vegetales, Tirant lo Blanch, Valencia, 2017, pp. 1-17.

CASTILLA GUERRA, J:" El régimen jurídico de los organismos modificados genéticamente, Tecnos, Madrid, 2007, pp. 30 y ss.

CUBERO SALMERÓN/MOYANO, SALVADOR/MORENO YANGÜELA:" Recursos fitogenéticos", Editorial Agrícola Española, Madrid, 2006, pp. 27-35.

CURTO POLO, M:" La protección de las innovaciones vegetales en la Unión Europea, patentes vs títulos de obtención vegetal", Tirant lo Blanch, Valencia, 2020.

CURTO POLO, M:" La materia biológica como invención patentable" Thomson Reuters Aranzadi, Cizur Menor, 2016, pp. 223-228.

CURTO POLO, M:" Cotitularidad y transmisión del derecho de obtentor" en GARCÍA VIDAL, A (dir.), Derecho de obtenciones vegetales, Tirant lo Blanch, Valencia, 2017, pp. 807-818.

CUTILLAS TORNS, J. M.ª:" Introducción a los derechos y limitaciones del obtentor" en PLAZA MENADES, J (dir.), "Cuestiones actuales sobre la protección de las obtenciones vegetales", Thomson Reuters Aranzadi, Pamplona, 2014, pp. 22-26.

CHANZÁ JORDÁN, D:" El procedimiento nacional, europeo e internacional para la concesión de obtenciones vegetales" en AMAT LLOMBART, P. (coord.)" Propiedad Industrial sobre obtenciones vegetales y organismos transgénicos, Valencia, Tirant lo Blanch, Valencia, 2007, pp. 150-151.

DEWAN, M:" IP Protection in Agriculture. An overview", Journal of Intellectual Property Right, Vol. 16, Oxford Press, 2011, pp. 131-138.

DI CATALDO, V./ VANZETTI, A:" Manualle di Diritto Industrialle, Giuffré Editore, 2020, pp. 83-89.

FEMENÍA TORRES, J:" Protección de las variedades hortofrutícolas, el preuso en las obtenciones vegetales", Revista jurídica de la Comunidad Valenciana, nº 38, Valencia, 2011, pp. 8-12.

FRAMIÑÁN SANTAS, J: "Biodiversidad y Propiedad Intelectual sobre recursos fitogenéticos" en GARCÍA VIDAL, Á. (dir.):" Derecho de las obtenciones vegetales", Tirant lo Blanch, Valencia, 2017, pp. 224-232.

GALLEGO SÁNCHEZ, E:" Otras creaciones técnicas, obtenciones vegetales" en GALLEGO SÁNCHEZ, E./FERNÁNDEZ PÉREZ, N. (dirs.):" Manual de Derecho Mercantil, Parte primera, Valencia, Tirant lo Blanch, 2023, pp. 277-279.

GALLEGO SÁNCHEZ, E:" La caducidad del obtentor" en GARCÍA VIDAL, A:" Derecho de las obtenciones vegetales", Tirant lo Blanch, Valencia, 2017, pp. 1011-1012.

GALLEGO SÁNCHEZ, E:" Sistema de protección de las variedades vegetales" en MORRAL SOLDEVILLA (dir.), "Problemas actuales de derecho de la Propiedad Industrial" IX Jornada de Barcelona de Derecho de la propiedad industrial, Tecnos, Madrid, 2010, pp. 57-92.

GARCÍA PÉREZ, R:" Nulidad del derecho del obtentor" en GARCÍA VIDAL, A (dir.)" Derecho de las obtenciones vegetales", Tirant lo Blanch, Valencia, 2017.

GARCÍA VIDAL, A: "El material vegetal protegido por una patente o un derecho de obtentor y el empleo del producto de su cosecha con fines de propagación, agotamiento y privilegio del agricultor en Europa y en EE. UU.", Cuadernos de derecho transnacional, vol. 8, nº 1, 2016, pp. 76-100.

GARCÍA VIDAL, A: "Las relaciones entre el sistema de protección de obtenciones vegetales y sistema de patentes, en GARCÍA VIDAL, A. (dir.)" Derecho de las obtenciones vegetales", Marcial Pons, Madrid, 2017, pp. 143-144.

GÓMEZ SECADE, J. A.:" Diferencias entre el sistema de patentes y el sistema de protección de las obtenciones vegetales" en GARCÍA VIDAL, A (dir.):" Derecho de las obtenciones vegetales", Tirant lo Blanch, Valencia, 2017, p. 113.

GUILLÉN CARRAU, J:" BROCOLI II y TOMATE II: Hacia un sistema europeo de protección dual (patentes y obtenciones vegetales)", Comunicaciones en propiedad Industrial y Derecho de la Competencia, nº 79, CEFI, Madrid, 2016, pp. 159-182.

GUILLÉN CARRAU, J:" La protección de las variedades vegetales y su problemática actual" en PLAZA PENADÉS, A (dir.):" Cuestiones actuales sobre la protección de las obtenciones vegetales", Thomson Reuters Aranzadi, Cizur Menor, 2014, pp. 49-62.

ÍÑIGUEZ ORTEGA, P:" Procedimiento de registro nacional" en GARCÍA VIDAL, A:" Derecho de las obtenciones vegetales", Tirant lo Blanch, Valencia, 2016, pp. 512-513.

ÍÑIGUEZ ORTEGA, P:" El procedimiento de Registro para la concesión del título de obtención vegetal", Thomson Reuters Aranzadi, 2022

MARCO ALCALÁ, L. A.:" Variedades vegetales, el requisito de la novedad" en GARCÍA VIDAL, A. (dir.):" Derecho de protección de las obtenciones vegetales", Tirant lo Blanch, Valencia, 2016, p. 320.

MAROÑO GARGALLO, MªM:" La denominación de las variedades protegidas con un título de obtención vegetal" en GARCÍA VIDAL, A, en Derecho de las obtenciones vegetales, Tirant lo Blanch, Valencia, 2017, p. 396.

MIGUEL CARVALHO, M:" El procedimiento de solicitud de protección de las obtenciones vegetales en la Unión Europea" en GARCÍA VIDAL, A, en Derecho de las obtenciones vegetales, Tirant lo Blanch, Valencia, 2017, p. 473.

SALDAÑA VILLOLDO, B:" Sobre la inevitable revisión del concepto de variedad esencialmente derivada" ADI, 37(2016-2017), pp. 363-374.

VIVES VALLÉS, J. A.:" Los límites del derecho de obtentor de variedades vegetales, la excepción del agricultor, el agotamiento de la protección y otros límites", Revista La Ley Mercantil, nº 26, MADRID, 2016.

ZAPATER ESPÍ, Mª J:"Marco jurídico internacional y comunitario para la protección de nuevas obtenciones vegetales" en AMAT LLOMBART, La propiedad industrial sobre obtenciones vegetales y organismos transgénicos, Tirant lo Blanch, Valencia, 2007.

PARTE SEGUNDA

SIGNOS DISTINTIVOS DE CALIDAD

Capítulo Octavo

MARCAS DE CERTIFICACIÓN

ESPERANZA GALLEGO SÁNCHEZ[1]

Catedrática de Derecho Mercantil

Universidad de Alicante

RESUMEN: Las marcas de certificación presentan la peculiaridad de que no distinguen propiamente un producto/servicio en atención a su origen empresarial, sino un producto o servicio que posee unas determinadas características, que el titular de la marca garantiza o certifica, de otros productos o servicios que no poseen dicha certificación. Por tanto, la función distintiva esencial de la marca de certificación es garantizar la concurrencia de unas determinadas características en el producto o servicio identificado con la marca que el titular de la marca garantiza. No el origen empresarial del producto o servicio. Esta circunstancia tiene importantes consecuencias en el ámbito del régimen jurídico de estas marcas, que se analizan en el presente trabajo.

PALABRAS CLAVE: signos distintivos de calidad, marcas de garantía, marcas de certificación, función esencial, régimen jurídico.

ABSTRACT: Certification marks have the peculiarity that they do not distinguish a product/ service in terms of its business origin, but rather a product or service that has certain characteristics, which the owner of the mark guarantees or certifies, from other products or services that do not have such certification. Therefore, the essential distinguishing function of the certification mark is to guarantee the presence of certain characteristics in the product or service identified with the mark that the owner of the mark guarantees. Not the business origin of the product or service. This circumstance has important consequences in the area of the legal regime of these marks, which are analyzed in this work.

---

1 Aportación elaborada en el marco del Proyecto para Grupos de Investigación de Excelencia de la Conselleria de Educación, Cultura, Universidades y Empleo de la Generalitat Valenciana, PROMETEO CIPROM/2021/057.

KEY WORDS: distinctive signs of quality, guarantee marks, certification marks, essential function, legal regimen.

I. ANTECEDENTES

El origen de las marcas de certificación se remonta a la época medieval. Puede afirmarse que los perfiles actuales estaban diseñados en cierto modo como un tipo de signos distintivos que acogían un sistema de control del cumplimiento de unos estándares de calidad, reservado, en ese momento, a los gremios.

Posteriormente, no obstante, fueron perdiendo vigencia. Por diversas circunstancias, entre las que puede citarse la progresiva pérdida de poder de los gremios, hasta su total desaparición, sustituidos por la responsabilidad personal de los comerciantes en relación con sus marcas, lo que propició el cambio de función esencial de las marcas que se fue resolviendo hasta circunscribirse a la designación del origen empresarial del producto o servicio.

De manera paulatina, sin embargo, comienzan a resurgir, siendo admitidas en ciertos ordenamientos nacionales como el español. En un primer momento se encontraban diluidas en el Estatuto de la Propiedad Industrial de 1929 entre las marcas colectivas y las indicaciones geográficas. El artículo 149.2 de ese texto legal se refería, en efecto, a "*los (signos) que adopten las entidades de reconocido crédito, industriales o mercantiles, de un término municipal o provincial, para distinguir un determinado producto natural o peculiar del mismo. Si la marca consistiese en la denominación geográfica de la localidad, su uso se extenderá a todos los productores y comerciantes en ella establecidos con el carácter exclusivo y la garantía de la entidad concesionaria*".

La Ley 32/1988, de 10 de noviembre, de Marcas fue la primera norma que independizó su regulación legal. El artículo 62 de ese texto legal dispuso que "*la marca de garantía es el signo o medio que certifica las características comunes, en particular la calidad, los componentes y el origen de los productos o servicios elaborados o distribuidos por personas debidamente autorizadas y controladas por el titular de la marca*".

Una similar caracterización, aunque mejorada técnicamente, se mantiene en la actual Ley 17/2001 de 7 de diciembre, reformada por el Real Decreto-ley 23/2018, de 21 de diciembre, de transposición de directivas en materia de marcas, transporte ferroviario y viajes combinados y servicios de viaje vinculados. El artículo 68 de ese texto legal dispone que "*se entenderá por marca de garantía todo signo que, cumpliendo los requisitos previstos en el artículo 4, sirva para distinguir los productos o servicios que el titular de la marca certifica respecto de los materiales, el modo de fabricación de los productos o de prestación de los servicios, el origen geográfico, la calidad, la precisión u otras características de los productos y servicios que no posean esa certificación*".

Entre los ordenamientos regionales, destaca la Decisión Andina 486 de 1 de diciembre de 2000, cuyo artículo 185 señala que se entenderá por marca de certificación un signo destinado a ser aplicado a productos o servicios cuya calidad u otras características han sido certificadas por el titular de la marca.

Solo más tarde se reconocen en Europa, con la denominación de marcas de certificación. En concreto en el Reglamento (UE) 2015/2424 del Parlamento Europeo y del Consejo, de 16 de diciembre de 2015, por el que se modifican el Reglamento (CE) nº 207/2009 del Consejo sobre la marca comunitaria y definitivamente en el vigente Reglamento (UE) 2017/1001 del Parlamento europeo y del consejo de 14 de junio de 2017 sobre la marca de la Unión Europea (en adelante RMUE). El artículo 83.1 de ese Reglamento dispone que "una marca de certificación de la Unión será una marca de la Unión que se describa como tal en el momento de la solicitud y que permita distinguir los productos o servicios que el titular de la marca certifica por lo que respecta a los materiales, el modo de fabricación de los productos o de prestación de los servicios, la calidad, la precisión u otras características, con excepción de la procedencia geográfica, de los productos y servicios que no posean esa certificación".

II. NOCIÓN

Las marcas de garantía presentan la peculiaridad de que no distinguen propiamente un producto/servicio en atención a su origen empresarial, sino que distinguen un producto o servicio que posee unas determinadas características, que el titular de la marca garantiza o certifica, de otros productos o servicios que no poseen dicha certificación.

La especificidad de estas marcas consiste, por tanto, en que aseguran al adquirente que los productos o servicios identificados con ellas reúnen determinadas cualidades, que van a venir garantizadas por un responsable que vela por el cumplimiento de las mismas. En concreto, una marca de certificación o garantía indica que los productos o servicios identificados con la marca (i) reúnen determinadas características establecidas por el titular de la marca (ii) como resultado de un control establecido por dicho titular, (iii) independientemente de la identidad de la empresa que realmente produce o proporciona los productos y servicios en cuestión y utiliza realmente la marca de certificación. Por eso se conocen indistintamente con los nombres de marcas de garantía o certificación.

III. FUNCIÓN ESPECÍFICA

1. Garantizar determinadas características

La función distintiva esencial de la marca de certificación es, por tanto, garantizar la concurrencia de unas determinadas características en el producto o servicio identificado con la marca que el titular de la marca garantiza.

Ejemplos de marcas nacionales de esta clase son los siguientes:

En atención a ello se diferencian, en primer término, de las marcas individuales, cuya función esencial es la de indicación del origen empresarial. Pero también de las marcas colectivas. Cierto es que entre las marcas colectivas y las de garantía se aprecian similitudes, en particular que pueden ser usadas por una pluralidad de personas, pero la función difiere. La de las marcas colectivas es similar a la de la marca individual, dado que informa sobre un determinado origen empresarial. Es un signo que sirve para distinguir los productos o servicios de los miembros de una asociación que sea su titular de los productos o servicios de otras empresas, que no pertenezcan a esa asociación.

Esta apreciación es muy importante por dos motivos. En primer término porque la solicitud de marca colectiva será denegada cuando pueda inducir al público a error sobre el carácter o la significación de la marca, en particular cuando pueda dar la impresión de ser algo distinto de una marca colectiva. Y lo es también, tanto en caso de marcas colectivas, como individuales, porque el cumplimiento de la función esencial es lo que determina la existencia de uso efectivo a efectos de caducidad por falta de uso.

Es jurisprudencia constante[2] , en efecto, que para que una marca se considere objeto de un *"uso efectivo"* en el sentido del artículo 18.1, y del artículo 58, apartado 1, letra a), del RMUE, es necesario que la marca se utilice de acuerdo con su función esencial.

Por este motivo, cuando la función de la marca es garantizar el origen empresarial de los productos o servicios, como sucede con las marcas individuales, o el origen empresarial plural, como sucede con las marcas colectivas, el uso de esas marcas para designar determinadas características o cualidades atribuibles a los productos de distintos productores, no se hace de conformidad con la función esencial de dicha marca, de modo que procede declarar la caducidad de la misma.

---

2 Véanse en particular las sentencias de 29 de septiembre de 1998, Canon, C-39/97, EU:C:1998:442, apartado 28; de 12 de noviembre de 2002, Arsenal Football Club, C-206/01, EU:C:2002:651, apartado 48, 11 de marzo de 2003, Ansul, C-40/01, EU: C: 2003: 145, apartado 43, y de 6 de marzo de 2014, Backaldrin Österreich The Kornspitz Company, C-409/12, EU:C:2014:130, apartado 20 y de 3 de julio de 2019, Viridis Pharmaceutical / EUIPO, C-668/17 P, EU: C: 2019: 557, punto 38.

Es, en efecto, jurisprudencia consolidada[3] , que, en lo que atañe a las marcas individuales y colectivas, esta función esencial consiste en garantizar al consumidor o al usuario final la identidad de origen del producto o servicio que con ella se designa, permitiéndole distinguir sin confusión posible dicho producto o servicio de los que tienen otra procedencia. Se estima que, para que la marca pueda desempeñar su función de elemento esencial del sistema de competencia no falseado que el Tratado pretende establecer y mantener, debe constituir la garantía de que todos los productos o servicios designados con ella han sido fabricados o prestados bajo el control de una única empresa, a la que puede hacerse responsable de su calidad.

La marca puede, por supuesto, ser también objeto de usos de acuerdo con otras funciones, como la consistente en garantizar la calidad o las de comunicación, inversión o publicidad[4] . Sin embargo, está sujeta a las sanciones previstas por RMUE cuando, durante un período continuado de cinco años, no se haya utilizado de acuerdo con su función esencial. En tal caso, según las modalidades previstas en el artículo 58, apartado 1, letra a), del RMUE, se declarará que los derechos del titular de la marca han caducado, a menos que pueda invocar una causa que justifique por qué no se ha llevado a cabo un uso que permita a la marca cumplir su función esencial.

En este sentido se pronunció la STJUE de 17 de octubre de 2019, caso C-514/18P, Estiria Aceite de semilla de calabaza[5] . En este caso, el 15 de octubre de 2007, un organismo de Derecho público que tiene, entre otras, la misión de garantizar la gestión sostenible de la

---

[3] Véanse en particular las sentencias de 29 de septiembre de 1998, Canon, C-39/97, EU:C:1998:442, apartado 28; de 12 de noviembre de 2002, Arsenal Football Club, C-206/01, EU:C:2002:651, apartado 48, 11 de marzo de 2003, Ansul, C-40/01, EU: C: 2003: 145, apartado 43, y de 6 de marzo de 2014, Backaldrin Österreich The Kornspitz Company, C-409/12, EU:C:2014:130, apartado 20 y de 3 de julio de 2019, Viridis Pharmaceutical / EUIPO, C-668/17 P, EU: C: 2019: 557, punto 38.

[4] Véanse, en particular, a este respecto, las sentencias de 18 de junio de 2009, L�Oréal y otros, C-487/07, EU:C:2009:378, apartado 58, y de 22 de septiembre de 2011, Interflora e Interflora British Unit, C-323/09, EU:C:2011:604, apartado 38 y la STJUE de 8 de junio de 2017, C-689/15, signo flor de algodón, ECLI:EU:C:2017:43451.

[5] ECLI: UE: C: 2019: 878.

agricultura y la silvicultura en Estiria (Austria), obtuvo de la EUIPO la publicación del registro internacional, que designa a la Unión Europea, de la siguiente marca individual:

Los productos amparados por la marca pertenecen a la Clase 29, en el sentido del Arreglo de Niza relativo a la Clasificación Internacional de Productos y Servicios a los efectos del Registro de Marcas, de 15 de junio de 1957, revisado y enmendado, y corresponden a la siguiente descripción: aceite de semilla de calabaza producido de conformidad con los requisitos técnicos establecidos en el Reglamento [(CE) n° 1263/96 de la Comisión, de 1 de julio de 1996, por el que se completa el anexo del Reglamento (CE) n° 1107/96 relativo al registro de indicaciones geográficas y denominaciones de origen en virtud el procedimiento previsto en el artículo 17 del Reglamento (CEE) n° 2081/92 (DO 1996 L 163, p. 19).

Como titular de la marca, el organismo público celebró un contrato de licencia con la asociación *Gemeinschaft Steirisches Kürbiskernöl*. Según los términos de los estatutos de esta asociación, tiene, en particular, como objeto, la defensa de los intereses de sus miembros en relación con la aplicación de la protección de las denominaciones de origen garantizada por la Comisión Europea con respecto a la Estiria Aceite de semilla de calabaza [...] y el apoyo de sus miembros en la comercialización del aceite de semilla de calabaza de Estiria en forma de actividades de marketing y relaciones públicas correspondientes.

En virtud de este contrato, dicha asociación, como licenciataria exclusiva, autoriza a sus miembros a utilizar dicha marca, siempre que se sometan a controles de conformidad con las prescripciones técnicas de la denominación de origen.

Sin embargo, el 18 de octubre de 2013, la Sra. Schmid presentó una solicitud ante la EUIPO con arreglo al artículo 51, apartado 1, letra a), del Reglamento nº 207/2009, solicitando la caducidad de la marca antes mencionada por falta de uso efectivo, que fue declarada mediante resolución de 8 de julio de 2015 de la División de Anulación de la EUIPO con efectos a partir del 18 de octubre de 2013. No obstante, la Cuarta Sala de Recurso de la EUIPO anuló la resolución de la División de Anulación. En su opinión, se había demostrado el uso genuino. Señaló que la función esencial de una marca consiste en garantizar que los productos que ampara han sido fabricados bajo el control de una sola empresa y consideró que el uso de la marca en cuestión cumplía esa función.

Pero el Tribunal General anuló la anterior Decisión al considerar que la marca controvertida, tal como se coloca en los frascos de aceite de semilla de calabaza y se utiliza en los documentos publicitarios, no solo no contiene ninguna referencia a un productor específico o al titular de dicha marca, sino que sólo permite indicar el origen geográfico y la calidad del producto. Finalmente el Tribunal de Justicia confirmó la decisión del Tribunal General. Estima el Alto Tribunal que el Tribunal General dedujo acertadamente que el uso de una marca individual que, si bien designa el origen geográfico y las cualidades atribuibles a ese origen de los productos de diferentes productores, no indica a los consumidores que estos bienes se fabrican bajo el control de una sola empresa a la que se puede atribuir la responsabilidad de su calidad, por lo que el uso no se hace de acuerdo con la función esencial de dicha marca.

Observa, adicionalmente, que, aunque los consumidores encuentran, en su caso, en la botella de aceite de semilla de calabaza de Estiria puesta a la venta, una etiqueta del productor y, por lo tanto, pueden identificar a este último, lo cierto es que la identificación debe ser posible mediante el uso de la marca en cuestión y no mediante la colocación de una etiqueta adicional. De ello deduce que el Tribunal General concluyó acertadamente que el uso de la marca controvertida no cumplió la función esencial de una marca individual y, por tanto, no puede calificarse de "uso efectivo" el que se hizo de ella.

Del mismo modo, el Tribunal de Justicia que el Tribunal General también consideró acertadamente que la cuestión de si el autor del uso de la marca de que se trata es una persona de Derecho público o privado no es pertinente para determinar si dicho uso cumple la función esencial de esa marca. En efecto, como se desprende de la jurisprudencia citada en el apartado 37 de la sentencia, la cuestión de si el uso de la marca se realiza de conformidad con su función esencial depende de la posibilidad de que los consumidores identifiquen, gracias a este uso, los productos como provenientes de una sola empresa a la que se puede atribuir la responsabilidad por su calidad, y no por la personalidad jurídica del autor del uso.

En un sentido similar se pronunció la STJUE de 8 de junio de 2017, C-689/15, signo flor de algodón[6] , respecto de la siguiente marca individual:

El Alto Tribunal precisa que la colocación sobre productos, por el titular o con su consentimiento, de una marca individual de la Unión como sello de calidad no es un uso como marca que esté comprendido en el concepto de "uso efectivo" en el sentido previsto por la legislación. No obstante, la colocación de dicha marca constituirá tal uso efectivo si garantiza, asimismo y simultáneamente, a los consumidores que dichos productos proceden de una única empresa bajo cuyo control se fabrican y a la cual puede hacerse responsable de su calidad. En este último supuesto, el titular de la marca estará habilitado para prohibir a terceros que coloquen un signo similar en productos idénticos en virtud del artículo 9 del RMUE, cuando ello genere un riesgo de confusión por parte del público.

El caso se refiere a VBB, una asociación que lleva a cabo diversas actividades relacionadas con el algodón. Es titular de una marca figurativa de la Unión, registrada el 22 de mayo de 2008 para diversos productos, en particular, para productos textiles (en lo sucesivo, "marca flor de algodón"). De los autos obrantes en poder del Tribunal de Justicia y de las explicaciones dadas en la vista celebrada

---

6 ECLI:EU:C:2017:43451,

ante él se desprende que, durante varios decenios previos al referido registro, ese mismo signo figurativo era utilizado por fabricantes de tejidos confeccionados con fibras de algodón para certificar la composición y la calidad de los productos.

Tras ese registro, el VBB fue celebrando contratos de licencia relativos a su marca flor de algodón con las empresas afiliadas a dicha asociación. Estas empresas se comprometen a utilizar la referida marca únicamente para productos confeccionados con fibras de algodón de buena calidad. El VBB puede controlar el cumplimiento de este compromiso.

De otro lado Gözze, cuyo gerente es el Sr. Gözze, sociedad no afiliada al VBB y que nunca ha concluido un contrato de licencia con dicha asociación, fabrica tejidos con fibras de algodón y coloca en ellos el signo flor de algodón desde hace varios decenios.

En este contexto, VBB interpuso una acción por violación de marca contra Gözze y el Sr. Gözze ante el Tribunal de Marcas de la Unión Europea competente, el *Landgericht* Düsseldorf (Tribunal Regional Civil y Penal de Düsseldorf, Alemania), porque Gözze comercializaba toallas de baño en las que colocaba etiquetas en las que se incluía el signo flor de algodón. Mientras que Gözze interpuso una demanda reconvencional solicitando la nulidad de la marca flor de algodón o, subsidiariamente, la caducidad de dicha marca. Según Gözze, el signo flor de algodón es meramente descriptivo y, por lo tanto, carece de carácter distintivo. A su parecer, este signo no puede servir como indicación de origen, y no ha sido objeto de un uso efectivo por parte del VBB en el plazo previsto en el RMUE.

En estas circunstancias, el *Oberlandesgericht Düsseldorf* (Tribunal Superior Regional Civil y Penal de Düsseldorf) resolvió suspender el procedimiento y plantear al Tribunal de Justicia una cuestión prejudicial, cuya solución justificó en que es indispensable que el uso se haga en consonancia con la función esencial de la marca.

El Tribunal de Justicia comenzó por aclarar que la cuestión de si el uso de una marca individual como la controvertida en el litigio principal como sello de calidad puede considerarse un uso realizado en consonancia con la función esencial de la marca ha de examinarse a la luz de los principios sentados por el propio Tribunal.

A este respecto reiteró su doctrina uniforme[7] , insistiendo que, en lo que atañe a las marcas individuales, esta función esencial consiste en garantizar al consumidor o al usuario final la identidad de origen del producto o servicio que con ella se designa, permitiéndole distinguir sin confusión posible dicho producto o servicio de los que tienen otra procedencia. Recuerda que, para que la marca pueda desempeñar su función de elemento esencial del sistema de competencia no falseado que el Tratado pretende establecer y mantener, debe constituir la garantía de que todos los productos o servicios designados con ella han sido fabricados o prestados bajo el control de una única empresa, a la que puede hacerse responsable de su calidad.

Repite que la necesidad, en el marco de la aplicación del artículo 18, apartado 1, RMUE, de un uso en consonancia con la función esencial de la marca como indicación de origen se debe a que si bien es cierto que una marca puede ser objeto de usos conformes a otras funciones, como la consistente en garantizar la calidad, o las de comunicación, inversión o publicidad[8] se halla, no obstante, sometida a las sanciones establecidas en dicho Reglamento cuando, durante un período ininterrumpido de cinco años, no ha sido utilizada en consonancia con su función esencial. En tal caso, según las modalidades previstas en el artículo 58, apartado 1, letra a), del RMUE, se declarará que los derechos del titular de la marca han caducado, a menos que pueda invocar una causa que justifique por qué no se ha llevado a cabo un uso que permita a la marca cumplir su función esencial.

Con fundamento en esa doctrina, aclara el Tribunal que resulta importante no confundir la función esencial de la marca con las demás funciones que puede desempeñar la marca, como la consistente

---

7 Véanse, en particular, las sentencias de 29 de septiembre de 1998, Canon, C-39/97, EU:C:1998:442, apartado 28; de 12 de noviembre de 2002, Arsenal Football Club, C-206/01, EU:C:2002:651, apartado 48, y de 6 de marzo de 2014, Backaldrin Österreich The Kornspitz Company, C-409/12, EU:C:2014:130, apartado 20.

8 Véanse, en particular, a este respecto, las sentencias de 18 de junio de 2009, L'Oréal y otros, C-487/07, EU:C:2009:378, apartado 58, y de 22 de septiembre de 2011, Interflora e Interflora British Unit, C-323/09, EU:C:2011:604, apartado 38.

en garantizar la calidad. En su opinión cuando, a pesar de certificar la composición o la calidad de los productos o servicios, el uso de una marca individual no garantiza a los consumidores que dichos productos o servicios proceden de una empresa única bajo cuyo control se fabrican o se prestan, y a la que, por consiguiente, puede hacerse responsable de su calidad, tal uso no se hace en consonancia con la función de indicación de origen.

De ello se deduce, que no se produce un uso en consonancia con la función esencial de la marca individual cuando la colocación de ésta en los productos tiene como única función la de ser un sello de calidad para dichos productos y no la de garantizar que proceden de una empresa única bajo cuyo control se fabrican y a la que puede hacerse responsable de su calidad.

Sobre el asunto en particular, el Tribunal hace hincapié en que el VBB alegó que es una asociación autorizada por el Estado («*kraft staatlicher Verleihung*»), que invierte los medios financieros obtenidos con la concesión de licencias de su marca en actividades de promoción del algodón, edita material educativo sobre el algodón y organiza seminarios sobre este tema, actúa como tribunal de arbitraje y ejerce, además, una función pública al participar en la fijación del «precio CIF Bremen», que es un valor de referencia del algodón en el mercado.

Estima, conforme a ello, que el objeto de la referida asociación, tal y como fue descrito por el VBB ante el Tribunal de Justicia, parece indicar que esta asociación no está implicada en la fabricación de los productos de sus licenciatarios y tampoco es responsable de ellos.

No obstante, explica que corresponde al órgano jurisdiccional remitente verificar, sobre la base de todos los datos que le hayan aportado las partes del litigio principal, si existen elementos pertinentes y concordantes que permitan considerar que la colocación de la marca flor de algodón del VBB por los licenciatarios de dicha asociación sobre sus productos garantiza a los consumidores que dichos productos son producidos por una única empresa, a saber, el VBB, formada por sus afiliados, bajo cuyo control se fabrican y a la cual puede hacerse responsable de su calidad.

Pero precisa que no puede constituir en ningún caso tal elemento el hecho de que los contratos de licencia faculten al VBB para verificar que sus licenciatarios utilicen exclusivamente fibras de algodón de buena calidad. Ello implica, todo lo más, que el VBB certifica la calidad de la materia prima utilizada. Añade que, según se desprende del artículo 66 del Reglamento nº 207/2009 y del artículo 74 *bis* añadido a dicho Reglamento por el Reglamento nº 2015/2424, tal certificación puede bastar, en su caso, para considerar que una marca no individual cumple su función de indicación de origen. En efecto, el referido artículo 66 precisa que una marca colectiva cumple su función de indicación de origen cuando distingue "los productos o servicios de los miembros de la asociación que sea su titular, frente a los productos o servicios de otras empresas" y el referido artículo 74 *bis* dispone que una marca de certificación cumple tal función cuando distingue "los productos o servicios que el titular de la marca certifica por lo que respecta a los materiales, el modo de fabricación de los productos o de prestación de los servicios, la calidad, la precisión u otras características [...] de los productos y servicios que no posean esa certificación".

Sin embargo, el litigio principal tiene por objeto una marca individual, registrada para productos. Tal marca cumple su función de indicación de origen cuando su uso garantiza a los consumidores que los productos que designa proceden de una única empresa, bajo cuyo control se fabrican y a la que puede hacerse responsable de su calidad en su estado acabado tras el proceso de fabricación.

En España, reprodujo esta doctrina con el mismo efecto la SJM Madrid 365/2019 de 23 de octubre de 2019. "REACCIONA" (Acciona S.L.) vs. "REACCIONA" (Jovaloyes Legal S.L. y otros)[9] , en un caso muy interesante.

La sentencia estima la demanda principal, interpuesta por ACCIONA, S.A., siendo demandadas INSTITUTO ASESOR PARA SUBVENCIONES AYUDA Y FINANCIACIÓN S.L., DVUELTA ASISTENCIA LEGAL S.L., AGENCIA NEGOCIADORA PB S.L., y JAVALOYES LEGAL S.L., declarando la caducidad

por falta de uso de las Marcas nacionales M 2740313 y M 2903447, titularidad de las demandadas.

---

9 ECLI ES:JMM:2019:1165.

Razona el juez que lo que pretenden las demandadas con el uso que hacen de las marcas registradas a su nombre se asemeja a la marca de garantía, que, conforme al art. 68 LM, es aquel signo utilizado por una pluralidad de empresas bajo el control y autorización de su titular, que certifica que los productos o servicios a los que se aplica cumplen unos requisitos comunes, en especial, en lo que concierne a su calidad, componentes, origen geográfico, condiciones técnicas o modo de elaboración del producto o de prestación del servicio. Se asemeja en cuanto que la finalidad que buscan las demandadas con el uso que vienen dando a la marca REACCIONA es que se sepa en el mercado que los servicios prestados por las mismas responden a un cierto nivel de calidad consecuencia de ser prestado por una empresa perteneciente al grupo reacciona. Pero esta finalidad no es la propia del derecho de marca, que se agota en lo previsto en el art. 4 LM.

Concluye la sentencia afirmando que las demandadas han querido dar a su derecho sobre las marcas litigiosas una finalidad que no es la propia del derecho de marca, y éste únicamente comprende el uso definido en el art. 4. Por tanto, el requisito previo a la condición del uso efectivo de la marca es que este uso no sea cualquier uso, sino precisamente un uso marcario, un uso a título de marca, es decir, el descrito en el art. 4 LM. Como las demandadas no han utilizado las dos marcas nacionales registradas, M 313 y M 447, para distinguir en el mercado los productos o servicios de una empresa de los de otras, según se reconoce por las mismas, hay que concluir que dichas marcas no han sido objeto del uso efectivo que exige el art. 39 LM, debiendo declararse en consecuencia su caducidad por falta de uso.

De otro lado, ahora respecto de las marcas colectivas, es preciso aclarar que, aunque es cierto que, a diferencia de lo que sucede con las marcas individuales, podrán constituir marcas colectivas los signos o las indicaciones que puedan servir, en el comercio, para señalar la procedencia geográfica de los productos o de los servicios (art. 74.2 RMUE) y que esta mención constituye una excepción al motivo de denegación absoluto de registro contemplado en el artículo 7, apartado 1, letra c), del RMUE, ello no puede desvirtuar el hecho de que la función esencial de una marca colectiva es garantizar el origen comercial colectivo de los productos vendidos al amparo de esa marca, y no garantizar su origen geográfico, colectivo, ni certificar unas determinadas calidades o características tal y como declara la

STJUE de 20 de septiembre de 2017, C-673/15 P a C-676/15 P, The Tea Board— Darjeeling[10] .

A esto respecto, las Directrices de la EUIPO disponen que: "*Una marca colectiva no se consideraría engañosa en cuanto a su carácter por el mero hecho de que los reglamentos de uso también pudieran incluir requisitos específicos de uso con respecto a la calidad de los productos y servicios protegidos por la marca. Sin embargo, si el examen de los reglamentos de uso revela que la marca se utilizará como marca de certificación, y no como un indicador de que los productos y servicios proceden de los miembros de la asociación, se considerará que induce al público a error*"[11].

Que esto sea así y deba ser así no obsta a que proliferen en los registros marcas individuales con función de garantía, que incluso se publicitan en internet como marcas de garantía.

Se presenta en internet como una marca de certificación, cuando en realidad es una marca individual.

Ocurre lo mismo con esta marca que incluso incluye en internet un Reglamento para el uso de las Marcas de Certificación de Sistemas de SGS

---

10 ECLI:EU:C:2017:702.

11 Motivos de denegación absolutos específicos. 3.1 Que induce a error en cuanto al carácter o el significado de la marca.

2. *Relación de características que es posible certificar*

2.1. Carácter no exhaustivo de la relación

El artículo 83.1 RMUE dispone que las características que es posible garantizar abarcan el material, el modo de fabricación de los productos o la prestación de los servicios, la calidad, la precisión *u otras características*. De dónde se deduce que la relación es meramente ejemplificativa, no exhaustiva por lo que podrá extenderse a cualidades o características no previstas en el precepto, tal y como constatan las Directrices de la EUIPO 2024[12] .

En términos semejantes, a este respecto, se pronuncia el artículo 68 de la Ley de Marcas española al disponer que que el titular de la marca certifica respecto de los materiales, el modo de fabricación de los productos o de prestación de los servicios, el origen geográfico, la calidad, la precisión *u otras características* de los productos y servicios que no posean esa certificación.

Y también el artículo 185 de la Decisión Andina 486 al señalar que se entenderá por marca de certificación un signo destinado a ser aplicado a productos o servicios cuya calidad *u otras características* han sido certificadas por el titular de la marca.

2.2. La relativa exclusión del origen geográfico

Existe, sin embargo, una sustancial diferencia entre el régimen español y el de la Comunidad Andina y el de la Unión Europea. Tras disponer que la certificación puede abarcar *otras características* distintas a las enunciadas en el artículo 83.1 RMUE excluye expresamente la procedencia geográfica, de los productos y servicios.

Según las Directrices EUIPO esta excepción debe entenderse como una prohibición que abarca la solicitud de cualquier marca:

- cuando el público interesado perciba el signo como una indicación de que los productos o servicios en cuestión serán certificados con respecto a su origen geográfico, cuando el Reglamento de uso indique que la característica que se certifica

---

12 https://guidelines.euipo.europa.eu/2214313/2199807/directrices-sobre-marcas.

es el origen geográfico de los bienes o servicios o imponga una obligación de carácter geográfico (por ejemplo, la ubicación del lugar de producción).

- cuando la lista de productos y servicios especifique explícitamente que los productos y servicios tienen un origen geográfico o cumplen con una DOP/IGP.

Una marca de certificación que contenga una inclusión o una referencia a una indicación geográfica (IG) —en su signo, lista de productos y servicios y/o reglamentos que rigen el uso— será objetada en virtud del artículo 83 RMUE, ya que, por definición, las indicaciones geográficas están vinculadas a un origen geográfico específico y será percibido como tal.

En ese contexto se denegó la solicitud relativa a VINAGRE DE VINHO DO PORTO-Clase 30. Vinagre de vino, considerando que los siguientes elementos confirman que la marca de certificación está destinada a certificar el origen geográfico de los productos solicitados:

1. la representación del signo contiene una DOP registrada para vinos bajo el Reglamento (UE) No 1308/2013, 'Vinho do Porto' (PDO-PT-A1540), además de otras palabras;
2. las normas de uso presentadas mencionan claramente que: 'El "Vinagre de Vinho do Porto" se produce exclusivamente a partir de vino amparado por la Denominación de Origen Protegida'.

Tanto la representación del signo solicitado como las normas de uso, indican claramente que la marca de certificación tiene por objeto certificar el vinagre elaborado exclusivamente a partir de vino amparado por la DOP 'Vinho do Porto' (DOP-PT-A1540), es decir que el ingrediente principal del vinagre es la DOP 'Vinho do Porto'. Estimándose que el motivo de la denegación fue reservar esta indicación para los signos sujetos al régimen de indicaciones geográficas.

Pero el régimen de indicaciones geográficas tiene más requisitos en relación con su conexión al territorio y es un régimen muy particular. Tal vez por eso en España se permite que se certifique el producto en relación con su origen geográfico. En este contexto hay que considerar dos aspectos, interrelacionados, pero diferentes. La composición del signo y la función esencial de estas marcas.

Al respecto de la composición del signo, el artículo 68.3 de la Ley de Marcas española señala que será aplicable a las marcas de garantía lo dispuesto en el apartado 3 del artículo 62, relativo a las marcas colectivas, esto es, que, *"no obstante lo dispuesto en el artículo 5.1.c), podrán registrarse como marcas colectivas los signos o indicaciones que puedan servir en el comercio para señalar la procedencia geográfica de los productos o de los servicios"*.

Pero, por una parte, según el mismo precepto, *"el derecho conferido por la marca colectiva no permitirá a su titular prohibir a un tercero el uso en el comercio de tales signos o indicaciones, siempre que dicho uso se realice con arreglo a prácticas leales en materia industrial o comercial; en particular dicha marca no podrá oponerse a un tercero autorizado a utilizar una denominación geográfica"*. Y, adicionalmente, el artículo 69.3 del mismo texto legal establece que *"si la marca de garantía consistiera en una indicación de procedencia geográfica, el reglamento de uso deberá prever que cualquier persona, cuyos productos o servicios provengan de esa zona geográfica y cumplan las condiciones prescritas por el mismo, podrá utilizar la marca"*.

La conjunción de ambos preceptos permite afirmar que se cumple el objetivo de interés general requerido por la jurisprudencia del TJUE que exige que los signos o las indicaciones descriptivas de la procedencia geográfica de las categorías de productos o servicios para las que se solicita el registro puedan ser utilizados libremente por todos. La sentencia del Tribunal de Justicia de la Unión Europea, Sala Segunda, de 20 de septiembre de 2017, C-673/2015, caso Tea Board— Darjeeling[13] , declara de manera expresa que la prohibición absoluta de registro que consistan en ese tipo de menciones persigue un objetivo de interés general que exige que los signos o las indicaciones descriptivas de las categorías de productos o servicios para las que se solicita el registro puedan ser utilizados libremente por todos, impidiendo, por consiguiente, que tales signos o indicaciones se reserven a una sola empresa debido a su registro como marca individual al objeto de evitar conductas arbitrarias anticompetitivas.

---

[13] ECLI:EU:C:2017:702. Véanse, en este sentido, las sentencias de 4 de mayo de 1999, Windsurfing Chiemsee, C-108/97 y C-109/97, EU:C:1999:230, apartado 25, y de 19 de abril de 2007, OAMI/Celltech, C-273/05 P, EU:C:2007:224, apartado 75 y jurisprudencia citada.

La permisión de la mención geográfica en la composición del signo constituye una excepción al motivo de denegación absoluto de registro, según la misma sentencia, pero tratándose de marcas colectivas, ese mismo objetivo de interés general relacionado con la necesidad de proteger la libre y leal competencia, se cumple, a pesar de que se autorice la inclusión en el signo de indicaciones geográficas ya que, por una parte, de conformidad con el artículo 74.2 RMUE, una marca de ese tipo no permite a su titular prohibir a un tercero el uso en el comercio de tales signos o indicaciones, siempre que dicho uso se realice con arreglo a prácticas leales en materia industrial o comercial; en particular, dicha marca no podrá oponerse a un tercero autorizado a utilizar una denominación geográfica; y, por otra parte, el artículo 75, apartado 2, del mismo Reglamento dispone que el reglamento de uso de una marca colectiva geográfica deberá autorizar a cualquier persona cuyos productos o servicios procedan de la zona geográfica de que se trate a hacerse miembro de la asociación titular de la marca.

Si bien la sentencia se refiere a una marca colectiva es preciso tener en cuenta que, respecto de las marcas de garantía, el artículo 28.4 de la Directiva incluye la misma previsión. Dispone, en efecto que no obstante lo dispuesto en el artículo 4, apartado 1, letra c), los Estados miembros podrán disponer que sea posible constituir marcas de garantía o de certificación los signos o indicaciones que puedan servir, en el comercio, para señalar la procedencia geográfica de los productos o servicios. Pero, que dicha marca de garantía o de certificación no facultará al titular de la misma para prohibir a un tercero el uso, en el tráfico económico, de dichos signos o indicaciones, siempre que dicho tercero los utilice de conformidad con las prácticas leales en materia industrial y comercial. En particular, tal marca no podrá oponerse a un tercero facultado para utilizar una denominación geográfica.

Dicha previsión ha sido trasladada de manera literal al ordenamiento español, que, además, la completa con la segunda previsión tuitiva del interés general señalada por el TJUE y prevista en el RMUE en relación con las marcas colectivas, en los términos que hemos señalado antes.

Adicionalmente hay que considerar la función esencial de la marca de garantía. Esta dimensión de la cuestión está relacionada con la composición del signo, pero no se identifica con ella, sino que es adicional a la misma. El ejemplo más claro lo suministran las marcas colectivas. Tal y como declara con razón la STJUE de 20 de septiembre de 2017, C-673/15 P a C-676/15 P, The Tea Board— Darjeeling[14] es cierto que, a diferencia de lo que sucede con las marcas individuales, podrán constituir marcas colectivas de la Unión los signos o las indicaciones que puedan servir, en el comercio, para señalar la procedencia geográfica de los productos o de los servicios (art. 74.2 RMUE).

Esta mención, según el Tribunal, constituye una excepción al motivo de denegación absoluto de registro contemplado en el artículo 7, apartado 1, letra c), del Reglamento de la Marca de la Unión europea, pero no puede desvirtuar el hecho de que la función esencial de una marca colectiva de la Unión es garantizar el origen comercial colectivo de los productos vendidos al amparo de esa marca, y no garantizar su origen geográfico colectivo ya que el artículo 74.1 RMUE, declara que podrán constituir marcas colectivas de la Unión Europea las que sean adecuadas para "*distinguir los productos o servicios de los miembros de la asociación que sea su titular, frente a los productos o servicios de otras empresas*", lo que supone consignar como función esencial de la misma la indicación del origen empresarial.

Trasladando el mismo argumento a las marcas de garantía nacionales resulta claro que la función esencial de las mismas no es indicar el origen empresarial, ni individual, ni colectivo, de los productos o servicios amparados por las misma, sino distinguir los productos o servicios que el titular de la marca certifica respecto de los materiales, el modo de fabricación de los productos o de prestación de los servicios, el origen geográfico, la calidad, la precisión u otras características de los productos y servicios que no posean esa certificación, según dispone literal y precisamente el artículo 68.1 LM.

Por tanto, a diferencia de las marcas de la Unión Europea, que no pueden certificar en torno al origen geográfico a tenor del artículo 83 RMUE, las españolas podrán distinguir productos o servicios certificados en relación con el origen geográfico,

---

14 ECLI:EU:C:2017:702.

incluso de forma exclusiva ya que la relación de circunstancias que el artículo 68.1 LM permite certificar a través de la marca de garantía están formuladas de manera alternativa ("o") y, entre ellas, se incluye sin duda el origen geográfico, por lo que ha de considerarse que certificar en torno al mismo se inscribe en el contexto de la función esencial de la marca de garantía en el ordenamiento español.

Sin que, por otra parte, sea posible considerar la infracción del ordenamiento de la Unión Europea. Por el contrario, esta eventualidad está expresamente permitida a las legislaciones nacionales por el artículo 28.1 de la Directiva (UE) 2015/2436 del Parlamento europeo y del Consejo de 16 de diciembre de 2015 relativa a la aproximación de las legislaciones de los Estados miembros en materia de marcas, tal y como acabamos de indicar. Y tampoco es una posibilidad desconocida en otros países de nuestro entorno, sino que está igualmente reconocida en ordenamientos tan significativos como son el Código italiano de la propiedad industrial y la Schedule 2 (3.2) de la Ley inglesa de Marcas.

En definitiva, de conformidad con el artículo 68.1 LM e interpretando a *sensu contrario* las Directrices EUIPO de conformidad con el artículo 83 del RMUE, en una marca de certificación nacional serán posibles tres situaciones:

- Que tanto el signo para el que se solicita registro, como el reglamento de uso presentado impliquen una certificación de productos o servicios en relación con el origen geográfico.
- Que el signo implique que la certificación se extiende al origen geográfico de los productos o servicios, de modo que el reglamento de uso puede mencionar o incluso aclarar, que la marca para la que se solicita registro certifica un origen geográfico.
- Que el signo no implique que la certificación se extiende al origen geográfico de los productos o servicios, pero el origen geográfico de los productos y servicios se define en el reglamento de uso como característica que certificará la marca.

Son muchas las marcas españolas de esta naturaleza. Tal es el caso, por ejemplo, de las siguientes:

CASTILLA Y LEÓN

Obsérvese, sin embargo, que ambas marcas están inscritas en la EUIPO como marcas individuales.

Un problema adicional se producirá, sin embargo, si la mención geográfica que pretende registrarse constituye una indicación geográfica protegida. Se ha puesto de manifiesto como de esta forma se logran algunos beneficios. Así es posible lograr la protección de otros elementos de la indicación geográfica distintos de los denominativos, aunque la amplia protección otorgada por la normativa sobre indicaciones geográficas debería permitir abarcar otro tipo de elementos, siempre que se cumplieran los correspondientes requisitos. Por ejemplo, a pesar de que la indicación geográfica proteja en principio solo el nombre de un queso (Morbier), se puede llegar a impedir a los terceros que comercialicen quesos con la misma apariencia en la medida en que evoquen el queso protegido[15]. El registro de la marca colectiva también permite otorgar una protección más amplia, puesto que las indicaciones geográficas no se encuentran reconocidas por igual en todos los países[16], además de ser un buen sistema para proteger a las indicaciones geográficas frente a los conflictos que pueden

[15] STJUE de 17 de diciembre de 2020, asunto C 490/19, Syndicat interprofessionnel de défense du fromage Morbier vs Société Fromagère du Livradois SAS.

[16] FERNANDEZ-MARTOS, A. J., "Protección de las indicaciones geográficas y la Organización Mundial del Comercio", *Rioja tercer milenio*, 2006, pp. 117 y ss., p. 121.

ocasionarse en el mercado digital y, en particular, en los conflictos con nombres de dominio[17].

Cierto es que, a diferencia de la Ley de Marcas 1988, la vigente no lo prohíbe de modo expreso[18] . Pero, la Ley 6/2015, de 12 de mayo, de Denominaciones de Origen e Indicaciones Geográficas Protegidas de ámbito territorial supraautonómico impide el registro como marca de los signos que reproduzcan imiten o evoquen una denominación de origen protegida, siempre que se apliquen a los mismos productos o a productos similares, comparables o que puedan considerarse ingredientes o que puedan aprovecharse de la reputación de aquéllas[19] . Y que el artículo 5.1 h) de la vigente Ley de Marcas señala que no podrán registrarse como marca los signos excluidos de registro en virtud de la legislación nacional o de la Unión o por acuerdos internacionales en los que sea parte la Unión o el Estado español, que confieran protección a denominaciones de origen e indicaciones geográficas. Y que el artículo 9.3 del mismo texto legal dispone que se denegará el registro de la marca en la medida en que, con arreglo a la legislación de la Unión o al Derecho nacional que establezcan la protección de las denominaciones de origen y las indicaciones geográficas, concurran las siguientes condiciones:

a) Se hubiera presentado ya una solicitud de denominación de origen o de indicación geográfica de conformidad con la legislación de la Unión o del Derecho nacional antes de la fecha de solicitud de registro de la marca o de la fecha de la prioridad reivindicada para la misma, a condición de que dicha denominación de origen o indicación geográfica quede finalmente registrada.

---

17 GOMEZ LOZANO, M., *Denominaciones de Origen y otras indicaciones geográficas*, Cizur Menor (Navarra), 2004, p. 116.

18 Ley 32/1988, de 10 de noviembre, de Marcas: "2. No podrán ser registradas como marcas de garantía las denominaciones de origen reguladas en la Ley 25/1970, de 2 de diciembre, de Estatuto de la Viña, del Vino y de los Alcoholes, y normas complementarias que, en todo caso, se regirán por sus disposiciones específicas". LARGO GIL, R./MONGE GIL, A. L., "Artículo 64. Marcas comunitarias colectivas", en Comentarios a los Reglamentos sobre la Marca Comunitaria, CASADO CERVIÑO, A./LLOBREGAT HURTADO, M. L. (Coord), *op. cit.* p. 639.

19 Cfr. art. 13.5 de la Ley Española de Denominaciones de Origen de ámbito supraautonómico.

b) Dicha denominación de origen o indicación geográfica confiera a la persona autorizada, en virtud de la legislación aplicable para ejercer los derechos que se derivan de la misma, el derecho a prohibir la utilización de una marca posterior.

Por otra parte, es preciso tener en cuenta que, en el caso de que el registro como marca de un término geográfico suponga una violación de una indicación geográfica protegida anterior, serán de aplicación las normas establecidas en los diversos reglamentos de la Unión Europea sobre indicaciones geográficas que regulan las relaciones entre estos signos y las marcas que, de modo general[20] , disponen la denegación del registro de las marcas cuyo uso infrinja el ámbito del *ius prohibendi* establecido para los mismos siempre que se refiera a productos del mismo tipo que la indicación geográfica protegida y la solicitud de registro de la marca se haya presentado con posterioridad a la fecha de presentación a la Comisión de la solicitud de registro de la indicación geográfica.

De conformidad con esta normativa, la práctica de la EUIPO ha sido permitir el registro de marcas colectivas que incluyan una indicación geográfica, siempre que se asegure que no se induce a error a los terceros, limitando la lista de los productos o servicios[21].

Sin embargo, la jurisprudencia española tiende a ser más estricta. A este respecto alguna resolución[22] ha considerado que el registro solo es posible si los titulares de la marca son los productores autorizados a elaborar productos protegidos, en razón de que, en otro caso, podría tratarse de una práctica susceptible de inducir a error en los consumidores. Ha llegado a afirmarse[23] , incluso, que la ausencia

---

20 Cfr. art. 14. 1 Reglamento 1151/2012 de 21 de noviembre de 2012 sobre los regímenes de calidad de los productos agrícolas y alimenticios.

21 "Las objeciones formuladas con arreglo al artículo 7, apartado 1, letra j), del RMUE podrán desestimarse si los productos pertinentes se restringen para cumplir el pliego de condiciones de la IG en cuestión". Vid. Directrices de la EUIPO. 5.3 Restricción de la lista de productos. 5 Productos pertinentes con arreglo a los reglamentos de la UE.

22 Sentencia del Tribunal Supremo, Sala Tercera, de lo Contencioso-administrativo, Sección 3ª, Sentencia 1695/2020 de 10 Diciembre de 2020, núm. 1695.

23 Sentencia del Tribunal Supremo, Sala Tercera, de lo Contencioso-administrativo, Sección 3ª, Sentencia 1695/2020 de 10 Diciembre de 2020, núm. 1695.

de conformidad del Consejo Regulador en torno a la solicitud de marca constituye una muestra de la inducción a error, aunque, a la vez, se ha sostenido que la autorización previa del Consejo Regulador no es preceptiva ni vinculante. Pero, hasta el momento, no hay una dirección constante para la resolución de estos conflictos[24] .

En cualquier caso, es importante observar que el registro de las marcas de garantías exige la necesidad de contar con el informe del órgano administrativo competente. Y que, como se ha indicado antes, la Ley prevé también que, si la marca de garantía consistiera en una indicación de procedencia geográfica, el reglamento de uso deberá prever que cualquier persona, cuyos productos o servicios provengan de esa zona geográfica y cumplan las condiciones prescritas por el mismo, podrá utilizar la marca.

De este modo, si el Consejo Regulador registrara como marca de garantía el nombre de un producto protegido como indicación geográfica, no podría impedir el uso del distintivo a ningún productor que cumpliera el pliego de condiciones, dado que se trata de un principio esencial de toda marca de garantía.

IV. PARTICULARIDADES DE RÉGIMEN

1. Preliminar

Conforme al artículo 78 de la Ley de Marcas, las normas de dicha Ley relativas a las marcas individuales se aplicarán a las marcas de garantía, salvo disposición contraria prevista en el Título en que se regulan estas.

Las especificidades más relevantes de su régimen jurídico se refieren a los aspectos que se tratan a continuación. Aunque soy consciente de que dejo de tratar otras cuestiones de gran repercusión como son las relativas al uso efectuado por cualquier persona facultada conforme al artículo 39 de la Ley de Marcas (artículo 75), o las peculiaridades que reviste el ejercicio de la acción por violación de marca por cuanto, en el caso de las marcas de garantía, únicamente

---

24 Sentencia del Tribunal Supremo, Sala Tercera, de lo Contencioso-administrativo, Sección 3ª, Sentencia 1695/2020 de 10 Diciembre de 2020, núm. 1695.

su titular o la persona específicamente autorizada por el mismo podrá ejercer una acción por violación de marca. Pero, el titular podrá reclamar, en nombre de las personas facultadas para utilizar la marca, la reparación del daño que estas hayan sufrido por el uso no autorizado de la marca. O las cuestiones relativas a la cesión en la medida en que, según prescribe el artículo 77 de la Ley de Marcas, las marcas de garantía solo podrán cederse a una persona que cumpla los requisitos de legitimación para solicitarlas, conforme al artículo 68.2.

2. *Legitimación. Deber de neutralidad*

Conforme al artículo 68.2 de la Ley de Marcas toda persona física o jurídica, incluidas las instituciones, autoridades y organismos de Derecho público, podrá solicitar marcas de garantía, a condición de que dichas personas no desarrollen una actividad empresarial que implique el suministro de productos o la prestación de servicios del tipo que se certifica.

Se trata, pues, de una amplia legitimación, que contrasta con la más reducida que se concede en las marcas colectivas. En materia de legitimación podrán solicitar marcas colectivas las asociaciones de fabricantes, productores, prestadores de servicios o comerciantes que, a tenor de la legislación que les sea aplicable, tengan capacidad, en su propio nombre, para ser titulares de derechos y obligaciones de cualquier tipo, de celebrar contratos o de realizar otros actos jurídicos y tengan capacidad procesal, así como las personas jurídicas de Derecho público.

Conforme a las Directrices EUIPO a estas entidades de derecho público se les aplica la necesidad, prevista en el inciso primero del precepto, de que sean asociaciones en el sentido formal o tengan, al menos, una estructura interna de carácter asociativo. Concepto que incluye, según la oficina Europea, las asociaciones o corporaciones de derecho público, como los «Consejos Reguladores» o los «Colegios Profesionales» contemplados en el derecho español.

En el caso de las marcas colectivas españolas, que se registran en la OEPM, se permite expresamente que el titular sean: asociaciones de fabricantes, productores, prestadores de servicios o comerciantes que tengan capacidad, en su propio nombre, para ser titulares de derechos y obligaciones, celebrar contratos o realizar otros actos jurídicos, y que tengan capacidad procesal, así como las personas jurídicas de Derecho público. De manera que, en principio, no se exige el requisito asociativo, de la forma en que se exige en el ámbito de la Unión Europea.

De otro lado, la prescripción legal en esta materia resulta más adecuada que la que prevé el artículo 3 de la LM cuando trata de las marcas individuales atribuyendo la legitimación a las personas físicas o jurídicas, incluidas las entidades de derecho público. Al contrario que la redacción anterior, el precepto precisa, pues, que, entre las personas jurídicas, han de incluirse las de naturaleza pública. Aunque la nueva redacción no es en exceso afortunada pues alude únicamente a las "entidades de derecho público", no parece que la legitimación pueda restringirse a aquellas que adopten la forma de "entidad de derecho público" en sentido estricto, lo que excluiría, por ejemplo, a los consorcios o a las propias Administraciones públicas, tanto porque el inciso anterior se refiere en general a las personas jurídicas, como porque esta ha sido la práctica constante de la OEPM en la vigencia de la legislación anterior; así como de la EUIPO. Véase, por ejemplo, la marca de la Unión Europea 004542941, CALIDAD CERTIFICADA, inscrita a favor de la Junta de Andalucía - Consejería de Agricultura, Pesca y Desarrollo Rural. Se trata de una marca individual, de carácter figurativo.

La única limitación que contiene a este respecto el 68.2 de la Ley de Marcas consiste en que los titulares de dichas marcas no pueden desarrollar una actividad empresarial que implique el suministro de productos o la prestación de servicios del tipo que se certifica. Se trata del denominado deber de neutralidad que encuentra todo su fundamento en el hecho de que, si se permitiera usar la marca a su titular, se encontraría en una situación de conflicto de interés que pondría en cuestión la imparcialidad de su función certificadora. Naturalmente, el conflicto de interés existe tanto si la actividad se ejercita directamente por el titular de la marca, como si se ejecuta de forma indirecta por medio de persona interpuesta, ya sea esta física o jurídica.

Por este motivo, constituye una causa de denegación específica de las marcas de garantía el hecho de que el titular de la marca desarrolle una actividad empresarial que implique el suministro de productos o la prestación de servicios del tipo que se certifica. Por la misma razón, en el caso de que esta circunstancia se produzca *a posteriori*, este hecho constituye una causa de caducidad de la marca.

Es de observar que la EUIPO es en grado extremo exigente con el cumplimiento de este requisito, ya que suele exigir no solo una declaración del titular que afirme no estar incurso en este conflicto de interés; si no que también es usual que lleve a cabo un análisis minucioso del Reglamento de uso y de las circunstancias concurrente para constatar que efectivamente no se produce tal conflicto.

3. *Inducción a error sobre el carácter de la marca*

A tenor del artículo 70.2 de la Ley de Marcas constituye un motivo de denegación específico de la solicitud de marca de garantía el hecho de que pueda inducir al público a error sobre el carácter o la significación de la marca, en particular cuando pueda dar la impresión de ser algo distinto de una marca de garantía.

Este motivo de denegación debe distinguirse[25] netamente del previsto, con carácter general, en el artículo 5.1 g) de la Ley de Marcas cuando a alude a los signos que puedan inducir al público a error, por ejemplo, sobre la naturaleza, la calidad o el origen geográfico del producto o servicio, que, de otro lado, también resulta aplicable a las marcas de garantía. En este caso, sin embargo la inducción a error no se refiere a las características propias del producto, sino al tipo de marca. Lo relevante no es si el signo induce a error respecto de ciertas características de los productos o servicios, sino a la naturaleza del signo en sí, que no se entenderá como una marca de certificación, sino como otro tipo de marca, o bien otro tipo de signo distintivo, como las indicaciones geográficas o bien como especialidades tradicionales garantizadas. Esto es, el error debe producirse al respecto del significado de la marca respecto de su función esencial.

Sin embargo, las Directrices EUIPO determinan que el Reglamento no exige en modo alguno que se haga constar su carácter de marca de certificación, y que la ausencia de dicha información no implica que la marca vaya a ser percibida como algo distinto de una

[25] FERNANDEZ NOVOA, C., *Tratado sobre derecho de marcas*, Madrid, 2004, p. 682.

marca de certificación. Aunque parece evidente que la mención de tal carácter evitaría en gran medida estos riesgos[26] .

Sin duda el caso más claro en que puede producirse esta situación es aquel en que un mismo signo se registra de forma simultánea como marca individual y de certificación, o bien colectiva y de certificación. Así, por ejemplo, las dos marcas a las que he aludido antes —Tierra de Sabor y Artesanía Alimentaria Andalucía— están registradas en la OEPM como marcas de garantía, pero están inscritas en la EUIPO como marcas individuales.

Como ha puesto de manifiesto la mejor doctrina[27] se trata de marcas que se autoexcluyen, es decir, que una marca de garantía no puede ser registrada ni usada como marca individual, ni como nombre comercial y una marca individual no puede ser inscrita o utilizada como marca de garantía porque no es posible aceptar que un mismo signo puede cumplir a la vez tan diferentes funciones esenciales. Aunque el registro se produzca en el contexto de dos ordenamientos jurídicos distintos, como puede ser el nacional y el de la Unión Europea, porque, en definitiva, ambos signos conviven en el mismo espacio territorial.

Bien es verdad que estas situaciones vienen impuestas en ocasiones por las limitaciones de régimen jurídico, en particular porque en la Unión Europea no se permite el registro de signos geográficos como marca de certificación. Pero también lo es que el intento de burlar la normativa puede originar no solo la nulidad de una de las dos marcas por este motivo, sino también la caducidad por falta de uso efectivo de aquella que no cumple con su función esencial, esto es, la individual de la Unión Europea.

Por idénticos motivos la inducción a error sobre el carácter o significación de la marca constituye un motivo de nulidad del registro. Asímismo constituye causa de caducidad de la marca de garantía el hecho de que consecuencia del uso permitido por el titular de la

---

26 En este sentido FERNANDEZ NOVOA, C., Tratado sobre derecho de marcas, *op. cit.* p. 682.

27 CASADO CERVIÑO, A. "El Decreto 33/1983 de 10 de febrero, del Gobierno Autónomo de Cataluña, sobre denominaciones genéricas de calidad", *ADI*, 9 (1983), pp. 497 y ss., p. 499,

marca, esta pueda inducir al público a error sobre el carácter o la significación de la marca, en particular cuando pueda dar la impresión de ser algo distinto de una marca de garantía

4. El Reglamento de Uso

Como se ha advertido antes la marca de certificación indica que los productos o servicios portadores de la misma reúnen unas determinadas características que garantiza el titular de la marca. Sin embargo, no es el titular quien produce o proporciona los productos, ni el que presta el servicio y utiliza la marca de garantía. Por el contrario, los usuarios son terceros. Por eso, en el régimen jurídico de este tipo de marcas cobra una importancia esencial el Reglamento de uso. El Reglamento es público. Ha de ser depositado en la OEPM y podrá ser libremente consultado por cualquier persona, sin sujeción a pago de tasa.

A tenor del artículo 69.1 de la Ley de Marcas, en el Reglamento de uso se indicarán las personas autorizadas a utilizar la marca, las características comunes de los productos o servicios que se van a certificar, la manera en que se verificarán estas características, los controles y vigilancia del uso de la marca que se efectuarán, las responsabilidades en que se pueda incurrir por el uso inadecuado de la marca y el canon que, en su caso, se exigirá a quienes utilicen la marca[28] .

Entre ellas reviste una relevancia central el control que ejercita el titular sobre los usuarios a fin de garantizar la concurrencia de las características que se certifican. Si bien el titular de la marca de certificación no necesariamente tiene que prestar los servicios de certificación por sí mismo. Es suficiente con que el proceso de certificación se realice bajo su control y supervisión, según señalan la Directrices EUIPO. Del mismo modo, el Reglamento modelo de la EUIPO dispone que no es necesario que el solicitante realice las pruebas o

---

[28] En cumplimiento de lo establecido en el Reglamento de Marca de la Unión Europea, el Reglamento de ejecución 2018/626 que desarrolla el Reglamento de marca de la Unión Europea amplía con más detalle este contenido. Lo mismo sucede en España con Real Decreto 687/2002, de 12 de julio, por el que se aprueba el Reglamento para la ejecución de la Ley 17/2001, de 7 de diciembre, de Marcas.

supervise las condiciones de uso. Prevé, incluso, que, en algunos casos, puede ser necesaria la colaboración con servicios externos más especializados que se encarguen de la realización de las pruebas o la supervisión.

Por tanto, es posible que el control se asigne a una empresa externa e independiente, aunque, en todo caso, la responsabilidad respecto de la certificación de las características recaerá en el titular de la marca[29] . De hecho, es esta la práctica frecuente en las marcas de certificación de la Unión.

En cuanto a las medidas concretas de ejercicio del control, el Reglamento modelo de la EUIPO dispone que pueden limitarse a comprobaciones de muestras o aleatorias, y no es necesario que abarquen la totalidad de los productos o usuarios. Aunque también es posible prever visitas inspectoras periódicas[30].

La esencialidad del Reglamento de uso en el régimen jurídico de las marcas de garantía se manifiesta en, primer término, en su incidencia en orden a la admisión de la solicitud de registro de este tipo de marcas. Teniendo en cuenta que este documento se presenta junto con la solicitud, pero de manera independiente[31], el responsable de su autoría será el solicitante de la marca.

La solicitud de registro será denegada, en efecto, cuando no se presente el reglamento de uso, en caso de que el reglamento que se presente no cumpla con el contenido previsto por la Ley, o sea contrario, en general, a la Ley, al orden público o a las buenas costumbres. Y también en el supuesto de que sea informado desfavorablemente por el órgano administrativo competente en atención a la naturaleza de los productos o servicios a los que la marca de garantía se refiere.

Por tanto, en primer término, se evalúa la propia existencia del reglamento de uso y, en segundo lugar, su contenido. Si el reglamen-

---

29 Así también LEMA DEVESA, C., *La marca de garantía en la Ley Española de Marcas*, Madrid, 2022, p. 58.

30 DE MARTIN MUÑOZ, A., "La regulación de las marcas de garantía en la Ley 17/2001, de marcas", *La Ley, Revista Española de Doctrina, Jurisprudencia* y *Bibliografía*, 2, 2003, pp. 141 y ss.

31 Así se pronuncia el Reglamento de uso modelo de la EUIPO.

to de uso no se presenta, o se presenta fuera del plazo que la oficina establece para su presentación, la marca será denegada.

Adicionalmente, el reglamento ha de incluir, como mínimo, el contenido que marca la Ley. Y, además, no podrá contener disposiciones que se consideren contrarias a la Ley, al orden público o a las buenas costumbres. No obstante, este último motivo de denegación no debe confundirse con el que se establece de manera general para las marcas individuales, cuyo registro se ve obstaculizado cuando se trate de signos contrarios a la ley, al orden público o a las buenas costumbres. En este caso no se está evaluando si el signo es contrario al orden público, lo que también habrá de producirse en aplicación del régimen general, sino que se está valorando el contenido del reglamento de uso porque, por ejemplo, contenga cláusulas discriminatorias por razón de sexo o raza o por cualquier otro motivo proscrito por el ordenamiento o abusivas o prescindan de criterios objetivos o impongan la aplicación de criterios inadmisibles[32].

La esencialidad del Reglamento de uso en el régimen jurídico de las marcas de garantía se manifiesta en segundo lugar en que determina la nulidad de la marca de la garantía si, tras la inscripción, se advierte que era, desde el principio, contrario a la ley, orden público o a las buenas costumbres.

Y asimismo en que fundamenta la caducidad de la marca de garantía si el titular no hubiere adoptado medidas razonables para prevenir cualquier uso de la marca que no sea compatible con las condiciones de uso estipuladas por el reglamento de uso, incluida cualquier modificación de este que haya sido inscrita en el registro. O en que la modificación del reglamento de uso de la marca se ha inscrito en el registro contraviniendo las disposiciones del artículo 71.1 porque, por ejemplo, vulnera las normas sobre contenido o no ha sido informado favorablemente por el órgano competente o es contrario a la ley, al orden público o a las buenas costumbres.

---

32 Cfr. Directrices Oficina de Propiedad Intelectual de la Unión Europea EUIPO, parte b, examen, sección 4, motivos de denegación absolutos, 5.3.1 Cumplimiento de las normativas sobre el orden público.

V. BIBLIOGRAFÍA

CASADO CERVIÑO, A. "Marcas de garantía, el Decreto 33/1983 de 10 de febrero, del Gobierno Autónomo de Cataluña, sobre denominaciones genéricas de calidad", *ADI,* 9 (1983), pp. 497 y ss.

DE MARTÍN MUÑOZ, A., "La regulación de las marcas de garantía en la Ley 17/2001, de marcas", *La Ley, Revista Española de Doctrina, Jurisprudencia* y *Bibliografía,* 2 (2003) pp. 141 y ss.

FERNÁNDEZ-MARTOS, A. J. "Protección de las indicaciones geográficas y la Organización Mundial del Comercio", *Rioja tercer milenio,* 2006, pp. 117 y ss.

FERNANDEZ NOVOA, C., *Tratado sobre derecho de marcas,* Madrid, 2004.

GÓMEZ LOZANO, M., *Denominaciones de Origen y otras indicaciones geográficas,* Cizur Menor (Navarra), 2004.

LARGO GIL, R./MONGE GIL, A. L., "Artículo 64. Marcas comunitarias colectivas", en *Comentarios a los Reglamentos sobre la Marca Comunitaria,* CASADO CERVIÑO, A./LLOBREGAT HURTADO, M. L. (Coord), Madrid, 2000, pp. 639 y ss.

LEMA DEVESA, C., *La marca de garantía en la Ley Española de Marcas,* Madrid, 2022.

MONTERO GARCÍA-NOBLEJAS, P., "Entidades de gestión colectiva y derecho de sociedades", *RdS,* nº 48, 2016, pp. 125 y ss.

MONTERO GARCÍA-NOBLEJAS, P., *Denominaciones de origen e indicaciones geográficas,* Valencia, 2016.

MONTERO GARCÍA-NOBLEJAS, P., "El nuevo régimen de las marcas colectivas", La Ley Mercantil, 66 (2020), pp. 1-32.

Capítulo Noveno

LA TRANSFORMACIÓN DEL SISTEMA DE INDICACIONES GEOGRÁFICAS DE LA UNIÓN EUROPEA

PILAR MONTERO GARCÍA-NOBLEJAS[1]

Profesora Titular de Derecho Mercantil

Universidad de Alicante

RESUMEN: Este trabajo presenta un análisis de las últimas reformas del régimen de indicaciones geográficas de la Unión Europea como derecho de propiedad intelectual. Con el objetivo de desarrollar una visión de conjunto de las reformas, en este trabajo se ofrece una visión de conjunto de los nuevos reglamentos que afectan tanto a las indicaciones geográficas de vinos, bebidas espirituosas y productos agrícolas, como el nuevo sistema europeo de protección de las indicaciones geográficas de productos artesanales e industriales.

PALABRAS CLAVE: Signos distintivos de origen territorial, indicaciones geográficas, denominaciones de origen, indicaciones geográficas de productos artesanales e industriales, reforma de la Unión Europea.

ABSTRACT: This article analyses the latest reforms of the European Union's system of geographical indications as intellectual property rights. In order to provide an overall view of

[1] Este estudio ha sido financiado por el proyecto de investigación para grupos reconocidos como Grupos de Investigación de Excelencia, titulado: "PROTECCIÓN DE LA INNOVACIÓN EN AGRICULTURA EN LA ERA DIGITAL" (Proyectos de Grupos de Investigación de Excelencia Gen. Valenciana Prometeo: CIPROM/2021/57), dirigido por las profesoras Esperanza GALLEGO SÁNCHEZ y Nuria FERNÁNDEZ PÉREZ.

the reforms, this article offers an overview of the new regulations affecting geographical indications for wines, spirits and agricultural products, as well as the new European system for the protection of geographical indications for artisanal and industrial products.

KEY WORDS: Distinctive signs of territorial origin, geographical indications, designations of origin, geographical indications for artisanal and industrial products, European Union reform.

I. INTRODUCCIÓN

Las indicaciones geográficas[2] constituyen un derecho de propiedad intelectual único. Nos encontramos ante unos signos distintivos de calidad ligada al origen que ha ido evolucionado con el tiempo, en consonancia con el desarrollo económico y las necesidades de los consumidores, por un lado, y su naturaleza agrícola, por otro, lo que ha propiciado su uso como sistema de apoyo para las políticas agrícolas. Se trata de un derecho de propiedad intelectual que ha sido utilizado por diversos países como sistema de promoción de un determinado sector económico, aspecto que permite potenciar determinadas funciones, mediante el fomento de determinadas zonas económicas.

Por este motivo, las indicaciones geográficas condensan un amplio abanico de funciones, ya que además de ser un signo distintivo destinado a informar a los consumidores sobre las características de determinados productos, vinculadas a un origen geográfico concreto, así como a recompensar a los productores por los esfuerzos realizados, también presentan numerosas ventajas como mecanismo de promoción del turismo de las regiones, de ayuda a las pequeñas y medianas empresas, de mejora de la calidad de los productos así como de creación de empleos cualificados a escala local.

La Unión Europea se ha caracterizado por tener una normativa sectorial de las indicaciones geográficas centrada en los productos agrícolas y alimenticios, en los vinos y en las bebidas espirituosas. No

---

[2] En este trabajo se va a emplear el término "indicación geográfica" como concepto que engloba a la vez las denominaciones de origen y las indicaciones geográficas, de conformidad con la terminología empleada por la Comisión en las últimas reformas que son objeto de comentario en el presente trabajo.

existe por tanto una regulación de un derecho de propiedad intelectual unitario para las indicaciones geográficas que se pueda aplicar con independencia del tipo de producto protegido.

No obstante, nos encontramos en un momento de cambio, porque la Unión Europea ha llevado a cabo un proceso de reforma del sistema de indicaciones geográficas de carácter global que viene impulsado por dos sectores diferentes. Por una parte, nos encontramos con una reforma promovida por la Dirección General de Agricultura y Desarrollo Rural de la Comisión (DGAGRI), incluida en su plan de acción, y que ya se preconizaba en la estrategia "De la granja a la mesa" publicada en mayo de 2020[3]. Se trata de una reforma incluida también en el programa de trabajo de la Comisión para 2021 como parte de las iniciativas REFIT, vinculadas al Pacto Verde (Green Deal) europeo. Teniendo en cuenta el ámbito de actuación de esta reforma, así como la Dirección general quela impulsa, esta iniciativa ha comportado una reforma de los reglamentos existentes relativos a las indicaciones geográficas de los productos agrícolas (vinos, bebidas espirituosas y productos agrícolas y alimenticios), así como a otros sistemas de calidad (en particular las especialidades tradicionales garantizadas).

Por otro lado, debe hacerse referencia a las reformas resultantes de la revisión del sistema de propiedad intelectual por parte de la Dirección General de Mercado Interior, Industria, Emprendimiento y PYME (DG GROW), como reforma global que afecta a todos los derechos de propiedad intelectual y, entre ellos, a las indicaciones geográficas. En este sentido, y considerando la existencia de unas indicaciones geográficas para el ámbito agrícola, la propuesta se centra en la creación de un sistema de indicaciones geográficas para la protección de los productos artesanales e industriales.

Por lo que respecta a este segundo ámbito, el plan de acción de la Comisión en materia de propiedad intelectual pretende mejorar el sistema de protección de las indicaciones geográficas para hacerlo más eficaz. En la comunicación de la Comisión sobre este plan de

---

3 Productos agrícolas —revisión de las normas de comercialización de la UE 19-1-2021.

acción[4], se afirma que Europa necesita un nuevo enfoque en la forma de proteger las indicaciones geográficas. Uno de los argumentos que se esgrimen en favor de la creación de este sistema es su carácter como elemento de promoción de la sostenibilidad social, medioambiental y económica de la economía rural, además de la necesidad de proteger el patrimonio cultural europeo. Así se destaca también en la hoja de ruta de la Comisión sobre la reforma de los derechos de propiedad intelectual, que insiste en la necesidad de ajustar el marco de la propiedad intelectual para que la economía digital y verde pueda beneficiarse plenamente de la innovación. El uso del término "economía verde" en las actuales reformas previstas por la Comisión revela cómo la sostenibilidad se considera un elemento esencial de las últimas reformas operadas por la Comisión[5].

La existencia de estas dos reformas en paralelo pone de manifiesto la voluntad de la Unión Europea de reforzar el sistema de indicaciones geográficas como derechos de propiedad intelectual en su conjunto. Del análisis de ambas reformas se aprecia el objetivo de la Comisión de poder ofrecer un marco jurídico para las indicaciones geográficas guiado por los mismos principios y con un contenido cada vez más homogéneo. De esta manera es posible constatar que se están dando pasos para lograr un marco jurídico para las indicaciones geográficas fuerte y coherente en el seno de la Unión. Del éxito de estas reformas depende en gran medida la consolidación del liderazgo de la Unión Europea en materia de indicaciones geográfi-

---

4 Comunicación de la Comisión al Parlamento Europeo, al Consejo, al Comité Económico y Social Europeo y al Comité de las Regiones: "Aprovechar al máximo el potencial innovador de la UE: un plan de acción sobre propiedad intelectual para respaldar la recuperación y la resistencia de la UE", de 25 de noviembre de 2020.

5 El mismo enfoque puede encontrarse en otros derechos de propiedad intelectual. Un ejemplo es el estudio elaborado por la Oficina Europea de Patentes y el Programa de las Naciones Unidas para el Medio Ambiente: "Climate change mitigation technologies in Europe - evidence from patent and economic data". Este estudio analiza la relación entre las tendencias en materia de patentes y los datos económicos pertinentes sobre inversión, comercio y transferencia de tecnología en el ámbito de las tecnologías de mitigación del cambio climático (CCMT). El informe ofrece una imagen clara y completa de la contribución de Europa al desarrollo y la difusión de estas tecnologías verdes.

cas, que permitirá a su vez garantizar la preservación del patrimonio cultural europeo.

II. BASE JURÍDICA Y JUSTIFICACIÓN DE LAS REFORMAS

La base jurídica en la que la Comisión fundamenta las reformas proyectadas constituye una información especialmente significativa para comprender el objetivo del legislador europeo. El Reglamento sobre las indicaciones geográficas de los productos artesanales e industriales[6] toma como base jurídica el artículo 118.1 del TFUE sobre propiedad intelectual y el artículo 207.2 del TFUE sobre política comercial común. El objetivo es establecer un derecho de propiedad intelectual europeo unitario que ofrezca la misma protección en toda la Unión para los productos artesanales e industriales. También pretende instaurar un sistema centralizado de autorización, coordinación y control a escala de la Unión Europea. El Reglamento pretende además cumplir las obligaciones de la Unión Europea en el marco del sistema de Lisboa para ajustarse al acuerdo internacional administrado por la OMPI y firmado por la Unión Europea. Se trata de un sistema según el cual es posible el registro de indicaciones geográficas respecto de productos tanto agrícolas como artesanales e industriales.

Este Reglamento no se hace referencia, como base jurídica de la reforma, a la protección del patrimonio cultural de la Unión Europea establecido en el artículo 167 del TFUE. La necesidad de lograr una protección de este patrimonio se menciona en el considerando 7 del Reglamento, según el cual el sistema de indicaciones geográficas de los productos artesanales e industriales debe garantizar el mantenimiento y la valorización de las tradiciones de producción y comercialización[7]. Esta justificación se encuentra también en una

---

6 Reglamento 2023/2411 de 18 de octubre de 2023 relativo a la protección de las indicaciones geográficas de productos artesanales e industriales y por el que se modifican los Reglamentos (UE) 2017/1001 y (UE) 2019/1753.

7 Considerando 7 Reglamento 2023/2411: "*La elaboración de productos con una fuerte vinculación a una zona geográfica específica depende a menudo del saber hacer local y suele basarse en la utilización de métodos de producción locales arraigados en el patrimonio cultural y social de la región de origen de dichos productos. Una protección eficaz de*

de las enmiendas del Parlamento Europeo sobre la reforma de los productos agrícolas, en la que se afirma expresamente que la política de calidad de la Unión Europea no puede definirse únicamente como un mecanismo de protección de la propiedad intelectual de las indicaciones geográficas[8].

El nuevo sistema de indicaciones geográficas para productos artesanales e industriales supondrá una garantía del mantenimiento y la reivindicación de las tradiciones de producción y comercialización. La adopción de este sistema a escala de la Unión, que exige el cumplimiento de un pliego de condiciones, ayudará a artesanos y productores a trabajar juntos en nichos de mercado, a imagen de los que sucede en el mundo agrícola. De esta manera se permitirá la cooperación, la promoción y la protección de los conocimientos tradicionales, beneficiando no sólo a los productores, sino también a sectores afines como el turismo, dando a conocer los productos y, por tanto, también las regiones de donde provienen.

Del estudio de su articulado se desprende que el Reglamento de indicaciones geográficas para productos artesanales e industriales refuerza el carácter de derechos de propiedad intelectual de estos signos distintivos, lo cual contrasta con la normativa anterior de

---

la propiedad intelectual e industrial tiene potencial para contribuir al incremento de la rentabilidad y el atractivo de las profesiones artesanales tradicionales. La protección específica de las indicaciones geográficas se reconoce con el objetivo de conservar y desarrollar el patrimonio cultural en el sector agrario y en el de la artesanía y la industria. Por lo tanto, deben crearse unos procedimientos eficaces para el registro a nivel de la Unión de las indicaciones geográficas de los productos artesanales e industriales, que tengan en cuenta las especificidades locales y regionales. El sistema de protección de las indicaciones geográficas de productos artesanales e industriales que prevé el presente Reglamento debe garantizar que las tradiciones de producción y comercialización se mantengan y se mejoren".

8 Justificación de la enmienda 14 al considerando 14 del INFORME sobre la propuesta de Reglamento del Parlamento Europeo y del Consejo que modifica los Reglamentos (UE) nº 1308/2013 por el que se crea una organización común de mercados agrícolas, (UE) nº 1151/2012 sobre los regímenes de calidad de los productos agrícolas y alimenticios, (UE) nº 251/2014 sobre la definición, designación, presentación, etiquetado y protección de la indicación geográfica de los productos vitivinícolas aromatizados, (UE) nº 228/2013 por el que se establecen medidas específicas en el sector agrícola en favor de las regiones ultraperiféricas de la Unión y (UE) nº 229/2013 por el que se establecen medidas específicas en el sector agrícola en favor de las islas menores del mar Egeo.

indicaciones geográficas para productos agrícolas, en las que ni siquiera hacía referencia en su totalidad a los derechos de propiedad intelectual[9].

Por su parte, la reforma de los reglamentos agrícolas supone un cambio importante en términos de base jurídica puesto que se unifica para todos los productos agrícolas, haciendo referencia a los derechos de propiedad intelectual para todos los sectores (artículo 118 del TFUE), así como a el fundamento clásico de la Política Agrícola Común (artículo 43 del TFUE).

Del análisis de ambas reformas se aprecia que una voluntad de la Comisión de mejorar y unificar la protección específica de las indicaciones geográficas, con la finalidad de salvaguardar y promocionar el patrimonio cultural, tanto en el sector agrícola, como en el artesanal e industrial.

III. LA REFORMA DE LAS INDICACIONES GEOGRÁFICAS AGRÍCOLAS

1. Antecedentes

En el sector agrícola, el proceso legislativo de reforma se inició por la Comisión con una evaluación de la política de la Unión Eu-

---

9 Los primeros reglamentos sobre indicaciones geográficas de la Unión Europea no calificaban todos estos signos distintivos como propiedad intelectual y no todos hacían referencia al ADPIC. El primer reglamento que hizo referencia a la propiedad intelectual fue el segundo reglamento de productos agrícolas (reglamento 510/2006) con una mención a los ADPIC y, posteriormente, esta referencia al ADPIC también se puede encontrar en el reglamento de bebidas espirituosas (reglamento 110/2008). Es interesante apreciar que el actual reglamento de productos agrícolas (1151/2012) se refiere nueve veces a la propiedad intelectual y que el respeto de los derechos de propiedad intelectual se establece como un objetivo del Reglamento. Podemos ver una diferencia con el resto de los reglamentos en que sólo hacen referencia a la propiedad intelectual una vez, con una referencia al ADPIC en el reglamento de bebidas espirituosas, y ninguna referencia en el caso de vinos y vinos aromatizados, dado que la referencia se hace al artículo 114 del TUF. Vid. MONTERO GARCÍA-NOBLEJAS, P., "Towards a core unitary legal regime for Geographical Indications in the European Union digital market", *Oxford Journal of Intellectual Property Law & Practice*, Volumen 16, Número 4-5, abril-mayo 2021, pp. 427-434.

ropea sobre indicaciones geográficas y especialidades tradicionales garantizadas para el periodo 2008-2020. En esta evaluación, la Comisión señaló la falta de conocimiento y comprensión de esta política de regímenes de calidad por parte de los consumidores en algunos Estados miembros, destacó las deficiencias en los sistemas de control de los productos, poniendo de manifiesto la existencia de un amplio margen de mejora del marco jurídico, así como la necesidad de introducir nuevas prioridades políticas como son fundamentalmente la adaptación a las transiciones ecológica y digital.

De octubre de 2020 a septiembre de 2021, la Comisión trabajó en un estudio de impacto en el que se examinaron tres opciones políticas para la reforma del sistema de indicaciones geográficas. La primera opción consistiría en mejorar los instrumentos ya existentes y proporcionar apoyo adicional a los productores, a las autoridades nacionales, así como a otras partes interesadas. La segunda opción reforzaría la protección de las indicaciones geográficas mediante un conjunto único de procedimientos de control para todos los sectores y la elaboración de normas detalladas sobre la aplicación de las indicaciones geográficas en línea. Y la tercera opción consistiría en crear un reglamento único que contuviera las mismas normas para todos los sectores, logrando una unificación total de los regímenes. Al final, la segunda opción fue la preferida, optándose por un reglamento único de indicaciones geográficas para todos los sectores agrícolas con un contenido limitado de normas comunes, manteniendo al mismo tiempo normas específicas para vinos y bebidas espirituosas en sus respectivos reglamentos[10].

El objetivo general de la revisión del sistema de indicaciones geográficas agrícolas es por tanto facilitar la adopción de este sistema en toda la Unión, como instrumento de propiedad intelectual accesible a todos los agricultores y productores con productos vinculados por sus características o su reputación a un lugar geográfico de producción específico. Mediante esta reforma no se propone modificar la estructura básica de los sistemas de indicaciones geográficas agrí-

---

[10] BLASETTI, R. C., "Strengthening the EU System of Geographical Indications: Impact on Farmers and Food Producers around the World Get access Arrow", *GRUR International*, Volume 72, Issue 2, February 2023, pp. 107 y ss.

colas. Es por ello por lo que los Estados miembros conservarán sus competencias en el procedimiento de registro a escala de la Unión Europea. Del mismo modo se mantiene la amplia protección dispensada a estos derechos de propiedad intelectual, las características específicas de los sectores vitivinícola y de las bebidas espirituosas, así como la aplicación de medidas coercitivas a escala nacional en virtud del Reglamento sobre controles oficiales y derechos de propiedad intelectual[11].

Esta reforma incluye un conjunto de normas destinadas a establecer un sistema coherente que ayude a los productores a comunicar mejor las cualidades, características y propiedades de sus productos protegidos por una indicación geográfica, y a garantizar una información adecuada a los consumidores. La reforma también aclara y mejora el sistema de especialidades tradicionales garantizadas, por estimar que no se le ha sacado todo el partido necesario.

Uno de los cambios más importantes acometidos por esta reforma se refiere a la simplificación y armonización de determinados procedimientos, así como a la creación de un sistema único y exclusivo de indicaciones geográficas agrícolas (nombres de vinos, bebidas espirituosas y productos agrícolas). También prevé la posibilidad de incluir requisitos de sostenibilidad en la producción de las indicaciones geográficas, si bien de forma voluntaria, y más específicamente en el sector agrícola.

La reforma acoge además el desarrollo de la jurisprudencia de la Unión Europea incorporando definiciones en los Reglamentos que afectan a diversos ámbitos, como en especial, a la definición del concepto "indicación geográfica", así como también al ámbito de su protección. Se adoptan en este sentido normas específicas sobre el uso de indicaciones geográficas como ingredientes, se revisa el concepto de términos genéricos, el registro de indicaciones geográficas homónimas, la definición de la evocación así como su relación con las marcas.

---

11 Vid. REGLAMENTO (CE) No 882/2004 DEL PARLAMENTO EUROPEO Y DEL CONSEJO de 29 de abril de 2004 sobre los controles oficiales efectuados para garantizar la verificación del cumplimiento de la legislación en materia de piensos y alimentos y la normativa sobre salud animal y bienestar de los animales.

Otro objetivo declarado de la reforma era dar más poder a las agrupaciones de productores mediante derechos y normas adicionales aplicables a ciertas agrupaciones de productores que se calificarían como agrupaciones reconocidas. Aspecto que se acoge para el sector agrícola. El texto también pretende mejorar la aplicación de los controles, reforzar la protección de las indicaciones geográficas en el mercado digital, así como dar un papel más amplio y definido a la Oficina de Propiedad Intelectual de la Unión Europea (EUIPO).

El Comité Económico y Social Europeo (CESE) aprobó su dictamen el 13 de julio de 2022. En él afirmaba que las indicaciones geográficas constituyen *"un sistema muy específico que es mucho más que un derecho de propiedad intelectual"*. El Comité Europeo de las Regiones (CDR) aprobó por su parte un dictamen sobre la propuesta de la Comisión el 30 de noviembre de 2022. En este documento, aunque se apoya la introducción de un conjunto único de normas de procedimiento, se recomendaba mantener las especificidades de cada sector y se sugería la necesidad de replantearse algunas cuestiones. Tras los informes de la Comisión de Agricultura y Desarrollo Rural y de la Comisión de Asuntos Jurídicos, el dictamen del Comité Europeo de las Regiones sobre la reforma del sistema de indicaciones geográficas vio la luz en marzo de 2023.

El 3 de mayo de 2023 se publicó el informe sobre la propuesta de Reglamento del Parlamento Europeo y del Consejo relativo a las indicaciones geográficas de los vinos, bebidas espirituosas y productos agrícolas en la Unión Europea y a los regímenes de calidad de los productos agrícolas, por el que se modifican los Reglamentos (UE) nº 1308/2013, (UE) 2017/1001 y (UE) 2019/787 y se deroga el Reglamento (UE) nº 1151/2012. En este texto se pudieron apreciar cambios significativos si se compara con la primera propuesta. Por ejemplo, se modifican de forma sustantiva las competencias de la Oficina de Propiedad Intelectual de la Unión Europea (EUIPO), y se introducen otros cambios de calado como la eliminación de la codificación de la evocación, que seguirá siendo interpretada por los tribunales[12], o ciertos cambios en el sistema de protección en el

---

[12] Enmienda 170 Propuesta de reglamento Artículo 33 - apartado 1 bis (nuevo)

ámbito digital en relación con otros signos distintivos como son los nombres de dominio.

2. *El nuevo Reglamento de indicaciones geográficas para vinos, bebidas espirituosas y productos agrícolas: una apuesta por los productores y la sostenibilidad*

Finalmente, el 11 de abril de 2024 se aprobó el Reglamento 2024/1143 relativo a las indicaciones geográficas para vinos, bebidas espirituosas y productos agrícolas, así como especialidades tradicionales garantizadas y términos de calidad facultativos para productos agrícolas, por el que se modifican los Reglamentos (UE) no 1308/2013, (UE) 2019/787 y (UE) 2019/1753, y se deroga el Reglamento (UE) no 1151/2012.

Este Reglamento introduce algunas novedades significativas respecto del sistema anterior. Por una parte, se mantiene la propuesta de establecer una regulación de las agrupaciones de productores reconocidas. Se trata de asociaciones que deberán cumplir determinados criterios como tener una forma jurídica determinada, y cumplir alguna de las condiciones siguientes: contar con un mínimo del 50% de los productores del producto entre sus miembros, o contar con un porcentaje mínimo de productores del producto entre sus miembros y con un mínimo del 50% del volumen o del valor de la producción comercializable. Además, los Estados miembros podrán establecer criterios adicionales para estas entidades como por ejemplo disponer de las contribuciones financieras necesarias de sus miembros; establecer normas sobre la admisión de miembros, la extinción de la condición de miembro y el incumplimiento de las obligaciones de afiliación o disponer de estatutos escritos.

Se muestra especialmente relevante constatar que cuando se reconozca una agrupación de productores esta será la única que tendrá derecho a realizar determinadas funciones como actuar en nombre de los productores en defensa de sus intereses.

Otra novedad significativa se refiere a la posibilidad de respetar prácticas sostenibles y elaborar, con carácter voluntario, un informe de sostenibilidad. Se dispone así que una agrupación de productores, o una agrupación de productores reconocida cuando esta exista, podrá acordar prácticas sostenibles que deban respetarse en la producción del producto designado mediante una indicación geográfica o en la realización de otras actividades sujetas a una o varias de las obligaciones establecidas en el pliego de condiciones. Dichas prácticas tendrán por objeto aplicar normas de sostenibilidad más exigentes que las establecidas por el Derecho nacional o de la Unión en cuanto a sostenibilidad medioambiental, social o económica o al bienestar animal.

El Reglamento dispone además lo que se considera como «práctica sostenible» que será la práctica que contribuya a uno o varios objetivos sociales, medioambientales o económicos, como los siguientes: mitigación del cambio climático y la adaptación a él, el uso sostenible y la protección de los paisajes, el agua y el suelo, la transición hacia una economía circular, incluida la reducción del desperdicio de alimentos, la prevención y control de la contaminación, y la protección y restauración de la biodiversidad y los ecosistemas. También se refiere a la producción de productos agrícolas de forma que se reduzca el uso de plaguicidas y se gestionen los riesgos derivados de dicho uso, o se reduzca el peligro de resistencia a los antimicrobianos en la producción agrícola. Otro elemento a tener en cuenta será el bienestar animal, así como lograr una renta justa para los productores, la diversificación de las actividades, la promoción de la producción agrícola local y la valorización del tejido rural y del desarrollo local. Otro elemento que se considera sostenible será desde el punto de vista social, dado que se menciona la preservación del empleo en el sector agrario mediante la atracción de jóvenes productores y nuevos productores de productos con una indicación geográfica, y el apoyo a esos productores o la mejora de las condiciones de trabajo y seguridad en las actividades agrícolas y de transformación.

En las situaciones en que se estime que estas prácticas deben ser obligatorias, el cauce adecuado, y al que se refiere el Reglamento, consistirá en su inclusión en el pliego de condiciones de conformidad con el procedimiento de inscripción en el registro o modificación.

Con objeto de dar visibilidad a estas prácticas el Reglamento dispone además que las agrupaciones de productores podrán preparar y actualizar periódicamente un informe de sostenibilidad. Este informe debe hacerse sobre la base de información verificable, y deberá incluir un contenido mínimo, a saber: una descripción de las prácticas de sostenibilidad existentes que aplican en la producción del producto, una descripción del modo en que el método de obtención del producto repercute en la sostenibilidad, en lo que atañe a los compromisos medioambientales, sociales, económicos o en materia de bienestar animal, así como la información necesaria para comprender cómo afecta la sostenibilidad al desarrollo, el desempeño y la posición del producto. La visibilidad de este informe se logra en la medida en que se dispone que la Comisión hará público el informe de sostenibilidad[13].

En lo que se refiere al procedimiento de registro, se muestra oportuno resaltar que se mantiene el sistema tradicional en dos fases, una nacional y otra de la Unión Europea La segunda seguirá siendo desarrollada por la Comisión Europea, en especial, la Dirección General de Agricultura y Desarrollo Rural (DG AGRI). Si bien se puede resaltar la actualización del acuerdo firmado entre el director ejecutivo de la Oficina de Propiedad Intelectual de la Unión Europea (EUIPO) y el director general de la Dirección General de Agricultura y Desarrollo Rural (DG AGRI) de la Comisión Europea. Este acuerdo actualizado se basa en años de cooperación, alineando esfuerzos para mejorar la protección y gestión de las indicaciones geográficas de productos agrícolas, vinos y bebidas espirituosas en la Unión Europea. Este acuerdo refuerza los objetivos clave de la colaboración entre ambas entidades, estableciendo las condiciones de su colaboración para gestionar y reforzar las indicaciones geográficas en la Unión Europea y fuera de ella.

En este acuerdo se destacan las nuevas responsabilidades de la EUIPO en este sistema entre las que destacan: La responsabilidad de la EUIPO de mantener y actualizar el registro de la Unión de las indicaciones geográficas; la conveniencia de estudiar la posibilidad de ampliar el sistema de alerta de nombres de dominio existente, desarrollado inicialmente para las marcas comerciales, para incluir las indicaciones geográficas, a fin de evitar el uso indebido en línea. La cooperación en las prácticas de examen de las indicaciones geográficas, la evaluación previa de las solicitudes, la cooperación con la OMPI y el Acta de Ginebra, y el establecimiento de directrices sobre

---

13 Cfr. Art. 8 Reglamento 2024/1143.

las indicaciones geográficas tanto para las agrícolas como para las artesanales e industriales. El acuerdo también prevé el establecimiento de una cooperación en programas de formación, estudios, evaluaciones y talleres para fomentar la colaboración con las autoridades nacionales y las partes interesadas, así como el establecimiento de actividades de comunicación coordinadas y medidas de transparencia para aumentar la concienciación y la confianza del público en el sistema de indicaciones geográficas.

El Reglamento incorpora además algunas novedades adicionales, armonizándose así con el Reglamento de indicaciones geográficas artesanales e industriales que será objeto de análisis en el apartado siguiente. Si bien, se mantienen algunas diferencias, que sería deseable superar, en beneficio del propio sistema.

III. CREACIÓN DE UN SISTEMA DE PROTECCIÓN DE LAS INDICACIONES GEOGRÁFICAS ARTESANALES E INDUSTRIALES DE LA UNIÓN EUROPEA

1. Antecedentes legislativos

La Unión Europea llevaba mucho tiempo preocupada por la necesidad de proteger las indicaciones geográficas de los productos artesanales e industriales mediante un sistema de indicaciones geográficas que permita proteger las tradiciones y la cultura de las regiones. Una de las primeras manifestaciones de esta evolución lo encontramos en el estudio encargado por la Dirección General de Agricultura de la Comisión Europea (DG AGRI), que dio lugar a la presentación de un informe sobre la protección de los productos distintos del vino, las bebidas espirituosas y los productos agrícolas o alimenticios como indicaciones geográficas[14]. En este estudio se puso de manifiesto la insuficiencia de los instrumentos jurídicos existentes a nivel nacional en los distintos Estados miembros de la Unión Europea para la protección de estos productos. La Comisión expresó

14 Estudio sobre la protección de las indicaciones geográficas de productos distintos de los vinos, las bebidas espirituosas, los productos agrícolas o los productos alimenticios. Noviembre de 2009 (Insight Consulting, Agridea y OriGin).

esta preocupación en su Comunicación de 2011 titulada *"Un mercado único de los derechos de propiedad intelectual. Estimular la creatividad y la innovación para el crecimiento económico, el empleo de calidad y la excelencia de los productos y servicios en Europa"*, de 24 de mayo de 2011, en la que proponía un análisis detallado del marco jurídico de protección de las indicaciones geográficas de los productos distintos de los agrícolas en los Estados miembros y sus consecuencias para el mercado interior.

Posteriormente, se encargó otro estudio externo sobre la protección jurídica de las indicaciones no agrícolas en el mercado único[15]. Este informe destacaba la importancia del patrimonio de los países de la Unión Europea en materia de productos tradicionales de valor añadido e identificaba un total de 834 productos que podrían beneficiarse de este tipo de protección[16]. Por ello, la Comisión organizó una consulta pública en 2013 para debatir los resultados del estudio e iniciar un debate sobre la necesidad de una protección más eficaz de las indicaciones geográficas de los productos no agrícolas a escala europea.

A raíz de este estudio, la Comisión publicó un Libro Verde titulado: *"Valorizar el saber hacer europeo: posible ampliación de la protección de las indicaciones geográficas de la UE a los productos no agrícolas"*[17], con un cuestionario para los sectores implicados con vistas a evaluar un futuro marco regulador a escala de la UE[18]. En él se destacaba la utilidad de promover la protección de este tipo de productos, dada la enorme riqueza de productos artesanales e industriales en los países europeos. El informe subrayaba que estos productos incorporan conocimientos y técnicas tradicionales europeos y constituyen un ele-

---

15 Estudio sobre la protección de las indicaciones geográficas de los productos no agrícolas en el mercado interior, 18 de febrero de 2013, (Insight Consulting, REDD, OriGIn).

16 En Francia, los productos objeto de protección eran el encaje de Le Puy, el Moustier Faïence, el granito de Bretaña y el Monoï de Tahití. En España, zapatos de Elche, cuero de Ubrique y cerámica de Totana.

17 Libro Verde: "Enhancing European Know-How: Possible extension of the protection of EU geographical indications to non-agricultural products", de 15/7/2014, (COM 2014) 469 final.

18 Como el Český křišťál (cristal de Bohemia), los tartanes escoceses, el mármol de Carrara o la Meissner Porzellan (porcelana de Meissen).

mento clave del patrimonio cultural, además de apoyar la economía cultural y creativa.

En 2020, se presentó un nuevo informe en nombre de la Dirección General de Mercado Interior, Industria, Emprendimiento y Pymes (DG GROW) titulado *"Estudio sobre los aspectos económicos de la protección de las denominaciones de origen en la Unión Europea para los productos no agrícolas"*[19]. Este informe tenía como objetivo evaluar los factores que limitan la disponibilidad de productos no auténticos y las prácticas comerciales engañosas, también evaluaba el valor de la protección sui generis de las indicaciones geográficas para los consumidores, así como el impacto de esta protección en los consumidores. Este informe analizaba los diversos sistemas posibles de protección de las indicaciones geográficas comparando todos los instrumentos de propiedad intelectual posibles, para así poder evaluar si sería posible alcanzar el mismo nivel de protección mediante otros instrumentos jurídicos (especialmente marcas).

Posteriormente, se presentó otro informe, encargado por la misma Dirección General de Mercado Interior, Industria, Emprendimiento y PYME (DG GROW), titulado *"Estudio sobre las normas de control y observancia de la protección de las indicaciones geográficas de productos no agrícolas en la Unión Europea"*. Este informe examina el control y la aplicación de los productos no agrícolas de origen geográfico protegidos por mecanismos de propiedad intelectual. Basándose en investigaciones documentales y de campo, el estudio analiza seis sistemas de protección existentes en relación con sus mecanismos de control y observancia, elaborando un estudio de caso para cada sistema. Este informe se muestra especialmente ilustrativo, en la medida en que presenta un análisis y una comparación de los distintos sistemas de protección posibles en términos de eficacia, rentabilidad y pertinencia. Por último, el estudio presenta tres modelos de protección de los productos no agrícolas con un vínculo geográfico con el territorio, destacando los diferentes grados de implicación de las autoridades públicas en el proceso de control y aplicación del sistema.

---

19 "Estudio sobre los aspectos económicos de la protección de las denominaciones de origen en la Unión Europea para los productos no agrícolas.

El 13 de abril de 2022 se publicó la Propuesta de Reglamento relativo a la protección de las indicaciones geográficas de los productos artesanales e industriales y por el que se modifican los Reglamentos (UE) 2017/1001 y (UE) 2019/1753 del Parlamento Europeo y del Consejo y la Decisión (UE) 2019/1754 del Consejo. Esta propuesta forma parte de la política industrial de la Unión Europea, tal como se establece en la Comunicación de la Comisión titulada *"Actualizar la nueva estrategia industrial para 2020: Reforzar el mercado único para relanzar Europa"*. Su objetivo es relanzar el turismo europeo y ayudar a las regiones y PYME más desfavorecidas. La propuesta también comparte objetivos específicos con la futura estrategia de la Unión Europea sobre textiles sostenibles, que pretende crear un mejor entorno comercial y normativo para los textiles sostenibles y circulares en la Unión Europea[20].

El objetivo de la propuesta de protección de las indicaciones geográficas de los productos artesanales e industriales era proteger estos productos a escala de la Unión Europea mediante un sistema de indicaciones geográficas. Se pretendía de este modo mejorar la posición de los productores para salvaguardar sus productos artesanales e industriales en toda la Unión contra la competencia desleal, así como estimular la inversión en estos productos. La propuesta también pretendía mejorar la visibilidad de los productos artesanales e industriales genuinos en el mercado en beneficio de los consumidores. Se trata de una iniciativa que beneficiará en general a los países, en la medida en que puede ayudar a las regiones específicas donde trabajan los productores, actuando contra la despoblación de las zonas rurales, fomentando un turismo de calidad y protegiendo el patrimonio cultural.

La propuesta señala la necesidad de esta reforma en la medida en que los sistemas nacionales en vigor tenían características diferentes, con distintos niveles de protección, sin que fuera posible una protección unitaria a escala de la Unión Europea. Además, las PYMEs que gestionan estos derechos encontraban numerosas dificultades para

---

[20] COMUNICACIÓN DE LA COMISIÓN AL PARLAMENTO EUROPEO, AL CONSEJO, AL COMITÉ ECONÓMICO Y SOCIAL EUROPEO Y AL COMITÉ DE LAS REGIONES Estrategia para la circularidad y sostenibilidad de los productos textiles Bruselas, 30.3.2022.

gestionar estos sistemas, en particular porque los métodos para garantizar la protección en toda la Unión Europea son complicados y costosos, y exigen solicitar protección en distintos Estados miembros, con normativas muy diferentes. Por ello, la propuesta de la Comisión pretendía lograr un régimen de protección armonizado a escala de la Unión Europea que pusiera fin a la fragmentación, mejorase la seguridad jurídica y beneficiara los intercambios en el mercado internacional.

Tras este largo proceso legislativo, se publicó 18 de octubre de 2023 el Reglamento 2023/2411 relativo a la protección de las indicaciones geográficas de productos artesanales e industriales y por el que se modifican los Reglamentos (UE) 2017/1001 y (UE) 2019/1753.

La propuesta de Reglamento no preveía un impacto significativo en el presupuesto de la Unión Europea, dadas las competencias y la autofinanciación de la Oficina de Propiedad Intelectual de la Unión Europea (EUIPO)[21]. La Propuesta afirmaba que los costes no parecían significativos[22], especialmente considerando el limitado número de solicitantes potenciales de protección de indicaciones geográficas para productos artesanales e industriales en la Unión Europea, dado que se prevén unos 300 registros en 10 años.

2. *La elección de un sistema unitario de indicaciones geográficas para los productos artesanales e industriales*

Entre los distintos sistemas posibles para dar una protección a los productos artesanales e industriales originarios de un territorio y con una determinada calidad, la Unión Europea ha elegido la figura de las indicaciones geográficas por considerar que se trata del meca-

---

21 Sobre la base del análisis realizado por expertos externos, el coste del registro a nivel nacional se estima en unos 7.500 euros por indicación geográfica, el coste de los controles aleatorios para los Estados miembros se estima en unos 100 euros por indicación geográfica y el coste de la solicitud se estima en unos 3.900 euros.

22 Se calcula que suponen unos 860.000 euros anuales para el conjunto de la UE (suponiendo que se registren cada año 30 indicaciones geográficas de productos artesanales e industriales).

nismo más eficaz para dar la respuesta más adecuada a los intereses dignos de protección.

Esto es así en primer término porque este sistema implica una colaboración dentro del grupo de los productores, así como una colaboración entre productores y las autoridades públicas. Se trata de una característica esencial para apoyar a las microempresas y a las pequeñas y medianas empresas (PYME) que no disponen de los recursos necesarios para gestionar este derecho de propiedad intelectual que, por otra parte, no les va a beneficiar únicamente a ellos.

Por otro lado, la elección de este sistema es coherente con la firma por parte de la Unión Europea del Acta de Ginebra del Arreglo de Lisboa, ya que permite el cumplimiento efectivo de las obligaciones internacionales que se derivan del mismo al prever un sistema que permite la protección en la Unión Europea de las indicaciones geográficas artesanales e industriales procedentes de terceros países miembros del Acta de Ginebra, así como de los Estados miembros que son parte del sistema de Lisboa. Esto es así porque, de acuerdo con el sistema de Lisboa, es posible el registro de las indicaciones geográficas tanto para productos agrícolas, como artesanales e industriales.

Esta elección de esta figura también es coherente con el sistema actualmente en vigor de protección de las indicaciones geográficas agrícolas, ya que el establecimiento de otra forma jurídica no se correspondería ni con el sistema actual vigente en el sector agrícola, ni con la política tradicional de la Unión Europea en el ámbito internacional, que se caracteriza por una política de apoyo a las indicaciones geográficas en el seno de la Organización Mundial de la Propiedad Intelectual (OMPI), así como por una posición de apoyo a las indicaciones geográficas en las negociaciones comerciales bilaterales en tratados internacionales con terceros países.

La necesidad de tener un título único de la Unión Europea que garantice esta protección ha propiciado que se descarte a su vez la posibilidad de alcanzar estos objetivos mediante recomendaciones o directivas, ya que los Estados miembros por sí solos no podrían lograr todos los objetivos, dada la diversidad de normas nacionales vigentes. Por consiguiente, con el fin de aumentar la seguridad jurídica para los productores, mejorar la transparencia del mercado para los consumidores y estimular el mercado único basado en la competencia leal, la Comisión ha considerado oportuno proponer la creación de un régimen de protección único para estos productos, en un Reglamento específico, aumentando el número de reglamentos aplicables a las indicaciones geográficas en la Unión Europea.

Una vez decidido que el sistema aplicable será el de las indicaciones geográficas, la Comisión tenía a su vez diversas opciones normativas. Por una parte, habría sido posible ampliar el actual sistema de denominaciones de origen e indicaciones geográficas agrícolas a los productos no agrícolas. No obstante, en la justificación de la propuesta de explicaba que esta opción no se ha considerado procedente porque incluye una serie de requisitos derivados de la normativa de la Unión Europea en materia de salud y seguridad en el marco de la Política Agrícola Común y la Política Pesquera Común[23] que no serían pertinentes para la normativa sobre productos artesanales e industriales. Además, se consideró que esta posible ampliación del sistema actualmente vigente para los productos agrícolas, incluyendo a los productos artesanales e industriales podría entrañar el riesgo de que estos últimos productos quedaran marginados. Esto se justifica en el hecho de que en el caso de los productos agrícolas se establece un régimen más estricto que está diseñado para los productores agrícolas en el marco de la Política Agrícola Común, lo cual comportaría que no se tuvieran adecuadamente en cuenta las necesidades específicas de los productores artesanales e industriales.

Es especialmente importante destacar que el régimen jurídico definido en este Reglamento refuerza su carácter de derecho de propiedad intelectual. Esto es coherente con la naturaleza jurídica de las indicaciones geográficas como derechos de naturaleza colectiva, así como con la base jurídica del presente Reglamento anteriormente analizada. Con la expresión “derecho colectivo” no se hace referencia a una “propiedad colectiva”, sino que se trata de un derecho que

---

23 Este ha sido precisamente el motivo por el cual la regulación de la calidad de los productos agrícolas ha sido regulada en el desarrollo de la Política agrícola común y, por tanto, asignada a la Dirección General de Agricultura en la Comisión Europea, FERNANDEZ-MARTOS, A. J., “Protección de las indicaciones geográficas y la Organización Mundial del Comercio”, *Rioja tercer milenio*, La Rioja, 2006, p. 126.

se otorga como un todo a cada uno de los productores que tienen derecho a utilizarlo, por respetar los requisitos establecidos en el pliego de condiciones y en la normativa correspondiente[24].

El objetivo ha sido crear un derecho de propiedad intelectual europeo unitario para los productos artesanales e industriales que ofrezca la misma protección en toda la Unión, con un conjunto unificado de normas de registro, coordinación y supervisión del sistema. La Propuesta también indicaba que, en materia de asesoramiento externo, la Comisión ha confiado en una cooperación técnica con la Oficina de Propiedad Intelectual de la Unión Europea (EUIPO) centrada en varios modelos de proceso, para permitir de este modo una evaluación rigurosa de las posibles opciones para designar el organismo de la Unión Europea responsable del registro de las indicaciones geográficas de los productos artesanales e industriales y de la tramitación de las solicitudes internacionales en virtud del Acta de Ginebra del Arreglo de Lisboa, así como el papel de las autoridades nacionales en el procedimiento de registro. Como continuación de este análisis, el Reglamento atribuye la competencia del registro y tramitación de las indicaciones geográficas de productos artesanales e industriales de la Unión Europea a la Oficina de Propiedad Intelectual de la Unión Europea (EUIPO), de forma coherente con su carácter de derecho de Propiedad Intelectual, y tal y como se establece en los países de la Unión Europea que tienen regulado este sistema de protección a nivel nacional[25].

En España no hemos sido totalmente ajenos a la existencia de una normativa aplicable a las denominaciones de origen para productos artesanales[26]. Es posible recordar que la Inspección General de la De-

---

24 MONTERO GARCÍA-NOBLEJAS, P. *Denominaciones de origen e indicaciones geográficas*, Valencia, 2016, pp. 223 y ss.

25 Así pueden citarse por ser países vecinos Portugal, por la antigüedad del sistema, y Francia por ser el país pionero en la protección de las indicaciones geográficas, vid. MARIE-VIVIEN, D., "Indications géographiques de produits agricoles et artisanaux", *HAL*, 15, Oct. 2012; BOUCHE, N., "Les indications géographiques protégeant les produits industriels et artisanaux", *Propriété Industrielle*, Lexisnexis, Avril, 2016, pp. 18 y ss.

26 MONTERO GARCÍA-NOBLEJAS, P., "Signos distintivos de calidad para productos no agrícolas", *ADI Actas de derecho industrial y derecho de autor*, ISSN 1139-3289, Tomo 38, 2017-2018, pp. 245 y ss.

nominaciones de Origen estuvo inicialmente adscrita al Ministerio de Industria y, además, la Orden de 5 de septiembre de 1953 (RCL 1953\1254), que la creó, se refería significativamente en su preámbulo también a «productos de índole industrial»[27]. Del mismo modo se muestra especialmente relevante mencionar la Ley Gallega 9/1985 de protección de piedras ornamentales[28].

El Reglamento presenta un régimen que, aunque basado en el sistema existente para los productos agrícolas, mantiene ciertas diferencias, con el objetivo de hacer el sistema más flexible y fácil de aplicar. Es importante destacar que la Propuesta consideraba que es poco probable que esta iniciativa tenga efectos negativos en lo que se refiere al impacto sobre la competencia, dado que el número de productos susceptibles de beneficiarse de este sistema a nivel de la Unión Europea se estima reducido (entre 300 y 800 en la Unión Europea según las previsiones). Por lo tanto, se afirmaba que es muy poco probable que el Reglamento cree o refuerce poder de mercado. Es posible apuntar en este sentido que el número de productos susceptibles de adquirir esta protección podría ser superior, pues se trata de un instrumento de propiedad intelectual de una importancia capital para los países y las regiones. Por este motivo, y en aras a proteger el propio sistema de actuaciones que puedan hacer peligrar su eficacia, será necesario que las autoridades competentes en el examen y valoración de los requisitos de registro lleven a cabo su labor de acuerdo a parámetros lo más objetivos posibles. Solo de este modo tendrán esta protección los productos que realmente la merezcan, respetando así los objetivos del sistema, junto una adecuada protección de la competencia. Así se manifiesta en el Reglamento en el que se afirma que: *"Los requisitos según los cuales la calidad, renombre u otra característica determinada de un producto se han de poder atribuir fundamentalmente a su origen geográfico y el producto ha de ser originario de una zona geográfica definida (…). Dichos requisitos deben garantizar que*

---

27 Cfr. STC 211/1990 de 20 de Diciembre, RTC/1990/211.

28 BOTANA AGRA/MAR MAROÑO GARGALLO, "Las piedras ornamentales como objeto protegible por denominación de origen", *ADI, Actas de derecho industrial y derecho de autor*, 14, 1991-1992, pp. 207 y ss.

solo los productos con una fuerte vinculación a una zona geográfica puedan beneficiarse de la protección prevista en el presente Reglamento"[29].

El Reglamento ha optado por un sistema que mantiene la exhaustividad de la competencia de la Unión Europea sobre este derecho de propiedad intelectual, como es el caso de las indicaciones geográficas agrícolas[30]. Por este motivo, se prevé que las indicaciones geográficas que existan anteriormente en los registros nacionales dejarán de existir un año después de la fecha de entrada en vigor del nuevo sistema. A tal fin, los Estados miembros deberán informar a la Comisión y a la Oficina de Propiedad Intelectual de la Unión Europea (EUIPO) de las denominaciones legalmente protegidas o establecidas por el uso que deseen registrar y proteger[31]. Es preciso resaltar la importancia de esta comunicación que debe realizarse por las autoridades competentes de los diversos Estados miembros, puesto que, en caso de que no se cumplan estas indicaciones, las pérdidas para las regiones y los países pueden ser considerables. En este ámbito, como en la totalidad del régimen de las indicaciones geográficas, es necesario llamar la atención sobre la importancia de la actividad de los productores, puesto que el registro y el éxito de la indicación geográfica depende en gran medida de la existencia de un grupo activo de productores que trabajen por y para los productos protegidos.

A diferencia del sistema establecido en el sector agrícola, para las indicaciones geográficas artesanales e industriales la Comisión ha optado por un sistema de calidad único, estableciendo la protección mediante la figura de la indicación geográfica, sin posibilidad de protección mediante la figura de las denominaciones de origen.

---

29 Considerando 8 Reglamento 2023/2411.

30 Vid. Ampliamente para el sistema agrícola MONTERO GARCÍA-NOBLEJAS, P. *Denominaciones de origen e indicaciones geográficas, op. cit.* pp. 165 y ss.

31 Cfr. Art. 70 Reglamento 2023/2411: *"A más tardar el 2 de diciembre de 2026, la protección específica nacional de indicaciones geográficas de productos artesanales e industriales dejará de existir y las solicitudes pendientes se considerarán no presentadas, salvo que se presente una solicitud con arreglo al apartado 2. 2. A más tardar el 2 de diciembre de 2026, los Estados miembros interesados comunicarán a la Comisión y a la Oficina cuáles de sus nombres legalmente protegidos, o, en los Estados miembros en los que no existe un sistema de protección, cuáles de sus nombres establecidos por el uso, desean registrar y proteger en virtud del presente Reglamento"*.

Es decir, que en este ámbito no habrá diferencias entre los productos cuyas fases de producción se desarrollen todas ellas en la zona geográfica definida, y aquéllos en los que solo una de las dos fases de producción tenga lugar en la zona geográfica definida. O entre los que se vinculen al territorio únicamente por la existencia de una reputación, o por vínculos físicos. Esta diferencia se ha justificado por la necesidad de establecer un sistema sencillo y eficaz para productores y consumidores. La elección de un sistema único de protección ya fue la opción sugerida en el informe sobre la protección de las indicaciones geográficas de los productos no agrícolas en el mercado interior del año 2013[32]. No obstante, cabe señalar que este informe reveló opiniones enfrentadas, puesto que los sectores interesados de la Unión Europea que participaron en la encuesta no estaban todos de acuerdo con esta elección. Así la mitad de los que expresaron su opinión manifestaban su preferencia por las denominaciones de origen y la otra mitad por las indicaciones geográficas, o incluso otros consideraban mejor la posibilidad de mantener ambas figuras. Se muestra evidente que, desde el punto de vista de las iniciativas REFIT, es más coherente con la sencillez aplicativa el establecimiento de una única figura. Y esto es especialmente oportuno en la medida en que se mantenga el mismo nivel de protección para todas ellas. No obstante, esta reforma podía haber planteado también la oportunidad de admitir diversos niveles de protección dependiendo de las figuras, de manera que la elección por una u otra tuviera alguna relevancia práctica[33]. Pues, en otro caso, el mercado va a elegir una u otra figura por motivos ajenos a los requisitos de protección, normalmente por la facilidad del registro, con el riesgo de aumentar la confusión el mercado de las indicaciones geográficas[34]. Adicionalmente, el hecho de que se elija únicamente la figura de las indicaciones geográficas supone una elección que exigirá una adaptación y formación de los

---

32 Estudio sobre la protección de las indicaciones geográficas de los productos no agrícolas en el mercado interior, 18-2-2013.

33 RIBEIRO DI ALMEIDA, A. "O Caminho (Diferente da marca de prestigio) para a proteçao das denominaçoes de origen reputadas", *Revista de Direito intelectual* n. 01-2022, pp. 245 y ss.

34 Para un estudio en detalle sobre esta cuestión y propuestas de mejora en CRUPI, M., *A Pragmatic approach to the link to origin: EU PODs and PGIs for registration, innovation and trade in origin products*, 2022.

consumidores de los países mediterráneos en los que la figura de la denominación de origen tiene más implantación.

3. *Un régimen jurídico de las indicaciones geográficas artesanales inspirado en las indicaciones geográficas agrícolas*

El Reglamento de indicaciones geográficas para los productos artesanales e industriales se basa en el Reglamento 1151/2012 existente para los productos agrícolas, con algunas características específicas. Algunas de ellas son consecuencia de las especialidades de los productos cuyo nombre será objeto de protección, así como del deseo de simplificar el régimen jurídico, pero otras son consecuencia de la adaptación de este sistema a la reforma en curso del sistema de indicaciones geográficas agrícolas.

El Reglamento prevé un punto de registro único de la Unión Europea y una protección uniforme, por considerar que de esta forma los productores tendrán la posibilidad de proteger e informar sobre la calidad de unos productos procedentes de un origen geográfico en el mercado interior.

En lo que se refiere a las competencias de gestión, esta reforma confía la gestión de este sistema a la Oficina de Propiedad Intelectual de la Unión Europea (EUIPO), de forma coherente con su naturaleza de derecho de propiedad intelectual. Cabe señalar en cambio que, a diferencia de la reforma del sistema de indicaciones geográficas agrícolas, este Reglamento no prevé la existencia de agrupaciones de productores reconocidas.

El Reglamento de productos artesanales presenta como novedad la previsión de dos procedimientos para el control de los productores. Si bien, considerando el sistema de las indicaciones geográficas agrícolas, este sistema cuenta también con la colaboración imprescindible de las autoridades nacionales. Así, se dispone que los Estados miembros deberán designar a la autoridad competente responsable de los controles oficiales para verificar el cumplimiento de las disposiciones del Reglamento, y tendrán libertad para introducir un procedimiento de certificación por terceros gestionado por las autoridades competentes o por los organismos delegados de certificación de productos, o incluso un procedimiento basado en la autodeclaración del productor. El hecho de que se permita como sistema de control la elaboración de una autodeclaración supone una novedad que, si bien facilitará la realización de los controles, puede mermar la función de garantía de este derecho de propiedad intelectual.

En relación con el ámbito de la protección, debe resaltarse que se prevé una amplia protección que incluye la protección contra la evocación, tal y como sucede para los productos agrícolas. El Reglamento de productos artesanales e industriales contiene la misma definición que la que se preveía en la propuesta de reforma para los productos agrícolas. Esta propuesta incluía en el Reglamento la definición de la evocación derivada de las resoluciones del Tribunal de Justicia de la Unión Europea. Si bien debe resaltarse que en el Reglamento definitivo de los productos agrícolas se ha eliminado esta definición. Nos encontramos por tanto ante otra diferencia entre ambos reglamentos, que podría dar lugar a diferencias de régimen jurídico, que no sería deseable para el sistema de las indicaciones geográficas, ni tampoco acorde con la voluntad unificadora de la Comisión.

Es posible destacar que el Reglamento se preocupa especialmente de la protección de las indicaciones geográficas en línea incluyendo la protección frente al registro de nombres de dominio. Así se explica en los considerandos que la protección de las indicaciones geográficas debe aplicarse también tanto en entornos fuera de línea como en entornos en línea, incluidos los nombres de dominio en internet. Se manifiesta que esto se deriva del aumento del uso de los servicios intermediarios, y en particular las plataformas en línea, para la venta de productos, incluidos los designados mediante indicaciones geográficas, pues en numerosos casos estas pueden representar un espacio importante para prevenir el fraude[35]. Por este motivo, la información relacionada con la publicidad, la promoción y la venta de mercancías que vulneren la protección de las indicaciones geográficas debe considerarse como contenido ilícito en el sentido de la Ley de Servicios Digitales[36]. El Reglamento incluye preceptos específicos que regulan la posibilidad de revocar o trasferir el registro

[35] Considerando 44 Reglamento 2023/2411.

[36] Art. 60 Reglamento 2023/2411.

de nombres de dominio registrados sin interés legítimo[37], así como la procedencia de valorar la creación de un sistema de alerta, que estaría gestionado por la Oficina de Propiedad Intelectual de la Unión Europea (EUIPO), para solucionar los conflictos entre nombres de dominio e indicaciones geográficas[38].

Una característica típica del régimen general de las indicaciones geográficas agrícolas en la Unión Europea es el hecho de que no existan tasas de registro, a diferencia de lo que sucede con otros derechos de propiedad intelectual. En este caso, el Reglamento prevé tasas de registro moderadas para las indicaciones geográficas artesanales e industriales, de manera que se tengan en cuenta las necesidades específicas de las microempresas y las pequeñas y medianas empresas, que son las beneficiarias naturales de este sistema. Además, se autoriza a los Estados miembros a cobrar tasas de registro, pero éstas deberán ser proporcionadas a la situación de empresas concretas. Durante la segunda fase del procedimiento de registro, la Oficina de Propiedad Intelectual de la Unión Europea (EUIPO) no cobrará tasas de registro, a excepción del denominado procedimiento de registro directo. Se trata este último de un supuesto excepcional en que los Estados miembros renuncien a la obligación de designar una autoridad nacional responsable de la gestión de las solicitudes de indicaciones geográficas de productos artesanales e industriales a nivel nacional. Para que pueda admitirse esta posibilidad el Reglamento exige que se den alguna de estas condiciones: bien que el Estado miembro demuestre que no dispone de un sistema nacional para la gestión de las indicaciones geográficas de los productos artesanales e industriales y que dicho Estado presente a la Comisión una solicitud de exclusión voluntaria acompañada de una evaluación que demuestre que el interés local en proteger los productos artesanales

---

37 Cfr. Art. 72 Reglamento 2023/2411.

38 M. BLAKENEY, *The Protection of Geographical Indications*, Cheltenham, Edward Elgar, 2019, p. 418, destacaba como la posibilidad de extender la Política uniforme de solución de controversias en materia de nombres de dominio UDRP de la OMPI a las indicaciones geográficas se consideró en su día prematura debido a la falta de armonización mundial de las normas internacionales sobre esta materia.

e industriales mediante una indicación geográfica es bajo[39]. En cambio, se prevé que la Unión Europea cobrará costes de registro de las solicitudes de indicaciones geográficas para productos artesanales e industriales procedentes de terceros países, como podrán ser los productos de China y la India[40].

El procedimiento de solicitud y registro será totalmente digital con el objetivo de reducir la carga administrativa. La Oficina de Propiedad Intelectual de la Unión Europea (EUIPO) se encargará de gestionar este registro electrónico de indicaciones geográficas accesible al público, que tendrá por nombre: Registro de la Unión de indicaciones geográficas de productos artesanales e industriales[41]. Se garantiza de este modo que se pueda proporcionar un acceso directo y rápido a la información sobre todas las indicaciones geográficas registradas. Un elemento importante y propio del sistema de las indicaciones geográficas artesanales se refiere a la posibilidad de que la Comisión recupere la competencia para adoptar la decisión sobre el registro de una indicación geográfica en los casos en que el registro de la indicación geográfica propuesta pudiera ser contrario a las políticas públicas, o cuando dicho registro o la denegación de la solicitud pudiera poner en peligro las relaciones comerciales o exteriores de la Unión[42].

Un elemento especialmente importante para permitir la identificación de estos productos en el mercado se refiere al símbolo de la Unión Europea que identifica a los productos protegidos. De conformidad con el Reglamento, el símbolo de la Unión establecido para las indicaciones geográficas protegidas en virtud del Reglamento delegado (UE) Nº 664/2014 de la Comisión será aplicable a las

---

39 Vid. Art. 65 Reglamento 2023/2411.

40 El número total de indicaciones geográficas registradas para productos artesanales e industriales nacionales en estos países se estima entre 400 y 800. Propuesta de Reglamento relativo a la protección de las indicaciones geográficas de productos artesanales e industriales y por el que se modifican los Reglamentos (UE) 2017/1001 y (UE) 2019/1753 del Parlamento Europeo y del Consejo y la Decisión (UE) 2019/1754 del Consejo. pp. 16. CRUPI, M., "How to protect Indian products in the European Union: fragmented protection of non-agricultural geographical indications", *La Ley mercantil*, Nº. 54 (enero), 2019.

41 Vid. Art. 37 Reglamento 2023/2411.

42 Vid. Art. 30.1 Reglamento 2023/2411.

indicaciones geográficas de productos artesanales e industriales[43]. Además, para facilitar la prueba del registro, se prevé como novedad la posibilidad de descargar un extracto oficial del registro, que podrá utilizarse como certificado auténtico en procedimientos judiciales, ante un tribunal, ante una corte de arbitral o similar.

Otra novedad de este sistema, que no aparece en cambio en el sistema agrícola, se refiere a la creación de un Consejo consultivo. Se trata de un órgano compuesto por expertos de los Estados miembros y de la Comisión, con el objeto de proporcionar los conocimientos y la experiencia necesarios en relación con determinados productos, sectores y circunstancias locales. El Reglamento destaca la importancia de la independencia de los miembros de este Consejo, puesto que dispone que los miembros del Consejo Consultivo no tendrán ningún conflicto de intereses[44], circunstancia que se produciría si se trata de profesionales que trabajan para productores. Este Consejo podrá ser consultado con objeto de adquirir los conocimientos técnicos específicos, necesarios para el examen de las solicitudes individuales en cualquier fase de los procedimientos de registro, por la División de Indicaciones Geográficas de la Oficina o las Salas de Recurso, por iniciativa propia o a petición de la Comisión. Cuando sea necesario, dicha consulta debe incluir asimismo un dictamen general sobre la evaluación de los criterios de calidad, el establecimiento del renombre de un producto, la determinación del carácter genérico de un nombre y la evaluación del riesgo de confundir a los consumidores. Se trata de un dictamen que no será vinculante.

---

43 Reglamento Delegado (UE) Nº 664/2014 de la Comisión, de 18 de diciembre de 2013, por el que se completa el Reglamento (UE) Nº 1151/2012 del Parlamento Europeo y del Consejo en lo que se refiere al establecimiento de los símbolos de la Unión para las denominaciones de origen protegidas, las indicaciones geográficas protegidas y las especialidades tradicionales garantizadas y en lo que atañe a determinadas normas sobre la procedencia, ciertas normas de procedimiento y determinadas disposiciones transitorias adicionales (DO L 179 de 19.6.2014, p. 17).

44 Art. 35.8 del Reglamento 2023/2411.

IV. CONCLUSIONES

Podemos constatar que el régimen jurídico de las indicaciones geográficas en la Unión Europea ha experimentado una reforma especialmente relevante y única. Hemos asistido a una reforma integral del régimen jurídico aplicable a las indicaciones geográficas como derechos de propiedad intelectual. De este modo, se ha producido una reforma que ha dado como resultado un avance en la armonización del sistema, tal y como habíamos tenido la oportunidad de aconsejar desde hace muchos años[45]. Debe valorarse positivamente el esfuerzo que se ha realizado en este proceso legislativo por todos los agentes implicados en los derechos de propiedad intelectual, especialmente por el hecho de que se trata de instrumentos esenciales para la protección del patrimonio cultural de los Estados miembros.

No obstante, deseable lograr una mayor armonización entre todos los sistemas, que nos permitiera tener un sistema uniforme de indicaciones geográficas a escala de la Unión Europea, sin que eso comporte descuidar en esta normativa las necesidades específicas de determinados sectores que necesitan tenerse en cuenta[46].

En todo caso, la nueva normativa es un paso importante para lograr una protección más eficaz de los nombres que designan productos amparados por este derecho de propiedad intelectual, tanto dentro como fuera de la Unión Europea. Los productores de la Unión Europea, que trabajan para preservar los conocimientos tradicionales a la vez que cumplen con los controles y requisitos que condicionan su libertad de producción, merecen un marco jurídico eficaz, seguro y sólido. Solo de esta manera podrán competir en los mercados internacionales, con un instrumento que les permitirá poner en valor y conservar los valores y tradiciones de los países de la Unión Europea.

Las indicaciones geográficas merecen este esfuerzo, dado su papel estratégico en la transformación industrial de Europa. Adicional-

---

45 MONTERO GARCÍA-NOBLEJAS, P. *Denominaciones de origen e indicaciones geográficas*, *op. cit.*

46 MONTERO GARCÍA-NOBLEJAS, P., "Towards a core unitary legal regime for Geographical Indications in the European Union digital market", *op. cit.* pp. 427-434.

mente, constituyen una herramienta especialmente adecuada para alcanzar los objetivos del Pacto Verde Europeo, modernizando el sistema de propiedad intelectual de la Unión Europea para facilitar la transición digital y verde, contribuyendo además a mantener y aumentar el liderazgo de la Unión Europea en los proyectos de recuperación y resiliencia.

V. BIBLIOGRAFÍA

BOTANA AGRA/MAR MAROÑO GARGALLO, "Las piedras ornamentales como objeto protegible por denominación de origen", ADI, 14, 1991-1992, pp. 207 y ss;

BLAKENEY, M., *The Protection of Geographical Indications,* Cheltenham, Edward Elgar, 2019.

BLASETTI, R. C., "Strengthening the EU System of Geographical Indications: Impact on Farmers and Food Producers around the World Get access Arrow", *GRUR International,* Volume 72, Issue 2, February 2023, pp. 107 y ss.

BOUCHE, N., "Les indications géographiques protégeant les produits industriels et artisanaux", *Propriété Industrielle,* Lexisnexis, Avril, 2016, pp. 18 y ss.

CRUPI, M., *A Pragmatic approach to the link to origin: EU PODs and PGIs for registration, innovation and trade in origin products,* 2022.

CRUPI, M., "How to protect Indian products in the European Union: fragmented protection of non-agricultural geographical indications", *La Ley mercantil,* Nº. 54 (enero), 2019.

FERNANDEZ-MARTOS, A. J., "Protección de las indicaciones geográficas y la Organización Mundial del Comercio", *Rioja tercer milenio,* La Rioja, 2006, pp. 117 y ss.

MARIE-VIVIEN, D., "Indications géographiques de produits agricoles et artisanaux", *HAL,* 15, Oct. 2012

MONTERO GARCÍA-NOBLEJAS, P. *Denominaciones de origen e indicaciones geográficas,* Valencia, 2016.

MONTERO GARCÍA-NOBLEJAS, P., "Signos distintivos de calidad para productos no agrícolas", *ADI Actas de derecho industrial y derecho de autor,* Tomo 38, 2017-2018, pp. 245 y ss.

MONTERO GARCÍA-NOBLEJAS, P., "Towards a core unitary legal regime for Geographical Indications in the European Union digital market", *Oxford Journal of Intellectual Property Law & Practice,* Volumen 16, Número 4-5, abril-mayo 2021, pp. 427-434.

RIBEIRO DI ALMEIDA, A. "O Caminho (Diferente da marca de prestigio) para a proteçao das denominaçoes de origen reputadas", *Revista de Direito intelectual* n. 01-2022, pp. 245 y ss.

Capítulo Décimo

MARCA GEOGRÁFICA: ¿UNA PRÁCTICA ARRIESGADA EN EL DERECHO DE LA UNIÓN EUROPEA?

CAROLINA LE GOFFIC[1]

Profesora de Derecho Privado

Universidad de Lille

RESUMEN: Las marcas geográficas, es decir, las marcas formadas por nombres de lugares, son muy apreciadas por los propietarios de marcas por su poder evocador. Sin embargo, estas marcas se enfrentan a importantes obstáculos jurídicos a lo largo de su existencia. Si bien su nacimiento suele ser doloroso, su vida no es necesariamente más tranquila. Al padecer una deficiencia congénita, las marcas geográficas padecen importantes debilidades. ¿Por tanto, hay que "matar" a las marcas geográficas? Este estudio se propone debatir esta cuestión.

PALABRAS CLAVE: marcas comerciales - nombres geográficos - indicaciones geográficas.

ABSTRACT: "Geographical marks", i.e. marks made up of place names, are highly prized by trademark owners for their evocative power. However, these marks face major legal obstacles throughout their existence. If their birth is often painful, their life is not necessarily more peaceful. Suffering from a congenital handicap, geographical marks suffer from major weaknesses. Should geographical marks therefore be "killed"? This study sets out to debate the question.

KEY WORDS: trade marks – geographical names – geographical indications

---

1 Aportación elaborada en el marco del Proyecto para Grupos de Investigación de Excelencia de la Consellería de Educación, Cultura, Universidades y Empleo de la Generalitat Valenciana, **PROMETEO CIPROM/2021/057**.

I. INTRODUCCIÓN: LA NOCIÓN DE "MARCA GEOGRÁFICA"

Los nombres geográficos suelen tener un gran poder evocador tanto para el público en general como para los consumidores. Nombres como "Tahití" o "Ushaïa", por ejemplo, evocan sueños, invitan a viajar y permiten cambiar de aires. Este poder de atracción hace que los nombres geográficos sean especialmente codiciados por las empresas que desean utilizarlos como parte de su estrategia de marketing, por ejemplo, para promocionar geles de ducha o programas de televisión.

Sin embargo, en Derecho, el registro y el uso de nombres —y, más ampliamente, de signos— como marcas no están exentos de dificultades. De hecho, la cuestión es de gran actualidad. La decisión de la empresa Toblerone de eliminar la representación del Cervino de los envases de sus bombones, con el fin de no inducir a error a los consumidores en cuanto al origen de los productos, que a partir de ahora se fabricarán en Eslovaquia, ha recibido una gran cobertura mediática. La actualidad del tema se refleja también en el importante número de decisiones relativas a marcas formadas por nombres de lugares, ya sean decisiones dictadas por oficinas de marcas —por ejemplo, las decisiones de la EUIPO relativas a la DOP[2] "Le Gruyère Switzerland" e "Iceland"[3]— o ya sean decisiones dictadas por tribunales, por ejemplo, la sentencia del Tribunal de Justicia de la Unión Europea relativa a la marca "Andorra"[4] o la sentencia dictada en Estados Unidos sobre la marca "Gruyère"[5] .

Para tener una idea más clara del tema y de las dificultades legales que conlleva la elección de una "marca geográfica", es necesario definir el término. ¿Qué es exactamente una "marca geográfica"? En primer lugar, es necesario definir que estos signos no son indicaciones geográficas, es decir, signos cuya función es garantizar propiedades vinculadas al origen de los productos designados. En efecto,

---

2 EUIPO, 29 de noviembre de 2022, documento WO1566977.

3 EUIPO, 29 de noviembre de 2022, R 1238/2019-G y R 1613/2019-G.

4 Trib. EU, Feb. 23 2022, Asunto T-806/19, Govern d'Andorra c /EUIPO.

5 Tribunal de Distrito para el Distrito Este de Virginia, 15 de diciembre de 2022, núm. 1:20-cv-1174.

como el término implica, las "marcas geográficas" son marcas, que consisten en nombres geográficos, ya sean nombres de países, regiones o ciudades. Como marcas, deben cumplir una función esencial de garantía de origen comercial. Según la jurisprudencia del TJUE, esto se aplica tanto a las marcas individuales[6] como a las marcas colectivas[7] . Solo en el caso de las marcas de certificación la función del signo difiere, ya que en ese caso la función consiste en certificar que los productos o servicios en cuestión tienen las propiedades establecidas en el pliego de condiciones[8] .

La posibilidad de registrar un nombre geográfico como marca ha sido reconocida implícitamente por el legislador europeo, quien ha previsto que las "palabras" —incluidos, por tanto, los nombres de lugares— además de las ventajas comerciales ya mencionadas, tienen también un atractivo internacional claro, en la medida en que el registro internacional ofrece al nombre elegido una fuerte protección en el extranjero[9]: las marcas están, de hecho, sujetas a una protección más armonizada y más fuerte que las indicaciones geográficas a nivel internacional.

Sin embargo, las "marcas geográficas" están sujetas a la siguiente paradoja: si bien son muy apreciadas por los solicitantes, es extremadamente difícil obtener un registro válido y utilizarlas sin ningún riesgo legal. En otras palabras, las "marcas geográficas" tienen una existencia, por decir lo menos, problemática. De hecho, se interponen en su camino importantes obstáculos legales, hasta tal punto que es justo preguntarse si realmente vale la pena registrar tales signos. Para responder a esta pregunta es necesario examinar estos obstáculos en detalle. Se refieren tanto al nacimiento de las marcas geográficas (1) como a su ciclo de vida (2). Cabe señalar que esta división está en parte en línea con la distinción clásica entre la existencia y el ejercicio de los derechos de propiedad intelectual; sin embargo, co-

---

6 TJCE, 22 de junio de 1976, Case 119/75, Terrapin v / Terranova: ECJReports, p. 1039.

7 TJUE, 20 de septiembre de 2017, asunto C-673 /15 P a 676-15 P, Darjeeling.

8 GCEU, 13 July 2018, Caso T-825/16, Pallas Halloumi.

9 EU Cons. **dir. 89/104/CEE, 21 Dec. 1988, sobre la aproximación de las legislaciones de los Estados miembros en materia de marcas,** art. 2.- **Cons. UE, Reg.** n° 207/2009, 26 feb. 2009 sobre, la marca comunitaria.

mo ciertas cuestiones, como la revocación de los derechos de marca, afectan tanto al ejercicio como a la propia existencia del signo, es preferible optar por un plan más cronológico, desde el nacimiento hasta la muerte final de la marca.

II. EL NACIMIENTO DE LAS MARCAS GEOGRÁFICAS

El nacimiento de una marca geográfica es, en muchos casos, un proceso doloroso. En efecto, no es fácil que un nombre geográfico constituya una marca válida, habida cuenta de los numerosos escollos que se derivan de las distintas condiciones de validez establecidas por la legislación europea.

En Europa, el principio es que los derechos de marca se adquieren mediante el registro. Por tanto, cuando se presenta un signo en una oficina, no debe haber motivos de denegación del registro. Por tanto, las marcas geográficas deben evitar tanto los motivos de denegación absolutos como los relativos. Dado que sería parcialmente redundante estudiar cada uno de ellos por separado, dado que la infracción de una indicación geográfica constituye tanto un motivo de denegación absoluto como relativo, analizaremos primero el nacimiento de las marcas geográficas desde la perspectiva del derecho de marcas "ordinario" y luego desde la perspectiva de un derecho de marcas más "específico". En otras palabras, las marcas geográficas, como todas las marcas registradas, deben sortear dos obstáculos: su carácter descriptivo y su carácter engañoso (1); además, no deben entrar en conflicto con otros "signos geográficos" (2).

1. Marcas geográficas: entre lo descriptivo y lo engañoso

Las marcas, y en particular las geográficas, se enfrentan a un doble problema. Para que puedan ser registradas válidamente, las marcas no deben, por una parte, estar «compuestas exclusivamente de elementos o indicaciones que puedan servir para designar, en el comercio, una característica del producto o del servicio, y en particular la especie, la calidad, la cantidad, el destino, el valor, la procedencia geográfica o la época de producción del producto o de la prestación del servicio»[10] . Por otra parte, la marca no debe ser «de naturaleza tal que pueda inducir al público a error, en particular sobre la naturaleza, la calidad o la procedencia geográfica del producto o del servicio»[11] .

Estos dos defectos, el carácter descriptivo y el carácter engañoso respectivamente, constituyen motivos absolutos de denegación del registro —y, en su caso, de cancelación— de la marca. Aplicados a las marcas geográficas, implican que el examen realizado por la Oficina en el momento de la presentación de la solicitud es muy susceptible de dar lugar a la denegación del registro. En efecto, el estrecho camino entre el carácter descriptivo "geográfico" y el carácter engañoso parece destinado a convertirse en un callejón sin salida, por la siguiente razón: o bien el producto o servicio designado por la marca geográfica procede efectivamente del lugar, en cuyo caso la marca es descriptiva del origen; o bien no procede, en cuyo caso la marca es engañosa. A primera vista, la marca geográfica parece, pues, muerta.

Sin embargo, hay un elemento que ayuda a las marcas geográficas: la naturaleza subjetiva de la apreciación de estos dos motivos absolutos de denegación. Una marca no es nula por el mero hecho de que objetivamente consista en el nombre del lugar de origen (o no) de los productos en cuestión; sólo es nula si consiste en un nombre que el público percibe como el lugar de origen de los productos. De este modo, las marcas geográficas semánticamente "neutrales" pueden registrarse válidamente.

Existe, por tanto, un estrecho pasaje por el que deben pasar las marcas geográficas entre la descriptividad (1.1.) y el carácter engañoso (1.2.).

1.1. Descriptividad de las marcas geográficas

La justificación de la exclusión de las marcas descriptivas es especialmente clara en el caso de las marcas geográficas. Como señala el TJUE, existe un "interés general en preservar la disponibilidad de los nombres geográficos", en particular por su capacidad para revelar

---

10 RMUE, art. 7 (1) (c). Énfasis añadido.

11 RMUE, art. 7 (1) (g). Énfasis agregado.

la calidad y otras propiedades —como el origen— de las categorías de productos o servicios de que se trate[12] . En otras palabras, si un nombre geográfico funciona como indicador de origen, debe seguir estando disponible para todos los operadores interesados y no puede ser monopolizado por uno de ellos mediante un registro de marca. Además, si el nombre funciona de esta manera, no es adecuado para cumplir la función esencial de la marca, que es indicar un origen comercial específico.

En la práctica, ¿cómo se evalúa el carácter geográfico descriptivo de una marca? Se aplican cinco principios esenciales.

En primer lugar, como ya se ha dicho, la apreciación es subjetiva. Como ha afirmado el TJUE, «la autoridad competente debe valorar si es razonable suponer que un [nombre geográfico] puede, a ojos de los círculos interesados, designar el origen geográfico de esa categoría de productos»[13] . Esto significa que un nombre geográfico se considerará descriptivo si tiene una relación suficientemente directa y concreta con los productos o servicios de que se trate para que el público interesado pueda percibir de inmediato, y sin más reflexión, una descripción del origen geográfico de dichos productos o servicios. Así pues, el conocimiento del nombre geográfico por parte del público pertinente y su percepción de un vínculo entre el lugar y los productos o servicios son más importantes que la realidad objetiva del lugar de fabricación. Como ha afirmado el Tribunal General de la UE, «el carácter descriptivo de un signo sólo puede apreciarse en relación, por una parte, con los productos o servicios de que se trate y, por otra, con la comprensión que de ellos tiene el público pertinente»[14] .

En la práctica, se requieren, pues, dos condiciones acumulativas para establecer el carácter descriptivo de un nombre geográfico. En primer lugar, el nombre debe ser conocido en los medios pertinentes como la designación de un lugar. De lo contrario, si el signo no es

---

12 TJCE, 4 de mayo de 1999, asuntos acumulados C— 108/97 y C-109/97, Windsurfing Chiemsee.

13 TJCE, 4 de mayo de 1999, asuntos acumulados C —108/97 y C-109/97, Windsurfing Chiemsee, antes citados.

14 TGUE, 15 de octubre de 2003, asunto T-295/01, Oldenburger.

percibido por el público como un topónimo, no puede ser geográficamente descriptivo. Por otra parte, suponiendo que se cumpla la primera condición, el nombre geográfico debe presentar, a los ojos de los medios interesados, un vínculo con la categoría de productos o servicios de que se trate. En otras palabras, el nombre debe ser una indicación de procedencia: un nombre geográfico es una indicación de procedencia cuando, en la mente del público, se ha establecido un vínculo entre el lugar de fabricación y características relacionadas con factores geográficos o humanos, atribuyéndose la calidad reconocida del producto a la materia prima obtenida de una región o país determinado, o a procedimientos y cuidados de fabricación cuyo valor se ha consagrado a lo largo de los siglos gracias a su aplicación por numerosos fabricantes concentrados en la misma zona geográfica. La reputación del lugar para los productos amparados por la marca es determinante en esta cuestión. En cuanto el lugar sea conocido para estos productos, la marca será necesariamente entendida por el público como designando su origen geográfico, y por tanto incurrirá en motivo de denegación.

Por el contrario, si el nombre no conlleva ninguna reputación para los productos en cuestión, puede registrarse válidamente como marca.

Cabe añadir que, en aplicación del principio de especialidad, un mismo nombre geográfico puede ser descriptivo para ciertos productos y, a la inversa, constituir una marca válida para otros.

La jurisprudencia muestra claramente la existencia de cierta aleatoriedad en este ámbito. El resultado es un alto grado de inseguridad jurídica para las marcas geográficas, que, incluso si superan el requisito descriptivo ante las oficinas, corren el riesgo de ser canceladas en una fecha posterior. En la práctica, por tanto, es aconsejable, si no desaconsejar formalmente el registro de una marca geográfica, al menos instar a los solicitantes a extremar la prudencia, sobre todo en vista de La postura estricta del TJUE.

En segundo lugar, en el importante caso Windsurf Chiemsee, en su sentencia[15] , el Tribunal de Justicia introdujo una restricción adi-

15 TJCE, 4 de mayo de 1999, asuntos acumulados C— 108/97 y C-109/97, Windsurfing Chiemsee.

cional al registro de una marca geográfica en los casos en que el nombre no tenga relación con los productos de que se trate en el momento de la solicitud de registro. Según el Tribunal, la prohibición de las marcas geográficas descriptivas también se aplica "a los nombres geográficos que puedan utilizarse en el futuro [...]como indicación del origen geográfico de la categoría de productos de que se trate". Así, un nombre geográfico no puede registrarse como marca si es probable que, en el futuro, los consumidores lo entiendan como una indicación geográfica que designa los productos de que se trate. Sin embargo, dado que el carácter descriptivo del signo se evalúa en principio el día de la presentación de la solicitud de registro de la marca —salvo en el caso de adquisición posterior de carácter distintivo, que se examina más adelante—, las autoridades competentes deben realizar un pronóstico sobre las posibilidades de que el nombre adquiera, en la opinión del público, una reputación particular.

Si bien esta solución se explica por el compromiso del TJUE de preservar la disponibilidad de los nombres geográficos que puedan funcionar como indicaciones geográficas, es, no obstante, problemática en la medida en que impone una especie de ejercicio adivinatorio al examinador. El resultado es, una vez más, un nuevo e importante riesgo de incertidumbre en cuanto a la validez de las marcas geográficas. Una vez más, los solicitantes de marcas geográficas deben ser extremadamente cautelosos.

En tercer lugar, el artículo 7 (1) (c) del RMUE limitestablece el motivo absoluto de denegación de registro de marcas que consistan "exclusivamente" en elementos descriptivos. Por consiguiente, a contrario, esta disposición no prohíbe el registro de un nombre geográfico que haga referencia al origen de un producto como parte de una marca compleja que se haya convertido en un todo distintivo mediante la adición de otros elementos. Las marcas de agua como Evian, Volvic o Vittel son un buen ejemplo de esta regla: si bien los nombres geográficos son descriptivos del origen de las fuentes, las marcas son, no obstante, válidas en su conjunto en la medida en que asocien elementos distintivos como dibujos, colores o tipos de letra concretos a estos nombres. Se trata de una perspectiva interesante para los solicitantes de marcas geográficas, que pueden reforzar en gran medida la validez de sus signos con dichos elementos.

En cuarto lugar, a diferencia de la adición de elementos distintivos a un nombre geográfico, una estrategia resulta ineficaz en el caso de una marca geográficamente descriptiva consistente en una indicación geográfica: limitar los productos cubiertos a aquellos que cumplan, en su caso, las especificaciones de la IG. La decisión de la EUIPO sobre la marca Le Gruyère Switzerland DOP[16] es especialmente clara en este punto. La Oficina señala acertadamente que, si bien limitar la redacción de los productos en cuestión puede permitir evitar el motivo de denegación previsto en el artículo 7, apartado 1, letra j), del Reglamento (hipótesis del conflicto entre una marca y una indicación geográfica anterior, que se examina más adelante), no afecta, sin embargo, a los motivos previstos en el artículo 7, apartado 1, letras b) y c), del Reglamento.

Las condiciones de carácter distintivo y no descriptivo se aplican a todas las marcas y deben evaluarse por separado. En el presente caso, la consecuencia es que la limitación no puede eliminar el defecto de descriptividad del que adolece la marca, compuesta únicamente por elementos verbales descriptivos ("Le Gruyère", que designa un tipo de queso que se beneficia de la denominación de origen protegida "Gruyère"; "Suiza", que designa a Suiza, y "DOP", que se refiere a un producto que cumple las especificaciones de una denominación de origen protegida), y elementos figurativos no distintivos, que refuerzan el significado del signo (la cruz suiza, elementos geométricos simples: rectángulos grises y negros, y fuentes de palo). Así pues, según la EUIPO, "la marca solicitada es meramente descriptiva de la especie, la calidad y el origen de los productos", en el sentido del artículo 7, apartado 1, letra c), del RMUE. Desde un punto de vista práctico, conviene, por tanto, volver a la recomendación anterior, es decir, acompañar el nombre geográfico de elementos distintivos de fantasía.

En quinto y último lugar, es necesario matizar la afirmación relativa al momento de la apreciación del carácter descriptivo mediante una regla establecida por el CPI y la RMUE. Si bien el principio es que dicha apreciación se lleva a cabo el día de la presentación, debe tenerse en cuenta la regla de que "el carácter distintivo de una marca

---

16 EUIPO, 29 de noviembre de 2022, WO1566977, antes mencionado.

puede adquirirse como resultado del uso que se haga de ella"[17] . En tales casos, no se aplica la causa absoluta de denegación y nulidad basada en el carácter descriptivo del signo. En otras palabras, el uso del nombre geográfico, tanto antes de la presentación como después del registro, puede eliminar el defecto de carácter descriptivo y, en su caso, hacer fracasar una acción de nulidad de la marca. Para que un nombre geográfico pierda su carácter descriptivo y adquiera un carácter distintivo, debe haber sido utilizado como marca durante un cierto período de tiempo, de modo que haya adquirido un nuevo significado en la mente del público pertinente, volviéndose capaz de cumplir la función distintiva de la marca.

Mediante el uso, el nombre geográfico puede así ser asociado por el público con una empresa en particular, y ya no con el lugar designado. Como escribe el TJUE, "un nombre geográfico puede registrarse como marca si, después de su uso, se ha convertido en apropiado para identificar el producto para el que se solicita el registro atribuyéndole una procedencia empresarial determinada y, por tanto, para distinguirlo de los de otras empresas. En efecto, en tal caso, el nombre geográfico ha adquirido un nuevo alcance y su significado, que ya no es meramente descriptivo, justifica su registro como marca [...]] Para determinar si una marca ha adquirido carácter distintivo después de su uso, la autoridad competente debe realizar una apreciación global de los elementos que puedan demostrar que la marca ha pasado a ser apropiada para identificar el producto de que se trata atribuyéndole una procedencia empresarial determinada y, por tanto, para distinguirlo de los de otras empresas"[18] . Desde un punto de vista práctico, el uso de un nombre geográfico como marca es la segunda estrategia que puede acudir en ayuda de los solicitantes de una marca geográfica.

A la luz de estas normas, la creación de marcas geográficas es una cuestión muy delicada. A menos que se desee registrar un nombre de lugar que sea totalmente neutro en relación con los productos o servicios de que se trate, es aconsejable que los solicitantes aporten a

17 RMUE, art. 7 (3).

18 TJCE, 4 de mayo de 1999, asuntos acumulados C— 108/97 y C-109/97, Windsurfing Chiemsee.

su marca geográfica uno o dos apoyos: la adición de elementos distintivos y el uso. La dificultad que plantean estos textos se ve reforzada por la postura relativamente estricta adoptada por los tribunales y oficinas europeos. Así, además de la marca "Le Gruyère Switzerland DOP" ya mencionada, la EUIPO también ha dictaminado que la marca "Iceland"[19] , registrada para productos alimenticios y servicios de venta al por menor en particular, es descriptiva. Por su parte, el TUE confirmó la apreciación de la EUIPO de que la marca "Amsterdam Poppers"[20] era descriptiva.

Las novedades anteriores se refieren a las marcas individuales. ¿Qué ocurre con las marcas colectivas y las marcas de certificación? ¿Son más susceptibles de registro de un signo geográfico? A priori, las marcas de certificación o de garantía parecen ser las más adecuadas para acoger signos descriptivos geográficos, cuya función sería precisamente la de certificar un origen determinado. Sin embargo, el legislador europeo no ha hecho ninguna excepción al requisito de carácter distintivo para estas marcas, lo que demuestra que las indicaciones geográficas son las reinas en este ámbito. En cuanto a las marcas colectivas, el artículo 74(2) del RMUE permite el registro de "signos o indicaciones que puedan servir, en el comercio, para designar el origen geográfico de productos o servicios".

Esto parece abrir la puerta a las marcas geográficas colectivas. Sin embargo, una sentencia del TJUE en uno de los numerosos casos "Halloumi"[21] cierra en gran medida esta puerta, en la medida en que el Tribunal de Justicia afirma que si bien el artículo 74(2) del RMUE "autoriza, como excepción a lo dispuesto en el artículo 7(1)(c) de dicho Reglamento, el registro como marcas colectivas de la Unión Europea de signos que puedan servir para designar la procedencia geográfica de productos o servicios, no permite, sin embargo, que los signos así registrados carezcan de carácter distintivo". En otras palabras, el Tribunal de Justicia insiste en que las marcas colectivas geográficamente descriptivas deben, no obstante, ser dis-

---

19 EUIPO, 29 de noviembre de 2022, R 1238/2019-G y R 1613/2019-G, antes citada.

20 TGUE, 6 de abril de 2022, Asunto T-680/21.

21 TJUE, 5 de marzo de 2020, asunto C-766/18 P, Fundación para la protección del queso tradicional de Chipre denominado Halloumi c/ EUIPO.

tintivas. Esto es desconcertante, ya que es difícil ver cómo una marca geográficamente descriptiva puede ser distintiva, a menos que, una vez más, se añadan elementos arbitrarios.

Si bien el obstáculo de la descriptividad es importante para las marcas geográficas, los solicitantes de dichos signos también deben tener cuidado de no caer en el engaño en el otro extremo del espectro.

1.2. El engaño de las marcas geográficas

En cierto modo, el carácter engañoso refleja el carácter descriptivo, ya que ambos defectos se basan en una creencia de los consumidores, que perciben el nombre geográfico como una indicación del lugar de origen de los productos o servicios designados por la marca. En el caso del carácter engañoso, por supuesto, el nombre geográfico no hace referencia en realidad al origen de los productos o servicios. Por ejemplo, se ha comprobado que la marca Amsterdam Poppers es tanto descriptiva[22] como engañosa[23] , dependiendo del origen de los productos designados.

En este sentido, la cuestión es básicamente la misma que la del carácter descriptivo. La prohibición de registrar una marca geográficamente engañosa, que a primera vista puede parecer basada en la protección del consumidor, protege también a los competidores y, de manera más amplia, la competencia leal en el mercado, ya que una marca engañosa no es otra cosa que una marca[24] "falsamente descriptiva".

Por consiguiente, la apreciación del carácter engañoso de una marca es análoga a la de su carácter descriptivo y, en particular, subjetiva. Una marca geográfica sólo será engañosa si el público puede percibirla, erróneamente, como una indicación del origen geográfico de productos o servicios. Por tanto, podemos recurrir a los análisis realizados en relación con el carácter descriptivo. La pregunta que debe plantearse la autoridad encargada de apreciar la validez de la

---

22 GCUE, 6 de abril de 2022, Asunto T-680/2.

23 CA París, Feb. 24, 2015, no. 2013/11013.

24 Y. Basire, La tromperie en droit des marques: Légipresse 2020, p. 85.

marca es la siguiente: ¿existe, en la mente del público interesado, un vínculo entre el nombre geográfico y los productos que designa? En caso afirmativo, se considera que el topónimo se aplica a los productos en cuestión. La marca constituye entonces una indicación falsa de procedencia, nula por su carácter engañoso.

Por otra parte, una marca se considera válida si se percibe como arbitraria en relación con el producto designado, es decir, como un término de fantasía. Es el caso, por ejemplo, del nombre "Mont-Blanc" que designa cremas para postres o bolígrafos.

Al igual que en el caso del carácter descriptivo, existe una considerable incertidumbre para los solicitantes de marcas geográficas. El carácter engañoso se evalúa, de la misma manera, el día en que se presenta la solicitud de marca. Por otra parte, a diferencia del carácter descriptivo, el defecto de engaño no puede eliminarse mediante el uso. Por lo tanto, se debe tener mucho cuidado al presentar la solicitud.

El carácter engañoso de las marcas geográficas requiere un último comentario. Al igual que ocurre con otros motivos de denegación absolutos, el carácter engañoso debe apreciarse in abstracto, es decir, en relación con la marca en sí tal como está registrada y con los productos a los que se destina, sin tener en cuenta el uso que se hace del signo. Por otra parte, las condiciones en las que se utiliza la marca geográfica pueden tenerse en cuenta en el marco de otra acción, que se tratará a continuación: la acción de caducidad.

Al final de este análisis, queda claro que las marcas geográficas nacen en aguas turbulentas, ya que el canal entre la descriptividad y el engaño es extremadamente estrecho. Incluso si se logran superar estos obstáculos, sigue existiendo una amenaza que podría poner en peligro el nacimiento de las marcas geográficas. La amenaza es el conflicto con otras indicaciones geográficas anteriores.

2. *Conflictos entre marcas geográficas e indicaciones geográficas*

Entre las causas de denegación y cancelación del registro se encuentran varias disposiciones relativas a los conflictos entre marcas e indicaciones geográficas.

Las indicaciones geográficas ocupan, desde el «paquete de marcas» de 2015, un lugar especial en el mundo de los signos distintivos. En efecto, la directiva y el reglamento de 2015 han reforzado considerablemente la protección, frente a las marcas, de las indicaciones geográficas. Este refuerzo se refleja en la doble inclusión de estos signos entre los motivos absolutos y relativos de denegación de registro y de nulidad de las marcas. Las indicaciones geográficas son el único signo que goza de doble protección frente a las marcas, lo que da testimonio del particular favor que les otorga el legislador europeo.

Antes de analizar el contenido de los motivos absolutos y relativos, es necesario definir con precisión el concepto de "indicación geográfica". Se refiere en su mayoría a las denominaciones de origen y las indicaciones geográficas protegidas por el derecho de la Unión Europea (es decir, denominaciones de origen protegidas o DOP para alimentos y vinos[25] , indicaciones geográficas protegidas o IGP para alimentos y vinos[26] e indicaciones geográficas para bebidas espirituosas[27]).

En lo que se refiere a los motivos absolutos, el artículo 7 (1) (j) del RMUE se refiere a las marcas «excluidas del registro en virtud de la legislación nacional, del Derecho de la Unión Europea o de acuerdos

25 Reglamento (UE) 2024/1143 del Parlamento Europeo y del Consejo, de 11 de abril de 2024, relativo a las indicaciones geográficas del vino, las bebidas espirituosas y los productos agrícolas, así como a las especialidades tradicionales garantizadas y a las denominaciones de calidad facultativas de los productos agrícolas, y por el que se modifican los Reglamentos (UE) N° 1308/2013, (UE) 2019/787 y (UE) 2019/1753 y se deroga el Reglamento (UE) N° 1151/2012; Reglamento (UE) N° 1308/2013 del Parlamento Europeo y del Consejo, de 17 de diciembre de 2013, por el que se crea la organización común de mercados de los productos agrarios y por el que se derogan los Reglamentos (CEE) N° 922/72, (CEE) N° 234/79, (CE) N° 1037/2001 y (CE) N° 1234/2007 del Consejo.

26 Ídem.

27 Reglamento (UE) 2019/787, de 17 de Apr. mayo de 2019, sobre la definición, designación, presentación y etiquetado de las bebidas espirituosas, la utilización de nombres de bebidas espirituosas en la presentación y el etiquetado de otros productos alimenticios, la protección de las indicaciones geográficas de las bebidas espirituosas y la utilización de alcohol etílico y destilados de origen agrícola en las bebidas alcohólicas y por el que se deroga el Reglamento (CE) N° 110/2008: DOUE No.L 130, de 17 de mayo de 2019, p. 1.

internacionales de los que Francia o la Unión son parte y que prevén la protección de las denominaciones de origen y de las indicaciones geográficas». Esta consagración de las indicaciones geográficas como motivo absoluto de denegación pone de relieve que, a diferencia de las marcas, que sólo son motivos relativos de denegación, las indicaciones geográficas tienen un carácter de orden público. En aplicación de la normativa europea sobre indicaciones geográficas, que prevé la coexistencia de marcas anteriores e indicaciones geográficas posteriores siempre que sea posible, la idea de la superioridad de las indicaciones geográficas sobre las marcas se mantiene mediante esta consagración de las primeras como motivo absoluto de denegación.

Cabe destacar que el artículo 7 (1) (j) del RMUE se refiere a las disposiciones aplicables a la protección de las indicaciones geográficas (reglamento europeo sobre DOP-IGP), por lo que debe utilizarse en conjunción con estas últimas, por lo que será necesario recurrir a disposiciones que prevean expresamente la denegación de marcas.

En cuanto a los motivos relativos, el Reglamento de Marca de la Unión Europea de 2015[28] establece en su undécimo considerando que «para mantener la fuerte protección de los derechos asociados a las denominaciones de origen y las indicaciones geográficas protegidas a nivel de la Unión y nacional, es necesario dejar claro que dichos derechos habilitan a cualquier persona autorizada en virtud de la legislación aplicable a oponerse a una solicitud posterior de registro de una marca de la Unión Europea, con independencia de que dichos derechos constituyan o no también motivos de denegación que el examinador haya de tener en cuenta de oficio». En otras palabras, sin perjuicio del motivo absoluto, el reconocimiento de las indicaciones geográficas como un derecho anterior capaz de invalidar el re-

---

[28] RegReglamento (UE) 2015/2424, de 16 de Dec. diciembre de 2015, por el que se modifican el Reglamento (CE) Nº 207/2009 del Consejo sobre la marca comunitaria y el Reglamento (CE) Nº 2868/95 de la Comisión, por el que se establecen normas de ejecución del Reglamento (CE) Nº 40/94 del Consejo sobre la marca comunitaria, y se deroga el Reglamento (CE) Nº 2869/95 de la Comisión, relativo a las tasas que se han de abonar a la Oficina de Armonización del Mercado Interior (marcas, dibujos y modelos): DOUE Nº 341, 24 de diciembre de 2015, p. 1.

gistro de una marca se explica por la voluntad del legislador de crear un derecho de oposición sobre la base de una indicación geográfica.

De conformidad con el artículo 8 (6) del RMUE: "En caso de oposición de cualquier persona legitimada, con arreglo a la legislación aplicable, para ejercer los derechos derivados de una denominación de origen o una indicación geográfica, se denegará el registro de la marca solicitada cuando y en la medida en que, con arreglo al Derecho de la Unión o nacional que establezca la protección de las denominaciones de origen o las indicaciones geográficas:

i) ya se hubiera presentado una solicitud de denominación de origen o de indicación geográfica, de conformidad con el Derecho de la Unión o nacional, antes de la fecha de presentación de la marca de la Unión Europea o antes de la fecha de prioridad reivindicada en apoyo de la solicitud, sin perjuicio de un registro posterior;

ii) dicha denominación de origen o indicación geográfica confiere el derecho a prohibir el uso de una marca posterior".

Esta disposición invita a remitirse a la normativa europea o a las disposiciones nacionales sobre el alcance de la protección de las IG[29] , que prohíben en particular cualquier «evocación», concepto específico de las IG. Por tanto, como en el caso de los motivos absolutos, el legislador procede por referencia. La diferencia es que, en este caso, ya no es necesario que los textos relativos a las indicaciones geográficas prevean expresamente el derecho a prohibir el registro de una marca. Basta con que permitan oponerse al uso de la marca. Desde este punto de vista, el alcance de la protección conferida a las indicaciones geográficas es aquí mayor, ya que no se excluye expresamente la infracción por parte de marcas registradas en otro ámbito de especialización. Por ejemplo, el Tribunal de Justicia de la Unión Europea ha confirmado la oposición presentada por el organismo de defensa de la DOP del vino de Oporto al registro de la marca Portwo marca de ginebra, con el argumento de que el uso de la marca perjudicaba la reputación de la denominación[30] .

---

29 Reg. (UE) n° 2024/1143, art. 31.- Reg. (UE) n° 1308/2013, art. 103.- Reg. (UE)2019/787, art. 21, § 2.

30 Trib. EU, 6 de octubre de 2021, y siguientes. T-417/20, Joaquim José Esteves Lopes Granja c/ EUIPO.

En la práctica, resulta imposible registrar como marca un nombre que constituye una indicación geográfica si los productos designados por la primera no cumplen las especificaciones de la segunda. En tales casos, se infringe la IG. Además, es muy probable que la marca adolezca de un defecto de engaño.

¿Qué ocurre si la marca geográfica designa productos con derecho a la IG? En tales casos, la EUIPO acepta renunciar a las objeciones por infracción de la IG, siempre que la marca sea distintiva en su conjunto, como recordó la EUIPO en su decisión "Le Gruyère Switzerland PDO"[31] . En términos prácticos, esto significa que una IG no puede registrarse como marca, ya sea por sí sola o con elementos no distintivos, ni siquiera para designar productos con derecho a la IG, ya que este nombre no debe ser apropiado privadamente por un usuario particular en detrimento de otros. Además, tales marcas no podrían cumplir su función distintiva. Por otro lado, una IG puede, con la adición de uno o más elementos distintivos, constituir una marca compleja válida para designar productos que se benefician de esta indicación.

En realidad, la admisión de este tipo de marcas plantea numerosas reservas. A pesar de su licitud, estas marcas no son adecuadas para la protección de las IG. La validez de las marcas compuestas por indicaciones geográficas, en particular cuando son marcas individuales, contradice la lógica misma de estas indicaciones. En efecto, el derecho a una indicación geográfica no es intangible y no existe garantía de que el titular de la marca compleja pueda utilizarla de forma continua. Sin embargo, una marca individual es, en principio, prácticamente perpetua e incondicional. Una marca compuesta por una IG es, por tanto, un objeto extraño, difícil de transferir por sí solo, cuyo uso puede, en caso necesario, estar supeditado a la obtención de aprobaciones y sujeto a controles repetidos. Además, las marcas se ven debilitadas por el riesgo de no poder seguir utilizándose, o incluso de ser anuladas por haberse vuelto engañosas o genéricas, mientras que las IG no pueden estar sujetas a tal caducidad. Además, la utilidad de las marcas compuestas por indicaciones geográficas es cuestionable. Por una parte, no es la inclusión de la IG en la marca

---

31 EUIPO, 29 de noviembre de 2022, WO1566977, antes mencionado.

lo que permite al titular de la marca utilizar el topónimo, sino el derecho a utilizar la IG. Por otra parte, una marca compleja no permite a su titular ejercer acciones por infracción contra terceros que usurpen la denominación de origen, ya que la protección de la marca no se extiende a los elementos no distintivos de los signos.

En cualquier caso, incluso si tienen derecho a utilizar la IG, los solicitantes de marcas geográficas deben tener cuidado de evitar cualquier vuelo de la imaginación con respecto al nombre de la IG incluido en sus marcas.

Por último, además de las marcas individuales, las marcas colectivas son sin duda más adecuadas para las IG, ya que no dan lugar a que un operador monopolice el nombre geográfico en detrimento de otros. En este sentido, el registro de una marca colectiva o de una marca de certificación que asocie un elemento figurativo distintivo al nombre de la IG presenta un claro interés comercial. Pensemos en la marca colectiva « Comté »: mucho más que la DOP y su logotipo, es la campana verde lo que los consumidores conocen y reconocen. La marca, sobre todo cuando es figurativa, es por tanto un elemento de atracción clave, una auténtica herramienta estratégica de marketing y comunicación.

A pesar de este último punto, el panorama general para los solicitantes de marcas geográficas es sombrío. De hecho, el nacimiento de las marcas geográficas se ha visto gravemente obstaculizado. Los solicitantes deben ser cautelosos, armarse de una lucidez extra y equipar sus marcas con "muletas" diseñadas para reforzar su validez. Suponiendo que se hayan superado todas estas pruebas con éxito, las marcas geográficas no están al límite de sus posibilidades. Su vida, como su nacimiento, está plagada de peligros.

III. LA VIDA DE LAS MARCAS GEOGRÁFICAS

El momento en que havenacen. Los derechos exclusivos que conllevan son limitados y frágiles. Las marcas geográficas sufren una serie de desventajas inherentes que no sólo limitan su alcance (1), sino que incluso pueden amenazarlas de muerte (2).

1. El alcance limitado de las marcas geográficas

Desde el principio, las marcas geográficas se han visto privadas de todo su potencial por dos normas que limitan el alcance de los derechos exclusivos de sus titulares. Se trata, por un lado, de la llamada excepción "descriptiva use"(1.1), y, por otro, de la coexistencia impuesta con cualquier IG posterior (1.2).

1.1. La excepción del uso descriptivo

El artículo 14 (1) (b) del RMUE establece que el titular de una marca no podrá prohibir el uso, en el tráfico económico, conforme a los usos honestos del comercio, "de signos o indicaciones que carezcan de carácter distintivo o que se refieran a la especie, la calidad, la cantidad, el destino, el valor, la procedencia geográfica, la época de producción del producto o de la prestación del servicio u otras características del producto o del servicio".

El TJUE ya había interpretado la excepción del uso descriptivo en el asunto "Kerry Spring", al considerar que el titular de una marca Gerri, registrada para aguas minerales, no podía oponerse al uso por parte de un tercero de la palabra "Kerry Spring" en la etiqueta de sus botellas, a pesar de la existencia de un riesgo de confusión, siempre que "el uso que se haga de la indicación de origen geográfico se ajuste a los usos leales en materia industrial o comercial"[32] .

De esta regla se desprende que los titulares de marcas geográficas, ya sean simples o complejas, no pueden privar a otros del derecho a utilizar el nombre geográfico, en su función ordinaria y de manera leal, para designar en particular su lugar de establecimiento o el origen de sus productos.

Esta excepción constituye, evidentemente, una debilidad importante de las marcas geográficas. Se explica por la naturaleza específica de los nombres geográficos, que cumplen una función de interés general y deben seguir estando disponibles para todos. Una vez más, la norma pone de relieve el hándicap consustancial que sufren las marcas geográficas, que están compuestas por términos que tienen

---

32 CJCE, 7 de enero. 2004, y sigs. C-100/02, Kerry Primavera.

como finalidad fundamental cumplir una función distinta a la de la marca. Como ya señaló el TJUE en 2004, "en una Comunidad de quince Estados miembros y una gran diversidad lingüística, la posibilidad de que exista cualquier similitud fonética entre, por una parte, una marca registrada en un Estado miembro y, por otra, una indicación de procedencia geográfica de otro Estado miembro es ya considerable, y lo será aún más tras la próxima ampliación"[33] . Mientras se cumpla el único criterio pertinente —el uso leal—, los titulares de marcas geográficas tendrán que soportar esta forma de encroachmentviolación de sus derechos.

Esta debilidad intrínseca de las marcas geográficas se ve agravada por un segundo inconveniente: la pérdida de exclusividad en caso de conflicto con una IG posterior.

1.2. Coexistencia con IG posteriores

Como se ha mencionado anteriormente, puede existir un conflicto entre una marca geográfica y una IG anterior. En tales casos, la IG prevalece en gran medida, impidiendo que la marca surja. Sin embargo, por desgracia para los propietarios de marcas geográficas, la hipótesis opuesta no da lugar a una imagen especular en el derecho europeo. De hecho, cuando una marca geográfica registrada válidamente entra en conflicto con una IG posterior, lo que se busca es la coexistencia de los signos, en la medida de lo posible.

Las disposiciones pertinentes de la reglamentación europea sobre indicaciones geográficas establecen que, en caso de conflicto entre una indicación geográfica y una marca anterior, la marca, siempre que haya sido registrada de buena fe, "podrá seguir utilizándose y renovándose para ese producto a pesar del registro de una denominación de origen o indicación geográfica, siempre que no exista causa de nulidad o revocación [...]". En tales casos, podrán utilizarse tanto la denominación de origen o indicación geográfica protegida como las marcas en cuestión. La redacción de la norma es reveladora: el legislador parece dar por sentada la jerarquía entre indicacio-

33 Tribunal de Justicia de la Unión Europea, 7 de enero de 2004, Gerolsteiner Brunnen, *op. cit.*

nes geográficas y marcas, y casi parece estar concediendo un favor a los titulares de marcas anteriores, al permitirles no verse afectados por el registro posterior de la indicación geográfica.

En realidad, esta solución de coexistencia del derecho europeo —que un grupo especial de la OMC consideró conforme con las normas del Acuerdo sobre los ADPIC en 2005—[34] pretende conciliar el principio de anterioridad, que se aplica generalmente en el derecho de los signos distintivos[35] , y la consideración del interés general vinculado a la protección de las IG, que contrasta con el interés privado vinculado a la protección de las marcas.

Esta norma limita gravemente los derechos exclusivos de los titulares de marcas geográficas, que tienen que competir con los productos con IG. Cabe señalar que los textos europeos prevén una excepción a la regla de coexistencia, en los casos en que "teniendo en cuenta la reputación de una marca, su notoriedad y la duración de su uso, dicho registro pueda inducir a error al consumidor en cuanto a la verdadera identidad del producto"[36] . Sin embargo, es revelador observar que cada vez que se ha invocado esta regla, los tribunales han concluido que no se cumplían las condiciones para que la marca prevaleciera, por lo que han ordenado la coexistencia de los signos. Así, por ejemplo, los jueces han validado la coexistencia de la IGP "Bayerisches Bier" con las marcas anteriores Bavaria, Bavarian Beer y Høker Baker[37] .

Aunque la coexistencia puede parecer en principio loable, habida cuenta de los intereses en juego, es claramente perjudicial para

---

34 Doc. WT/DS174/R.- C. Charliery M.-A. Ngo, Un análisis de la controversia sobre la protección de las marcas comerciales y las indicaciones geográficas de los productos agrícolas y alimenticios en las Comunidades Europeas: Journal of World Intellectual Property, 2007, vol. 10, n°3-4, p. 171.- R. Raith, Jurisprudencia reciente de la OMC y el TJCE relativa a la protección de las indicaciones geográficas: Derecho comercial internacional y reglamentación 2009, vol. 15 (4), no. 119.

35 CJCE, 16 nov. 2004, y sigs. C-245/02, Anheuser-Busch: Rec. CJCE 2004, p. I —10989, punto 5.

36 Reg. (EU) No. 1151/2012, art. 6, § 4.- reg. (EU) No. 1308/2013, art. 101 § 2.- reg. (UE) 2019/787, art. 35, § 2.

37 TJCE, 2 de julio de 2009, aff. C-343/07, Baviera: Europa 2009, comunicación 352, V. Michel.

los titulares de marcas geográficas registradas de buena fe, que, al no tener una bola de cristal en el momento del registro, no podían sospechar que una indicación geográfica homónima sería registrada posteriormente. Estos titulares no sólo tienen que soportar la explotación paralela de la IG, sino que además se les impide registrar nuevas marcas geográficas para su gama en el futuro. La suerte de los solicitantes que actúan de mala fe, que estaban al tanto de un proyecto de IG en curso, está sellada por los tribunales, que anulan sus marcas. Además, la aplicación de la solución de coexistencia permite autorizar usos que puedan generar confusión, en la mente de los consumidores, entre la marca y la IG posterior.

Como podemos observar, la asimetría en la solución de los conflictos entre marcas geográficas e IG —según sea anterior uno u otro signo— hace que la balanza se incline claramente en contra de los titulares de marcas geográficas, que no sólo nacen con grandes desventajas, sino que —lo que es aún peor— pueden verse amenazados de muerte.

2. *El riesgo de muerte de las marcas geográficas*

Desde el mismo momento de su creación, las marcas geográficas están sujetas a una serie de "espadas de Damocles" que amenazan su propia existencia.

En el derecho de marcas existen dos causas de desaparición: la cancelación y la revocación. Por su propia naturaleza, las marcas geográficas son especialmente vulnerables a la cancelación y la revocación (2.1.), y cabe preguntarse si no corren también riesgo a raíz del registro posterior de una IG (2.2.).

2.1. La muerte "natural" de las marcas geográficas

La anulación sanciona retroactivamente el incumplimiento de una condición de validez de la marca. En este punto, es necesario remitirse a los análisis sobre el nacimiento de una marca geográfica, y destacar una vez más la incertidumbre jurídica que reina en este ámbito. Las marcas geográficas son especialmente vulnerables a la anulación por motivos de carácter descriptivo o engañoso, dado el carácter altamente subjetivo de la apreciación de estos dos defectos.

En cuanto a la caducidad, se trata de examinar la situación posterior al registro de la marca, para ver si se puede imputar al titular una falta que pueda hacer que el derecho de marca caduque en el futuro. En lo que respecta a las marcas geográficas, una causa de caducidad surge espontáneamente: una marca que, como resultado del uso que se hace de ella o que es autorizado por su titular, es susceptible de inducir al público a error "en particular sobre la naturaleza, la calidad o la procedencia geográfica de los productos o servicios"[38] . Esto nos lleva de nuevo a la cuestión del carácter engañoso de las marcas geográficas. Como se ha mencionado anteriormente, la diferencia esencial con la anulación por inducción es que, en el marco de una acción de caducidad, el carácter engañoso del signo se aprecia in concreto, es decir, teniendo en cuenta las condiciones específicas en las que se utiliza el signo. A este respecto, el titular de una marca geográfica debe tener mucho cuidado de evitar utilizar su marca de una manera o en circunstancias que puedan inducir a los consumidores a creer, erróneamente, que los productos o servicios designados proceden del lugar en cuestión. Por ejemplo, la marca La Irlandesa[39] Ha sido revocado por uso engañoso por parte de su propietario.

En este sentido, el "beneficio de la duda" que las oficinas pueden conceder a los solicitantes, cuando el examen de la marca geográfica no revela ninguna contradicción entre la información que ésta transmite y las características de los productos designados en la solicitud de registro, puede ser un cáliz envenenado. En efecto, la victoria de la marca geográfica en la fase de registro puede ser un arma de doble filo: los titulares de marcas geográficas que hayan conseguido reservar un topónimo "atractivo" deberían moderar su ardor al explotar el signo, teniendo cuidado de no sugerir demasiada asociación entre el topónimo y los productos o servicios amparados.

---

38 EUMR, art. 58 (1) (c).

39 Trib. UE, 29 de junio de 2022, aff. T-306/20, Hijos de Moisés Rodríguez González, SA c /EUIPO.

Más allá de estas hipótesis de muerte "natural", contempladas por el derecho de marcas ordinario, se plantea la cuestión de si las marcas geográficas no están también amenazadas de muerte "inducida" como consecuencia de cualquier IG posterior.

2.2. La muerte "inducida" de las marcas geográficas

La cuestión que se plantea es si el posible registro posterior de una IG puede constituir una causa de desaparición de una marca geográfica. La redacción de la regla de coexistencia establecida por la normativa europea plantea esta cuestión, en la medida en que la supervivencia de la marca anterior sólo se permite "si no concurren causas de nulidad o caducidad [en el sentido del derecho de marcas]".

Por supuesto, es posible que una marca de este tipo se cancele después de que se haya registrado una IG. Sin embargo, es difícil considerar el nacimiento de la IG como causa de cancelación de la marca, ya que las causas de nulidad se evalúan el día de la presentación. Solo el caso de una marca geográfica presentada de mala fe y destinada a "adelantarse" a una IG cuyo proceso de registro es conocido por el solicitante podría entrar en el ámbito de aplicación de esta disposición. Por lo demás, la condición establecida en la reglamentación de las IG tiene poco impacto real. En efecto, si bien en la práctica pretende excluir el mantenimiento de marcas anteriores que sean descriptivas o, por el contrario, engañosas, no permite prohibir el uso continuado de marcas que se hayan vuelto engañosas debido al reconocimiento de indicaciones geográficas competidoras, ya que esta circunstancia no es una de las causas de nulidad previstas en el derecho de marcas. Tanto el carácter engañoso como el carácter descriptivo se aprecian en el momento del registro de la marca, como ha indicado expresamente el Tribunal de Justicia en relación con un conflicto entre una DOP y una marca anterior[40] : para determinar si el uso de la marca anterior puede continuar, el tribunal debe basarse "en el estado del derecho vigente en el momento del registro de la

40 CJCE, 4 de marzo de 1999, aff. C-87/97, Cambozola: Rec. TJCE 1999, p. I-1301; PIBD 1999, n° 678, III, p. 271.

marca para apreciar si [el nombre que constituye la marca no era] en sí mismo engañoso para el consumidor".

En consecuencia, o bien la marca geográfica era válida el día de su registro, y su nuevo carácter engañoso o descriptivo causado por el reconocimiento de la IG no puede poner en tela de juicio esta validez; o bien resulta que, cuando se registró, la marca ya estaba afectada por uno de estos defectos: puede entonces ser anulada sobre la base del derecho de marcas, sin que el reconocimiento posterior de la IG tenga ninguna influencia.

En cuanto a las causas de revocación, es cierto que permiten tener en cuenta situaciones posteriores a la presentación de la solicitud de registro de la marca, pero también en este caso resulta difícil considerar el registro de una IG como causa de revocación de una marca geográfica.

En cuanto a la revocación por falta de uso[41] , prima facie no existe ningún vínculo con dicho registro. Sin duda, podría argumentarse que el titular de una marca geográfica podría verse tentado a dejar de utilizar su signo por miedo a infringir la IG posterior. Sin embargo, es fácil argumentar que, si la marca ha sido registrada de buena fe, tal temor es infundado, ya que el uso continuado de la marca está expresamente autorizado por la reglamentación de IG, o incluso preguntarse si la muy hipotética amenaza jurídica de una acción por infracción de la IG no podría constituir una "causa justa" que legitimara la no utilización de la marca.

En lo que se refiere a la revocación por genérica[42] , es evidente que es posible que una marca geográfica se convierta en el nombre común de un producto. Se trata de un caso relativamente frecuente: "mostaza de Dijon", "agua de Colonia"… Sin embargo, en tal caso, resulta difícil ver cómo esta degeneración de la marca podría ir acompañada del registro de una IG al mismo tiempo, ya que la genericidad es igualmente prohibitiva para las IG.

Por último, en lo que respecta a la revocación de una marca que induzca a error[43] , que ya se ha examinado, parece concebible a pri-

---

41 RMUE, artículo 58 (1) (a).

42 RMUE, artículo 58 (1) (b).

43 RMUE, artículo 58 (1) (c).

mera vista que el registro de una IG pueda dar lugar a que se dé a una marca geográfica anterior un significado que induzca a error. Sin embargo, esto no constituirá una causa de revocación, ya que el engaño debe ser atribuible al propio titular de la marca a tal efecto. El tenor literal del artículo 58(1)(c) ("si, como consecuencia del uso que el titular de la marca haga de ella o con su consentimiento para los productos o servicios para los que esté registrada, la marca pueda inducir a error"), podría llevar a suponer que se podría reprochar al titular el no haber impedido el registro de la IG. Sin embargo, aparte de que en la práctica es prácticamente imposible hacerlo, este análisis se ve condenado por las disposiciones de la directiva y el reglamento europeos sobre marcas[44] , que estipulan que la caducidad sólo se produce si la marca puede inducir a error "como consecuencia del uso que el titular haga de ella o con su consentimiento". Por tanto, sólo el uso que haga el titular de la marca geográfica puede dar lugar a la caducidad de sus derechos.

IV. CONCLUSIÓN

A pesar de este último punto, que aclara un poco las cosas, el panorama general de las marcas geográficas es sombrío. En resumen, sus "padres" deben dotarse de una potente bola de cristal, por un lado para evaluar la posible futura capacidad descriptiva del signo y, por otro, para intentar predecir el registro posterior de una IG. También tienen todo el interés en dotar a su marca de apoyos consistentes en la adición de elementos distintivos y/o el uso que confieran distintividad al signo. Por desgracia, desde el momento de su nacimiento, las marcas geográficas se ven afectadas por una serie de obstáculos, están sujetas a una amputación de su perímetro de exclusividad y corren el riesgo de morir en cualquier momento.

Así pues, ante tanto sufrimiento, tanto en lo que se refiere a su existencia como a su ejercicio, ¿deberíamos acabar con estas desafortunadas marcas geográficas? En términos jurídicos, tal eutanasia tendría sentido: prohibir simplemente el registro de marcas geográficas tendría la ventaja de evitar muchos conflictos y dificultades, y

---

44 Dir. (EU)2015/2436, art. 20 (b).- RMUE, art. 58 (1) (c).

preservar la distinción entre las funciones esenciales de la marca y las de las IG. Esta solución radical fue la adoptada en Gran Bretaña, Alemania y Escandinavia antes de la armonización del derecho de marcas en la Comunidad Europea[45] , así como por la Ley de Marcas estadounidense de 1905. Sin embargo, esta regla era difícil de implementar en la práctica, ya que obligaba a las autoridades a verificar si un nombre no era un topónimo en algún lugar del mundo. Así pues, "una prohibición general y absoluta es irrazonable. Un término considerado fantasioso puede resultar ser el nombre de una aldea perdida de Alaska, un subafluente del Mississippi, un pico inexplorado del macizo del Kilimanjaro o una subestación del Ferrocarril Transiberiano (Kodak, por ejemplo)"[46] .

Esta afirmación sigue siendo válida hoy en día, a pesar del desarrollo de los sistemas de información digitales. Por ello, parece difícil, y probablemente inadecuado, reconsiderar la admisión de los nombres geográficos como marcas. A esto se suma el hecho de que las marcas gozan de una mayor protección internacional que las IG, lo que milita a favor del reconocimiento de las marcas geográficas.

Por otra parte, es fundamental que la validez de las marcas geográficas se valore estrictamente y que su registro se reserve a signos que sean genuinamente percibidos por los consumidores como signos de fantasía de los productos o servicios de que se trate —siguiendo el ejemplo de la marca "Nokia", formada por el nombre de una localidad finlandesa.

También es necesario resolver el debate sobre la combinación de indicaciones geográficas y marcas. En este sentido, la prohibición total de dicha combinación, ya sea de carácter individual o colectivo, permitiría mantener una clara delimitación entre dos tipos de signos con funciones esenciales distintas.

Algunos objetarán que la ventaja de una marca es que permite el uso de elementos figurativos atractivos para los consumidores, de ahí el interés "marketing" en combinarlos. Este problema podría re-

---

45 F. Gevers, L'usage à titre de marque des noms et signes géographiques: PIBD 1991, n°419, II, p. 2.

46 J. Azémay J.-C. Galloux, Derecho de la propiedad industrial, LexisNexis, 8ª ed., 2017, n° 1582.

solverse permitiendo a las organizaciones de defensa y gestión de las IG añadir un logotipo a su denominación. Esta vía se barajó en 2020-2021 cuando la Comisión Europea elaboró planes para reformar la normativa sobre IG. Aunque por el momento se ha descartado, podría ser una buena idea volver a la mesa de trabajo sobre este punto...

V. BIBLIOGRAFÍA

AZÉMA, J. & GALLOUX, J.-C., Derecho de la propiedad industrial, LexisNexis, 8º. edición, 2017

BASIRE, Y., « La tromperie en droit des marques »: Légipresse 2020, p. 85

CHARLIER, C. y NGO, M.-A., "Análisis de las Comunidades Europeas: la controversia sobre la protección de las marcas comerciales y las indicaciones geográficas de los productos agrícolas y alimenticios": Journal of World Intellectual Property, 2007, vol. 10, n°3-4, p. 171

GEVERS, F., « L'usage à titre de marque des noms et signes géographiques »: PIBD 1991, n°419, II, p. 2

LE GOFFIC, C., La protección de las indicaciones geográficas, Francia, Unión européenne, États-Unis, LexisNexis, 2010

MONTERO GARCíA NOBLEJAS, P., Denominaciones de Origen e Indicaciones Geográficas, Tirant lo Blanch, 2016

RAITH, R.,"Jurisprudencia reciente de la OMC y el TJUE sobre la protección de las indicaciones geográficas": International Trade Law & Regulation 2009, vol. 15 (4), no. 119

Capítulo Undécimo

LOS SIGNOS DISTINTIVOS Y LA RESPONSABILIDAD SOCIAL CORPORATIVA

VICENTE GIMENO BEVIÁ[1]

Profesor contratado doctor

Universidad de Alicante

RESUMEN: La responsabilidad social corporativa tiene una importancia cada vez mayor tanto en la dimensión interna como externa de las compañías mercantiles. Ello responde a dos circunstancias íntimamente conectadas: de un lado, la creciente positivización de parte de su contenido que implica, en cierta medida, que pierda la condición de *soft law* y entre en la esfera del cumplimiento normativo —*ad. ex.* la propuesta de Directiva sobre diligencia debida—. De otro, la importancia de su consideración en las decisiones estratégicas y de negocio por su incidencia en la imagen corporativa y la competitividad del empresario en un mercado donde los *stakeholders* demandan comportamientos socialmente responsables. Es precisamente, esta segunda cuestión que, por ósmosis, compromete el deber de diligencia de los administradores, la que centra el estudio del presente trabajo. Concretamente, es objeto de análisis la incidencia que tienen los signos distintivos en el ámbito de la responsabilidad social corporativa y la función que cumplen en relación con la regla de discrecionalidad empresarial —la *"business judgement rule"*.

PALABRAS CLAVE: sostenibilidad, administradores, diligencia, marcas, calidad.

---

[1] Este trabajo es la versión escrita de la ponencia presentada en el Congreso Internacional "Propiedad Intelectual e Instrumentos Financieros para un sistema agrícola sostenible", celebrado los días 29, 30 y 31 de mayo de 2024 en la Universidad de Alicante bajo la dirección de las Profesoras Esperanza GALLEGO SÁNCHEZ y Nuria FERNÁNDEZ PÉREZ en el marco del Proyecto para Grupos de Investigación de Excelencia de la Consellería de Educación, Cultura, Universidades y Empleo de la Generalitat Valenciana, PROMETEO CIPROM/2021/057.

ABSTRACT: Corporate social responsibility is becoming increasingly important both in the internal and external dimensions of commercial companies. This is due to two closely connected circumstances: on the one hand, the growing positivization of part of its content, which implies, to a certain extent, that it loses its status as soft law and enters the sphere of regulatory compliance —ad. ex. the proposal for a Directive on due diligence. On the other hand, the importance of its consideration in strategic and business decisions due to its impact on the corporate image and the competitiveness of the entrepreneur in a market where stakeholders demand socially responsible behavior. It is precisely this second issue, which, by osmosis, compromises the duty of diligence of directors, which is the focus of the study of this work. Specifically, the object of analysis is the impact that distinctive signs have in the field of corporate social responsibility and the function they fulfill in relation to the rule of business discretion— the "business judgement rule".

KEY WORDS: sostenibilidad, administradores, diligencia, marcas, calidad.

I. INTRODUCCIÓN

En el contexto actual en el que los ciudadanos demandan, con mayor insistencia, comportamientos responsables desde el punto de vista social y medioambiental, cabe plantearse si es necesario que, además de las instituciones públicas, los empresarios tengan en cuenta dichas preocupaciones. En este sentido, en la medida en que las sociedades mercantiles, desde una perspectiva etimológica o primigenia, está constituida por los socios, emplea más o menos trabajadores y forma parte de una comunidad, existe la creencia de que el desarrollo del objeto social debe llevarse a cabo tomando en consideración tanto su entorno como las personas afectadas por sus actividades, —por importación del Derecho anglosajón, *stakeholders*—.

Precisamente, dicha percepción está latente en la política legislativa actual de la Comisión Europea, concretamente, como ejemplo más reciente, la propuesta de Directiva de 23 de febrero de 2022 sobre diligencia debida de las empresas en materia de sostenibilidad y de derechos humanos que, en cierta medida, tensiona la nota de la voluntariedad de la responsabilidad social corporativa. Aunque parece que su ámbito de aplicación queda circunscrito a grandes compañías[2] y su trasposición no es, ni mucho menos, inminente, el

---

2 El artículo 2 de la citada Propuesta distingue entre sociedades constituidas en la Unión Europea y las constituidas en un tercer Estado e, igualmente, fija

legislador introduce un cambio de paradigma en relación con las obligaciones de las empresas para la identificación, prevención y solución de impactos adversos en tales materias que, por ósmosis, afecta a los deberes fiduciarios de los administradores de diligencia y de lealtad.

Dicha norma es una muestra más del paulatino movimiento hacia la positivización de la responsabilidad social corporativa donde, en algunos casos, parte de su contenido pierde su condición de *soft law* y entra en la esfera del cumplimiento normativo y, en otros, los poderes públicos obligan a que determinadas sociedades reporten por escrito su impacto social y medioambiental[3].

Ello no obstante, el objeto de estudio del presente trabajo no está centrado en las obligaciones impuestas a la sociedad que desde Europa y con una marcada visión *iuspublicista* modifican nuestro Derecho societario para que las compañías mercantiles introduzcan, necesariamente, en sus políticas criterios colectivos —ad. ex. los objetivos de sostenibilidad—[4]. Su finalidad, por el contrario, consiste en

---

umbrales distintos si operan en sectores identificados de alto impacto. Para las empresas comunitarias, será de aplicación a todas las que tengan más de quinientos empleados y una facturación neta mundial superior a ciento cincuenta millones de euros, o a las que tengan más de doscientos cincuenta empleados y una facturación neta mundial superior a cuarenta millones de euros cuando el cincuenta por ciento de su facturación se produzca en sectores de alto impacto. Para las empresas de un tercer Estado se tendrá en cuenta los mismos criterios, obviando el número de trabajadores. Y entre los sectores de alto impacto puede citarse el textil, agrícola o la extracción de recursos minerales.

3 Sobre la relación entre el concepto de responsabilidad social corporativa y la sostenibilidad y su caracterización, véase SEQUEIRA MARTÍN, A. "El desarrollo de la responsabilidad social corporativa versus sostenibilidad, y su relación con el gobierno corporativo en las directivas comunitarias y en el derecho español de sociedades cotizadas" *RdS* nº 61, 2021 p. 6 consultado https://proview.thomsonreuters.com/ quien señala que los elementos que conforman la segunda siempre estuvieron presentes en la primera y alude a la difícil delimitación de ambos. También menciona el paulatino desplazamiento de la política de responsabilidad social por la política de sostenibilidad y la poca claridad en el ordenamiento jurídico entorno a tales conceptos junto con el de buen gobierno corporativo.

4 Sobre dicha cuestión, *in extenso,* RECALDE CASTELLS, A. "La inclusión de objetivos públicos en la gestión de las sociedades de capital", abril, 2022, Available at SSRN: https://ssrn.com/abstract=4072486.

el análisis de la importancia de la responsabilidad social corporativa desde un punto de vista, estrictamente, estratégico o de negocio.

En la medida en que los *stakeholders* valoran positivamente los comportamientos socialmente responsables, cabe plantearse qué mecanismos tienen las empresas para que visibilicen su compromiso con las políticas anteriormente mencionadas. El desinterés de algunos participantes del mercado —no así del regulador— en las memorias y documentación no financiera hace necesario que los empresarios recurran a otros medios para la exteriorización o publicidad de las prácticas alineadas con la RSC con el fin de rentabilizarla mediante la mejora de su imagen corporativa. A ello sirven determinados derechos de propiedad intelectual y, en particular, los signos distintivos.

II. LA RESPONSABILIDAD SOCIAL CORPORATIVA: CARACTERIZACIÓN

El origen teórico o la génesis formal de la responsabilidad social empresarial o corporativa hunde sus raíces en Estados Unidos, a mediados del siglo pasado, con la idea de que el empresario, en el desarrollo de su actividad empresarial atendiera también en sus objetivos a las preocupaciones colectivas[5]. A diferencia de épocas anteriores, no bastaba con la realización de ciertas actuaciones filantrópicas sino que la sociedad demandaba la incorporación de criterios sociales y medioambientales que van más allá de la mera corrección de las externalidades negativas de su negocio[6]. Dicha idea cristalizó en gran-

---

5 Para más información sobre la paulatina implantación de la RSC en Estados Unidos, CARROLL, A. B., SHABANA, K. M., "The Business Case for Corporate Social Responsibility: A Review of Concepts, Research and Practice" *International Journal of Management Reviews*, 2010 pp. 86-87; En la literatura estadounidense, como el origen del estudio de la responsabilidad social corporativa, BOWEN, H. *Social Responsibilities of the Businessman*, Harper, New York, 1953.

6 Sobre el debate entre el *shareholder vs. stakeholder capitalism*, en Estados Unidos, como partidario de la primera tesis, por todos, el premio Nobel FRIEDMAN, M. "The Social Responsability of Business is to Increase its Profits"en *The New York Times Magazine*, September 13, 1970 p. 6 para quien la única responsabilidad social de una empresa es "utilizar sus recursos y realizar actividades destinadas a aumentar sus ganancias siempre que se mantenga dentro de las reglas del juego, es decir, que se dedique a una competencia abierta y libre sin engaños ni fraudes"; Tam-

des corporaciones norteamericanas que comenzaron a practicarla durante los años setenta y desde entonces hasta la actualidad el fenómeno de la RSC ha aumentado de forma exponencial, en paralelo a la globalización económica, al progreso tecnológico, la conciencia sobre los derechos sociales o la importancia del medio ambiente.

A ello también ha contribuido la implicación de diversos Organismos Internacionales, entidades supranacionales o los propios Gobiernos que comienza a principios de este siglo y que, en cierta medida, han institucionalizado la responsabilidad social corporativa[7]. En este sentido, cada vez son más las definiciones o la delimitación de su contenido[8], la publicación de recomendaciones o buenas prácticas en la materia —*soft law*—[9], o el establecimiento de obligaciones de información a determinadas sociedades mercantiles[10].

---

bién, LEVITT, T. "The dangers of social responsibility" *Harvard Business Review*, nº 36, 1958, pp. 41-50. A favor de la *stakeholder theory*, en un repaso a la evolución del fenómeno en EEUU, recientemente, el también premio Nobel STIGLITZ, J. "Is stakeholder capitalism really back?" 2019, disponible en https://www8.gsb.columbia.edu/articles/chazen-global-insights/stakeholder-capitalism-really-back

7 O un proceso de "juridificación", como sostiene ESTEBAN VELASCO, G. "Responsabilidad social corporativa: delimitación, relevancia jurídica e incidencia en el Derecho de Sociedades y en el Gobierno Corporativo" *Liber Amicorum Juan Luis Iglesias*, (Coord.) García de Enterría. Aranzadi, Cizur Menor, 2014 consultado en https://proview.thomsonreuters.com/ p. 9/39.

8 A modo de ejemplo, la Comunicación de la Comisión al Parlamento Europeo, al Consejo, al Comité Económico y Social Europeo y al Comité de las Regiones en el marco de la Estrategia renovada de la UE para 2011-2014 sobre la responsabilidad social de las empresas lo define como "la responsabilidad de las empresas por su impacto en la sociedad". Organizaciones internacionales como la Organización Internacional del Trabajo la definen como "el conjunto de acciones que toman en consideración las empresas para que sus actividades tengan repercusiones positivas sobre la sociedad, afirmando los principios y valores por los que se rigen, tanto en sus propios métodos y procesos internos como en su relación con terceros, permitiendo a las empresas mejorar su competitividad y valor añadido".

9 Destaca la Iniciativa de Reporte Global (GRI) como el primer estándar mundial para la elaboración de memorias de sostenibilidad, el Pacto Global de las Naciones Unidas (*UN Global Compact*), En el ámbito de las sociedades cotizadas, téngase presente las Recomendaciones 53, 54 y 55 del Código de Buen Gobierno Corporativo en las que, como es sabido, rige el principio internacional de "cumplir o explicar"

10 En este sentido, en nuestra legislación, véase las modificaciones relativas a la elaboración de los Estados de Información no Financiera impulsados por la Ley

La responsabilidad social corporativa, en un sentido amplio, puede identificarse como una política empresarial influenciada no sólo —o no exclusivamente— por el interés de los socios, sino guiada por el interés general, por la ética, e, inspirada, por tanto, en principios sociales o medioambientales. Su nota característica es la voluntariedad, esto es, que la implantación de tales principios sociales no venga motivada por un imperativo legal, sino por su propia iniciativa. Tal y como señaló la Comisión Europea en su Libro Verde en 2001, en una de las definiciones comúnmente más aceptadas, la RSC hace referencia a "*la integración voluntaria de preocupaciones sociales y ambientales por parte de la empresa en sus operaciones y en su interacción con otras partes interesadas*". Por tanto, la integración en la empresa de medidas orientadas a la conciliación familiar que mejoran lo previsto en el Estatuto de los Trabajadores o en los convenios colectivos, acciones concretas de sostenibilidad ambiental —fuentes de energía renovables o políticas de reciclaje—, la contratación de personas en riesgo de exclusión social o la planificación de actividades solidarias que redunden positivamente en la comunidad son claros ejemplos de responsabilidad social empresarial.

III. EL ÓRGANO DE ADMINISTRACIÓN Y LA RSC

1. Deberes fiduciarios y RSC

Aunque las sociedades mercantiles son, en la mayoría de los casos, entidades de interés particular cuya causa contractual es el ánimo de lucro, la irrupción de la responsabilidad social corporativa conlleva en la práctica que cada vez más compañías —no solo sociedades anónimas cotizadas como en el modelo clásico de RSC, sino también

11/2018, de 28 de diciembre, por la que se modifica el Código de Comercio, el texto refundido de la Ley de Sociedades de Capital aprobado por el Real Decreto Legislativo 1/2010, de 2 de julio, y la Ley 22/2015, de 20 de julio, de Auditoría de Cuentas, en materia de información no financiera y diversidad. Sobre el reconocimiento progresivo de la RSC por el legislador español, véase BATALLER GRAU, J. "Un concepto de Responsabilidad Social de la Empresa desde el Derecho Mercantil" *Revista de Derecho mercantil* nº 310, 2018.

pymes— compatibilicen el *animus lucrandi* de los socios con los intereses de los diversos *stakeholders.*

Conforme a la distribución de competencias entre los órganos de la sociedad, la determinación de la política o de las concretas medidas que puedan adoptarse dentro de la RSC, corresponde al órgano de administración en tanto en cuanto, es una decisión estratégica o de negocio, expresamente atribuida a ellos en su condición de gestores. Al margen del cumplimiento de las posibles obligaciones de información en materia de RSC —verificación del estado de información no financiera (VEINF) ex. art. 49.6 Ccom-o las que se avecinan de la futura trasposición de la citada Directiva de "diligencia debida", la concreción de las acciones de responsabilidad social corporativa debe realizarlas en cumplimiento de sus deberes de diligencia y de lealtad.

En este sentido, en la medida en que destinan el capital ajeno —de los socios— a tales actividades, es necesario que, desde el punto de vista ético-empresarial, la RSC se gestione con la misma diligencia y lealtad que cualquier otra actividad de la compañía y no despilfarren los recursos propios o los destinen a medidas inocuas, de escaso impacto o en interés exclusivo de los administradores —debe evitarse los conflictos de interés o que las medidas estén destinadas a la obtención de "amenidades de control"[11]—.

En cualquier caso, los objetivos de los accionistas y de las demás partes interesadas no son, ni mucho menos, antagónicos y en ocasiones será factible la satisfacción de ambos[12]. Si bien, en el corto

---

11 Los administradores, en la medida en que realizan una labor de filantropía con dinero ajeno es posible que obtengan, "beneficios privados de control" o, materializado en forma de reputación, reconocimiento social, acceso a contactos, etc. Por lo que es importe que su labor no se guíe en el interés propio o en el rendimiento personal —prestigio— que obtendrá destinando los recursos de la empresa en materia de RSC. En estos términos, utiliza la expresión entrecomillada, ALFARO ÁGUILA-REAL, J. "La responsabilidad social corporativa (RSC) desde la perspectiva del buen gobierno corporativo", 2013 disponible en https://derechomercantilespana.blogspot.com/

12 En el caso de conflicto de intereses, de darse situaciones donde el interés de los socios no pueda alinearse con el de los *stakeholders,* prevalecerá el de los primeros. *Vid.,* entre otros, ESTEBAN VELASCO, G. "Responsabilidad social corporativa: delimitación, relevancia..." *op. cit.,* p. 12/39.

plazo, es posible que la implementación de dichas políticas suponga un incremento de los costes de producción, en el medio y en el largo plazo, si los administradores han observado sus deberes fiduciarios, puede que redunde positivamente en un aumento de valor de la compañía toda vez que mejora su imagen corporativa[13].

Actualmente el debate predominante en torno a la RSC guarda relación con la criticable instrumentalización del Derecho societario para la satisfacción de fines propios de Derecho público[14]. Y con la distorsión que las nuevas obligaciones empresariales producen sobre los deberes de los administradores, pues la incorporación de determinadas políticas de responsabilidad social no procede tanto de la voluntariedad como del cumplimiento del deber de legalidad[15].

Ello no obstante, la creciente importancia de la RSC no en ya en la política comunitaria sino como criterio de primer orden en el mercado, implica que, en puridad, la voluntariedad, por parte de los administradores sobre su adopción, no siempre sea tal[16]. Lo cierto es que en función de circunstancias como el sector al que pertenezcan

---

13 Sirva el ejemplo de BEBCHUK, L. y TALLARITA.,"The illusory promise of stakeholder governance", 2020 disponible en https://papers.ssrn.com/sol3/papers.cfm?abstract_id=3544978 p. 15 quien, aunque es crítico con el *stakeholderism* en relación con la explicación de la teoría "*enlightened shareholder value*" señala que el buen trato de la compañía a sus trabajadores la hará mas atractiva para la contratación de otros y que lo mismo es predicable en relación con los consumidores para atraerlos y fidelizarlos o cómo la relación con la comunidad local tiene incidencia directa en su reputación.

14 En este sentido, resulta muy acertada la posición de RECALDE CASTELLS, A. "La inclusión de objetivos públicos..." *op. cit.* pág 8 cuando afirma que "si para fines a los que se dedican típicamente otras ramas del Derecho, se utiliza el Derecho de sociedades, puede suceder que este no pueda satisfacer los legítimos objetivos a los que se destina".

15 Sobre tal cuestión, es controvertido por la afectación de los deberes fiduciarios el artículo 25 de la Propuesta de Directiva del Parlamento Europeo y del Consejo sobre diligencia debida de las empresas en materia de sostenibilidad y por la que se modifica la Directiva (UE) 2019/1937 que impone a los administradores el deber de que tengan en cuenta en sus decisiones las consecuencias "en materia de sostenibilidad, incluidas, cuando proceda, las consecuencias para los derechos humanos, el cambio climático y el medio ambiente a corto, medio y largo plazo".

16 La voluntariedad únicamente sería predicable respecto de la sociedad, al margen de su conveniencia.

o el mercado en el que operen, es posible que los administradores, en la práctica, carezcan de la presumible libertad —*rectius*, discrecionalidad— en la incorporación de intereses colectivos[17]. E, incluso, la inobservancia de determinados objetivos de los *stakeholders* en algunos supuestos puede que afecte a su deber de diligencia.

De hecho, quizás el exceso de celo del legislador en ocasiones no esté justificado y resulte innecesario[18] en tanto que el propio mercado es el que, guiado por criterios de sostenibilidad, exige la incorporación de ciertas acciones de RSC si la empresa quiere ser competitiva. Y ello, a su vez, implica que los administradores en la toma de decisiones estratégicas o de negocio, adopten políticas de responsabilidad social —incorporen previsiones de *soft law*— si pretenden la protección de la discrecionalidad empresarial, pues para que el deber de diligencia se entienda cumplido, es preciso que actúe de buena fe, con información suficiente y según un procedimiento de decisión adecuado. Si el administrador opera dentro de esos parámetros, estará protegido por la *business judgment rule*, conforme a lo previsto en el art. 226 LSC.

A modo de ejemplo, en el sector ganadero, aunque los administradores respeten la normativa actual en materia de protección y bienestar animal[19], no obrarán con la máxima diligencia del ordenado empresario si no cumplen con protocolos más estrictos que los de Derecho imperativo. Y ello porque, habida cuenta de la creciente preocupación por los animales, el mercado penalizará a aquellos empresarios que no luzcan en sus productos distintivos que certifiquen que el ganado ha vivido y ha sido sacrificado en condiciones más favorables que las previstas en la legislación vigente —ad ex. la marca de certificación de la Unión Europea "*welfair*" o "bienestar animal—.

---

17 Como afirma DEL VAL TALENS, P., "La responsabilidad social corporativa como instrumento de conciliación del interés de los socios con el interés común" *Las sociedades de capital: sus intereses y sus conflictos* (VVAA), Tirant lo Blanch, Valencia, 2022 p. 451 la vinculación de la sociedad a los intereses de los *stakeholders* es de tipo fáctico "en la medida en que su completa desatención puede comportar implicaciones reputacionales, será habitual que los administradores incluyan tales consecuencias en la toma de decisiones"

18 Piénsese en el coste de la medida y la carga burocrática que ello implica.

19 Véase la copiosa normativa básica, específica y complementaria de la compilación existente en el Código de Protección y Bienestar Animal.

Igualmente, en el anverso de la moneda, y con base en la *stakeholder theory*[20], si los administradores en sus decisiones estratégicas o de negocio adecúan su protección a los más altos estándares de bienestar animal y lo rentabilizan con la exhibición de la citada marca de certificación, maximizarán el valor de la empresa a largo plazo, estará plenamente alineado el interés de los accionistas con el de las demás partes interesadas y no existirá, por ende, ningún tipo de conflicto en relación con sus deberes fiduciarios.

De lo anterior se deduce también que no basta con que los administradores lleven a cabo acciones de RSE. Una actuación diligente implicará, necesariamente, en la inmensa mayoría de supuestos, su exteriorización o publicidad —por ejemplo, mediante contratos de patrocinio, publicitarios o el uso de signos distintivos— como presupuesto para la mejora de la imagen corporativa y maximización del valor de la compañía[21].

2. *La "buena", la "mala", la "falsa" RSC y los deberes fiduciarios*

Ello no obstante, no toda las acciones de responsabilidad social corporativa son compatibles con el cumplimiento de los deberes fiduciarios. Quizás el punto de partida sea, más bien, el contrario: los administradores, en la mayoría de los casos, en relación con las políticas de responsabilidad social, cumplirán con el deber de diligencia si satisfacen las obligaciones legales —*Legalitätspflicht*—. De hecho, por omisión de la RSC, solo en circunstancias excepcionales, en las que el mercado penalice en forma de daño reputacional a la compañía porque no alcanza estándares más altos que los legales, habrá infracción del deber de diligencia[22].

---

20 Vid. FREEMAN, R. E., HARRISON, J. S., WICKS, A. C., PARMAR, B. L., DE COLLE, S., *Stakeholder Theory: The State of the Art* Cambridge University Press, New York, 2010 p. 9

21 Alude a la problemática que genera las asignaciones de RSC en relación con el interés social cuando no comportan siquiera ventajas reputacionales, DEL VAL TALENS, P., "La responsabilidad social corporativa..."*op. cit.* págs 455-456. En relación, exclusiva, con las donaciones, también, DEL VAL TALENS, P. *Donaciones societarias,* Aranzadi, Cizur Menor, 2021 pp. 176-177.

22 Tal sería el caso, por ejemplo, de una multinacional que contrata con proveedores de países en vías de desarrollo donde, aun cumpliendo con la normativa

En cuanto a la realización de concretas actividades, en tanto que la responsabilidad social empresarial es voluntaria y entra dentro de las decisiones estratégicas o de negocio, su implementación por parte de los administradores debe valorarse, como ha quedado de manifiesto, dentro del ámbito de la regla de la discrecionalidad. Si la medida no contribuye a la maximización del valor de la empresa a largo plazo, en tanto no cristalice la citada propuesta de Directiva, deberá examinarse la concurrencia de los requisitos del artículo 226 LSC, con la dificultad probatoria que ello implica, si bien es cierto que tienen un amplio margen de actuación. En cualquier caso, el juicio que deba hacerse al respecto valorará, necesariamente, en relación con el deber de diligencia, la adecuación o proporcionalidad de la medida y, con el deber de lealtad, la ausencia de conflicto de interés[23].

En este sentido, resulta de utilidad la triple calificación de la responsabilidad social como "buena", "mala" o "falsa" —o, en Derecho anglosajón, *"good" "bad" and "ugly"*—, para el análisis del cumplimiento de los deberes fiduciarios, pues solo en el primer caso el administrador encontrará protección con base en la *business judgement rule.*

La "buena" RSC es aquella que tiene un impacto positivo tanto interno como externo con los diferentes *stakeholders*: mejora la reputación de la compañía, aumenta la cuota de mercado, facilita la contratación con terceros, la captación de recursos, reduce costes, minimiza riesgos operativos, aumenta su competitividad, etc. Desde un punto de vista empresarial, las mejores actividades en materia de RSC son aquellas cuya implementación tiene un coste bajo y, en la medida de lo posible, estén vinculadas con el propio objeto social[24].

---

vigente, las condiciones laborales o de impacto medioambiental sean contrarias a los estándares fijados por organismos internacionales. In.

23 Vid. in extenso, NAVARRO FRÍAS, I. Responsabilidad Social Corporativa, cumplimiento normativo y deberes de los administradores", *RdS* nº 63, 2021 consultado en https://proview.thomsonreuters.com/

24 A modo de ejemplo, ALFARO ÁGUILA-REAL, J. Comentario al artículo 226 LSC" en *Comentario de la reforma del régimen de las sociedades de capital en materia De gobierno corporativo (Ley 31/2014).* Juste Mencía, J. (Coord.) Pamplona, 2015 consultado en www.proview.thomsonreuters.com señala que el trabajo pro bono de los despachos de abogados es su tipo natural de responsabilidad social corporativa.

La "mala" RSC, por el contrario, afecta principalmente al deber de lealtad de los administradores, toda vez que es aquella que satisface su interés o el de personas vinculadas[25]. En este sentido, si la concreta actividad tiene por objeto la satisfacción de intereses privados o de terceros relacionados, deberá examinarse su licitud a la luz de lo previsto en los arts. 228 a 231 LSC. Es admisible, no obstante, que la acción filantrópica responda, en cierta medida, a la preferencia del órgano de administración pero siempre con el límite de que no tenga por finalidad su beneficio personal en forma de prestigio ni genere un conflicto de interés. Igualmente, un uso desproporcionado de los recursos societarios en acciones de RSE también es indicativo de una posible infracción del deber de lealtad, lo que es común en el caso de las *pet charities*[26].

Por último, la "falsa" RSC, es aquella que, principalmente, descansa en la mera apariencia sobre la realización de actividades de tal índole, pero que, en la práctica, no llegan a materializarse, bien porque nunca se planificaron o bien porque, pese a su previsión o la asunción del compromiso, no llegaron a ejecutarse. En puridad, puede distinguirse entre una falsedad nominal o material.

Como ejemplo de la primera de ellas pueden citarse los casos de "*greenwashing*" o "*pinkwashing*", que son meros cambios de imagen corporativa, una forma de marketing o propaganda que pretende que los terceros vinculen la compañía a las cualidades asociadas a

---

25 GONZÁLEZ SÁNCHEZ, S. "Responsabilidad de los administradores de la sociedad de capital por la política de responsabilidad social corporativa" *Revista de Derecho Bancario y Bursátil*, n° 146, 2017 consultado en https://proview.thomsonreuters.com/ p. 14/27.

26 Afirma DEL VAL TALENS, P. *Donaciones... op. cit.*, p. 338 que es altamente probable que el administrador, además, en tales casos tenga interés directo con la entidad o sujeto beneficiario. Igualmente, es posible en sociedades cotizadas que el consejero delegado destine recursos en *pet charities* que interesen a otros consejeros —especialmente, los independientes—. Sirva como ejemplo uno de los casos que muestra BARNARD, J. W. "Corporate Philantrophy Executives' Pet Charities and the Agency Problem" *New York Law School Law Review*, 314, 1997, p. 1161 en relación con unas declaraciones de un CEO de una compañía tabacalera —RJR Nabisco— quien afirmaba que "una de las tareas más importantes del CEO es cuidar y alimentar a los administradores ("*One of the most important jobs a CEO has is the care and feeding of the directors*")

dichos colores, pero que no implica la realización de actividades de responsabilidad social corporativa[27].

En atención a la segunda, la falsedad material es aquella que tiene lugar cuando los administradores de la sociedad no ejecutan las acciones de responsabilidad social a las que, previamente, se habían comprometido. Tal sería el caso, por ejemplo, si la compañía suscribe o asume voluntariamente el contenido de un Código de conducta, ético o de buenas prácticas entre operadores del sector y, posteriormente, lo incumple.

Por tanto, es probable que determinadas prácticas de "falsa" responsabilidad social supongan una infracción del deber de diligencia por la inobservancia del principio de legalidad[28]. En puridad, es posible que le sea exigible una doble responsabilidad: en primer lugar, en caso de que esté adherido a un código de conducta las multas o sanciones disciplinarias derivadas de la inobservancia de su contenido por parte de alguno de sus miembros; en segundo, responsabilidad por incumplimiento de la normativa de competencia desleal. El

---

27 Además de los casos de las emisiones de Volkswagen, como otro ejemplo más reciente puede citarse la demanda interpuesta el tres de marzo de 2022 ante *le Tribunal Judiciare de Paris* por diversas ONGs contra Total Energies por publicidad engañosa. Concretamente, la campaña de publicidad de la petrolera francesa afirma que en 2050 alcanzará el objetivo de cero emisiones de carbón pero, mientras tanto, han aumentado su producción de combustibles fósiles. En un sentido similar, en Italia, es reseñable la demanda interpuesta por un fabricante de tejidos para vehículos contra otro competidor del sector por la difusión de mensajes sobre los supuestos componentes ecológicos de sus fibras sin que exista certeza de ello. Para más información, sobre el caso que enfrenta a Alcantara S.p.A contra Miko Srl, véase la ordinanza del 25 novembre 2021 del Tribunale di Gorizia, R.G. 2021/712.

28 Ello es, además, indisponible, de manera que no pueden abstraerse voluntariamente de su cumplimiento sin la infracción del citado deber aun cuando la transgresión de la norma, en términos económicos, reporte cierta rentabilidad45, salvo cuando sea discutible la legalidad o ilegalidad del acto llevado a cabo de buena fe, sin interés propio, porque resulte ambigua su licitud. No existe, por tanto, un "*useful breaches of duty*". Vid. GIMENO BEVIÁ, V. "Los programas de *compliance* como manifestación del deber de diligencia" *RdS* nº 55, 2019 consultado en https://proview.thomsonreuters.com/ p. 13 Sobre la consideración de la ley como límite de la actuación de los administradores frente a la ley como precio, en la doctrina alemana, FLEISCHER, H. *Aktienrechtliche Legalitätspflicht und "nützliche" Pflichtverletzungen von Vorstandsmitgliedern* ZIP, 2005, 141.

fundamento es claro, si la compañía obtiene beneficios (en forma, principalmente, de reputación) por la exhibición de que mantiene políticas de responsabilidad social corporativa —mediante pertenencias a asociaciones, marcas colectivas, etc.—, si dichas medidas, no llegan a materializarse, puede producirse un engaño al consumidor cuyo comportamiento en la elección de determinados productos o servicios está influenciado también por las inversiones que las compañías realicen a esta clase de actividades. Dicha conducta tendría la consideración de acto de engaño ex. art. 5.1 de la Ley 3/1991, de 10 de enero, de Competencia Desleal —en adelante, LCD—. Y en relación con los códigos de conducta, tanto su incumplimiento como la afirmación de que está adherido a un código de conducta sin que sea cierto o la exhibición de un sello de confianza sin la preceptiva autorización, también supone una infracción, respectivamente, de los arts. 5.2 y 21 LCD, sin perjuicio de que pueda, igualmente, considerarse la aplicación del artículo 15 LCD si concede al empresario infractor una ventaja concurrencial significativa[29].

Con respecto a la normativa represora de la competencia desleal, en relación con la "falsa" responsabilidad social, resulta de interés la reciente propuesta de Directiva del Parlamento Europeo y del Consejo de 30 de marzo de 2022 que modifica las Directivas 2005/29/CE y 2011/83/UE en lo que respecta al empoderamiento de los consumidores para la transición ecológica mediante una mejor protección contra las prácticas desleales y una mejor información. Concretamente, introduce de forma expresa el *"greenwashing"* como práctica desleal engañosa[30], regula la información sobre la sostenibilidad a efecto de publicidad comparativa o amplía el Anexo I de la Directiva 2005/29/CE sobre el procedimiento de elaboración y revisión de los

---

29 Sobre la cuestión, MASSAGUER FUENTES, J. "Códigos de conducta y competencia desleal: aspectos sustantivos y procesales" *Indret: Revista para el análisis del Derecho* nº 2/2011 pp. 1-39.

30 El artículo 6.1 de la Directiva 2005/29/CE introduce "el impacto social y ambiental" como característica principal del producto en el caso de información falsa o inexacta a efectos de considerar la conducta como una acción engañosa. Y también modifica el art. 6.2 que considerará engañosa "hacer una alegación medioambiental relacionada con el comportamiento medioambiental futuro sin compromisos y metas claros, objetivos y verificables y sin un sistema de supervisión independiente".

criterios de la etiqueta ecológica de la UE con la prohibición de determinadas alegaciones medioambientales genéricas cuando "no se demuestre un comportamiento medioambiental excelente"[31].

IV. LOS SIGNOS DISTINTIVOS Y LA RESPONSABILIDAD SOCIAL CORPORATIVA

Aunque pueda considerarse una reflexión tautológica, de lo anterior se deduce que solo la "buena" responsabilidad social corporativa está alineada con el interés social y no afecta a los deberes fiduciarios de los administradores.

En cualquier caso, en la medida en que la "bondad" está vinculada a la maximización del valor de la empresa a largo plazo, dicha consideración no vendrá motivada, únicamente, por la naturaleza de la acción, sino que es necesario su difusión, esto es, que sea perceptible por los *stakeholders*, como presupuesto para que tenga un impacto positivo en la compañía[32].

---

31 Como señala el considerando 9 del citado texto, "Ejemplos de tales alegaciones medioambientales genéricas son «inocuo para el medio ambiente», «respetuoso con el medio ambiente», «eco», «verde», «amigo de la naturaleza», «ecológico», «correcto desde el punto de vista medioambiental», «respetuoso con el clima», «delicado con el medio ambiente», «inocuo en términos de carbono», «neutro en términos de carbono», «positivo en términos de carbono», «climáticamente neutro», «eficiente desde el punto de vista energético», «biodegradable», «de origen biológico» o similares, así como declaraciones más amplias, como «consciente» o «responsable», que sugieren un comportamiento medioambiental excelente o crean esa impresión. Estas alegaciones medioambientales genéricas deben prohibirse cuando no se demuestre un comportamiento medioambiental excelente o cuando la especificación de la alegación no se facilite en términos claros y visibles en el mismo soporte, como el mismo anuncio publicitario, el mismo embalaje del producto o la misma interfaz de venta en línea. Por ejemplo, la alegación «biodegradable», en referencia a un producto, sería una alegación genérica, mientras que afirmar que «el envase es biodegradable a través de compostaje doméstico al cabo de un mes» sería una alegación específica, a la que no se aplicaría esta prohibición". Un resumen sobre las medidas de la citada propuesta en GUILLÉN, P. "El legislador de la UE contra el greenwashing", 2022 disponible en https://baylos.com/actualidad/el-legislador-de-la-ue-contra-el-greenwashing

32 De hecho, en la doctrina alemana, FLEISCHER, H. "Unternehmensspenden und Leitungsermessen des Vorstands im Aktienrecht", AG, 4, 2001 p. 177 alude

Para ello no es suficiente con la publicación de los estados de información no financiera a los que hace referencia el art. 49.5 Ccom y 262.5 LSC. Aunque, es cierto que por la cantidad de información que ofrecen son fundamentales para la captación de recursos en el ámbito de la inversión socialmente responsable[33], o para la contratación con otros empresarios, no lo es menos que dicho documento, por cuestiones como su formato o extensión, no es el medio idóneo de comunicación en relación los empleados o, principalmente, los consumidores.

La emisión de los informes y memorias que contengan dichos estados será una manifestación del cumplimiento del deber de legalidad, pero no agota *per se* la relación existente entre la responsabilidad social empresarial y el deber de diligencia. Para la visibilidad de la RSC, con la finalidad de que sea una actividad rentable, es preciso que la sociedad recurra a otros instrumentos típicos del Derecho mercantil que no son alternativos, sino más bien, cumulativos.

En primer lugar, es posible que celebren contratos publicitarios que difundan las actividades que llevan a cabo en materia de RSC —por ejemplo, es común la publicidad audiovisual de la obra social por parte de entidades bancarias—. E, igualmente, también es frecuente el patrocinio de actividades que interesan a la ciudadanía —piénsese, recientemente, en la esponsorización del fútbol femenino por parte de una conocida compañía eléctrica[34]—. Dicho contrato previsto en el artículo 22 de la Ley 34/1988, de 11 de noviembre, General de

---

a la publicidad como un criterio para la valoración de la licitud de la actuación de los administradores en relación con la responsabilidad social empresarial. Vid. NAVARRO FRÍAS, I. "Responsabilidad Social Corporativa..." *op. cit.* consultado en https://proview.thomsonreuters.com/

33 BATALLER GRAU, J. y CÓRDOBA-MOCHALES, I. "Capital riesgo y la responsabilidad social de la empresa" *Revista Española de Capital Riesgo*, no 1/2020 p. 36 utilizan la definición de Eurosif, para quien la inversión socialmente responsables es"aquella que incorpora criterios sociales, ambientales y de gobierno corporativo, junto con los criterios financieros, en la toma de decisiones de inversión (Eurosif, 2008)".

34 Con respecto a la dudosa calificación como RSE del patrocinio del fútbol masculino, vid. DEITERS, M. "Organuntreue durch Spenden und prospektiv kompensationslose Anerkennung" *ZIS* 2006, p. 152 quien cita el ejemplo del patrocinio del Bayer de Munich por T-mobile.

Publicidad, además, es incompatible, en principio, con la "falsa" responsabilidad social corporativa pues la obligación del patrocinado en la publicidad del patrocinador está supeditada a la previa ayuda económica para la realización de la actividad deportiva, benéfica, cultural, científica o de otra índole.

En segundo lugar, de manera más concreta con el objeto del presente trabajo, es habitual el recurso a determinados derechos de propiedad intelectual que visibilicen en los productos o servicios de los empresarios su compromiso con la responsabilidad social o su alineación con los criterios ESG. Concretamente, los signos distintivos y, especialmente, los signos distintivos de calidad sirven, de un lado, a los *stakeholders* en tanto que reducen el riesgo de casos de falsa RSC y, de otro, a los empresarios puesto que aumenta la credibilidad de aquellos que sí llevan a cabo políticas socialmente responsables[35].

Por lo que a los signos distintivos de calidad hace referencia, la calidad no debe vincularse, necesariamente, con la reputación o la superioridad entre otros productos o servicios comparables, sino que resulta más acertada su acepción como "propiedad o conjunto de propiedades inherentes a algo, que permiten juzgar su valor"[36]. Por tanto, la referencia a la calidad sirve para referirse a la naturaleza, las características o los requisitos de un producto[37]o, por lo que aquí interesa, circunstancias que pueden baremarse como los criterios de sostenibilidad.

Dentro de los signos distintivos que guardan relación con la RSC, cabe la distinción entre las marcas —como signo distintivo por excelencia— y los esquemas tradicionales de calidad aplicables a los productos agroalimentarios. Y, concretamente, en puridad, son signos distintivos de calidad, las marcas colectivas y de garantía o certificación y los esquemas de calidad diferenciada (denominaciones de origen, indicaciones geográficas y especialidades tradicionales garan-

---

35 CAVAGNERO, S. "Governing the fashion industry (through) intellectual property assets: systematic assessment of individual trade marks embedding sustainable claims" *Journal of Intellectual Property Law & Practice,* 2021, Vol. 16, No. 8, p. 850.

36 Primera acepción del término según el Diccionario de la Lengua Española.

37 Vid. MONTERO GARCÍA-NOBLEJAS, P. "Signos distintivos de calidad para productos no agrícolas" *Actas de Derecho Industrial* nº 38, 2018, p. 249.

tizadas). En dichos signos, en mayor o menor medida, es condición necesaria la acreditación de ciertos requisitos —calidad, en los términos anteriormente expuestos—.

Las marcas individuales, por el contrario, no son derechos de propiedad intelectual previstos para la protección de la calidad. Su función principal es la identificación del origen empresarial de los productos y servicios para distinguirlos de los de otras empresas. Y aunque es cierto que existe una función indicadora de la calidad, a diferencia de las otras marcas, no alude a que el producto o servicio cumpla con ciertos estándares, sino a la presumible homogeneidad de aquellos identificados con la misma marca[38]. Ello, no obstante, a pesar de que la regulación de las marcas individuales no está pensada en para la acreditación de la calidad de productos o servicios ajenos, no es inusual que su titular las utilice con tan concreto fin[39].

En el ámbito de la RSC, factores medioambientales tales como el reciclaje, ahorro energético o criterios sociales como la diversidad, la inclusión de colectivos desfavorecidos, o la igualdad entre hombres y mujeres son circunstancias mensurables que pueden verificarse por titulares de signos distintivos para la acreditación de que el empresario solicitante está comprometido con tan concretas políticas. Y ello facilita que los *stakeholders* "premien" al empresario socialmente responsable, habida cuenta del componente psicológico que tiene la exhibición de la marca ajena —individual, colectiva o de certificación— o el esquema de calidad diferenciada junto a sus signos distintivos[40].

---

38 Como señala LOBATO GARCÍA-MIJÁN, M. *Comentario a la Ley 17/2001, de marcas,* Aranzadi, Cizur Menor, 2007 p. 98 "las marcas son útiles a los consumidores, que, gracias a las mismas, ahorran costes de transacción al anudar sus concretas expectativas de consumo a una determinada marca sin tener que efectuar una nueva indagación en cada acto de adquisición".

39 En cualquier caso, como afirma MONTERO GARCÍA-NOBLEJAS, P. "Signos distintivos de calidad..." *op. cit.* p. 250 "El registro de marcas individuales con la finalidad de garantizar una determinada calidad no se muestra adecuado, ni por la función que cumplen, ni por los inconvenientes que representaría el registro de las mismas".

40 Alude al componente psicológico, FERNÁNDEZ-NOVOA, C. *Manual de la Propiedad Industrial* Fernández-Novoa, Otero Lastres y Botana Agra, Marcial Pons, Madrid, 2017 p. 487.

1. Las marcas

En relación con el Derecho marcario, son varios los criterios que sirven a la clasificación de la marca. Es posible la diferenciación en función de las características del signo (marca denominativa, gráfica, mixta o, más recientemente, las marcas no tradicionales), de la actividad empresarial (marcas de producto y servicio, marcas de fabricante y de distribuidor), en atención a la territorialidad (marca nacional, de la Unión Europea o internacional) o, en consideración a su titular (marcas individuales y colectivas)[41].

Con base en la última de las clasificaciones cabe, a su vez, la distinción en atención a su función principal que es lo que determina su inclusión o no en la categoría doctrinal como signo distintivo de calidad. En este sentido, la advertencia de una tutela específica de la calidad por el ordenamiento jurídico en la marca colectiva y, dentro de ellas, también en las marcas de garantía o certificación de la UE es lo que determina su pertenencia a dicha categoría[42], sin perjuicio de que en las marcas colectivas también esté presente la aptitud diferenciadora o distintiva de productos o servicios de los miembros de la asociación titular de la marca de los productos o servicios de otras empresas.

1.1. Marcas individuales

Las marcas individuales, la más comunes, surgen por la propia necesidad del tráfico, para la individualización y distinción de los productos o servicios de un empresario de productos o servicios idénticos o similares de otro empresario (arts. 4 LM y 4 RMUE). Su función principal, como se ha expuesto, es la indicadora de la procedencia

41 Se sigue aquí la clasificación establecida en GALLEGO SÁNCHEZ, E. y FERNÁNDEZ PÉREZ, N. *Derecho mercantil. Parte primera,* Tirant lo Blanch, Valencia, 2022 pp. 212-21.

42 Como afirma MONTERO GARCÍA-NOBLEJAS, P. "Signos distintivos de calidad..." *op. cit.* p. 250 "la calidad como función jurídicamente tutelada y exigida por el ordenamiento jurídico se encuentra únicamente en las marcas de garantía o certificación y en las denominaciones de origen e indicaciones geográficas".

empresarial, que pone de manifiesto que los productos o servicios que la portan proceden de un mismo empresario.

Ello no obstante, dentro de esta clase de marcas, también hay algunas que además de la identificación del titular, se añaden junto a marcas ajenas para la acreditación de que el producto o servicio cumple determinadas características. En este sentido, aunque no es su función primaria, el desarrollo, en algunos casos, tardío de los signos de calidad tanto en legislaciones nacionales —por ejemplo, en Alemania[43]— como en el ámbito comunitario —las marcas de certificación de la UE no existían antes de la reforma de 2017— ha propiciado que titulares de marcas individuales las utilicen con la finalidad propia de la marca de garantía, a través de un contrato de licencia —si bien, es posible que ello plantee problemas a la entidad de certificación—[44].

Como ejemplo de marcas individuales que cumplen tal objetivo, sirvan las de la Asociación Española de Normalización y Certificación (AENOR) —entidad que, incluso, presta los citados servicios de

---

43 Las marcas de certificación no se incorporaron a la legislación alemana hasta 2019. Actualmente, las marcas de certificación —*Gewährleistungsmarken*— están previstas en el §106a y ss *Markengesetz*.

44 El uso de marcas individuales con fines de certificación, aunque es frecuente, no es el instrumento idóneo para ello y es posible que cause problemas a la entidad certificadora en relación con la obligación de uso de la marca. En la medida en que la protección otorgada al titular de la marca debe valorarse en atención a la identidad/similitud del signo y de los productos o servicios cubiertos por la marca, si un tercero utiliza dicha marca para productos o servicios distintos de aquellos para los que está registrada no se extiende la protección marcaria salvo en los casos en los que el signo goce de renombre. En este sentido, debe citarse la Sentencia del Tribunal de Justicia de la Unión Europea, Sala Quinta, de 11 de abril de 2019 en el asunto C-690/17 que afectaba a la entidad de certificación alemana *Öko-Test Verlag Gmbh* que tenía registrada una marca individual que informaba al público del resultado de las evaluaciones de ciertos productos. Pese a que había finalizado el contrato de licencia de la marca "Oko-test" con un fabricante de pasta de dientes, dicho empresario continuó exhibiendo la marca individual del tercero. En la medida en que el licenciatario utilizaba la marca "Oko-test" para productos diferentes a los registrados por la entidad de certificación alemana, cabía plantearse si dicho uso era o no lícito. De la sentencia se deduce que solo en el caso de que la marca individual goce de renombre —cuya prueba corresponde al titular—, podrá oponerse al uso del signo por un tercero para productos o servicios distintos.

verificación de los Estados de información no financiera—, como la marca AENOR e IQNet de Responsabilidad Social, que están registradas en la Oficina Española de Patentes y Marcas (OEPM) y en la Oficina Europea de Propiedad Intelectual (EUIPO)[45]. También en relación con las políticas de responsabilidad social, como ejemplos en particular con la sostenibilidad, lo mismo es predicable respecto de la marca individual de la Unión Europea "OCA Global" como entidad que certifica el cumplimiento de la ISO 14001 que es un estándar de calidad medioambiental muy superior a la normativa vigente en la materia. O marcas individuales muy reconocidas como la "Q de calidad turística", cuya titularidad ostenta el Instituto para la Calidad Turística Española[46].

En cualquiera de los casos, el interesado, una vez acreditado que cumple con los requisitos previstos, tras el abono de los gastos de certificación, en virtud de un contrato de licencia de marca, tiene derecho a la exhibición del signo durante un plazo determinado, hasta que tenga lugar su renovación.

Dentro de la relación existente entre las marcas individuales y la RSC, aunque la temática del presente trabajo está centrada en el uso de signos distintivos diferentes a los del empresario para la mejora de la imagen corporativa, cabe plantearse, como ha ocurrido en otros países, si la marca individual del empresario es o no socialmente responsable[47]. En este sentido, es posible que el signo en sí mismo sea difícilmente compatible con los criterios ESG o también, como fenó-

---

45 Por ejemplo, la marca AENOR Responsabilidad Social IQNet-SR-10, que lucirá la empresa peticionaria junto a sus marcas individuales si cumple con lo previsto en el reglamento general y efectúa los pagos derivados de los gastos de certificación. Más información en https://www.aenor.com/Certificacion_Documentos/Reglamentos/wRP-CSG-031.pdf

46 También hay signos de entidades privadas que son de utilidad para las Administraciones Públicas, como la "bandera azul" registrada como marca individual de la UE, que coordina la Fundación para la Educación Ambiental en Europa y que solicitan, en exclusiva, los Ayuntamientos para que ondee en playas y puertos.

47 En Estados Unidos existe un debate en torno a las marcas y mascotas utilizadas en el ámbito deportivo que resultan ofensivas para las minorías de nativos americanos. En este sentido, véase el caso en relación a la marca redskin — Blackhorse v. Pro-Football, Inc. 112 F. Supp. 3d 439 (E.D. Va. 2015). Sobre la relación entre las marcas ofensivas y la RSC, véase McNEALY, J. E. "Disparaging

meno más habitual, puede que presente una apariencia de sostenibilidad que no guarde relación con la realidad —caso de *greenwashing* o "falsa" responsabilidad social corporativa—.

En relación con las preocupaciones sociales, tanto la OEPM como la EUIPO impiden el registro de signos que sean contrarios a la Ley, al orden público o a las buenas costumbres (arts. 5.1f) LM y 7.1 f) RMUE[48]), pero puede que el empresario haga uso de la marca sin haberla registrado o, incluso, declarada su nulidad —véase la sentencia del Tribunal General de 15 de marzo de 2019 en relación con la marca "la mafia se sienta a la mesa"—. Además, el hecho de que el signo no incurra en tan concreta prohibición absoluta no significa, necesariamente, que sea un signo socialmente responsable. Las oficinas ponderan el derecho del empresario a la libre elección del signo con el respeto a los criterios objetivos que conforman el orden público y los valores subjetivos en relación con las buenas costumbres, pero ello no siempre coincide con las políticas de responsabilidad social ni tampoco es el mismo debate: de un lado, la validez del signo[49], de otro, el impacto que tenga en los consumidores y que afecte o no a su comportamiento[50].

Trademarks and Social Responsibility" *Sport, ethic and philosophy*, vol. 12 nº 3, pp. 304-316.

48 En puridad, el RMUE solo hace referencia al orden público o las buenas costumbres.

49 Con la complejidad que ello conlleva, como muestra la casuística. Así, por ejemplo, mientras que fue denegado el registro de marcas como "¡Que buenu ye! HIJOPUTA", o "fucking freezing" sí están admitidas "de puta madre" o "fucking hell".

50 Aunque no deba caerse en el neopuritanismo y son pocos, de momento, los que piden su retirada, es reseñable la campaña existente sobre la retirada de la marca "conguitos" por racista (en mayo de 2022 hay cerca de seis mil quinientas firmas de tal petición https://www.change.org/p/lacasaytu-dejad-de-usar-la-marca-conguitos-es-racista). En el caso de que los consumidores penalicen al empresario por el carácter ofensivo de la marca, al margen de la cuestión sobre su licitud, deberá plantearse su mantenimiento si afecta negativamente a los resultados de la empresa. En cualquier caso, lo cierto es que en la mayoría de ocasiones el *"rebranding"* estará motivado más por una estrategia comercial que por vulneración de dichos criterios, que, por el momento, queda para casos residuales.

En cuanto a las implicaciones medioambientales, debe mencionarse el uso engañoso de marcas que incluyen términos como "eco", "bio" o "sostenible" sin que exista certeza de que los productos o servicios que identifica cumpla con tales características. Tanto la normativa nacional como comunitaria, en aras de la transparencia y competencial leal entre los operadores del mercado, prohíben el registro de marcas que puedan inducir al público a error sobre la naturaleza, calidad u origen geográfico de los productos o servicios (art. 5.1 g) LM y art. 7.1 g) RMUE), pero su aplicación en relación con términos como los citados solo tiene lugar en casos donde el engaño es palmario[51]. La vaguedad y amplitud de algunos conceptos relacionados con la sostenibilidad y el hecho de que la labor verificadora de las oficinas quede circunscrita al examen inicial del propio signo en relación con los productos o servicios conforme consta en la solicitud, son motivos que determinan que haya marcas registradas que sean "verdes" únicamente en apariencia —ello sin perjuicio de los signos no registrados—[52]. Por consiguiente, igual que en el caso anterior, puede que una marca que contenga términos relacionados con el medioambiente esté registrada pero los productos o servicios que oferta no sean sostenibles. Tal supuesto, como ejemplo de "falsa" responsabilidad social corporativa o *"greenwashing"* puede, en algunos casos, considerarse una práctica engañosa con base en la normativa de competencia desleal[53].

---

51 Véase la sentencia del Tribunal General de 13 de mayo de 2020, asunto T-86/19 que anuló la resolución de la Segunda Sala de Recurso de la EUIPO pues consideró que la marca "Bio-Insect" era engañosa en cuanto a la naturaleza de un producto que contenía componentes químicos.

52 Igualmente, no pocas solicitudes rechazadas lo son no porque el signo sea engañoso, sino por la falta de carácter distintivo o porque el signo consista en indicaciones que puedan servir para designar la especie, la calidad, cantidad, el destino, el valor, la procedencia geográfica o la época de obtención del producto o de la prestación del servicio u otras características de los productos o servicios (arts. 5.1 b) y c) LM y 7.1b) y c) RMUE). Este es el caso de marcas como "organic denim" o "biocoton" que fueron rechazadas por la EUIPO.

53 Sirva como ejemplo el requerimiento que hizo la Autoridad Noruega de Consumo —*Norwegian Consumer Authority*— a la multinacional de la moda *H&M* para que retirara la campaña "*H&M Conscious collection*" en tanto que la consideraba engañosa porque no había pruebas de que dicha línea de ropa fuera sostenible ni que tuviera un impacto positivo en el medioambiente.

1.2. Marcas colectivas

Otra clase de marcas de uso frecuente para la acreditación de políticas de RSE entre los *stakeholders* son las marcas colectivas. Dichas marcas pueden definirse como aquellas cuya finalidad consiste en la distinción de los productos o servicios de los miembros de la asociación que sea su titular frente a los productos o servicios de otras empresas (arts. 68 LM y 74 RMUE). Y son de utilidad en tanto que la exhibición de una marca colectiva que identifica a un conjunto de fabricantes, productores o prestadores de servicios permite que los miembros de la asociación pueden beneficiarse de una reputación conjunta o global, en consonancia con la misión de la propia asociación[54].

Su consideración como signo distintivo de calidad responde al hecho de que, por imperativo legal, a diferencia de las marcas individuales, se requiere que presenten un Reglamento de uso ante la OEPM o en la EUIPO que especifique cuestiones tales como el objeto de la asociación, los requisitos de afiliación o las condiciones en las que puede utilizarse la marca o, incluso, sanciones en caso de incumplimiento (arts. 63 LM y 75 RMUE).

Por medio del Reglamento de uso la asociación establece las reglas de acceso a la marca en cuestión, lo que supone una barrera de entrada a todos aquellos que no cumplan con su contenido. Además, en la medida en que el prestigio o la reputación de los miembros de la asociación está vinculada a la marca, los primeros interesados en que no se devalúe y no afecte a su imagen corporativa, son tanto la propia asociación como sus asociados, de modo que existe un intenso control de cumplimiento de los requisitos del reglamento de uso.

En relación con la RSC, las marcas colectivas establecen estándares superiores a los legalmente previstos y transmiten información relevante a los consumidores que puede que influya decisivamente en

---

54 Como señala FERNÁNDEZ-NOVOA, C. *Manual de la Propiedad Industrial...op. cit.* p. 664 "es innegable que la calidad de los productos y servicios y las inversiones publicitarias efectuadas en torno a la marca colectiva cristalizarán, las más de las veces, en un *goodwill*, el cual será compartido por la Asociación titular de la marca y los miembros de la misma que utilizan la marca colectiva en el tráfico económico".

su decisión de compra[55]. A modo de ejemplo, sirva la marca colectiva *100% Recycled Paperborad* que pertenece a una asociación homónima y que la utilizan, como asociados, numerosos empresarios que envasan sus productos en cartón reciclado[56]. Por tanto, la acumulación de una o varias marcas colectivas junto a la marca individual y demás signos distintivos del empresario es una forma de comunicación creíble con los demás operadores de mercado que mejora la imagen corporativa de la compañía.

También, en la medida en que las marcas colectivas permiten el registro de signos que sirvan en el comercio para indicar la procedencia de los productos o servicios, se advierte en ella una función adicional toda vez que no solo transmite el origen empresarial, sino también su origen geográfico. Por ello, en el ámbito de la responsabilidad social, es habitual, incluso, que las Administraciones Públicas, hagan uso de tales marcas —conocidas como marcas "paraguas"— porque fomentan no solo la difusión de los productos, sino también, la promoción del territorio y la extensión del turismo a zonas rurales. Con base en el principio de "puertas abiertas" cualquier empresario de la zona geográfica de la marca colectiva, podrá hacerse miembro de la asociación y tendrá derecho al uso de la marca si sus productos o servicios cumplen con las condiciones previstas en el Reglamento de uso.

1.3. Marcas de garantía y de certificación

Como marcas destinadas también a un uso colectivo y con una importancia creciente y, en cierta medida, paralela a la de la responsabilidad social corporativa, son relevantes las marcas de garantía y las marcas de certificación. La diferencia fundamental entre marcas

---

55 Como afirma GHAFELE, R. "Creatin the missing link: applying collective marks to create clusters" *Journal of Intellectual Property Law & Practice*, Volume 4, Issue 1, 2009 p. 60 la marca colectiva conlleva que los consumidores asocien los productos a unos estándares particulares.

56 A modo de ejemplo, la empresa de mensajería FedEx o Kellog's que comercializa cereales.

garantía y de certificación no es otra sino la normativa aplicable[57]. Mientras que las primeras están reguladas en la Ley Española de Marcas[58], las de certificación lo están en la normativa europea, pero desde hace relativamente poco, desde 2017[59].

En ambos casos, dichas marcas difieren de las anteriores en tanto que no tienen por objeto la indicación del origen empresarial, sino que su función jurídica tiende a la protección e información de terceros mediante la certificación de que los productos o servicios que portan tal signo cumplen determinados estándares[60]. Por consiguiente, pueden definirse como aquellos que distinguen los productos o servicios que el titular de la marca certifica respecto de los materiales, el modo de fabricación de los productos o de prestación de los servicios, el origen geográfico, la calidad, la precisión u otras características de los productos y servicios que no posean esa certificación (arts. 68.1 LM y 83.1 RMUE).

La importancia que el ordenamiento jurídico concede a la función indicadora de la calidad queda, igualmente, de manifiesto en la necesidad de que el solicitante presente ante la oficina, junto al signo en cuestión, un Reglamento de uso. Su contenido es similar al de las marcas colectivas, pero incluye como requisito adicional, la previsión de los sistemas de control o vigilancia[61].

---

57 Además del *nomen* y del alcance territorial, se advierte como diferencia significativa en su régimen jurídico la exclusión del origen geográfico de las marcas de certificación de la UE. Por el contrario, las marcas de garantía sí pueden dedicarse a la certificación del origen geográfico (por ejemplo, la marca nacional Vacuno Mayor Asturiano o Cochinillo de Segovia). La posibilidad de que las marcas de garantía identifiquen la zona geográfica resulta especialmente útil para aquellos productos —y, por supuesto, servicios— que no son protegibles por los esquemas de calidad diferenciada.

58 Ya estaban previstas en la Ley 32/1988, de 10 de noviembre, de Marcas.

59 De hecho, su incorporación resulta de las modificaciones operadas por el Reglamento (UE) 2015/2424 del Parlamento Europeo y del Consejo, de 16 de diciembre, por el que se modifican el Reglamento (CE) núm. 207/2009 del Consejo sobre la marca comunitaria.

60 MONTERO GARCÍA-NOBLEJAS, P. "Signos distintivos de calidad..." *op. cit.* p. 252.

61 En el caso de la marca nacional, el Reglamento de uso contendrá también el canon que, en su caso, se exigirá a quienes utilicen la marca.

Además, también refuerza dicha función la obligación de neutralidad del solicitante del registro de una marca de garantía o certificación. En su virtud, el titular de la marca tiene prohibida la certificación de sus propios productos y servicios de modo que solo está facultado con respecto a productos o servicios ajenos[62]. Dicha imparcialidad *ex lege*, implica una "disociación constitutiva y permanente" entre la titularidad y el uso de la marca de garantía o de certificación[63].

Por lo que respecta al uso de la marca colectiva o de certificación por terceros, si el empresario acredita el cumplimiento de los requisitos establecidos en el Reglamento de uso, el titular de la marca de colectiva o certificación deberá concederle la correspondiente autorización pues lo contrario implicaría una desventaja competitiva, en muchos casos, significativa. De hecho, como señala la doctrina, en relación con tales marcas existe una suerte de licencia obligatoria[64].

La necesidad de que los *stakeholders* tengan más información y, sobre todo, más fiable es la circunstancia determinante del aumento de solicitudes de marcas de tal naturaleza, al mismo tiempo que crece el negocio de la certificación. En este sentido, en relación con las políticas de RSC o los criterios ESG, probablemente, sea el relativo al medio ambiente el que destaca entre las solicitudes de registro. Marcas como "*Fairtrade*", que garantiza unas condiciones comerciales justas entre agricultores y compradores[65], o "Normpack" que tiene un sis-

---

62 Aunque en ocasiones no siempre se cumple este requisito. Por ejemplo, la marca de garantía "Tierra de sabor", registrada por una entidad pública como es el Instituto Técnológico Agrario de Castilla y León, adscrito a la Consejería de Agricultura y Ganadería de la Junta de Castilla y León, además de identificar productos agroalimentarios sostenibles de la zona, se utiliza como una marca propia para la venta de leche, lo que no está exento de polémica también desde el punto de vista de la Competencia Desleal, concretamente por una posible infracción del art. 15 LCD.

63 Vid. LARGO GIL, R. *Las marcas colectivas y las marcas de garantía*, Aranzadi, Cizur Menor, 2006 p. 52.

64 Califica FERNÁNDEZ-NOVOA, C. *Manual de la Propiedad Industrial…op. cit.* p. 661 dicha relación como "un supuesto de constitución forzosa de una relación jurídica".

65 Según algunas estadísticas, el número de productos certificados Faitrade con venta en España crecieron un 300% entre los años 2016 y 2020. Ver https://

tema de control para productos en contacto con alimentación, cuentan con sus correspondientes marcas de certificación de la UE[66].

Y también las Administraciones Públicas han aprovechado tales signos distintivos de calidad para la certificación de acciones voluntarias de sostenibilidad. A modo de ejemplo, el Instituto de Investigación y Tecnología Agroalimentaria (IRTA) perteneciente a la Generalitat de Cataluña es titular de la marca de certificación "Bienestar animal Certificado welfair" presente en gran parte de los productos de la industria cárnica y láctea. Y con el mismo fundamento la Comisión Europea ha registrado el logotipo ecológico para productos certificados como tal por una agencia u organismo de control autorizado. Dicho sello acredita que el producto que lo porta contiene al menos un 95% de ingredientes ecológicos. Por tanto, para que un empresario de la industria agroalimentaria exhiba, junto a su marca individual, una marca de garantía o de certificación como las citadas tendrá que someterse a una auditoría por entidades debidamente formadas en tales estándares que son más exigentes que la normativa vigente y estará sujeto a inspecciones aleatorias.

En el ámbito societario, en relación con la verificación de información no financiera (VEINF), ya hay entidades que, a diferencia de las citadas en las marcas individuales, han optado por el registro de marcas de certificación[67]. Ello es positivo para la sociedad mercantil que, además del cumplimiento de la obligación legal, ofrece información adicional a los participantes del mercado. Como ha quedado de manifiesto anteriormente, mientras que la documentación que soporta la información no financiera es de utilidad para el regulador, los signos distintivos lo son para la mayoría de *stakeholders*.

---

www.corresponsables.com/actualidad/ods12-numero-productos-certificados-sello-comercio-justo-fairtrade-crece-espana-2020

66 Hay casos también de marcas que reflejan un compromiso con la diversidad, como la marca "Diversity Brand Index" que está en fase de revisión y que en el ámbito de la RSC permitirá que las empresas comprometidas con la diversidad y con la inclusión puedan visibilizarlo con el respaldo de la credibilidad que dan estas marcas.

67 Compañías como TUV SÜD han registrado varias marcas de certificación de la UE para un gran número de clases del Arreglo de Niza en consonancia con los productos y servicios que verifican.

2. *Los esquemas de calidad diferenciada*

Además de las marcas, como signos distintivos de calidad pueden mencionarse los esquemas de calidad diferenciada. Ello no obstante, su ámbito de aplicación es menor en tanto en cuanto en la Unión Europea solo sirven para productos agrícolas —si bien, está abierto el debate en torno a su posible extensión a otros productos[68]—.

Dichos signos, principalmente las denominaciones de origen protegidas (DOP) y las indicaciones geográficas protegidas (IGP), están estrechamente ligados a un concreto territorio[69]. En particular, ha-

---

68 En este sentido, puede consultarse la Propuesta de Reglamento del Parlamento Europeo y del Consejo sobre la protección de las indicaciones geográficas a productos artesanales e industriales que modifica el Reglamento (UE) 2017/1001 y 2019/1753 del Parlamento Europeo y el Consejo y la Decisión del Consejo (UE) 2019/1754. Sobre la posible extensión del régimen de las indicaciones geográficas para productos no agroalimentarios, ver MONTERO GARCÍA-NOBLEJAS, P. "Signos distintivos de calidad…" *op. cit.* pp. 257 y ss. También ZAPPALAGLIO, A., GUERRIERI, F., y CARLS, S. "Sui Generis Geographical Indications for the Protection of Non-Agricultural Products in the EU: Can the Quality Schemes Fulfil the Task?" *IIC— International Review of Intellectual Property and Competition Law* nº 51, 2020 pp. 31-69 Tal reconocimiento, sin embargo, existe en determinados países de Europa que tienen un sistema de protección *sui generis* como República Checa, Hungría, Estonia, o Francia. Más allá de la Unión Europea, está reconocido en muchos países cuyas indicaciones geográficas para productos no agrícolas están protegidas con base en el Arreglo de Lisboa relativo a la Protección de las Denominaciones de Origen y su Registro Internacional.

69 Además de dichos signos, también tiene la condición de esquema de calidad diferenciada la especialidad tradicional garantizada (ETG). Prevista en el título III del Reglamento (UE) no 1151/2012 del Parlamento Europeo y del Consejo, de 21 de noviembre de 2012, sobre los regímenes de calidad de los productos agrícolas y alimenticios, tiene por objeto la protección de los métodos de producción y las recetas tradicionales de modo que los productores comercialicen sus productos e informen a los consumidores de tales características que les confieran un valor añadido. En España, actualmente, hay cuatro especialidades tradicionales garantizadas: las tortas de aceite de Castilleja de la Cuesta, los panellets, la leche certificada de granja y el jamón serrano como la primera de todas ellas por orden cronológico. En otros países europeos, sirvan como ejemplos más conocidos la pizza napolitana, la mozzarella o el bacalao portugués. Para el registro de un producto o alimento como ETG el criterio determinante es la tradición, exigida tanto en el procedimiento de elaboración y en las materias primas e ingredientes utilizados como en su identificación, esto es, que el nombre sea el que, desde tiempo atrás, se ha utilizado para referirse a ello. Además, es necesario que cumplan con un pliego de condiciones que establezca los

cen referencia al nombre de una región, de un lugar determinado o, excepcionalmente, un país que sirve para la designación de un producto de dicha procedencia que posea una cualidad determinada, una reputación u otra característica que pueda atribuirse a dicho origen geográfico y cuyas fases de producción todas tengan lugar en la zona delimitada, si se trata de una DOP, o al menos una de ellas, en el caso de IGP[70].

Por lo que a su función hace referencia, comparten con los signos distintivos anteriormente mencionados, la indicadora de la calidad desde un punto de vista tanto socio-económico como jurídico. En este sentido, los Consejos Reguladores de las DOP e IGP certifican que el producto cumple con los requisitos establecidos en el Pliego de Condiciones.

Con una importancia cada vez mayor en el mercado, los citados esquemas de calidad diferenciada atenúan la función primaria del origen empresarial de la marca, en tanto que ofrecen adicionalmente al consumidor información sobre el origen geográfico y el cumplimiento de ciertos estándares[71]. En este sentido, el vínculo con una zona determinada —más o menos intenso según sea DOP o IGP— y el control que lleva a cabo el Consejo Regulador, confiere al producto un valor añadido y facilita su venta y exportación, especialmente en aquellos casos en los que la marca no es muy reconocida o no está fuertemente implantada en el mercado. En cierta medida ocurre como con las marcas de garantía que operan como una suerte de "aceleradores de la credibilidad" porque, aunque el consumidor desconozca la marca del producto en cuestión, la garantía que implica que esté amparado bajo una DOP o IGP y la información que ello ofrece puede que sea una variable decisiva para su elección.

En relación con la RSC, las denominaciones de origen o las indicaciones geográficas, no implican, *per se*, que los productos agroa-

---

requisitos necesarios para que el productor exhiba el nombre registrado como ETG y su símbolo característico.

70 Art. 5 Reglamento (UE) n ° 1151/2012 del Parlamento Europeo y del Consejo, de 21 de noviembre de 2012, sobre los regímenes de calidad de los productos agrícolas y alimenticios.

71 GALLEGO SÁNCHEZ, E. y FERNÁNDEZ PÉREZ, N. *Derecho mercantil. Parte primera... op. cit.* p. 245.

limentarios sean sostenibles. Sin embargo, si el propio concepto de sostenibilidad alude a un modelo de desarrollo de preservación de los sistemas biológicos y los recursos naturales, las DOP e IGP a través de los Consejos Reguladores favorecen, notablemente, dicha misión. La limitación de la producción, la preservación de las especies autóctonas y prohibición de uso de variedades foráneas (por ejemplo, en el ámbito vitivinícola), la creación de empleo directo e indirecto en zonas rurales, son circunstancias directamente vinculadas al empleo de tales signos distintivos[72].

Además de las DOP y las IGP, también tiene la condición de esquema de calidad diferenciada la especialidad tradicional garantizada (ETG)[73]. Aunque tiene una importancia menor, su objeto consiste en la protección de los métodos de producción y las recetas tradicionales[74]. Para el registro de un producto o alimento como ETG el criterio determinante no es tanto el territorio como la tradición, exigida tanto en el procedimiento de elaboración y en las materias primas e ingredientes utilizados y en su identificación, esto es, que el nombre sea el que, desde tiempo atrás, se ha utilizado para referirse a ello. En relación con la calidad, para que el productor exhiba el nombre registrado como ETG y su símbolo característico junto a su marca individual es necesario que cumpla con lo previsto en el pliego

---

72 Sobre el vínculo de las indicaciones geográficas y la sostenibilidad, ver, entre otros, MONTERO GARCÍA-NOBLEJAS, P. *Denominaciones de origen e indicaciones geográficas,* Tirant lo Blanch, Valencia, 2016 p. 151 GUILLEM CARRAU, J. *Denominaciones geográficas de calidad,* Tirant lo Blanch, Valencia, 2021 p. 214; VANDECANDELAERE, E., SAMPER, L. F., REY, A., DAZA, A., TARTANAC, F., VITORI, M. "The Geographical Indication Pathway to Sustainability: A Framework to Assess and Monitor the Contributions of Geographical Indications to Sustainability through a Participatory Process" *Multidisciplinary Digital Publishing Institute.* Sustainability, nº 13, 2021 p. 2/20 disponible en https://www.mdpi.com/2071-1050/13/14/7535/htm

73 Prevista en el título III del Reglamento (UE) no 1151/2012 del Parlamento Europeo y del Consejo, de 21 de noviembre de 2012, sobre los regímenes de calidad de los productos agrícolas y alimenticios.

74 En España, actualmente, hay cuatro especialidades tradicionales garantizadas: las tortas de aceite de Castilleja de la Cuesta, los panellets, la leche certificada de granja y el jamón serrano como la primera de todas ellas por orden cronológico. En otros países europeos, sirvan como ejemplos más conocidos la pizza napolitana, la mozzarella o el bacalao portugués.

de condiciones, si bien, a diferencia de las DOP e IGPs, no lo lleva a cabo un consejo regulador, sino, por lo general, asociaciones de productores[75].

V. RECAPITULACIÓN: DE LA VERIFICACIÓN A LA CERTIFICACIÓN

En virtud de lo expuesto, tanto la verificación como la certificación reflejan el impacto de las acciones de responsabilidad social corporativa. La primera de ellas es obligatoria para determinadas sociedades mercantiles que, en el estado de información no financiera, reportarán sobre ello. La segunda, por el contrario, es opcional, pero, por la creciente importancia de las preocupaciones sociales o medioambientales, en algunos casos será fundamental para la competitividad del empresario. Ambas afectan a los administradores en la gestión de la sociedad y ponen de relieve que la voluntariedad de la RSC es una característica cada vez más menguante, bien por el traslado de parte de su contenido al cumplimiento normativo —muestra de ello la propuesta de Directiva sobre la diligencia debida—, bien porque su no incorporación, en función de las circunstancias, es posible que comprometa sus deberes fiduciarios. Además, para que la RSC redunde positivamente en la compañía y sirva a la maximización de su valor es necesaria su exteriorización para lo cual los signos distintivos se muestran como un instrumento idóneo, fácilmente perceptible —y comprensible— por los *stakeholders.* En este sentido, las marcas y los esquemas de calidad diferenciada aportan información adicional —y, en su mayoría, fiable— sobre las características de los productos o servicios del empresario que mejoran su imagen corporativa y contribuyen al cumplimiento del aforismo latino que cobra plena vigencia en el ámbito de la RSC: no basta con serlo, sino además parecerlo.

---

75 Sobre el control existente en relación con la ETG jamón serrano, ver GIMENO BEVIÁ, V., "Jamón, jamón. La especialidad tradicional garantizada o la indicación geográfica protegida como esquemas de calidad para la tutela del jamón serrano" *Retos en el Sector Agroalimentario: regulación, competencia y propiedad industrial,* (Dirs.) Palau Ramírez y Martí Miravalls, Tirant lo Blanch, Valencia 2022 pp. 290-291.

VI. BIBLIOGRAFÍA

ALFARO ÁGUILA-REAL, J. "La responsabilidad social corporativa (RSC) desde la perspectiva del buen gobierno corporativo", 2013 disponible en https://derechomercantilespana.blogspot.com/

ALFARO ÁGUILA-REAL, J. Comentario al artículo 226 LSC" en *Comentario de la reforma del régimen de las sociedades de capital en materia De gobierno corporativo (Ley 31/2014).* Juste Mencía, J. (Coord.) Pamplona, 2015.

BATALLER GRAU, J. "Un concepto de Responsabilidad Social de la Empresa desde el Derecho Mercantil" *Revista de Derecho mercantil* nº 310, 2018.

BATALLER GRAU, J. y CÓRDOBA-MOCHALES, I. "Capital riesgo y la responsabilidad social de la empresa" *Revista Española de Capital Riesgo,* no 1/2020.

BARNARD, J. W. "Corporate Philantrophy Executives' Pet Charities and the Agency Problem" *New York Law School Law Review,* 314, 1997.

CARROLL, A. B., SHABANA, K. M., "The Business Case for Corporate Social Responsibility: A Review of Concepts, Research and Practice" *International Journal of Management Reviews,* 2010.

CAVAGNERO, S. "Governing the fashion industry (through) intellectual property assets: systematic assessment of individual trade marks embedding sustainable claims" *Journal of Intellectual Property Law & Practice,* Vol. 16, No. 8, 2021.

DEL VAL TALENS, P., "La responsabilidad social corporativa como instrumento de conciliación del interés de los socios con el interés común" *Las sociedades de capital: sus intereses y sus conflictos* (VVAA), Tirant lo Blanch, Valencia, 2022.

Donaciones societarias, Aranzadi, Cizur Menor, 2021.

ESTEBAN VELASCO, G. "Responsabilidad social corporativa: delimitación, relevancia jurídica e incidencia en el Derecho de Sociedades y en el Gobierno Corporativo" *Liber Amicorum Juan Luis Iglesias,* (Coord.) García de Enterría. Aranzadi, Cizur Menor, 2014.

FERNÁNDEZ-NOVOA, C. *Manual de la Propiedad Industrial* Fernández-Novoa, Otero Lastres y Botana Agra, Marcial Pons, Madrid, 2017.

FLEISCHER, H. "Unternehmensspenden und Leitungsermessen des Vorstands im Aktienrecht", AG, 4, 2001

FREEMAN, R. E., HARRISON, J. S., WICKS, A. C., PARMAR, B. L., DE COLLE, S., *Stakeholder Theory: The State of the Art* Cambridge University Press, New York, 2010.

FRIEDMAN, M. "The Social Responsability of Business is to Increase its Profits"en *The New York Times Magazine,* September 13, 1970.

GALLEGO SÁNCHEZ, E. y FERNÁNDEZ PÉREZ, N. *Derecho mercantil. Parte primera,* Tirant lo Blanch, Valencia, 2022.

GHAFELE, R. “Creatin the missing link: applying collective marks to create clusters” *Journal of Intellectual Property Law & Practice,* Volume 4, Issue 1, 2009.

GIMENO BEVIÁ, V. “Los programas de *compliance* como manifestación del deber de diligencia” *RdS* nº 55, 2019.

GIMENO BEVIÁ, V. Jamón, jamón. La especialidad tradicional garantizada o la indicación geográfica protegida como esquemas de calidad para la tutela del jamón serrano” *Retos en el Sector Agroalimentario: regulación, competencia y propiedad industrial,* (Dirs.) Palau Ramírez y Martí Miravalls, Tirant lo Blanch, Valencia 2022.

GONZÁLEZ SÁNCHEZ, S. “Responsabilidad de los administradores de la sociedad de capital por la política de responsabilidad social corporativa” *Revista de Derecho Bancario y Bursátil,* nº 146, 2017.

GUILLEM CARRAU, J. *Denominaciones geográficas de calidad,* Tirant lo Blanch, Valencia, 2021.

GUILLÉN, P. “El legislador de la UE contra el greenwashing”, 2022 disponible en https://baylos.com/actualidad/el-legislador-de-la-ue-contra-el-greenwashing

LARGO GIL, R. *Las marcas colectivas y las marcas de garantía,* Aranzadi, Cizur Menor, 2006.

LEVITT, T. “The dangers of social responsibility” *Harvard Business Review,* nº 36, 1958.

LOBATO GARCÍA-MIJÁN, M. *Comentario a la Ley 17/2001, de marcas,* Aranzadi, Cizur Menor, 2007.

MASSAGUER FUENTES, J. “Códigos de conducta y competencia desleal: aspectos sustantivos y procesales” *Indret: Revista para el análisis del Derecho* nº 2/2011.

McNEALY, J. E. “Disparaging Trademarks and Social Responsibility” *Sport, ethic and philosophy,* vol. 12 nº 3, 2017.

MONTERO GARCÍA-NOBLEJAS, P. “Signos distintivos de calidad para productos no agrícolas” *Actas de Derecho Industrial* nº 38, 2018.

MONTERO GARCÍA-NOBLEJAS, P. *Denominaciones de origen e indicaciones geográficas,* Tirant lo Blanch, Valencia, 2016.

NAVARRO FRÍAS, I. Responsabilidad Social Corporativa, cumplimiento normativo y deberes de los administradores”, *RdS* nº 63, 2021.

RECALDE CASTELLS, A. “La inclusión de objetivos públicos en la gestión de las sociedades de capital”, abril, 2022, Available at SSRN: https://ssrn.com/abstract=4072486

SEQUEIRA MARTÍN, A. “El desarrollo de la responsabilidad social corporativa versus sostenibilidad, y su relación con el gobierno corporativo en las directivas comunitarias y en el derecho español de sociedades cotizadas” *RdS* nº 61, 2021.

STIGLITZ, J. "Is stakeholder capitalism really back?" 2019, disponible en https://www8.gsb.columbia.edu/articles/chazen-global-insights/stakeholder-capitalism-really-back

VANDECANDELAERE, E., SAMPER, L. F., REY, A., DAZA, A., TARTANAC, F., VITORI, M. "The Geographical Indication Pathway to Sustainability: A Framework to Assess and Monitor the Contributions of Geographical Indications to Sustainability through a Participatory Process" *Multidisciplinary Digital Publishing Institute.* Sustainability, nº 13, 2021.

ZAPPALAGLIO, A., GUERRIERI, F., y CARLS, S. "Sui Generis Geographical Indications for the Protection of Non-Agricultural Products in the EU: Can the Quality Schemes Fulfil the Task?" *IIC— International Review of Intellectual Property and Competition Law* nº 51, 2020.

Capítulo Duodécimo

LA INDICACIÓN DEL PAÍS DE ORIGEN EN EL ETIQUETADO DE LA LECHE Y LOS PRODUCTOS LÁCTEOS Y SU REGULACIÓN EN EL ORDENAMIENTO ESPAÑOL

ALEJANDRO LLOPIS BLANQUE[1]

Profesor Ayudante Doctor de Derecho Mercantil

Universidad de Alicante

RESUMEN: Los productos alimenticios tienen una relevancia de primer orden en nuestra sociedad. Por ello, la información que se ofrece a los consumidores sobre este tipo de productos es esencial para que estos puedan realizar una elección de compra que se ajuste

---

1 Este trabajo es la versión escrita de la comunicación presentada en el Congreso Internacional "Propiedad Intelectual e Instrumentos Financieros para un sistema agrícola sostenible", celebrado los días 29, 30 y 31 de mayo de 2024 en la Universidad de Alicante bajo la dirección de las Profesoras Esperanza GALLEGO SÁNCHEZ y Nuria FERNÁNDEZ PÉREZ en el marco del Proyecto para Grupos de Investigación de Excelencia de la Consellería de Educación, Cultura, Universidades y Empleo de la Generalitat Valenciana, PROMETEO CIPROM/2021/057.

lo mejor posible a sus intereses. Dicha información se ofrece a través de dos medios: de las marcas y del etiquetado. En lo que respecta a la leche y los productos lácteos, si bien el Parlamento Europeo solicitó a la Comisión que impusiese la obligatoriedad de indicar el país de origen de los mismos, este último organismo, a fecha de realización del presente trabajo, todavía no ha adoptado ninguna medida a nivel comunitario. No obstante, el Reglamento 1169/2011 permite a los Estados miembros exigir dicha información en los productos comercializados en su territorio, siempre y cuando se cumplan una serie de requisitos. Con base en dichas disposiciones, varios países de la Unión, encabezados por Francia, y entre los que se encuentra España, han decidido exigir tal información. No obstante, el TJUE ha declarado recientemente que el Decreto francés sobre la indicación obligatoria del país de origen en la leche y los productos lácteos, incumple los requisitos fijados por el Reglamento 1169/2011 para su adopción, al no haber constatado que el país de origen de estos productos influya en determinadas características o cualidades objetivas de los mismos. En la medida en que la normativa española se ha basado en gran medida en la francesa, se plantean dudas en torno a su adecuación a la legislación de la Unión Europea, cuestiones que se analizan en la presente aportación.

PALABRAS CLAVE: Leche, productos lácteos, etiquetado, Reglamento 1169/2011, normativa española, adecuación al Derecho de la Unión.

ABSTRACT: Food products are of primary importance in our society. Therefore, the information provided to consumers about these types of products is essential to enable them to make a purchase choice that best suits their interests. This information is provided through two means: brands and labels. With regard to milk and dairy products, although the European Parliament has asked the Commission to make it mandatory to indicate the country of origin of these products, the latter body, at the time of writing this work, has not yet adopted any measures at Community level. However, Regulation 1169/2011 allows Member States to require such information on products marketed in their territory, provided that a series of requirements are met. Based on these provisions, several countries in the Union, led by France, and including Spain, have decided to require such information. However, the CJEU has recently declared that the French Decree on the mandatory indication of the country of origin on milk and dairy products does not comply with the requirements set by Regulation 1169/2011 for its adoption, as it has not established that the country of origin of these products influences certain objective characteristics or qualities of the same. To the extent that the Spanish regulations have been largely based on the French regulations, doubts arise regarding their adequacy with European Union legislation, issues that are analysed in this contribution.

KEY WORDS: Milk, dairy products, labelling, Regulation 1169/2011, Spanish regulations, adaptation to European Union law.

I. INTRODUCCIÓN

Los productos alimenticios tienen una relevancia de primer orden en nuestra sociedad. Para los consumidores, los mismos son un elemento esencial en sus intereses relativos a la salud y en los de carácter económico y jurídico, estrechamente ligados entre sí; ya que, a la hora de realizar la compra de estos productos, se ponderan, principalmente, tanto cuestiones relativas a su composición (valores nutricionales, o indicadores objetivos de calidad), como económicos (el precio). La protección de estos intereses tiene un rango constitucional, por lo que garantizarla es un deber para los poderes públicos[2]. Por ello, se hace necesario para las autoridades asegurar que la elección realizada por los consumidores se ajusta lo mejor posible a los intereses que desean satisfacer. En dicha elección juega un papel esencial la información que se facilite sobre los productos, por lo que será imperativo para los poderes públicos cerciorarse que dicha información sea lo más completa, transparente y eficaz posible.

Como bien se ha señalado por la doctrina[3], esta información se transmite por dos medios: a través de las marcas; y a través del etiquetado. No obstante, cada uno de ellos cumple una función distinta: por un lado, las marcas[4] desempeñan una función de carácter económico, al indicar el origen empresarial del bien, las características homogéneas de todos aquellos productos que estén amparados por la misma marca (indicación de la calidad), así como su prestigio o su buena reputación, e incluso cumplen una función publicitaria[5]. Por su parte, el etiquetado[6] busca garantizar un alto nivel de protección

---

2 Cfr. MASSAGUER FUENTES, J.: *Comentario a la Ley de Competencia Desleal.* Civitas. 1999. Páginas 109 y 110.

3 Véase MONTERO GARCÍA-NOBLEJAS, P: "Justificación y alcance de la identificación del fabricante en el etiquetado de los productos (alimenticios)", en *Marcas negras en la era de la transparencia,* Dir: OLIVARES DELGADO, F. Gedisa, 2018. p. 305.

4 Entendiendo por tales todos aquellos signos que sirvan para distinguir e individualizar en el mercado productos o servicios de una empresa con respecto a productos o servicios idénticos o similares de otra, conforme a lo dispuesto en el artículo 4 de la Ley 17/2001, de 7 de diciembre, de Marcas (en adelante, LM), y en el artículo 4 del Reglamento 2017/1001 del Parlamento Europeo y del Consejo, de 14 de junio de 2017, sobre la marca de la Unión Europea (en adelante, RMUE)

5 Véase GALLEGO SÁNCHEZ, E.: *Derecho Mercantil. Parte Primera.* Tirant lo Blanch. 2019. Página 212.

6 Considerando como tal las menciones, indicaciones, marcas de fábrica o comerciales, dibujos o signos relacionados con un alimento y que figuren en cualquier

de los consumidores, ofreciéndoles una base para elegir con conocimiento de causa los alimentos que consumen, así como lograr la libre circulación de alimentos en la Unión, proteger los legítimos intereses de los productores, y promover la producción de productos de calidad[7]. Si bien es cierto que, conforme a la definición de etiquetado, también se incluyen dentro del mismo las marcas, aquel es una categoría más amplia, cuyos fines se buscan alcanzar principalmente a través de la indicación de valores objetivos del propio producto, relacionados principalmente con su composición[8], su caducidad o su modo de empleo. Valores sobre los que el origen geográfico del producto puede influir, por lo que tanto en nuestro ordenamiento como en el de la Unión se ha optado por configurar una serie de signos distintivos específicos que vinculan una mayor calidad o reputación de estos productos a dicho origen geográfico. Dichos signos son conocidos como denominaciones de origen e indicaciones geográficas.

La mentada protección de los consumidores se halla, además, en consonancia con sus intereses reales, pues la opinión pública ha demostrado inclinación a relacionar la alimentación con la salud, por lo que acude al etiquetado de forma habitual para obtener la información que considera relevante[9].

---

envase, documento, rótulo, etiqueta, faja o collarín, que acompañen o se refieran a dicho alimento, conforme a lo dispuesto en el artículo 2.2 j) del Reglamento 1169/2011, del Parlamento Europeo y del Consejo, de 25 de octubre de 2011, sobre la información alimentaria facilitada al consumidor (en adelante, Reglamento 1169/2011).

7 Cfr. Artículo 169 TFUE, Considerandos 1 y 4 del Reglamento 1169/2011. y su artículo 3, así como el artículo 8 del Reglamento 178/2002, del Parlamento Europeo y del Consejo, de 28 de enero de 2002, por el que se establecen los requisitos generales de legislación alimentaria, se crea la Autoridad Europea de Seguridad Alimentaria y se fijan procedimientos relativos a la seguridad alimentaria (en adelante, Reglamento 178/2002).

8 Como, por ejemplo, sus ingredientes, la cantidad de los mismos, sus condiciones de conservación o la información nutricional.

9 Cfr. Considerando 10 Reglamento 1169/2011. Asimismo, el Ministerio de Agricultura, Pesca y Alimentación solicitó al Instituto Cerdá la elaboración de una serie de encuestas a los consumidores con el ánimo de medir la confianza en el sector agroalimentario. En el trabajo monográfico realizado a partir de dicho estudio, se concluyó que 7 de cada 10 entrevistados leyeron siempre o casi siempre el etiquetado de los productos que consumían; e igualmente, 7 de cada 10 se fijaban en el origen de los alimentos. Dicho trabajo monográfico se

De toda esa información ofrecida a los consumidores, la que es objeto de especial tratamiento en este trabajo es la que se incluye en el etiquetado, y, más concretamente, la referida al país de origen; siendo en este último caso de especial interés y actualidad la relativa a la leche y los productos lácteos. El tratamiento de este tema se pretende realizar diferenciando, primero, los conceptos de origen empresarial, de país de origen, de denominación de origen y de indicación geográfica para, en segundo lugar, exponer la cuestión de la denominación obligatoria del país de origen, y, más concretamente, la denominación en la leche y los productos lácteos. Este asunto en nuestro país ha sido objeto de tratamiento por parte del legislador en los últimos años, y su política en este ámbito, basada en principio en la tutela de los intereses de los consumidores, puede suponer una afectación injustificada a la competencia dentro del mercado de la Unión Europea.

II. CONCEPTOS DE ORIGEN DEL PRODUCTO MARCADO, DE PAÍS DE ORIGEN, DE DENOMINACIÓN DE ORIGEN Y DE INDICACIÓN GEOGRÁFICA

Como ya se ha comentado, la información suministrada a los consumidores sobre los productos alimenticios se materializa tanto a través del etiquetado en general, como de las marcas en particular. Dado que el presente trabajo se centra en tratar los aspectos relativos al país de origen de este tipo de productos, se hace necesario distinguir este concepto de otros, como, por ejemplo, el concepto de origen del producto marcado u origen empresarial, el de denominación de origen o el de indicación geográfica. Esta necesidad se acentúa en la medida en que todas estas figuras aparecen en el etiquetado de los productos, por lo que tienen por objeto ofrecer información a los consumidores, si bien, como se aclarará a continuación, lo hacen con respecto a materias distintas.

---

encuentra disponible en: https://www.mapa.gob.es/es/alimentacion/temas/consumo-y-comercializacion-y-distribucion-alimentaria/e-3312informebarometro3t2019-monograficoetiquetadoconsumidores_tcm30-523632.pdf [fecha de última consulta: 24 de marzo de 2021].

1. Concepto y función del origen del producto marcado u origen empresarial

El primero de los conceptos es el de origen del producto marcado u origen empresarial del producto. De entre las funciones que cumple la marca, la primera y principal es la de indicar el origen empresarial del producto. A través de esta función distintiva, el consumidor identifica el producto o servicio y lo vincula a una fuente productiva determinada, asociando a dicha fuente la satisfacción o insatisfacción generada por el producto o servicio[10]. Por ello, este signo distintivo desempeña un papel informativo, al señalar a los consumidores que todos los productos o servicios de una misma clase portadores de una marca idéntica tienen su origen en una misma empresa: la empresa titular de la marca[11].

No obstante, la afirmación que se termina de realizar debe ser matizada, pues podría llegar a pensarse que, cuando se emplea el término "origen empresarial", se está haciendo necesariamente una referencia al fabricante del producto, o a que el titular de la marca debe ser necesariamente el fabricante. Más dichas aseveraciones no son acertadas.

En primer lugar, si bien es cierto que en sus inicios la función indicadora de la procedencia empresarial informaba a los consumidores sobre la identidad del fabricante de los productos, tras la revolución industrial y las innovaciones producidas a lo largo del último siglo, el conocimiento de dicha identidad se ha tornado cada vez más complejo[12]. Empero, este desconocimiento del fabricante o distribuidor no empece que la marca cumpla con su función de indicación del origen empresarial, pues, como ha señalado la doctrina[13], dicha función no consiste en dar a conocer la identidad de la empresa o el empresario que fabrica los productos, sino en señalar que todos los productos o servicios marcados proceden del mismo empresario.

---

10 Cfr. LOBATO, M.: *Comentario a la Ley 17/2001, de Marcas*. Civitas. 2002. Página 77.

11 Cfr. FERNÁNDEZ-NÓVOA, C.: *Tratado sobre Derecho de Marcas*. Marcial Pons. 2004. Página 70.

12 FERNÁNDEZ-NÓVOA, C. *op. cit.* Página 71.

13 BAYLOS CORROZA, H.: *Tratado de Derecho Industrial*. Civitas. 1993. Página 819.

En segundo lugar, tampoco se puede afirmar en todo caso que el término "origen empresarial" implica que sea el titular de la marca quien produzca los bienes o realice los servicios que se ofertan en el mercado, puesto que la propia LM[14] le faculta para conceder licencias sobre su signo distintivo. Por lo tanto, es completamente factible que el empresario que se dedique a fabricar y/o introducir en el mercado los productos o a prestar los servicios no sea el titular de la marca. Esta tesitura, no obstante, tampoco desvirtúa la función de indicación del origen empresarial; dado que, conforme a lo expuesto por la jurisprudencia comunitaria[15], para garantizar la función informativa del origen empresarial frente a los consumidores, a lo que se debe atender es a que exista un control efectivo por parte del titular de la marca sobre la calidad de los productos fabricados por los licenciatarios y protegidos por su signo distintivo.

Por lo tanto, el concepto de origen empresarial debe puntualizarse, como ha indicado la doctrina[16], y entenderse en el sentido de que hace referencia no solo a la indicación de que los productos o servicios amparados por la marca proceden de la misma empresa, sino también a que existe una determinada relación entre las respectivas empresas en las que tienen su origen. Por ello, se ha afirmado que esta función de la marca "opera desde una perspectiva puramente formal", funcionando como centro de imputación empresarial del signo distintivo y de los productos y servicios que el mismo diferencia. Por lo que no se vería afectado en su función por el hecho de que fabricante y titular de la marca no coincidan; aunque todo ello implica que el titular de la marca tiene la carga de controlar la explotación que de la misma realiza el licenciatario, bajo pena de que se declare

---

14 Cfr. Artículo 48 LM.

15 Véanse STJUE de 25 de julio de 2018, en el asunto C-129/17, apartado 35; STJUE de 23 de marzo de 2010, en los asuntos acumulados C-236/08 a 238/08, apartado 82; STJCE de 29 de septiembre de 1998, en el asunto C-39/97, apartado 28; y la STJCE de 17 de octubre de 1990, en el asunto C-10/89, apartados 14 y 13; entre otras.

16 Véase GALLEGO SÁNCHEZ, E.: "Fórmulas jurídicas al servicio de las marcas negras. Compatibilidad con el Derecho de marcas y el Derecho de la competencia desleal", en *Marcas negras en la era de la transparencia,* Dir: OLIVARES DELGADO, F. Gedisa, 2018. Página 296.

la caducidad de su derecho sobre el signo en caso de que pudiese inducir a error sobre las características del producto o servicio[17].

Esta función informativa del origen empresarial se completa con el ámbito de la responsabilidad del empresario frente a los consumidores, cuya regulación se halla en el Real Decreto Legislativo 1/2007, de 16 de noviembre, por el que se aprueba el texto refundido de la Ley General para la Defensa de los Consumidores y Usuarios y otras leyes complementarias (en adelante, TRLGDCU). Conforme a lo dispuesto en este texto, el sujeto al cual se le puede exigir responsabilidad es el denominado como productor. Debemos atender a lo dispuesto en el artículo 5 del TRLGDCU para observar que, como productor, ha considerarse, no solo al fabricante de un bien, sino también al prestador de un servicio, su intermediario, así como también al importador del bien o servicio en el territorio de la Unión Europea, y a cualquier persona que se presente como tal[18] al indicar "en el bien, ya sea en el envase, el envoltorio o cualquier otro elemento de protección o presentación, o servicio su nombre, marca u otro signo distintivo". Se ha de señalar que, por producto, se entiende, conforme al artículo 6 del mismo texto legal, todo bien mueble conforme a lo previsto en el artículo 355 del Código Civil[19]. La anterior definición de productor se aleja de la empleada en el campo económico, en el cual se considera como tal a aquella persona que fabrica un producto o extrae una materia prima[20] en el marco de una organización empresarial, con una finalidad de comercialización[21].

17 Cfr. LOBATO, M. *Op. cit.* Página 78 Y ORTUÑO BAEZA, M. T.: *La licencia de Marca.* 2000. Marcial Pons, Página 299.

18 Denominado productor o fabricante aparente.

19 Ya la doctrina ha señalado la discordancia existente entre este artículo y el anterior, al considerarse como productor también a los prestadores de servicios, sin extender el concepto de producto a estos últimos, limitándose únicamente a los bienes muebles. Véase BERCOVITZ RODRÍGUEZ-CANO, R. "Artículo 6. Concepto de producto", en *Comentario del Texto Refundido de la Ley General para la Defensa de los Consumidores y Usuarios y otras Leyes Complementarias.* Dir. BERCOVITZ RODRÍGUEZ-CANO, R. Aranzadi. 2015. Págs: 77 a 79.

20 La noción de materia prima aparece también en el artículo 138 del TRLGDCU, al considerar como productor, tanto al fabricante como al importador en la Unión Europea de una materia prima.

21 Véase MONTERO GARCÍA-NOBLEJAS, P: "Justificación y alcance de la identificación del fabricante en el etiquetado de los productos (alimenticios)", *op. cit.*

El empleo de esta noción amplia de productor permite a los consumidores, a los que se ha considerado como sujetos cautivos en la relación con el mercado[22], accionar contra un mayor número de sujetos en el caso de falta de conformidad con el bien que hayan adquirido, en sus características o calidad, o de que se causen daños como consecuencia de la existencia de defectos en los productos[23].

2. *Conceptos y función de las denominaciones de origen y de las indicaciones geográficas*

Por denominación de origen debe entenderse todo producto originario de un lugar determinado, una región o, excepcionalmente un país; cuya calidad o características se deban fundamental o exclusivamente a un medio geográfico particular, con los factores naturales y humanos inherentes a él, y cuyas fases de producción tengan lugar en su totalidad en la zona geográfica definida. Por indicación geográfica se entiende todo producto originario de un lugar determinado, una región o un país, que posea una cualidad determinada, una reputación, u otra característica que pueda esencialmente atribuirse a su origen geográfico, y de cuyas fases de producción, al menos una tenga lugar en la zona geográfica definida[24].

Págs: 318 y 319.

22 Debido a que no tienen más remedio que consumir bienes y servicios, y por ello se encuentran en una situación de desventaja con respecto a los diversos actores que pueden ser considerados como productores. Véase BERCOVITZ RODRÍGUEZ-CANO, R. "Artículo 2. Ámbito de aplicación", en *Comentario del Texto Refundido de la Ley General para la Defensa de los Consumidores y Usuarios y otras Leyes Complementarias.* Dir. BERCOVITZ RODRÍGUEZ-CANO, R. Aranzadi. 2015. Págs: 49 a 55.

23 Supuestos contemplados en los artículos 124 y 135 respectivamente. Véase BERCOVITZ RODRÍGUEZ-CANO, R. "Artículo 5. Concepto de productor", en *Comentario del Texto Refundido de la Ley General para la Defensa de los Consumidores y Usuarios y otras Leyes Complementarias.* Dir. BERCOVITZ RODRÍGUEZ-CANO, R. Aranzadi. 2015. Págs: 74 a 77.

24 Definiciones contenidas en el artículo 5 del Reglamento 1151/2012, del Parlamento Europeo y del Consejo, de 21 de noviembre de 2012, sobre los regímenes de calidad de los productos agrícolas y alimenticios (en adelante, Reglamento 1151/2012); si bien debe mencionarse que, para los vinos, la definiciones de denominación de origen e indicación geográfica se encuentran en el artículo 93 del Reglamento 1308/2013, del Parlamento Europeo y del Consejo, de 17 de di-

Aunque en un principio las denominaciones de origen estaban ligadas exclusivamente a la procedencia geográfica del producto, actualmente, cumplen una función de indicación de la (alta) calidad de un producto, garantizando la existencia de unas características comunes y constantes, que se hallan vinculadas a un origen geográfico[25]. Y, en cuanto a las indicaciones geográficas, pese a que también se les exige una vinculación del producto con el origen geográfico, la misma no es tan estrecha como con las denominaciones, pues, como se ha señalado, en la definición de denominación de origen, se establece que la calidad o características del producto se deban "fundamental o exclusivamente" al medio geográfico, mientras que en las indicaciones geográficas se utiliza la expresión "esencialmente". Del mismo modo, el origen geográfico no tiene por qué estar relacionado con una determinada cualidad del producto, sino que el vínculo puede ser meramente reputacional o de "otra característica".

3. Concepto y función del término país de origen y diferencias con las anteriores figuras

Por país de origen de un producto alimenticio debe entenderse aquel en el cual el mismo se hubiese obtenido enteramente. Si en

---

ciembre de 2013, por el que se crea la organización común de mercados de los productos agrarios (en adelante, Reglamento 1308/2013); y, para las bebidas espirituosas, se deberá atender al concepto de indicación geográfica comprendido en el artículo 3 del Reglamento 2019/787, del Parlamento Europeo y del Consejo, de 17 de abril de 2019, sobre la definición, designación, presentación y etiquetado de las bebidas espirituosas, la utilización de los nombres de las bebidas espirituosas en la presentación y etiquetado de otros productos alimenticios, la protección de las indicaciones geográficas de las bebidas espirituosas y la utilización de alcohol etílico y destilados de origen agrícola en las bebidas alcohólicas, y por el que se deroga el Reglamento (CE) no 110/2008. Empero, las definiciones de los tres reglamentos guardan grandes similitudes. En el presente trabajo se emplearán los términos del Reglamento 1151/2012, pues los mismos son los de carácter general para la mayoría de productos agrícolas y alimenticios.

25 Esta vinculación al origen geográfico es la principal característica diferenciadora entre las denominaciones e indicaciones con las marcas de garantía. Véase MONTERO GARCÍA-NOBLEJAS, P: *Denominaciones de origen e indicaciones geográficas*. Tirant lo Blanch. 2016. Páginas 34, 53 y 54.

la producción hubiesen intervenido dos o más países, será originario del país en el que se haya producido la última transformación o elaboración sustancial, efectuada por una empresa equipada a este efecto, y que haya conducido a la fabricación de un producto nuevo o que represente un grado de fabricación importante[26].

Como se acaba de exponer, el origen empresarial cumple una función de naturaleza económica e informativa acerca de los diversos actores que se hallan relacionados con la incorporación al mercado de una serie de productos o servicios amparados por una misma marca. Por su parte, la noción de país de origen, que se halla ligada a los principios y objetivos rectores del etiquetado de los productos alimenticios, busca igualmente ofrecer información a los consumidores, pero no sobre los empresarios que están vinculados a dichos productos, sino sobre el lugar geográfico en el cual se han producido u obtenido.

De igual modo, este término guarda similitudes con los conceptos de denominación de origen e indicación geográfica, si bien sus desemejanzas son relevantes.

Aunque es cierto que tanto las denominaciones, como las indicaciones y el país de origen tienen entre sus objetivos proporcionar información clara sobre los productos para que los consumidores hagan sus elecciones de compra con un mayor conocimiento de causa[27]; se pueden apreciar claras diferencias. Si bien el concepto de país de origen, al igual que el de denominación de origen y el de indicación geográfica, guarda una vinculación con el territorio en el cual se ha obtenido o producido el bien agrícola o alimenticio, a diferencia de las denominaciones de origen, el país de origen no indica que dicho producto tenga una determinada calidad superior

---

26 Cfr. Considerando 33 Reglamento 1169/2011, y su artículo 2.3, que remiten a los artículos 23 a 26 del Reglamento 2913/92 del Consejo, de 12 de octubre de 1992, por el que se aprueba el Código aduanero comunitario, para precisar la definición de país de origen. No obstante, dicho Reglamento fue derogado y sustituido por el actual Reglamento 952/2013, del Parlamento Europeo y del Consejo, de 9 de octubre de 2013, por el que se establece el código aduanero de la Unión. Por lo tanto, la presente definición se ha obtenido del artículo 60 de esta última norma.

27 Cfr. Reglamento 1151/2012, considerando 18, y considerandos 4, 10, 24, 26, 34 y 37 del Reglamento 1169/2011, así como su artículo 3.

por proceder de una zona geográfica concreta. Y, si bien el concepto de indicación geográfica permite abarcar un mayor número de supuestos, para poder incluir a un producto dentro del mismo, este debe poseer alguna característica (de calidad, reputacional, etc.) que se halle vinculada al territorio, mientras que, para indicar el país de origen, no es necesaria tal vinculación.

En resumen de todo lo anterior, la locución país de origen, a diferencia de la de origen del producto marcado, no desempeña una función empresarial, pues no relaciona el producto con una empresa en concreto, ni con una marca, sino que su función es meramente informativa, cuyo objetivo es que los consumidores escojan con conocimiento de causa. Y, aunque comparte este fin con las indicaciones geográficas y las denominaciones, las cuales tampoco desempeñan una función empresarial, diverge de ellas en que no indica ni una determinada cualidad ni cualquier otra característica del producto vinculada con el origen geográfico en el cual se ha obtenido o producido. Esta ausencia de relación entre calidad y procedencia encuentra su respaldo en el hecho, anteriormente mencionado, de que la definición de país de origen se remita a la normativa aduanera, pues, como ya señaló algún autor, la normativa de este ámbito se centra en indicar el lugar de producción o última transformación, disociándose de la naturaleza, calidad o atributos del producto[28].

III. LA EXIGENCIA DE INFORMACIÓN OBLIGATORIA Y LA INDICACIÓN DEL PAÍS DE ORIGEN EN EL ETIQUETADO

1. *La exigencia de información obligatoria en el etiquetado*

A nivel europeo, el propio Reglamento 1169/2011 apunta[29] que el principal motivo de justificación para imponer a los productores[30]

---

[28] Cfr. GUILLEM CARRAU, J.: *Denominaciones geográficas de calidad. Estudio de su reconocimiento y protección.* Tirant lo Blanch. 2008. Página 30.

[29] Cfr. Considerandos 17 a 19.

[30] Tal y como señala el considerando 15, y el artículo 1.3 del Reglamento 1169/2011, el mismo solo será aplicable a las empresas, y en concreto, a los operadores de empresas alimentarias en todas las fases de la cadena, así como a

la inclusión de determinada información en el etiquetado de sus productos es la ya mentada protección de los intereses de los consumidores, facilitando que los mismos puedan hacer un uso adecuado de los alimentos y tomen decisiones que se adapten a sus necesidades alimentarias. Los criterios que deben regir la decisión de imponer determinada información en el etiquetado son, por un lado, el interés demostrado por la amplia mayoría de los consumidores en la divulgación de determinadas informaciones, y, por otro, que dicha imposición se estime necesaria, de conformidad con los principios de subsidiariedad, proporcionalidad y sostenibilidad.

Asimismo, también establece el deber de que la legislación sobre información alimentaria deberá prohibir el uso de información que pueda inducir a engaño[31] al consumidor, indicando que deberá aplicarse la misma, para ser efectiva, también a la publicidad y presentación de los alimentos[32]. A este respecto, en nuestro ordenamiento[33] se exige que este engaño se produzca sobre las características esenciales del producto, entendiendo por tales aquellas que puedan distorsionar de manera significativa el comportamiento económico del consumidor medio[34], que es aquel que está normalmente informado y es razonablemente atento y perspicaz[35].

En cuanto a las indicaciones que pueden imponerse como obligatorias, las mismas se hallan recogidas en el artículo 9 del Reglamento

---

los servicios de restauración que ofrecen las empresas de transporte cuando la salida se produzca desde los Estados miembros a los que se aplican los Tratados.

31 En nuestro ordenamiento, este tipo de prohibición se halla regulada principalmente en la Ley 3/1991, de Competencia Desleal (en adelante, LCD), en cuyo artículo 5 se establecen los actos de engaño. Con respecto a los mismos, cabe señalar que para apreciarlos no es necesario que se produzca el error, sino que será suficiente con su aptitud para inducir a error. No se trata de actos de resultado, sino de peligro. Cfr. BARONA VILAR, S.: *Competencia desleal: tutela jurisdiccional (especialmente proceso civil) y extrajurisdiccional: doctrina legislación y jurisprudencia*. Tirant lo Blanch. 2008. P. 386.

32 Cfr. Considerando 20.

33 Cfr. Artículo 18 TRLGDCU.

34 Cfr. MONTERO GARCÍA-NOBLEJAS, P: "Justificación y alcance de la identificación del fabricante en el etiquetado de los productos (alimenticios)", *op. cit.* Págs: 317 y 318.

35 Cfr. FERNÁNDEZ-NÓVOA, C.: "Capítulo XXXI, El riesgo de confusión", en *Manual de la Propiedad Industrial*. Marcial Pons. 2017. Pág: 559.

1169/2011, el cual menciona toda una serie de elementos, como la denominación del alimento, la lista de ingredientes, la cantidad neta del alimento, su fecha de duración mínima o de caducidad, la información nutricional... y, en lo que al presente trabajo respecta, el artículo hace referencia también, en la letra i) del punto primero, al país de origen o lugar de procedencia, "cuando así esté previsto en el artículo 26". Asimismo, se deberá tener en cuenta, como más adelante se indicará, que existen normas específicas para determinados alimentos que regulan la información obligatoria que su etiquetado debe contener.

Igualmente, si la normativa europea no dictaminase ningún deber sobre la inclusión de determinada información en el etiquetado de los productos, los Estados miembros podrían fijarlo en sus propios ordenamientos, con fundamento en lo expuesto en los artículos 38 y 39 del Reglamento 1169/2011, siempre y cuando cumpliesen con los requisitos que dichos artículos exponen, a saber: que las medidas que adopten no supongan una prohibición u obstáculo a la libre circulación de las mercancías y que dicha imposición se halle justificada por la protección de la salud pública, la de los consumidores, la prevención del fraude o la protección de la propiedad intelectual y la prevención de la competencia desleal. Y, en el supuesto concreto de la indicación obligatoria del país de origen o del lugar de procedencia, se exige, adicionalmente, que se pueda demostrar la existencia de una relación entre dicha procedencia y determinadas cualidades del alimento, así como la aportación de pruebas sobre el interés de los consumidores por conocer dicho origen

Por otro lado, en nuestra normativa interna la información obligatoria del etiquetado se contiene principalmente en el TRLGDCU, así como en el RD. 126/2015, de 27 de febrero[36].

En el TRLGDCU, su artículo 18 también tiene por finalidad evitar la inducción a error en el consumidor o usuario, en términos muy similares a los que enuncia el Reglamento 1169/2011. No obstante,

---

[36] Por el que se aprueba la norma general relativa a la información alimentaria de los alimentos que se presenten sin envasar para la venta al consumidor final y a las colectividades, de los envasados en los lugares de venta a petición del comprador, y de los envasados por los titulares del comercio al por menor (en adelante, RD 126/2015).

existen al menos dos diferencias entre ambas regulaciones: la primera es la referida a los puntos sobre los cuales se debe informar en el etiquetado de forma obligatoria, pues el Reglamento 1169/2011 fija una lista cerrada de los mismos, mientras que el TRLGDCU, si bien enumera una serie de componentes informativos que deben ser incluidos en el etiquetado[37], establece un sistema de *numerus apertus*, ya que, previamente a la enumeración de dichos elementos, explicita que la información que se deba incluir en el etiquetado, lo será "sin perjuicio de las exigencias concretas que se establezcan reglamentariamente y de la normativa sectorial que en cada caso resulte de aplicación". La otra diferencia estriba en la determinación del sujeto responsable de incluir dicha información. El Reglamento 1169/2011 fija como responsable de la inclusión de la información al operador de la empresa alimentaria con cuyo nombre o razón social se comercialice el alimento, o al importador del mismo al mercado de la Unión, en caso de que el primero no esté establecido en la misma. Por su parte, la responsabilidad en el TRLGDCU no se atribuye a ningún sujeto en particular; si bien, algún sector de la doctrina ha apuntado a que sería razonable que la misma recayese sobre el empresario que tuviese a su disposición la información que debiera ser incluida en el etiquetado[38].

En cuanto al RD. 126/2015, el mismo, en su artículo 4, se remite en gran medida a lo dispuesto en el Reglamento 1169/2011. No obstante, se asemeja al contenido del TRLGDCU en cuanto al sistema de *numerus apertus*, al hacer igualmente referencia a los requisitos que se pudiesen establecer en disposiciones nacionales o de la Unión Europea.

---

37 Como el nombre y dirección completa del productor, la naturaleza, composición y finalidad del producto, la fecha de producción o suministro y lote, o las instrucciones o indicaciones para su correcto uso o consumo, así como la correcta gestión de sus residuos, advertencias y riesgos previsibles.

38 Por lo que, en algunos casos, dicho empresario podría ser el fabricante o productor, haciendo que la lista de responsables fuese más amplia que establecida en el Reglamento. Cfr. ÁLVAREZ LATA, N.: "Artículo 18. Etiquetado y presentación de los bienes y servicios", en *Comentario del Texto Refundido de la Ley General para la Defensa de los Consumidores y Usuarios y otras Leyes Complementarias.* Dir. BERCOVITZ RODRÍGUEZ-CANO, R. Aranzadi. 2015. Página 216.

En conclusión, aunque el Reglamento 1169/2011 establece un sistema de *numerus clausus* con respecto a las indicaciones de información obligatorias (al contrario que nuestras normas internas), en lo referido al país de origen de los productos se debe estar, por un lado, a lo dispuesto en la normativa específica de la Unión para determinados tipos de alimentos y, por otro, y como se va a tratar a continuación, a lo dispuesto en el artículo 26 del Reglamento 1169/2011, el cual fija una serie de supuestos en los cuales dicha indicación será obligatoria. En caso de que dicha información obligatoria no fuese exigida por el Reglamento 1169/2011, los Estados miembros podrán imponerla siempre y cuando cumplan con los requisitos de los artículos 38 y 39 del Reglamento 1169/2011.

2. *La exigencia de indicar el país de origen o lugar de procedencia*

Dentro de las indicaciones obligatorias que deben incluirse en el etiquetado, la del país de origen es una de las más relevantes, principalmente por la influencia que puede llegar a tener en el ámbito del Derecho de la competencia y sobre los consumidores.

Tal y como indicó la OCDE, el fundamento para el empleo de referencias de calidad o geográficas de los productos se halla en las denominadas asimetrías de información entre los consumidores y los productores, y tiene por objetivo reducirlas en la mayor medida posible, facilitando que los primeros puedan conocer todas las características posibles de los productos que adquieren, evitando así que tomen decisiones que no se ajusten a sus intereses y que, por lo tanto, se produzcan fallos en el mercado[39].

---

[39] Véase OCDE: "Apellations of origing and geographical indications in OECD countries: economic and legal implications". 2000. Páginas 7 y 8. Disponible en: http://www.oecd.org/officialdocuments/publicdisplaydocumentpdf/?cote=COM/AGR/APM/TD/WP%282000%2915/FINAL&doclanguage=En [fecha de la última consulta: 31 de marzo de 2021]. Igualmente, véase CNMC: "IPN/CNMC/009/18: P.R.D. Relativo a la indicación del origen de la leche utilizada como ingrediente en el etiquetado de la leche y productos lácteos". 2018. Página 10. Disponible en: https://www.cnmc.es/sites/default/files/2000981_8.pdf [fecha de la última consulta: 2 de abril de 2021]; y CNMC: "IPN/CNMCA/044/20: Proyecto de Real Decreto por el que se modifica el Real Decreto 1181/2018, de 21 de septiembre, relativo a la indicación de origen de la leche utilizada como

Por su parte, y como se comentará más adelante, la normativa del etiquetado en general, así como la información referida al país de origen o procedencia del producto, puede llegar a provocar un efecto distorsionador sobre la competencia[40], y, más concretamente, puede ser empleada por los Estados miembro como un "método disimulado para dar preferencia a los productos nacionales"[41].

En punto a la regulación concreta de esta materia, en primer lugar, se debe señalar que el contenido del artículo 26 del Reglamento 1169/2011 se aplica sin perjuicio de los requisitos en materia de etiquetado previstos en disposiciones especiales de la Unión. Apunte éste referido, principalmente, a aquellos alimentos en los cuales es obligatorio indicar el país de su procedencia[42], así como los que se encuentren ya protegidos por una denominación de origen, una indicación geográfica, o una especialidad tradicional garantizada[43].

Realizada la anterior aclaración, el artículo 26 indica los dos supuestos en los que los operadores de empresas alimentarias de la UE

---

ingrediente en el etiquetado de la leche y los productos lácteos". 2021. Página 12. Disponible en: https://www.cnmc.es/sites/default/files/3321045_11.pdf [fecha de la última consulta: 2 de abril de 2021].

40 Véase: CNMC: "IPN/CNMC/009/18... *Op. cit.* Páginas 11 y 12. Igualmente: VÁZQUEZ RUANO, T.: "Aspectos de competencia en la comercialización de productos agroalimentarios" en *ADI* nº 38, 2017-2018. Páginas 423 a 440.

41 Véase Conclusiones del Abogado General Sr. Gerard Hogan, presentadas el 16 de julio de 2020. Asunto C-485/18. ECLI:EU:C:2020:592. Apartado 3.

42 Como, entre otros, la miel (Directiva 2001/110/CE), las frutas y hortalizas (Reglamento de Ejecución nº 543/2011), el pescado no transformado (Reglamento nº 1379/2013), la carne de vacuno (Reglamento 1760/2000), el aceite de oliva (Reglamento 29/2012), el vino (Reglamento 1308/2013), los huevos (Reglamento 589/2008), la carne de aves de corral importada (Reglamento 543/2008), o las bebidas espirituosas (Reglamento 110/2008).

43 Ideados para beneficiar a las zonas rurales más desfavorecidas, contribuyendo a aumentar la renta de los agricultores y a propiciar el establecimiento de la población rural en las mismas, las especialidades tradicionales garantizadas, conforme a lo dispuesto en el artículo 18 del Reglamento 1152/2011, son signos distintivos de nombres que describan un producto o alimento específico que sea el resultado de un método de producción, transformación o composición que correspondan a la práctica tradicional aplicable a ese producto o alimento; o esté producido con materias primas o ingredientes que sean los utilizados tradicionalmente. Véase MONTERO GARCÍA-NOBLEJAS, P: *Denominaciones de origen e indicaciones geográficas. Op. cit.* Páginas 93 y siguientes.

estarán obligados a indicar el país de origen o el lugar de procedencia de sus productos de forma obligatoria: uno, de carácter concreto, relativo a los productos cárnicos del Anexo XI[44], y otro, de carácter general, concerniente a aquellos supuestos en los que la omisión pudiese inducir a error al consumidor en cuanto al país de origen o el lugar de procedencia real del alimento, especialmente si la información del etiquetado pudiese sugerir que el alimento tiene un país o lugar de origen diferente al real. Igualmente, si el ingrediente primario del producto tiene su origen en un país distinto al del producto final, se deberá indicar, o bien el país de origen de dicho ingrediente primario, o que su lugar de procedencia es distinto al del producto final.

De manera análoga, el mismo artículo impone el deber a la Comisión Europea de presentar una serie de informes, a más tardar el 13 de diciembre de 2014, sobre la necesidad de indicar obligatoriamente en el etiquetado el país de origen o del lugar de procedencia de una serie de alimentos, entre los que cabe destacar, a efectos del presente trabajo, la leche y los productos lácteos. Dichos informes, que serán comentados a continuación, debían analizar la necesidad de los consumidores de estar informados al respecto, la viabilidad de facilitar dicha información y los costes y beneficios de aplicar dichas medidas.

Si no concurriesen los supuestos del artículo 26, ni fuese exigida la indicación del país de origen por una norma específica de la UE, los Estados miembros podrían imponerla, como ya se ha indicado, con base en los artículos 38 y 39 del Reglamento 1169/2011. Todo ello sin perjuicio de que los empresarios decidan incluirla de forma voluntaria, siempre y cuando cumplan con los requisitos de los artículos 36 y 37 del mismo texto legal[45].

---

44 En resumidas cuentas, son las carnes de las especias porcina, ovina, caprina o aves de la partida 0150, que sean frescas, refrigeradas o congeladas.

45 Los cuales se pueden resumir en que la información voluntariamente ofrecida no induzca a error en los consumidores, ni sea confusa ni ambigua para estos (teniendo siempre en cuenta que como criterio orientador se empleará la figura del "consumidor medio"), que se base, si procede, en datos científicos pertinentes, y que dicha información no disminuya el espacio disponible para la información obligatoria.

IV. EL SUPUESTO DE LA INDICACIÓN DEL PAÍS DE ORIGEN EN LA LECHE Y LOS PRODUCTOS LÁCTEOS

1. Concepto de leche y de producto lácteo y la necesidad de indicar el país de origen en su etiquetado

De conformidad con lo dispuesto en el Reglamento 1308/2013[46], por leche debe entenderse exclusivamente la secreción mamaria normal obtenida a partir de uno o más ordeños, sin ningún tipo de adición ni extracción; y, por productos lácteos, aquellos que deriven exclusivamente de la leche, a los cuales se les podrán añadir sustancias para su fabricación, siempre y cuando las mismas no sustituyan, en todo o en parte, algún componente de la leche. Al ser productos de la ganadería, los mismos entran dentro de la consideración de productos agrícolas, tal y como los define el TFUE[47], y al estar destinados a ser ingeridos por los seres humanos, son considerados como alimentos por la normativa europea[48].

Con respecto a la indicación obligatoria del país de origen de estos productos, el propio Reglamento 1169/2011, en su artículo 26, especifica que la Comisión debía emitir un informe sobre la viabilidad y conveniencia de incluir esta información.

El mencionado organismo emitió dicho informe el 20 de mayo de 2015[49], y, en el mismo, concluyó, primero, que ya existe un gran número de empresarios del sector lácteo que acuden a sistemas de indicación del origen voluntarios; segundo, que los consumidores no se hallan muy predispuestos a pagar más por esta información; y, por último, que obtenerla podría implicar un aumento de costes para los operadores, que sería además desigual, pues dependería de las circunstancias particulares de cada uno de ellos.

---

46 Y, más concretamente, en la Parte III de su Anexo VII.

47 Cfr. Artículo 38 TFUE.

48 Cfr. Artículo 2 Reglamento 178/2002, y artículo 2 Reglamento 1169/2011.

49 Véase COM(2015) 205 final "Informe de la Comisión al Parlamento y al Consejo sobre la indicación obligatoria del país de origen o del lugar de procedencia de la leche, la leche utilizada como ingrediente en productos lácteos y los tipos de carne distintos a la carne de vacuno, porcino, ovino, caprino y aves de corral". Disponible en https://eur-lex.europa.eu/legal-content/ES/TXT/PDF/?uri=CELEX:52015DC0205&from=IT [fecha de última consulta: 2 de abril de 2021].

Por su parte, el Parlamento Europeo, teniendo en cuenta este informe, emitió una Resolución el 12 de mayo de 2016[50], en la que destacó que la indicación obligatoria del origen de la leche o de los productos lácteos es una medida útil para proteger su calidad y salvaguardar el empleo en dicho sector, así como para evitar la inducción a error a los consumidores; aunque admitió que esta medida no servía para prevenir el fraude. Consideró, asimismo, que los incrementos en los costes de producción para los empresarios habrían sido sobreestimados por estos, y las cifras aportadas no se hallaban debidamente justificadas. Por todo ello, solicitó a la Comisión que impusiese el deber de indicar el país de origen en todos estos productos.

No obstante, y en contra del criterio del Parlamento Europeo, la Comisión, a la fecha de elaboración del presente trabajo[51] no ha adoptado ningún acto de aplicación de lo dispuesto en el artículo 26 del Reglamento 1169/2011 con respecto a la indicación obligatoria del país de origen en la leche y los productos lácteos.

2. *La indicación del país de origen de la leche y los productos lácteos en el ordenamiento español*

Aunque en el ámbito europeo la Comisión no haya considerado necesario incluir el país de origen en el etiquetado de la leche y los productos lácteos, varios Estados miembros sí han decidido adoptar esta imposición. Entre ellos se encuentra España, cuyo Ministerio de Agricultura, Pesca y Alimentación (en adelante, MAPA) fue el encargado de elaborar el Proyecto de Ley que posteriormente se materializaría en el RD 1181/2018, de 21 de septiembre, relativo a la indicación del origen de la leche utilizada como ingrediente en el etiquetado de la leche y los productos lácteos (en adelante, RD 1191/2018).

---

50 Véase P8_TA(2016)0225 "Resolución del Parlamento Europeo, de 12 de mayo de 2016, sobre la indicación obligatoria del país de origen o del lugar de procedencia de determinados alimentos (2016/2583(RSP)). Disponible en https://eur-lex.europa.eu/legal-content/ES/TXT/?uri=CELEX%3A52015IP0034 [fecha de última consulta: 6 de abril de 2021].

51 Abril de 2021.

Como ya se ha indicado, los Estados miembros, con base en lo dispuesto en los artículos 38 y 39 del Reglamento 1169/2011, pueden adoptar medidas para imponer la indicación obligatoria del país de origen de los productos alimenticios, siempre y cuando cumplan con los requisitos fijados en dichos artículos. En el caso español, esta decisión se adoptó[52] con el doble objetivo de proporcionar información suficiente a los consumidores para facilitar su elección de compra, y de igualar las condiciones de comercialización de los productos lácteos en España a la otros países de la UE, que ya habían impuesto este deber.

En la propia MAIN se afirmó que esta imposición no tendría un impacto significativo sobre la competencia, basándose en que en el artículo 45 del Reglamento 1169/2011 se exime de informar a los organismos europeos conforme al procedimiento fijado en la Directiva 98/34/CE[53] (derogada por la Directiva 2015/1535, reguladora de la misma materia). No se hizo mención alguna a las advertencias que realizó la Comisión en su informe del 2015 sobre las posibles consecuencias que estas medidas podían tener sobre la competencia, y que ya se han señalado.

Con respecto a los requisitos fijados por el artículo 39 del Reglamento 1169/2011, la MAIN aseveró que no era materialmente posible demostrar que las cualidades de la leche y/o los productos lácteos están relacionadas con su origen o procedencia, y que únicamente a través de encuestas realizadas a los consumidores sería posible cumplir con los requisitos del artículo 39. Por ello, basándose en las encuestas realizadas por la UE (utilizadas igualmente por el Parlamento Europeo y por la Comisión en sus informes y resoluciones), así como en encuestas que el propio MAPA solicitó, se llegó a la conclusión de que para los consumidores españoles era importante conocer el país de origen de la leche y los productos lácteos. A mayor abundamiento, en la MAIN se alegó que el concepto de calidad se

---

[52] Tal y como se recoge en la Memoria de Análisis de Impacto Normativo (en adelante, MAIN).

[53] Del Parlamento Europeo y el Consejo, de 22 de junio de 1998, por el que se establece un procedimiento de información en materia de las normas y reglamentaciones técnicas y de las reglas relativas a los servicios de la sociedad de la información.

refiere al "conjunto de propiedades y características de un servicio o de un producto que tienen que ver con su capacidad de satisfacer las necesidades declaradas expresa o implícitamente"[54]; intentando, con ello, reforzar la postura de la suficiencia del criterio subjetivo de los intereses de los consumidores para imponer esta medida.

Sin embargo, es de resaltar que incluso la propia MAIN aceptó que esta imposición supondría unos mayores costes de gestión para los empresarios del sector lácteo, al exigir mayores controles sobre la determinación del origen de la leche. Igualmente, afirmó que estas medidas ayudarían a proveer de valor añadido a los productos afectados, y que con esta norma se contribuiría a crear unas "condiciones de competencia equitativas para la industria láctea", lo que podría considerarse una contradicción con su declaración inicial relativa a la no afectación significativa, por parte de esta norma, de la competencia. Afectación que también señaló Suecia en las observaciones realizadas a la notificación del proyecto de ley español ante la Comisión Europea. Este Estado miembro incidió en la falta de un criterio objetivo que relacionase las cualidades de los productos afectados con el país de origen (artículo 39 del Reglamento 1169/2011), así como en el peligro de que esta norma alentase a los consumidores españoles a comprar productos de su propio país, a expensas de los procedentes de otros Estados miembros.

A pesar de las observaciones comentadas, y de las conclusiones del informe realizado por la CNMC[55] que coincidían con las expuestas por Suecia, el Gobierno español publicó el RD 1181/2018, cuyo objeto es regular la indicación obligatoria del origen de la leche y los productos lácteos, y cuyos aspectos más relevantes de su articulado son, por un lado, que esta imposición será voluntaria para aquellos productos que ya se hallen protegidos por denominaciones de origen o indicaciones geográficas[56], que la misma solo se aplicará al etiquetado de la leche y los productos lácteos elaborados en España

54 Definición realizada por la Organización Internacional de Normalización, y esgrimida igualmente por Francia e Italia para justificar sus respectivas normativas de indicación obligatoria del país de origen en estos productos.

55 Véase: CNMC: "IPN/CNMC/009/18"... *Op. cit.* Página 13.

56 Artículo 2.3.

y que se comercialicen en el territorio español[57], y que el período de aplicación se limitaba hasta dos años después de su entrada en vigor[58], es decir, hasta el 21 de enero de 2021.

3. La indicación obligatoria del país de origen de la leche y los productos lácteos ante el TJUE. El caso Lactalis

La posibilidad de que los Estados miembros pudiesen imponer la indicación del origen de la leche y los productos lácteos fue aprovechada por una serie de países, de los cuales fue pionera Francia. Su regulación de la materia sirvió de base para la española, por lo que presentaba los mismos aspectos dudosos que nuestra propia normativa, es decir, la falta de un criterio objetivo que relacionase determinadas cualidades de los productos afectados con el país de origen, y la afectación que a la competencia en el mercado único de la UE podía suponer.

El grupo Lactalis, el mayor productor de lácteos del mundo, solicitó a los tribunales franceses, en 2016, la anulación del Decreto que dicho Estado miembro había publicado con respecto a esta materia, alegando que infringía lo dispuesto en los artículos 26, 38 y 39 del Reglamento 1169/2011. El órgano jurisdiccional que conoció del asunto planteó una serie de cuestiones prejudiciales ante el TJUE, de entre las que cabe destacar la referente a si es posible apreciar la relación entre las cualidades del alimento y el país de origen únicamente atendiendo a criterios subjetivos, como, por ejemplo, las preferencias de los consumidores.

El Abogado General, en sus conclusiones, manifestó que los requisitos fijados en el artículo 39 del Reglamento 1169/2011 son de carácter puramente objetivo. Si bien admitió que dicho artículo podía interpretarse en sentido opuesto, tal y como habían hecho algunos Estados miembros (como Francia o España), para él, de la interpretación sistemática del Reglamento solo podía deducirse que la exigencia del artículo 39 a las cualidades de los productos está referida a "atributos físicos, nutritivos, organolépticos y, en particu-

---

57 Cfr. Artículo 1.

58 Cfr. Disposición transitoria segunda.

lar, del sabor". Interpretar que solamente se deben tener en cuenta consideraciones subjetivas acarrearía la reintroducción de normas nacionales cuyo fin es apelar a los instintos nacionalistas "o incluso chovinistas" de los consumidores[59].

Este mismo criterio fue el seguido por el TJUE, en cuya sentencia[60] declaró que la estructura del artículo 39 del Reglamento 1169/2011 es clara, y que el mismo diferencia, por un lado, entre la exigencia de probar la relación entre determinadas cualidades de un alimento y el país de origen, y, por otro, que se pruebe que la mayoría de los consumidores considera importante que se les facilite dicha información. Por lo tanto, ambas exigencias deben ser consideradas de forma separada.

4. El estado actual de la cuestión en el ordenamiento español

Tras la sentencia del caso Lactalis, ha quedado claro que el razonamiento jurídico empleado por el Gobierno español para justificar la aplicación del RD 1181/2018 carece de fundamento. Por ello, lo lógico sería que, o bien el propio Gobierno derogase dicho Real Decreto, o, simplemente, no prorrogase su período de aplicación.

No obstante, el 19 de enero de 2021 se publicaba en el BOE el RD 24/2021[61], por el cual se prorroga la eficacia del RD 1181/2018 hasta el 22 de enero del 2023[62]. Ni en dicho Real Decreto, ni en el Proyecto para la modificación del RD 1181/2018[63] se ha aducido la

---

59 Cfr. Conclusiones del Abogado General Sr. Gerard Hogan, presentadas el 16 de julio de 2020... *Op. cit.* Apartados 39 y ss. y nota 22.

60 Sentencia del Tribunal de Justicia de la Unión Europea, Sala Tercera, de 1 de octubre de 2020. Asunto C-485/18. ECLI:EU:C:2020:763.

61 De 19 de enero, por el que se modifican el Real Decreto 319/2015, de 24 de abril, sobre declaraciones obligatorias a efectuar por primeros compradores y productores de leche y productos lácteos de vaca, oveja y cabra, y el Real Decreto 153/2016, de 15 de abril, sobre declaraciones obligatorias a efectuar por los fabricantes de leche líquida envasada de vaca.

62 Cfr. Disposición adicional única.

63 Véase "Proyecto de Real Decreto por el que se modifica el Real Decreto 1181/2018, de 21 de septiembre, relativo a la indicación del origen de la leche utilizada como ingrediente en el etiquetado de la leche y los productos lácteos" (en adelante, el Proyecto). Disponible en https://www.mapa.gob.es/es/alimen-

existencia de criterios de carácter objetivo que estén relacionados con el origen de la leche o los productos lácteos que se producen y comercializan en España. Solo se ha alegado en el Proyecto la constatación del interés de los consumidores y los productores por la permanencia de esta medida, por lo que se vuelve a acudir exclusivamente al criterio subjetivo de la opinión pública para introducir una medida que, por un lado, y como ya se ha señalado, puede suponer una inducción a error a los consumidores sobre las cualidades de los productos afectados[64].

Tampoco se debe olvidar que esta normativa, aunque solo se aplique a la leche y a los productos lácteos de origen español y que se comercializan dentro de nuestras fronteras, podría suponer una medida de efecto equivalente sobre la competencia[65], tal y como apreció en casos similares el TJE, en asuntos como el de la Comisión de las Comunidades Europeas contra Irlanda, en 1981[66], o contra el

---

tacion/participacion-publica/20201105_proyectord_extensionplazo_indicacionorigenleche_tcm30-550956.pdf [fecha de última consulta: 5 de abril de 2021].

64 Como bien ha señalado la doctrina al tratar los actos de engaño, ya en la primera regulación de los mismos en nuestro ordenamiento se prohibía que la publicidad indujese a error sobre la naturaleza, composición, origen, cualidades sustanciales. Por ello, para apreciarlos, no se debe tener en cuenta únicamente si el contenido de las indicaciones, alegaciones o manifestaciones realizadas coincide con la realidad, sino si la representación que en dichos destinatarios se forma por esos actos coincide asimismo con la realidad. Cfr. MASSAGUER FUENTES, J.: *Comentario a la Ley de Competencia Desleal. Op. cit.* Páginas 214 a 222.

65 Entendiendo por tal toda aquella reglamentación comercial de los Estados miembros relativa a la fabricación de los productos y susceptible de obstaculizar, directa o indirectamente, actual o potencialmente, el comercio intracomunitario, siempre y cuando no esté justificada por una exigencia imperativa. Cfr. CALVO CARAVACA, AL., CARRASCOSA GONZÁLEZ, J.: *Mercado único y libre competencia en la Unión Europea.* Colex. 2003. Página 55.

66 Sentencia del Tribunal de Justicia, de 7 de junio de 1981. Asunto 113/80. ECLI:EU:C:1981:139. En este asunto, se determinó que la imposición del estado irlandés a los empresarios extranjeros de indicar el origen de sus productos (en concreto, se trataba de *souvenirs* relativos a Irlanda) no podía hallar amparo ni en la protección de los consumidores, ni en el resto de prohibiciones o restricciones a la importación contempladas en el artículo 30 TCE (actual artículo 36 TFUE), salvo que se pudiesen demostrar que el origen del producto implicase determinada calidad, unas materias primas particulares, un procedimiento de fabricación determinado, etc.

Reino Unido, en 1985[67], o el denominado caso Pistre[68]. Si bien es cierto que esta doctrina del efecto equivalente, de origen jurisprudencial, se ha centrado principalmente en los supuestos en los que la medida afecte solo a los productos extranjeros, o indistintamente a los productos nacionales y a los extranjeros[69], en la última de las sentencias mencionadas, el TJCE consideró que, si bien el artículo 30 del TCE[70] no hacía referencia a aquellas medidas que afectasen únicamente a los productos nacionales, las mismas no pueden excluirse de su aplicación, pues a lo que se debe atender es a los efectos reales o probables sobre la libre circulación de mercancías entre los Estados miembros, "especialmente cuando la medida de que se trate favorezca la comercialización de mercancías de origen nacional en perjuicio de las mercancías importadas"[71]. Este criterio sigue en vigor, pues la jurisprudencia no ha modificado su interpretación del mismo, y la entrada en vigor del TFUE no ha alterado la redacción de los artículos que regulan la materia.

---

67 Sentencia del Tribunal de Justicia de 25 de abril de 1985. Asunto 207/1983. ECLI:EU:C:1985:161. El Tribunal de Justicia entendió, en este litigio, que indicar el origen de determinados productos de forma obligatoria en los comercios al pormenor del Reino Unido suponía una medida desfavorecedora de la comercialización de dichos productos cuando los mismos eran importados, y alentadora del consumo de productos originarios de dicho país. El órgano judicial no consideró como causa de justificación suficiente la satisfacción del interés de los consumidores a través de la facilitación de este tipo de información, pues el origen del producto no fue considerado como relevante y, además, ya existían medidas de carácter voluntario que los propios empresarios podían aplicar para indicar dicho origen.

68 Sentencia del Tribunal de Justicia de 7 de mayo de 1997, Sala Quinta. Asuntos acumulados C-321/94, C-322/94, C-323/94 y C-324/94. ECLI:EU:C:1997:229. En esta resolución, el Tribunal de Justicia entendió que una medida referida a la indicación del origen montañés de determinados productos alimenticios que se aplicaba única y exclusivamente a aquellos que eran originarios del propio país (en este caso, Francia), sin exigir a los importados dicha indicación, podía afectar negativamente a la libre circulación de mercancías en el mercado único.

69 Y así lo ha expuesto la doctrina. Cfr: VALENCIA MARTÍN, G.: *La defensa frente al neoproteccionismo en la Comunidad Europea*. Alicante: Cámara Oficial de Comercio, Industria y Navegación. 1993. Páginas 54 y ss.

70 Actual artículo 36 del TFUE.

71 Véanse apartados 41 y siguientes de la Sentencia anteriormente citada, de 7 de mayo de 1997.

Cuestión distinta es que se pueda apreciar que existe alguna de las causas de justificación que el art. 36 TFUE y la jurisprudencia han contemplado a la imposición de medidas restrictivas a la libre circulación de mercancías. Dentro de las mismas se incluyen, entre otras, tanto la salud pública, como la protección de los consumidores[72]. Empero, para afirmar la existencia de una de dichas causas, es preciso que las medidas adoptadas sean necesarias, proporcionadas al objetivo perseguido, y que el mismo no pudiese alcanzarse a través de otro tipo de actuaciones que fueran menos limitativas de los intercambios comerciales[73]. Requisitos que, por lo expuesto a lo largo del presente trabajo, no se puede considerar que concurran en el supuesto de la regulación española.

En conclusión, salvo que se consiguiese encontrar un criterio objetivo que relacionase las cualidades de la leche y los productos lácteos españoles con su lugar de origen, la actual regulación de la indicación obligatoria en el etiquetado en este sector alimentario de nuestro país no cumple con los requisitos contenidos en el artículo 39 del Reglamento 1169/2011 y aclarados por la jurisprudencia del TJUE. España se ve en la tesitura de tener que afrontar una posible condena por parte del alto tribunal europeo por infracción de lo dispuesto en el mencionado artículo 39, y/o por la imposición de una medida de efecto equivalente, al haber favorecido a los empresarios del sector lácteo español con una medida que fomenta los prejuicios de los consumidores nacionales, y les anima a consumir productos españoles en detrimento de los importados. Todo ello sin justificación ni en lo dispuesto en el Reglamento 1169/2011, ni en las causas de justificación fijadas por el artículo 36 del TFUE y la jurisprudencia comunitaria.

---

[72] Cfr. Sentencia del Tribunal de Justicia, de 26 de octubre de 1995. Asunto C-51/94. ECLI:EU:C:1995:352. Apartado 31.

[73] Véanse, entre otras, la Sentencia del Tribunal de Justicia de 26 de noviembre de 1996. Asunto C-313/94. ECLI: EU:C:1996:450. Apartado 23, así como la Sentencia del Tribunal de Justicia de 13 de enero de 2000. Asunto C-220/98. ECLI EU:C:2000:8. Apartado 26; o la Sentencia del Tribunal de Justicia de 10 de febrero de 2009. Asunto C-110/05.ECLI:EU:C:2009:66. Apartado 59.

V. CONCLUSIONES

Los productos alimenticios tienen una relevancia de primer orden en nuestra sociedad. Por ello, la información que se ofrece a los consumidores sobre este tipo de productos es esencial para que estos puedan realizar una elección de compra que se ajuste lo mejor posible a sus intereses. Dicha información se ofrece a través de dos medios: de las marcas y del etiquetado. Las primeras tienen por función principal la de indicar el origen empresarial de los productos. El etiquetado, por su parte, aunque incluye dentro de sí a las marcas, está más orientado en ofrecer información sobre las características o cualidades del propio producto, su caducidad o su modo de empleo. Dentro de la información suministrada en el etiquetado, la referida al país de origen debe diferenciarse de otras figuras, como el origen del producto marcado u origen empresarial, las denominaciones de origen o las indicaciones geográficas, pues su objeto es simplemente indicar el país de procedencia, de elaboración sustancial, o de última transformación, sin hacer referencia ni sobre quién es el titular de la marca, ni si el producto en sí posee determinadas características o cualidades solamente por su origen o procedencia.

El Reglamento 1169/2011, regulador de las cuestiones del etiquetado en productos alimenticios, ha establecido que la indicación del país de origen de un producto sea obligatoria en determinados productos cárnicos, y cuando, en general el resto de elementos del etiquetado puedan inducir a confusión a los consumidores sobre el verdadero país de origen del producto. Igualmente, se debe tener en cuenta que, para determinados alimentos, existen normas específicas a nivel europeo que establecen el deber de indicar el origen del producto.

En lo que respecta a la leche y los productos lácteos, si bien el Parlamento Europeo solicitó a la Comisión que impusiese la obligatoriedad de indicar el país de origen de los mismos, este último organismo, a fecha de realización del presente trabajo, todavía no ha adoptado ninguna medida a nivel comunitario. No obstante, el propio Reglamento 1169/2011 permite a los Estados miembros exigir dicha información en los productos comercializados en su territorio, siempre y cuando se cumplan una serie de requisitos.

Con base en dichas disposiciones, varios países de la Unión, encabezados por Francia, y entre los que se encuentra España, han decidido exigir tal información. En el caso español, esta imposición se aplica únicamente a los productos originarios de España, y que se comercialicen en el propio país. La justificación esgrimida por el Gobierno para tomar tal medida ha sido la protección de los intereses de los consumidores, al atender a sus preferencias sobre la información que les gustaría que apareciese en el etiquetado; así como la de igualar las condiciones de comercialización de este tipo de productos con respecto a los Estados miembros vecinos, los cuales han adoptado medidas similares con carácter previo.

No obstante, el TJUE ha declarado recientemente que el Decreto francés sobre la indicación obligatoria del país de origen en la leche y los productos lácteos, norma en la que se ha basado en gran medida nuestro Gobierno para la redacción del Real Decreto sobre esta cuestión en nuestro país, incumple los requisitos fijados por el Reglamento 1169/2011 para su adopción, al no haber constatado que el país de origen de estos productos influya en determinadas características o cualidades objetivas de los mismos.

Al adolecer nuestra norma de las mismas carencias, no existe una adecuada fundamentación jurídica para prorrogar la vigencia del Real Decreto durante dos años más, prórroga que, además, se realizó varios meses después del fallo del TJUE. Por ello, actualmente no encontramos ante una regulación contraria a lo dispuesto en el Reglamento 1169/2011, y a la jurisprudencia del TJUE que, además, puede inducir a error en los consumidores sobre las cualidades de la leche y los productos lácteos, fomenta sus prejuicios nacionalistas a la hora de escoger este tipo de productos, en detrimento de los de otros Estados miembros, y puede afectar a la competencia en el mercado único, al poder ser considerado como una medida de efecto equivalente que no se halla debidamente justificada conforme a los criterios del TFUE.

VI. BIBLIOGRAFÍA

ÁLVAREZ LATA, N.: "Artículo 18. Etiquetado y presentación de los bienes y servicios", en *Comentario del Texto Refundido de la Ley General para la Defensa de los Consumidores y Usuarios y otras Leyes Complementarias.* Dir. BERCOVITZ RODRÍGUEZ-CANO, R. Aranzadi. 2015. Página 216.

BARONA VILAR, S.: *Competencia desleal: tutela jusrisdiccional (especialmente proceso civil) y extrajurisdiccional: doctrina legislación y jurisprudencia.* Tirant lo Blanch. 2008. P. 386.

BAYLOS CORROZA, H.: *Tratado de Derecho Industrial.* Civitas. 1993. Página 819.

BERCOVITZ RODRÍGUEZ-CANO, R. "Artículo 6. Concepto de producto", en *Comentario del Texto Refundido de la Ley General para la Defensa de los Consumidores y Usuarios y otras Leyes Complementarias.* Dir. BERCOVITZ RODRÍGUEZ-CANO, R. Aranzadi. 2015. Pp. 77 a 79.

BERCOVITZ RODRÍGUEZ-CANO, R. "Artículo 2. Ámbito de aplicación", en *Comentario del Texto Refundido de la Ley General para la Defensa de los Consumidores y Usuarios y otras Leyes Complementarias.* Dir. BERCOVITZ RODRÍGUEZ-CANO, R. Aranzadi. 2015. Pp. 49 a 55

BERCOVITZ RODRÍGUEZ-CANO, R. "Artículo 5. Concepto de productor", en *Comentario del Texto Refundido de la Ley General para la Defensa de los Consumidores y Usuarios y otras Leyes Complementarias.* Dir. BERCOVITZ RODRÍGUEZ-CANO, R. Aranzadi. 2015. Pp. 74 a 77.

CALVO CARAVACA, AL., CARRASCOSA GONZÁLEZ, J.: *Mercado único y libre competencia en la Unión Europea.* Colex. 2003. Página 55

FERNÁNDEZ-NÓVOA, C.: *Tratado sobre Derecho de Marcas.* Marcial Pons. 2004. Páginas 70 a 73.

FERNÁNDEZ-NÓVOA, C.: "Capítulo XXXI, El riesgo de confusión", en *Manual de la Propiedad Industrial.* Marcial Pons. 2017. P. 559.

GALLEGO SÁNCHEZ, E.: *Derecho Mercantil. Parte Primera.* Tirant lo Blanch. 2019

GALLEGO SÁNCHEZ, E.: "Fórmulas jurídicas al servicio de las marcas negras. Compatibilidad con el Derecho de marcas y el Derecho de la competencia desleal", en *Marcas negras en la era de la transparencia,* Dir: OLIVARES DELGADO, F. Gedisa, 2018, pp. 287 y ss.

GUILLEM CARRAU, J.: *Denominaciones geográficas de calidad. Estudio de su reconocimiento y protección.* Tirant lo Blanch. 2008. Página 30.

LOBATO, M.: *Comentario a la Ley 17/2001, de Marcas.* Civitas. 2002. Página 77.

MASSAGUER FUENTES, J.: Comentario a la Ley de Competencia Desleal. Civitas. 1999. Páginas 109 y 110.

MONTERO GARCÍA-NOBLEJAS, P: "Justificación y alcance de la identificación del fabricante en el etiquetado de los productos (alimenticios)", en *Marcas negras en la era de la transparencia,* Dir: OLIVARES DELGADO, F. Gedisa, 2018, pp. 305 y ss.

MONTERO GARCÍA-NOBLEJAS, P: *Denominaciones de origen e indicaciones geográficas.* Tirant lo Blanch. 2016. Página 34.

ORTUÑO BAEZA, M. T.: *La licencia de Marca.* 2000. Marcial Pons, Página 299.

VALENCIA MARTÍN, G.: La defensa frente al neoproteccionismo en la Comunidad Europea. Alicante. Cámara Oficial de Comercio, Industria y Navegación. 1993. Páginas 54 y ss.

VÁZQUEZ RUANO, T.: "Aspectos de competencia en la comercialización de productos agroalimentarios" en *ADI* nº 38, 2017.2018. Páginas 423 a 440.